高职高专"十三五"规划教材

房地产政策与法规

第二版
The Second Edition

孙晓丽　乔晓辉　主　编
卢　翠　喇海霞　副主编

化学工业出版社
·北京·

本书以土地和房屋的物权、债权、不动产权利为基本框架构建章节体系，包括土地的所有权、使用权、出让权；房屋所有权、继承权、合同债权；土地和房屋的行政管理权；房地产纠纷处理等四个大的方面内容，并选取了大量贴近实际的案例进行讲解。

本书适合于高职高专房地产专业、工程造价专业教学使用，也可以作为工程管理类专业的教材，还可以供从事房地产开发和经营以及房地产管理人员学习和参考。

图书在版编目(CIP)数据

房地产政策与法规/孙晓丽，乔晓辉主编. —2版. —北京：化学工业出版社，2018.3（2024.1重印）
高职高专"十三五"规划教材
ISBN 978-7-122-31498-7

Ⅰ.①房⋯ Ⅱ.①孙⋯ ②乔⋯ Ⅲ.①房地产业-经济政策-中国-高等职业教育-教材②房地产法-中国-高等职业教育-教材 Ⅳ.①F299.233.1②D922.38

中国版本图书馆CIP数据核字（2018）第025967号

责任编辑：李彦玲　　　　　　　　　　　　　装帧设计：王晓宇
责任校对：王素芹

出版发行：化学工业出版社（北京市东城区青年湖南街13号　邮政编码100011）
印　　装：北京虎彩文化传播有限公司
787mm×1092mm　1/16　印张15¼　字数400千字　2024年1月北京第2版第4次印刷

购书咨询：010-64518888　　　　　　　　　　售后服务：010-64518899
网　　址：http://www.cip.com.cn
凡购买本书，如有缺损质量问题，本社销售中心负责调换。

定　　价：39.80元　　　　　　　　　　　　　　　　　版权所有　违者必究

第二版前言

我国房地产开发的过程就是土地和建筑材料及技术相结合而形成房屋商品从而进行交易的过程。从权利形态上来看，土地和房屋都属于物权法上的物，都具有物权的性质；房地产交易过程是合同债权的实现过程，通过实现合同债权来达到物权安全流转的目的。然而，土地物权和房屋物权属于不动产物权，其权利的享有和行使受到国家权力的严格限制。

本书全面运用民法学、行政法学、诉讼法学的相关理论来建构基本框架。编写特点如下。

(1) 以土地和房屋的物权、债权、不动产权利为基本框架构建章节体系，包括土地的所有权、使用权、出让权；房屋所有权、继承权、合同债权；土地和房屋的行政管理权；房地产纠纷处理等四个大的方面内容。

(2) 重视法律的相关规定，选取的案例贴近实际。本教材针对高职高专学生的特点，既有一定的理论深度，又重视法律的相关规定，同时精心选取贴近实际的案例，使学生在对法律理论有所了解的基础上掌握与房地产专业有关的法律知识，激发学生的兴趣。

(3) 章节内容适中，详略得当，适于教学。章节内容过多，教学过程无异于蜻蜓点水；过于简略则学生无法对本门课程有清晰的把握。与最近几年出版的同类教材相比，本教材字数适中，能够满足教师从事教学工作的需要。

本书内容全面，具有较好的理论性和实用性，可作为高职高专房地产专业、工程造价专业教学使用，也可以作为工程管理类专业的教材，还可以供从事房地产开发和经营以及房地产管理人员学习和参考。

本书由孙晓丽、乔晓辉担任主编，卢翠、喇海霞担任副主编。孙晓丽负责全书的统稿工作。

具体编写分工如下：河北工程技术学院建筑学院孙晓丽编写第一章、第六章、第九章；洛阳理工学院工程管理系乔晓辉编写第二章、第五章、第八章；河北工程技术学院建筑学院卢翠编写第三章、第四章、第十一章；河北工程技术学院工程管理学院王永先编写第七章、第十二章；河北工程技术学院建筑学院喇海霞编写第十章；河北工程技术学院工程管理学院马军霞编写第十三章。

本教材编写过程中，查阅和参考了许多建设法规方面的文献资料和有关专家的相关著述，在此表示深深的谢意。

由于编者水平有限，尽管已经付出了很大努力，不妥之处仍在所难免，敬请各位读者批评指正，我们将在以后的修订工作中不断完善。

编者
2018 年 1 月

目录 CONTENTS

第一章　房地产政策与法规概述　　　　　　　　　　　Page 001

第一节　房地产政策与法规概述 …………………………………… 001
第二节　新中国房地产法律制度的立法状况 …………………… 003
第三节　房地产法的基本原则及实施 …………………………… 005
第四节　我国房地产法体系 ……………………………………… 006
复习思考题 ………………………………………………………… 009
实训题 ……………………………………………………………… 009

第二章　房地产法律关系　　　　　　　　　　　　　　Page 010

第一节　房地产法律关系的概念 ………………………………… 010
第二节　房地产法律关系的构成要素 …………………………… 015
第三节　房地产法律关系的确认和保护 ………………………… 019
复习思考题 ………………………………………………………… 022
案例分析 …………………………………………………………… 022
实训题 ……………………………………………………………… 024

第三章　土地所有权　　　　　　　　　　　　　　　　Page 025

第一节　土地制度概述 …………………………………………… 025
第二节　土地所有权 ……………………………………………… 028
第三节　土地的他项权利 ………………………………………… 030
复习思考题 ………………………………………………………… 032
案例分析 …………………………………………………………… 032

第四章　城乡规划和建设政策与法规　　　　　　　　Page 033

第一节　概述 ……………………………………………………… 033
第二节　住宅建设法律制度 ……………………………………… 042
第三节　综合开发法律制度 ……………………………………… 044
第四节　建筑工程管理法律制度 ………………………………… 045
第五节　违章建筑管理 …………………………………………… 047
复习思考题 ………………………………………………………… 047

案例分析 ………………………………………………………… 048
实训题 …………………………………………………………… 049

第五章　房地产征收政策与法规　　　　　　　　Page 050

第一节　概述 …………………………………………………… 050
第二节　土地征收程序及审批权限 …………………………… 053
第三节　土地征收补偿 ………………………………………… 055
第四节　房屋征收概述 ………………………………………… 057
第五节　房屋征收决定 ………………………………………… 061
第六节　房屋征收补偿 ………………………………………… 064
复习思考题 ……………………………………………………… 068
案例分析 ………………………………………………………… 069
实训题 …………………………………………………………… 070

第六章　土地使用权　　　　　　　　　　　　　　Page 071

第一节　概述 …………………………………………………… 071
第二节　土地使用权划拨 ……………………………………… 074
第三节　土地使用权出让 ……………………………………… 077
第四节　土地使用权转让 ……………………………………… 080
第五节　土地使用权出租 ……………………………………… 082
第六节　土地使用权抵押 ……………………………………… 084
第七节　土地使用权终止 ……………………………………… 087
复习思考题 ……………………………………………………… 088
案例分析 ………………………………………………………… 088
实训题 …………………………………………………………… 089

第七章　房地产开发管理政策与法规　　　　　　Page 090

第一节　房地产开发概述 ……………………………………… 090
第二节　房地产开发企业管理 ………………………………… 093
第三节　房地产开发项目管理 ………………………………… 098
第四节　政策性住房的开发建设 ……………………………… 107
复习思考题 ……………………………………………………… 115
案例分析 ………………………………………………………… 115
实训题 …………………………………………………………… 118

第八章　房地产交易与中介服务管理政策与法规　Page 119

第一节　房地产交易管理概述 ………………………………… 119
第二节　房地产转让管理 ……………………………………… 122
第三节　房地产抵押管理 ……………………………………… 125

第四节　房屋租赁管理 …………………………………………………………… 129
第五节　房地产中介服务管理 …………………………………………………… 131
复习思考题 ………………………………………………………………………… 137
案例分析 …………………………………………………………………………… 138
实训题 ……………………………………………………………………………… 141

第九章　房地产市场管理政策与法规　Page 142

第一节　概述 ……………………………………………………………………… 142
第二节　房地产买卖合同管理 …………………………………………………… 142
第三节　房地产价格管理 ………………………………………………………… 145
第四节　房地产流转中的税费 …………………………………………………… 149
第五节　住房公积金管理 ………………………………………………………… 154
复习思考题 ………………………………………………………………………… 157
案例分析 …………………………………………………………………………… 157
实训题 ……………………………………………………………………………… 158

第十章　房地产权属管理政策与法规　Page 159

第一节　房地产产权 ……………………………………………………………… 159
第二节　房地产权属登记管理 …………………………………………………… 162
第三节　房地产产籍管理 ………………………………………………………… 171
复习思考题 ………………………………………………………………………… 171
案例分析 …………………………………………………………………………… 172

第十一章　房地产继承与赠与政策与法规　Page 173

第一节　房地产继承 ……………………………………………………………… 173
第二节　房地产法定继承 ………………………………………………………… 176
第三节　房地产遗嘱继承、遗赠和遗赠抚养协议 ……………………………… 178
第四节　房地产赠与 ……………………………………………………………… 182
复习思考题 ………………………………………………………………………… 184
案例分析 …………………………………………………………………………… 184
实训题 ……………………………………………………………………………… 184

第十二章　物业管理政策与法规　Page 185

第一节　物业管理概述 …………………………………………………………… 185
第二节　业主、业主大会与业主委员会 ………………………………………… 189
第三节　前期物业管理 …………………………………………………………… 194
第四节　物业管理服务 …………………………………………………………… 197
第五节　接管验收与装修管理 …………………………………………………… 198
第六节　物业的使用与维护 ……………………………………………………… 206

第七节　物业服务收费 …………………………………………………… 207
　　复习思考题 ………………………………………………………………… 209
　　案例分析 …………………………………………………………………… 209
　　实训题 ……………………………………………………………………… 211

第十三章　房地产纠纷处理　　　　　　　　　　　　　　Page 212

　　第一节　房地产纠纷概述 …………………………………………………… 212
　　第二节　土地纠纷的行政调处 ……………………………………………… 213
　　第三节　房地产纠纷的行政复议 …………………………………………… 216
　　第四节　房地产纠纷的仲裁 ………………………………………………… 218
　　第五节　房地产纠纷的诉讼 ………………………………………………… 225
　　第六节　房地产法律服务 …………………………………………………… 231
　　复习思考题 ………………………………………………………………… 233
　　案例分析 …………………………………………………………………… 233
　　实训题 ……………………………………………………………………… 235

参考文献 ……………………………………………………………………… 236

第一章 房地产政策与法规概述

> **学习目标**
> 1. 了解房地产的概念、特点以及房地产政策与法规的发展概况。
> 2. 掌握房地产法的概念、特征及房地产政策与法规和其他相关法规的关系。
> 3. 重点掌握房地产政策与法规的调整对象以及房地产法原则。

> **技能要求**
> 1. 具有对各类房地产的属性进行分析的能力。
> 2. 能够准确地把各类房地产问题进行归类,并能运用相关法律解决问题。

第一节 房地产政策与法规概述

一、房地产的概念及特点

1. 房地产的概念

房地产是房产和地产的合称,又称不动产。房地产是一种不能移动或移动后会引起性质、形状改变的财产。

房产是指在法律上有明确权属关系的房屋财产,土地作为一种特殊的生产资料,在社会生活中起着重要的作用,是其他任何生产资料所不能取代的。

房地产可以有三种存在形态:即土地、建筑物、房地合一。

2. 房地产的特点

房产和地产在物质形态上紧密联系,在权属关系上密不可分,在经济运行过程中往往也是以整体姿态出现,所以应该把房产和地产看成是有机的整体,通常我们称房产和地产为房地产也是这个道理。房地产与其他财产相比,具有以下几个明显的特点。

(1) 位置的固定性和不可移动性。因为移动就会丧失或改变经济价值,所以房地产属于"不动产"。

(2) 使用的长期性。土地具有永久性,房屋的使用期限也较其他财产长。

(3) 独一无二性。房地产是特定物,有其特定的性质,因为即使设计风格、外观规格、用料完全相同的建筑物,也会因为处于不同的地理位置和具有不同的周边环境而不同,所以是独一无二的。

(4) 保值性和增值性。土地资源有限,并且随着经济的增长,人们必然对房地产有无限的需求，这些决定了房地产在整体上会随着社会发展保值和增值。

（5）投资大量性。

除此之外，房地产还有很多特点，如数量有限性、用途多样性、相互影响性、易受限制性等。

二、房地产法的概念、特征和调整对象

1. 概念

房地产法是由国家制定或认可的，调整房地产经济关系的法律规范的总称。对于房地产经济关系有广义和狭义两种理解。狭义的房地产法仅指1994年7月5日在全国人大八届八次会议通过，1995年1月1日起实施的《中华人民共和国城市房地产管理法》（以下可简称《城市房地产管理法》）。而广义的房地产法是指调整房地产关系的各种法律规范的总称。包括《城市房地产管理法》和与其相配套一系列行政法规、地方法规及相关法规中有关房地产问题的法律规定。

我们学习的是广义的房地产法，它所调整的社会关系的范围，主要包括房地产权属关系、房地产开发建设关系、房地产流转关系、房地产管理关系以及物业管理关系等。房地产法所规范的主要是房地产开发企业的设立行为、房地产开发行为、房地产经营行为，以及政府对房地产的开发经营活动所实施的管理行为。调整房地产关系的法律法规也已形成相对独立的体系。

2. 特征

房地产法律制度之所以能够成为一个相对独立的法律体系，是与其自身的特点密不可分的。房地产法除了具备一般法律共有的属性（如规范性、强制性等）外，它还具有其本身的特点。

（1）专业性。房地产法指调整涉及房地产的社会关系，从房地产权属的产生和确立到房地产权属的流转，从房地产权利的规制到房地产权利的保护，只要涉及房地产的内容，房地产法就能予以调整。

（2）综合性。房地产法具有专业性，但同时又具有综合性、广泛性。房地产法的专业性是就房地产法调整的经济领域的特定行业而言的，就房地产法调整的内容、调整的对象、调整的手段以及所设计的法律部门而言，房地产法又具有综合性的特点：房地产法所调整的内容不但涉及房地产业的各个方面，而且调整涉及的主体多种多样，如房地产管理机关、房地产交易所、房地产咨询服务公司、房地产评估事务所以及其他法人和公民等；房地产法调整的手段既涉及经济手段，又涉及行政手段，甚至涉及刑事手段；房地产法调整的社会关系，既可以由经济法调整，也可以由民法、行政法调整。

（3）统分性。房地产法是集房产法与地产法于一体的部门法。房产和地产不可分离的特点，决定了因房屋产生的社会关系与土地发生的社会关系密不可分，相互交融。因此有必要有统一的法律部门对房地产进行调整，而不是分化为两个部门。但是，房产与地产不是绝对的从属关系，从法律权属上两者是相对分离的。在中国，长期存在着一种片面的认识，一位房地产只有统一性，不可分离性，将两者比喻为"皮和毛的关系"，出现了"房随地动"及"地随房走"的观念。实际上，无论是在中国内地还是在实行土地使用权制度的其他国家和地区，土地使用权已经作为一项独立的财产权存在着，在房地产法律制度中，土地所有权、土地使用权和房屋所有权是相互并列的，并无从属意义。由房产和地产法律上的权属关系决定，房产法与地产法也不可能完全融于一体，应存在着较为独立的房产法和地产法，如《中华人民共和国土地管理法》（以下简称《土地管理法》）即是对地产进行专门规定的法律。

(4) 非阶级性。就整体而言，法律具有阶级性，但也有一些法律因服务于统治阶级执行公共事务的职能而不具有阶级性。房地产业具有较强的专业性和技术性，房地产法律制度规范是社会法律规范，与阶级本质并无实质联系。

3. 房地产法调整的对象

房地产法的调整对象是指房地产法所调整的特定领域的房地产社会关系以房地产产权、开发、经营、交易、服务和管理以及与房地产相关的社会关系为其调整对象的。因此，其调整对象的范围非常广泛，归纳起来主要有以下几类。

（1）土地、房屋财产关系。土地的所有权和使用权，是房地产业务活动的基础，所以，房地产法需要调整土地、房屋财产关系。

（2）土地利用和管理关系。房屋的所有权和使用权，都属于财产。土地利用总体规划，对耕地的特殊保护，土地开发利用，土地用途管制，建设用地审批，集体土地的征用，国有土地使用权的出让、转让、出租和抵押等，有些属于市场行为，有些属于政府行为，有些属于市场行为与政府行为的结合。

（3）城市房地产开发经营关系。房地产开发经营，是指房地产开发企化在城市规划区内国有土地上进行基础设施建设、房屋建设，并转让房地产开发项目或者销售、出租商品房的行为。既包括开发，又包括交易。

（4）城市房地产管理关系。城市的整体规划，对公有房屋和私有房屋的管理监督管理、监督行为，也需要房地产法加以调整。

（5）城市物业管理关系。物业管理服务公司与物业所有人（即业主）、使用人之间，就房屋建筑及其配套设施和居住小区内线化、卫生、交通、治安、环境容貌等管理项目进行维修、修缮与整治，发生一系列社会经济关系，也可归属于广义的房地产法的调整之列。

第二节　新中国房地产法律制度的立法状况

新中国成立后，在中国共产党的领导下中国的房地产法律制度的发展大体经历了四个阶段。

1. 第一阶段

从新中国成立初期到1978年，在这一阶段，房地产管理工作取得了一定的成绩，成立了管理机构，制定了一系列的管理制度，根据当时的需要，颁布了一些法律法规。主要有：《公房公产统一管理的决定》(1949年)、《中华人民共和国土地改革法》(1950年)、《城市房地产税暂行条例》(1951年)、《国家建设征用土地办法》(1956年)、《关于目前城市私有房产基本情况及进行社会主义改造的意见》(1956年)、《关于对华侨出租房屋进行社会主义改造问题的报告》(1963年)、《关于加强全民所有制房产管理工作的报告》(1964年)等。

2. 第二阶段

从1979年到1988年《中华人民共和国宪法》修改之前，十一届三中全会以后，经历了几十载沉寂的中国房地产业开始了复苏，进入了社会主义经济建设和法制建设的新时期。为了适应改革开放的需要，房地产法制建设也加快了步伐，在十几年中颁布了大量的有关法律、法规和其他规范性文件。主要有《国家建设征用土地条例》(1982年)、《村镇建房用地管理条例》(1982年)、《关于城市出售住宅试点工作座谈会情况的报告》(1982年)、《城市房屋所有权登记暂行办法》(1982年)、《城镇个人建造住宅管理办法》(1983年)、《城市规划条例》(1984年)、《城市建设综合开发公司暂行办法》(1984年)《村镇建设管理暂行规定》(1986年)、《中华人民共和国土地管理法》(1986年)、《中华人民共和国房产税暂行条例》（1986年）、《中华人民共和国城市维护建设税暂行条例》（1987年）、《关于加强城市建设综合开发公司资质管理工作的通知》（1987年）等。

3. 第三阶段

1988年《中华人民共和国宪法》（简称《宪法》）修改之后至1994年，这一阶段是房地产的发展时期，1988年全国人大（即"全国人民代表大会"）通过宪法修正案，土地的使用权可以依照法律规定转让，土地有偿、有期限使用制度得以建立，同年全国人大通过修改《中华人民共和国土地管理法》；此外还相继出台了一些其他的法律和法规。如《中华人民共和国城市规划法》（1989年）、《城市危险房屋管理规定》（1989年）、《城市毗邻房屋管理规定》（1989年）、《城市房屋产权产籍管理暂行办法》（1990年）、《中华人民共和国城镇国有土地使用出和转让暂行条例》（1990年）、《外商投资开发经营成片土地暂行管理办法》（1990年）、《城市房屋拆迁单位管理规定》（1990年）、《建设部关于修改〈城市商品房预售管理办法〉》（1991年）、《中华人民共和国城镇国有土地使用权出让和暂让暂行条例》（1991年）、《城市房屋修缮管理规定》（1991年）、《商品住宅价格管暂行办法》（1992年）、《关于处理原去台人员房产问题的实施细则》（1992年）、《公有住宅售后维修养护管理暂行办法》（1992年）、《工程建设国家标准管理办法》（1992年）、《村庄和集镇规划建设管理条例》（1993年）、《城市国有土地使用权出让转让规划管理办法》（1993年）、《城市国有土地使用权出让转让规划管理办法》（1993年）、《城市新建住宅小区管理办法》（1994年）、《城市商品房预售管理办法》（1994年）等这一时期的房地产立法在数量和质量上是前一时期无法比拟的。

4. 第四阶段

1995年至今，中国房地产法律制度进入了一个新的发展阶段。其中1995年1月1日起实行的《中华人民共和国城市房地产管理法》是我国房地产管理法制建设的里程碑，意义重大。另外，2002年8月，第九届全国人民代表大会通过的《中华人民共和国农村土地承包法》，更加规范了农村土地的管理；这期间，我国也陆续颁布了一系列政策法规和规章，《城市房屋租赁管理办法》（1995年）、《城市房地产转让管理规定》（1995年）、《房地产中介服务管理规定》（1996年）、《城市房地产抵押管理办法》（1997年）、《房地产估价师注册管理办法》（1997年）、《房地产广告发布暂行规定》（1997年）、《已购公有住房和经济适用住房上市出售管理办法》（1999年）、《房屋建筑工程质量保修办法》（2000年）、《房产测绘管理办法》（2000年）、《商品房销售管理办法》（2001年）、《城市房地产权属档案管理办法》（2001年）、《城市房屋拆迁管理条例》（2001年）、《国务院关于修改〈住房公积金管理条例〉的决定》（2002年）、《住宅室内装饰装修管理办法》（2002年）、《协议出让国有土地使用权规定》（2003年）、《物业管理条例》（2003年）、《建设部关于修改〈城市危险房屋管理规定〉的决定》（2004年）、《物业管理企业资质管理办法》（2004年）、《城市规划编制办法》（2005年）、《民用建筑节能管理规定》（2005年）、《房地产估价机构管理办法》（2005年）《中华人民共和国物权法》（2007年）、《房屋登记办法》（2008年）、《关于坚决遏制部分城市房价过快上涨的通知》（2010年）、《国务院办公厅关于进一步做好房地产市场调控工作有关问题的通知》（2011年）、《房地产经纪管理办法》（2011年）、《关于加强房地产经纪管理进一步规范房地产交易秩序的通知》（2011年）、《商品房屋租赁管理办法》（2011年）、《商品房销售明码标价规定》（2011年）、《财政部、国家税务总局关于调整个人住房转让营业税政策的通知》（2011年）、《国有土地上房屋征收评估办法》（2011年）、《国有土地上房屋征收与补偿条例》（2011年）、《国家新型城镇化综合试点方案》（2015年）、《关于加快培育和发展住房租赁市场的指导意见》（2015年）、《关于引导农村产权流转交易市场健康发展的意见》

（2015年）、《关于优化2015年住房及用地供应结构促进房地产市场平稳健康发展的通知》（2015年）、《长江中游城市群发展规划》（2015年）、《关于进一步做好城镇棚户区和城乡危房改造及配套基础设施建设有关工作的意见》（2015年）。

这些法律法规的颁布实施，从根本上使我国房地产的管理由行政管理模式转变为法治模式。目前我国房地产业主要以法律调整为主、以行政管理为辅。然而，仅从立法的角度而言，房地产法律还存在着许多矛盾。具体表现在法律与行政部门规章、地方法规与国务院部门法规的统一协调问题。尽管目前房地产的法律、法规文件数量众多，但由于颁布机关不同，法律授权行政机关的解释不同，造成在使用上存在着很多分歧，这也是今后我国房地产法律应进一步完善的地方。

第三节　房地产法的基本原则及实施

一、房地产法基本原则

1. 土地公有原则

社会主义经济是建立在公有制基础上的，公有制经济占主导地位，多种所有制经济共同发展。土地不仅是资源，而且是资产。我国坚持社会主义道路，基本原则之一就是实行土地的社会主义公有制。我国境内的土地，除由法律规定属于国家所有的外，属于劳动群众集体所有。国家可以依法征用集体土地，一经征用即转化为全民所有。我国内地已不存在土地私有制。

2. 土地有偿使用原则

国家依法实行国有土地有偿使用制度。有偿使用，包括有期限使用。

农村集体经济组织经过批准，可以采用土地使用权入股、联营等形式与其他单位、个人共同举办企业。

农民集体土地的使用权不得出让、转让或者出租用于非农业建设；但是，符合土地利用总体规划并依法取得建设用地的企业，因破产、兼并等情形致使土地使用权依法发生转移的除外。

3. 十分珍惜、合理利用每一寸土地和切实保护耕地的原则

保护土地，保护耕地，就是保护我们的生命线。"十分珍惜和合理利用每一寸土地，切实保护耕地"已成为我国的基本国策之一。各级人民政府应当采取措施，全面规划，严格管理，保护、开发土地资源，制止非法占用土地的行为。要坚持实行土地用途管制制度。

对耕地实行特殊保护，包括基本农田保护制度、占用耕地补偿制度。

4. 房地产综合开发原则

房地产开发经营应当按照经济效益、社会效益、环境效益相统一的原则，实行全面规划、合理布局、综合开发、配套建设。在实践中，三大效益之间可能存在矛盾，不大平衡。亦即是说，有些时候处于两难之中。我们的任务是努力谋求"三位一体"、互相促进，注意防止顾此失彼。

5. 城镇住房商品化原则

国家根据社会、经济发展水平，扶持发展居民住宅建设，逐步改善居民的居住条件。

逐步推行城镇居民住房商品化，不断满足人民群众日益增长的住房需求。

6. 宏观调控与市场调节相结合的原则

鉴于房地产在国民经济中的重要性，房地产市场交易的高利润和高风险性，对房地产活动既不能管得太死，又不能放任自流，特别要警惕"泡沫经济"成分。因此，科学的管理方法是以宏观调控为指导，适当放开，由市场去调节。当前，要针对房地产业发展中存在的问题，进一步加强市场引导和调控。2006年5月17日，国务院提出了促进房地产健康发展的"国六条"。

"国六条"具体内容如下。

（1）实行调整住房供应结构。重点发展中低价位、中小套型普通商品住房、经济适用住房和廉租住房。各地都要制定和实施住房建设规划，对新建住房结构提出具体比例要求。

（2）进一步发挥税收、信贷、土地政策的调节作用。严格执行住房开发、销售有关政策，完善住房转让环节税收政策，有区别地适度调整信贷政策，引导和调节住房需求。科学确定房地产开发土地供应规模，加强土地使用监管，制止囤积土地行为。

（3）合理控制城市房屋拆迁规模和进度，减缓被动性住房需求过快增长。

（4）进一步整顿和规范房地产市场秩序。加强房地产开发建设全过程监管，制止擅自变更项目、违规交易、囤积房源和哄抬房价行为。

（5）加快城镇廉租住房制度建设，规范发展经济适用住房，积极发展住房二级市场和租赁市场，有步骤地解决低收入家庭的住房困难。

（6）完善房地产统计和信息披露制度，增强房地产市场信息透明度，全面、及时、准确地发布市场供求信息，坚持正确的舆论导向。

二、房地产法的实施

房地产法的实施即房地产法的执行。它包括房地产业的执法和守法两个方面：一方面，要求房地产主管部门和工作人员能正确地运用房地产政策法律、法规；另一方面，要求房地产行政主管部门、工作人员、公民、法人、社会团体及其他组织严格遵守房地产法律政策。并对违法者实施制裁。

第四节　我国房地产法体系

一、我国房地产法体系的组成

目前，我国房地产的法律法规体系建设已经取得了显著成绩，该体系的框架由法律、行政法规、部门规章、规范性文件和技术法规等构成。

1. 宪法

《中华人民共和国宪法》（简称《宪法》）是我国的根本大法，具有最高的法律效力，也是房地产立法和司法必须遵循的基本依据。我国《宪法》的第十条规定："城市的土地属于国家所有。""农村和城市郊区的土地，除由法律规定属于国家所有的以外，属于集体所有；宅基地和自留地、自留山，也属于集体所有。"或个人不得侵占、买卖或者以其他形式非法转让土地。土地的使用权可以依照法律的规定转让。"一切而使用土地的组织和个人必须合理地利用土地。"另外，《宪法》中还规定："国家为了公共利益的需要，可以依照法律规定对土地实行征用。《宪法》中还规定："国家保护公民的合法收入、储蓄、房屋和其他合法财产所有权。"《宪法》中还规定，"中华人民共和国公民的住宅不受侵犯。"

2. 法律

我国的法律是指全国人民代表大会及其常务委员会制定和颁布的件法律的效力仅次于宪

法。我国房地产和房地产行业涉及的社会面广、资金量大、产权关系复杂，特别需要法律法规的规范，以建立正常的房地产市场秩序。我国有关房地产活动设计的法律较多，主要有《中华人民共和国土地管理法》《中华人民共和国城乡规划法》《中华人民共和国城市房地产管理法》《中华人民共和国农村土地承包法》《中华人民共和国建筑法》《中华人民共和国合同法》《中华人民共和国行政许可法》《中华人民共和国测绘法》《中华人民共和国环境保护法》《中华人民共和国招标投标法》《中华人民共和国民事诉讼法》《中华人民共和国民法通则》《中华人民共和国继承法》等。

3. 行政法规和规章政策

我国房地产的行政法规和规章是国家行政机关依法制定和发布的规范性文件。由于在我国房地产也是一项新兴产业，在立法上也属于起步阶段。目前主要有《中华人民共和国土地管理法实施条例》《中华人民共和国城镇国有土地使用权出让和转让暂行条例》《城市房地产转让管理规定》《划拨土地使用权管理暂行办法》《城市房地产开发管理暂行办法》《城市房地产开发预售管理办法》《城市房地产交易价格管理暂行办法》等。

4. 地方法规和政策

地方法规是指国务院、省、自治区、直辖市以及省会城市和经国务院批准的较大的市人民代表大会及其常务委员会制定的规范性文件，如《广东省土地管理规定实施办法》《深圳经济特区土地管理条例》《北京市房地产转让办法》《上海市房地产抵押规定》等。地方法规仅在本行政辖区内有效。

5. 部门规章

房地产部门规章是以国务院房地产行政主顾部门的部长令形式颁布的，主要有《城市房地产开发管理暂行办法》《房地产开发企业资质管理办法》、《城市商品房预售管理办法》《城市房地产权属档案管理办法》《已购公有住房和经济适用房上市出售管理暂行办法》《城市廉租住房管理办法》等。

6. 技术法规

技术法规包括《城市房地产市场评估管理暂行办法》《关于加强与银行贷款业务相关的房地产抵押和评估管理工作的通知》《房地产估价规范》《房产测量规范》《房地产经纪人执业资格考试实施办法》《关于房地产中介服务收费的通知》《房地产评估师执业资格制度暂行规定》等多项规范性文件和技术法规。

二、我国房地产法与相关法律的关系

1. 房地产法与城市规划法的关系

城乡规划是城乡建设的"龙头"，是房地产业发展的前提。《城市房地产管理法》规定："房地产开发必须严格执行城市规划。"《城市房地产开发经营管理条例》更具体地规定为："确定房地产开发项目，应当符合土地利用总体规划、年度建设用地计划和城市规划、房地产开发年度计划的要求；按照国家有关规定需要经计划主管部门批准的，还应当报计划主管部门批准，并纳入年度固定资产投资计划。"可见，进行房地产开发建设，必须同时按照《中华人民共和国城乡规划法》（以下简称《城乡规划法》）和《中华人民共和国城市房地产管理法（最新修订）》（以下简称《城市房地产管理法》）的要求进行。城市应当按照现代化的要求进行规划。凡是违反城市规划的房地产建设，一定要纠正过来。城市规划法是调整城市主管部门、审批机关和执行点位置减灾规划、制定和实施过程中所发生的各种管理关系。它与房地产法的联系之处就在于：房地产法中有关房地产开发建设条款所规定的综合开发管理权要受到城市规划法的制约，而房地产法调整的管理关系则主要是房地产产权产籍的管理关系、公房私房管理关系、房地产市场管理关系、房地产开发经营关系、房地产修缮管理关系、房地产企业管理关系等。除了调整的管理关系不同外，它们的立法目的、调整对象范围、主要内容也都不相同。因此，从特定意义上说，城市规划法的部分规范也可列为广义房地产法的重要组成部分。

2. 房地产法与住宅法的关系

房地产法与住宅法有着密切的联系。

广义地考察，房地产法调整房地产开发、经营和管理中发生的经济关系，并不存在一部包罗万象的房地产法。我国已经制定了《城乡规划法》《土地管理法》《城市房地产管理法》《中华人民共和国建筑法》（以下简称《建筑法》），但还缺少住宅法。住宅法调整城市住宅关系，主要解决城市居民的住宅权问题，同时也要规定政府、社会和公民个人对此负有哪些义务和责任。此外，还应包括现代物业管理的有关事项。这些内容，传统的房地产法都是代替不了的。《城市房地产管理法》本身并不能解决将长期实行的福利分房政策改变为货币化、商品化的住房政策的问题，而这恰恰是住宅法的任务。

3. 房地产法与建筑法的关系

为了加强对建筑活动的监督管理，维护建筑市场秩序，保证建筑工程的质量和安全，促进建筑业健康发展，国家制定了《建筑法》。建筑法的立法目的是为了加强各项工程建设管理，以便提高工程建设的综合投资效益。建筑法是调整人们在工业与民用建筑、城市基础设施、村镇建设、水电、矿山、铁路、公路、港口、机场等各类工程项目的新建、改建、扩建种产生的各种社会关系的法律法规。建筑法调整的管理关系是工程建设中所产生的各种社会关系，而房地产法调整的是房地产开发、建设及流通使用全过程中所产生的各种社会关系。房地产法与建筑法关系很密切，房地产开发管理权利和房屋拆迁、旧房改造等权利都要受到工程建设施工管理权利的制约。《城市房地产管理法》规定："房地产开发项目的设计、施工，必须符合国家的有关标准和规范。""房地产开发项目竣工，验收合格后，方可交付使用。"由此可见，进行房地产的开发建设，必须要按照《建筑法》和《城市房地产管理法》的要求进行。建筑工程的质量和安全，事关重大。所以人们常说"百年大计，质量第一"。《城市房地产管理法》规定："房地产开发项目的设计、施工，必须符合国家的有关标准和规范。""房地产开发项目竣工，经验收合格后，方可交付使用。"可见，进行房地产开发建设，必须同时按照《建筑法》和《城市房地产管理法》的要求进行。现在，某些建筑物（大型的、中型的、小型的都有），工程质量低劣，甚至给人民群众的生命财产造成重大损失，对此必须依法追究有关单位和人员的法律责任。政府、政府建设行政主管部门必须切实负起责任，加强对建筑质量的监督管理，杜绝事故隐患。

因此，从特定意义上说，建筑法也可列为广义房地产法的重要组成部分。

4. 房地产法与土地管理法的关系

土地管理法是调整土地关系的法律法规的总称。它在调整规范土地关系时，把土地视为一种资源，也视为一种财产。房依地建，地为房载，房产和地产是密不可分的整体。因此房地产法与土地管理法有诸多交叉的地方。但二者又有明显的差别，比如，土地管理法属于自然资源法的一部分，偏重于资源管理；而房地产管理法是对房地产的管理，偏重于行业管理。再如，土地法是针对所有土地而言的，而房地产法，仅涉及与房屋在空间上与土地结合为一体的土地。

5. 房地产法与市政管理法的关系

市政管理法的立法目的是为了加强市政管理，提高市政设施管理水平和服务质量，保护城市环境，保证以城市为中心的经济、文化、科学、教育的全面发展。市政管理法是调整人们在城市道路、桥梁、隧道、水资源、供水、排水、供气、供热、供电、防洪防汛，以及市容环境卫生等方面的建设和管理中的产生的各种关系的法律规范。它与房地产法密切相关。具体表现为：房地产法规定的房地产开发建设管理权利、城市房屋拆迁和修缮管理权利要受到市政管理法规规定的工程设施、交通直至环境卫生等各项管理权利的制约。两者不同之处在于，市政管理法调整的管理关系主要是市政公用设施管理关系，而房地产法调整的是房地产业的管理关系。

6. 房地产法与民法的关系

房地产法与民法既有联系又有区别。其联系是：民法是调整平等主体间的财产关系和人身关系的法律规范的总称，而房地产法调整的社会关系中，有相当一部分是平等主体之间发生的财产关系，因此，民法中关于平等、自愿、等价有偿等原则，对房地产同样适用。另一方面，二者之间又有明显的区别：房地产法调整的社会关系很多，除了平等主体之间发生的财产关系外，还要调整国家房地产管理部门、土地管理部门与房地产当事人之间的管理关系。民法主要调整商品流通领域中的平等主体之间的关系，而房地产法除了调整商品流通、消费领域的关系，还调整生产领域中发生的关系。民法多为任意性规范，而房地产法则有更多的强制性规范。例如，在房地产交易过程中，房地产当事人在贯彻平等、自愿原则时首先要遵守国家规定的房地产交易规则，如房地产转让的条件、成交价格申报及转让时改变用途或原则设计的，应报经出让和城市规划行政主管部门批准等。

7. 房地产法与物权法的关系

房地产领域是涉及物权的重要领域。《中华人民共和国物权法》（以下简称《物权法》）是保障房地产市场健康运行的重要法律基础。《物权法》使房地产领域涉及的权属界定、物权保护有了明确的法律依据。随着《物权法》的实施，房地产领域的相关制度规定需要适应《物权法》的要求，及时进行调整。《物权法》的立法精神对房地产领域的影响可以从以下几个方面予以体现：首先，将私有财产置于与国家、集体财产平等的地位，有助于实现房地产领域对私有财产的保护；其次，明确界定房地产的权属关系，有助于定纷止争；最后，以行政管理为核心转变到对公民私有财产的保护和促进利用。同时《物权法》中关于房地产的若干新规定很多，具体表现在房地产产权登记方面、土地征收和房屋拆迁方面、物业管理方面等。

复习思考题

1. 什么是房地产？房地产的特征是什么？
2. 什么是房地产法？房地产法的特征是什么？
3. 房地产法调整的对象有哪些？
4. 谈谈我国房地产法律制度的发展过程。
5. 我国房地产法的基本原则是什么？
6. 我国房地产政策、法律、法规包括哪些主要内容？
7. 我国房地产法与物权法、土地管理法、城市规划法、民法的关系如何？

实训题

仔细阅读下面一段话，根据你的理解，谈谈你的想法。

在房地产法律体系的构建方面，西方许多国家房地产法制经验值得我们借鉴，我国在未来的房地产法制建设中应重点加强哪方面的建设？老百姓最迫切的要求是什么？

第二章 房地产法律关系

学习目标

1. 初步学会用法律观念来思考房地产问题,能够用法律观念对本教材内容有总体把握。
2. 能够有意识地运用法律基本理论来解决一些具体问题,懂得法律关系和房地产法律关系之间的普遍和特殊的关系。
3. 初步懂得房地产法律关系的具体表现形式,能够初步理解具体的房地产法律关系所反映的法律关系理论。

技能要求

1. 理解房地产法律关系的概念和类型。
2. 理解房地产法律关系的法律事实。
3. 理解本章内容与本教材其他章节的关系。

第一节 房地产法律关系的概念

一、房地产法律关系的概念

房地产法律关系是指房地产法律规范在调整房地产社会关系过程中形成的在房地产法律关系参与人之间的权利义务关系。房地产社会关系是指人们对土地和房屋的开发利用过程中所形成的社会关系,是全部社会关系的一部分。房地产法律关系即法律规范对房地产社会关系加以规范,房地产社会关系的参加者根据房地产法律规范构建的社会关系。

房地产法律关系是以房地产法律关系主体之间的权利义务为内容的法律关系,具有和房地产社会关系密切联系的性质,房地产社会关系包括土地所有权关系、土地征用关系、房屋拆迁关系、房地产开发关系、工程建设关系、房地产交易关系、物业管理关系等。房地产法律关系即是以上述社会关系中各个关系主体的权利义务为内容的法律关系。

房地产法律关系是法律关系理论结合房地产社会关系的特点所形成的法律关系,因此具有法律关系的一般特征,同时具也有房地产社会关系的特殊性。这些特殊性构成了房地产法律关系的一般性特点。

二、房地产法律关系的一般性特点

(1) 房地产法律关系是根据房地产法律规范所建立的社会关系。房地产法律关系的存在是以房地产法律规范的存在为前提条件的，房地产法律规范主要体现在《中华人民共和国物权法》《中华人民共和国担保法》《中华人民共和国合同法》《中华人民共和国城市房地产管理法》等相关法律、法规的规定里。这就是说从事房地产开发经营业务的各种行为必须符合上述法律规定，否则就会被视作违法因而得不到法律保护，不能实现行为人的预期目的。

（2）房地产法律关系体现了土地资源的有限性所制约的社会意志与房地产的重要性所决定的个人意志之间的关系。由于在物理性能上房屋无法离开土地而存在，适合人类居住的土地资源具有有限性，人类数量不断增长决定了人类对土地需求具有无限性，房屋对于人类生存的重要性决定了土地资源的有限性和人类对土地需求无限性之间的矛盾。因此房地产行业的发展就必须受到社会公共意志的制约，同时也体现了人的存在的个人意志。房地产法律关系即是体现社会公共意志的房地产法律规范和体现个人建立房地产社会关系的意志的结合。

（3）房地产法律关系既包括房地产调整性法律关系也包括房地产保护性法律关系。由于房地产开发、交易、管理过程的复杂性，因此房地产行业所涉及的法律关系既包括调整性的法律关系也包括保护性法律关系。房地产调整性法律关系是指对房地产社会利益关系产生实质性影响的法律关系，它确定了房地产法律关系主体的行为模式，其作用主要是对房地产权利义务进行确认，；房地产保护性法律关系是指由对房地产调整性法律关系进行保护的法律规范所确定的法律关系。房地产保护性法律关系主要体现在与房地产法律责任有关的法律规范里，房地产法律责任包括民事责任、行政责任和刑事责任，其作用主要是对房地产权利被侵害的状态进行纠正。房地产保护性法律关系往往出现在房地产诉讼、行政处罚或者仲裁等行为做出之后，这些行为使得房地产保护性法律关系得以确立。

（4）房地产法律关系既包括纵向法律关系也包括横向法律关系。由于土地资源的有限性和土地功能的多元性之间具有紧张的矛盾关系，国家权力有必要对房地产行业进行干预，而由于房地产对于人们的生活保障意义极大。因此房地产法律关系表现为国家权力对房地产管理的全面介入和公民对房地产权利的极为重视。房地产法律关系从而也表现为纵向法律关系和横向法律关系的双重属性，即一方面房地产法律关系表现为公民权利之间的平等关系，另一方面表现为公民权利和国家权力之间的不平等关系。就房地产纵向法律关系而言，主要指与房地产管理有关的行政法律关系，包括土地所有权法律关系、土地使用权管理法律关系、土地规划法律关系、房地产开发管理法律关系、房地产资质管理法律关系、房屋权属登记法律关系、物业管理法律关系等。房地产横向法律关系主要是指与房地产有关的民事法律关系，包括物权关系和债权关系，具体是指建设工程合同法律关系、房屋所有权法律关系、房屋租赁法律关系、房地产抵押担保法律关系、房地产中介服务法律关系、房屋赠与和继承法律关系。需要说明的是，房地产法律关系的确立往往依据不同的法律文件所规定的规范条款，并且同一法律文件里往往既有纵向法律关系又有横向法律关系。例如，房地产交易法律关系是出卖人和买受人之间的民事法律关系，是横向法律关系，依据《中华人民共和国合同法》来确定法律关系主体的权利和义务。但除此以外，出卖人和买受人之间的法律关系还要受到《城市房地产管理法》《中华人民共和国建筑法》《建设工程质量管理条例》等建筑法律、法规的调整，因而包含了纵向法律关系。

（5）房地产法律关系大多是双边和多边法律关系，表现为权利义务的复杂结构。由于房地产开发、建设、交易等一系列行为所涉及的社会关系非常复杂，而房地产法律关系是法律规范所调整的房地产社会关系，因此房地产法律关系具有复杂的权利义务结构，大多是双边和多边法律关系。也就是说房地产法律关系往往涉及多方或者多方当事人。

三、房地产法律关系的特殊分类

法律关系的一般分类揭示了法律关系的一般性特点，房地产法律关系同样具有这些一般性特点，但以一般分类来分析房地产法律关系仅仅揭示了房地产法律关系的宏观性特点，为了分析房地产法律关系的微观性特点，我们需要对房地产法律关系进行特殊分类。本章围绕房地产开发过程中所涉及的土地和房屋的权利义务关系来对房地产法律关系进行分类。

1. 住房保障法律关系

住房保障法律关系是宪法性法律关系在房地产法律关系里的体现，是指国家权力对公民住房权利加以保障的法律关系。住房保障权是基本人权，保障公民的基本人权是国家的宪法义务。我国《宪法》2004年修正案把"国家尊重和保障人权"写进宪法，世界上很多国家的宪法都把公民的住房保障权视为基本人权加以保障，《世界人权宣言》和《公民权利和政治权利国际公约》都载入了世界人民的住房权利。

住房保障法律关系是房地产法律关系的核心内容，奠定了全部的房地产法律关系的基础，所有的房地产法律关系都是围绕公民的住房保障权而展开的。住房保障法律关系是房地产法律关系体系里的基本法律关系。由于认识不足，我国的住房保障立法滞后，但随着住房问题日益突出，住房保障立法逐渐提上日程。

2. 土地物权法律关系

（1）土地所有权法律关系。所有权是物权的核心，是指对物的占有、使用、收益和处分的权利，《中华人民共和国宪法》和《中华人民共和国物权法》都规定土地归国家所有。这部分法律关系主要是调整性法律关系、纵向型法律关系、单边法律关系、财产性法律关系、宪法性法律关系。因为土地所有权法律关系主要确认了土地所有权的归属，是与财产有关的法律关系。

（2）城市规划法律关系。这是国家作为土地的所有权人的代表对土地加以规划利用的法律关系。城市规划法律关系是存在于城市规划的制定和实施过程中所产生的法律关系，因而也可以分为城市规划制定法律关系和城市规划实施法律关系。其中城市规划制定法律关系主要是国家行政机关对全民所有的土地进行利用规划，国家权力机关对土地规划进行监督的法律关系。另外，基于人民主权的一般原理，人民对于人民代表大会所批准的城市规划也可以实施监督。从土地所有权的关系来讲，人民作为土地的所有权人也有权对土地规划进行监督。

城市规划实施法律关系主要是国家城市规划管理部门执行城市规划过程中所产生的国家权力机关对其监督的法律关系和城市规划管理部门对土地使用权人使用土地的行为进行行政管理的法律关系。城市规划法律关系是调整性法律关系、纵向型法律关系、多边法律关系、宪法性法律关系、行政法律关系。

（3）土地征用法律关系。这是国家作为人民主权的代表依据宪法法律规范对国家土地所有权和集体土地所有权进行调整的法律关系。由于土地资源的有限性和土地功能的多样性，人们对土地的需求存在着剧烈的冲突，这就需要国家机关作为人民利益的代表对土地的使用进行协调来消除冲突，而最根本的方法是调整土地所有权关系。国家土地所有权代表了全民利益对土地功能的要求，集体土地所有权代表了部分人民对土地功能的要求，国家整体利益对局部利益的协调是为了更好地解决冲突。在国家作为人民的代表依法对土地所有权进行调整时，就产生了土地征用法律关系。由于土地使用功能的多样性，在土地征用过程中不可避免地面对土地原来功能的改变。土地征用法律关系包括土地征用和土地征用补偿两部分，常常是国家行政机关和集体土地所有权人的法律关系以及国家机关和土地使用权人之间的法律关系。

土地征用法律关系是调整性法律关系、纵向型法律关系、财产性法律关系、行政法律关系、民事法律关系。另外，土地征用法律关系也是宪法性法律关系。

(4) 房地产开发法律关系。这是对房地产开发主体的商业行为进行规范的法律关系，也可以看作是城市规划法律关系的延伸，只是城市规划法律关系规范的是国家权力而房地产开发法律关系规范的则是体现了国家权力对房地产这一社会资源进行宏观调控，确保我国土地资源的合理利用。房地产开发涉及国家的土地使用权转让和房地产开发商对土地的经营行为，因此也是国家作为土地所有权人对土地使用权人监督的法律关系。

(5) 土地用益物权法律关系。这是国家作为土地所有权人依据行政法律、法规对土地使用进行行政管理的法律关系。

土地用益物权包括土地承包经营权、建设用地使用权、宅基地使用权、地役权等等，本书仅介绍建设用地使用权。建设用地使用权法律关系主要是国家行政机关作为土地所有权人对土地使用权人对土地的利用行为进行监督的法律关系，主要体现在对土地的开发、租赁、抵押、继承等。

3. 房屋物权法律关系

(1) 房屋所有权原始取得法律关系。这主要是指工程建设法律关系。这是调整房屋所有权的第一次形成过程中所产生的法律关系，这类法律关系主要是合同法律关系。通过合同确立工程建设勘察设计、工程施工、工程监理等法律关系主体的权利和义务，从而完成工程建设活动。当然，由于工程建设活动的特殊性，国家权力对工程建设合同法律关系积极介入，由此也不同于一般的合同法律关系，如招标投标法就是国家权力对工程建设合同积极介入的法律规范。

(2) 房屋所有权消灭法律关系。这主要指拆迁管理法律关系。这是调整房屋所有权因国家权力行使而使房屋所有权从物理性质上消灭的法律关系。依据一般的民法原理，只有物的所有权人才有权对其所有的物进行处分，使得物权消灭。然而由于房地产法律关系的特殊性，即房屋必须依附于土地而存在，这就使得土地所有权人行使自己的土地所有权时会遇到土地使用权人的权利障碍，由于使用权是以所有权为基础的，所有权具有优先于使用权的效力，因此国家作为土地所有权人行使土地所有权时就产生了房屋拆迁法律关系。

房屋拆迁法律关系不仅仅是房屋物权消灭的法律关系，而且也是房屋所有权人住宅权利保障法律关系。房屋是人们生存和发展的基本条件，住房保障权是基本人权，保障基本人权是国家的宪法义务。因此，房屋拆迁法律关系是国家对公民房屋物权的限制补偿和住宅权利保障的法律关系。因此对房屋拆迁法律关系的调整，一方面依据物权法规定的原则，另一方面也需要国家权力的介入。

(3) 房屋权属登记法律关系。这是房屋所有权确认法律关系。由于房屋属于不动产，其所有权确认不同于动产，动产以占有为所有权公示方式，而法律对于不动产则规定以登记为权属公示方式。房屋所有权登记是房屋所有权转移法律关系成立的构成要素。房屋权属登记由国家房屋管理行政部门负责，登记后发给房屋产权证书，房屋产权证书是证明房屋所有权法律文件，具有行政法意义上的法律效力。

(4) 房屋担保物权法律关系。这是指房屋抵押法律关系，房屋担保物权属于房屋他物权，是在房屋的所有权的基础上设置的物权。房屋抵押法律关系即债务人不转移对房屋的占有而在房屋所有权上设置抵押担保，当债务人不能偿还到期债务时，债权人依照法律规定或者担保法律关系主体的约定拍卖房屋以取得的款项充当债务履行的法律关系。另外，房屋所有权人不仅可以为自己或者他人的一般债务进行抵押担保，而且还可以抵押贷款的方式担保房屋所有权的取得。

4. 房屋债权法律关系

房屋债权法律关系是指依房屋所有权人的意志转移房屋所有权的债权法律关系。

（1）包括房屋交易和赠与法律关系。这是关于房屋所有权流转关系的法律关系。由于房屋本身具有商品属性，房屋的所有权会在原始取得后基于所有权人的意志转让或者基于法律规定继承，这是房屋所有权的第二次取得，理论上称为所有权的继受取得。这是和房屋所有权不同的法律关系，前者是房屋所有权人对物的所有关系，后者则是房屋的原所有人对房屋的继受人之间的法律关系，前者被称为物权关系，后者则被称为债权关系。房屋交易法律关系是交易双方互负义务的法律关系，即一方负有交付转移所有权的义务，另一方负有支付房款的义务；房屋赠与法律关系则是单方法律关系，仅有一方负有转移房屋所有权的义务。

（2）房屋租赁法律关系。房屋交易不仅仅是所有权的交易，而且包括对使用权的交易，这就是租赁法律关系，这也是房屋债权关系。房屋租赁法律关系是指出租人将房屋出租给承租人使用，承租人支付租金的法律关系。

（3）房地产中介服务法律关系。房地产中介服务法律关系是对房地产中介服务主体的商业行为进行规范的法律关系，其目的是为了给房地产债权的设定提供机会。

（4）物业管理法律关系。物业管理法律关系也属于房屋债权法律关系，即通过合同的方式设定对房屋管理的债权债务关系来达到维护房屋功能的目的。是指业主、业主委员会、物业管理公司等法律关系主体之间对房屋及其配套设施的使用进行管理的法律关系。

5. 房屋继承法律关系

房屋继承权法律关系是指房屋作为一项财产可以和其他财产一样当房屋所有权人死亡时由其继承人继承的法律关系。房屋继承法律关系不仅仅是财产权法律关系，而且包括人身权法律关系。所谓房屋财产权继承是指该项法律关系所涉及的财产权表现形式为房屋这种特殊的财产，所谓房屋人身权继承关系是指房屋继承是以被继承人和继承人之间存在着特定的身份关系为前提条件的。关于房屋继承法律关系的法律规范主要规定在《中华人民共和国继承法》（以下简称《继承法》）里，另外《城市房地产管理法》以及其他房屋管理法律、法规里关于房屋所有权转移的规定则是对房屋继承法律关系的特别规定，房屋继承法律关系同样要遵循这些特别规定。

6. 房地产纠纷处理法律关系

房地产纠纷处理法律关系是指对房地产法律关系的争议进行权利界定从而对其进行救济和保护的法律关系。这类法律关系主要是调整性法律关系，根据纠纷处理的方式不同可以进行不同的分类。

（1）房地产行政调解法律关系。这是指由国家行政机关对平等的公民、法人之间的房地产纠纷进行调解解决的法律关系。行政调解以当事人的申请为前提条件，国家行政机关作为中立的第三方进行调解，行政调解不具有法律效力，当事人可以反悔。

（2）房地产行政复议法律关系。这是指公民、法人对于国家机关的房地产行政行为不服而向上级国家机关或者同级人民政府提出行政复议的法律关系。房地产行政复议法律关系构建了国家房地产行政权力自行纠错的机制，同时，房地产行政复议法律关系中的行政复议请求权是公民的一项法定权利。提起行政复议的公民、法人对行政复议的结果不服仍然可以向人民法院提起行政诉讼。

（3）房地产行政裁决法律关系。这是指对于有法律、行政法规规定可以进行行政裁决的房地产法律事项，当事人之间如果发生争议可以向房地产行政部门提出行政裁决的申请由行政机关对于房地产争议事项进行行政裁决的法律关系。房地产行政裁决具有行政法律效力，但是当事人对行政裁决不服仍然可以向人民法院提起行政诉讼。

（4）房地产仲裁法律关系。这是指对于属于仲裁法所规定的房地产法律争议事项，当事人可以根据所达成的协议以仲裁方式解决争议的仲裁协议向仲裁委员会申请仲裁的法律关系。仲裁委员会所作出的仲裁裁决是发生法律效力的裁决，仅仅在仲裁委员会作出的仲裁决定违反仲裁法规定的程序时当事人可以申请人民法院撤销仲裁裁决。

（5）房地产诉讼法律关系。这是指当事人将房地产法律纠纷向人民法院起诉申请人民法院依法解决的法律关系。无论是民事法律关系还是行政法律关系当事人都可以向人民法院起诉，刑事法律关系则由人民检察院向人民法院提起公诉。人民法院实行两审终审制，即人民法院的第一审判决当事人在法定期限内不上诉则发生法律效力，当事人如果对一审判决不服可以向上一级人民法院提出上诉，上诉法院作出的判决立即发生法律效力。

第二节　房地产法律关系的构成要素

任何社会关系都是处在不断变化的过程中，是绝对运动和相对静止的统一，法律关系也不例外。为了研究房地产法律关系就需要研究其静态结构和动态过程，房地产法律关系的构成要素研究构成其静态研究的核心内容，房地产法律关系的运行则是研究房地产动态过程的理论。

房地产法律关系和其他法律关系一样，也包括主体、客体和内容三个构成要素，只是房地产法律关系的构成要素除了具有法律关系的普遍性特点以外还具有自己的特殊性。详细分析如下。

一、房地产法律关系的主体

房地产法律关系的主体包括自然人主体和法人主体，和一般的法律关系的主体相比，国家权力对房地产法律关系的高度介入是这类法律关系的一个重要特点。一般来说，法律对房地产法律关系的主体的权利能力附加了更加严格的限制条件，而且国家行政机关往往成为房地产行政管理法律关系的主体。由于法律关系的主体存在于具体的法律关系里，而房地产法律关系具有复杂性，对房地产法律关系分类的详细程度决定了对房地产法律关系主体分类的准确程度。

房地产法律关系的自然人主体大致可以分为一般主体和特殊主体。一般主体是指法律只要求具有一般的民事权利能力和完全民事行为能力的自然人主体，如房屋买卖法律关系中的买受人；特殊主体是指法律要求具有特殊的民事权利能力和完全民事行为能力的自然人主体，法律同时也赋予了他们特殊的责任能力，这主要是指各类持有技术职业资格证书并从事房地产技术工作的人员，如注册建筑师、注册结构工程师、注册造价工程师等；另外还有其他为房地产提供技术服务的人员如注册会计师、律师等。法律对房地产法律关系的自然人特殊主体一般要求具有高等教育经历和实践经验并通过国家职业资格考试，对其责任能力的要求主要体现在行政法和刑法的责任规定里，如我国刑法规定的重大责任事故罪。这里重点讲述房地产法律关系的法人主体。

法律对房地产法律关系的法人主体的权利能力和责任能力有着严格的要求，除了民法和公司法等一般法律的要求以外，房地产法律法规作为特别法对房地产法律关系主体的权利能力和责任能力主要从技术水平和房地产行业的特殊性方面作了特别规定。需要说明的是，法人的权利能力和行为能力被认为是一致的，因此只需规定其权利能力。大体上包括下列几类。

1. 土地所有权法律关系主体

土地所有权法律关系主体的权利能力法律上没有作出规定，但土地所有权法律关系的主体被严格限制为国家和集体，其中国家土地所有权由国务院代表国家行使，集体土地所有权由集体经济组织行使。这两类土地所有权主体的权利能力并不相同，国家土地所有权人的权利能力大于集体土地所有权人的权利能力，前者可以对后者的土地实行征收，集体土地所有权人不能对其土地进行房地产开发。我国法律对土地所有权主体的规定是由宪法以及宪法性法律规范作出的，具有宪法性质的法律规范不能由法律对其进行修改，这就从宪法上排除了个人作为土地所有法律关系的主体的可能性。

2. 城市规划法律关系的主体

城市规划法律关系的主体包括城市规划的制定主体和实施主体，其中城市规划的制定又分为编制和审批两个方面，城市规划编制法律关系的义务主体是各级人民政府城市规划部门，城市规划审批法律关系的义务主体是上级人民政府。从理论上讲，城市规划法律关系的权利主体是国家土地的所有权人，由于我国《宪法》规定各级人民代表大会代表人民行使各项权利，因此可以认为城市规划法律关系的权利主体是各级人民代表大会。

3. 土地使用权转让法律关系的主体

土地使用权转让法律关系的主体包括土地开发过程中土地使用权转让的主体和房屋所有权转让而引起的土地使用权转让的主体。前者是基于土地申请人的申请行为和国家土地管理机关的许可行为而产生的；后者则是基于房屋所有权转让与其附着的土地一并转让的法律规定而产生的。从法律性质上讲，前者是行政法律关系的主体，其相对的主体是国家行政机关，法律主体之间的地位是不平等的，法律主体的权利义务关系的确定主要依据行政法律的规定；后者则是民事法律关系的主体，法律主体之间的地位是平等的，法律主体的权利义务关系的确定主要依据民事法律的规定。土地使用权转让法律关系的主体主要有土地使用权申请人、土地使用权受让人、土地使用权抵押人、土地使用权抵押权人等。

4. 土地征用和房屋拆迁法律关系的主体

土地征用和房屋拆迁法律关系是国家依据宪法和其他法律的规定对集体经济组织和房屋所有权人的土地使用权和房屋所有权进行限制并进行补偿的法律关系。在土地征用法律关系里，法律关系的主体是国家和集体经济组织，另外也有土地使用权人；在房屋拆迁法律关系里，法律关系的主体比较复杂，其中国家房屋行政主管部门作为房屋拆迁行政许可法律关系的主体，而拆迁人和被拆迁人则作为房屋拆迁实施法律关系的主体，法律对拆迁人的权利能力具有特殊要求，但对被拆迁人的权利能力和行为能力没有特别要求。

5. 房地产开发法律关系的主体

房地产开发法律关系也比较复杂，既包括行政法律关系也包括民事法律关系。就行政法律关系而言，房地产开发法律关系的主体即国家行政机关和房地产开发商；就民事法律关系而言，房地产法律关系的主体则包括房地产开发商和工程建设勘察、设计、施工、监理等单位。法律对房地产开发主体的权利能力有特殊的资格要求。

6. 工程建设法律关系的主体

工程建设法律关系的主体也包括行政法律关系和民事法律关系两个方面，工程建设行政法律关系的主体即工程建设行政主管部门和工程建设的勘察、设计、施工、监理单位；工程建设民事法律关系的主体即建设单位（往往是房地产开发商）和上述工程建设参与单位。法律对工程建设法律关系主体的权利能力有特殊要求。需要说明的是，同一个单位在不同的法律关系里并不属于同一个法律关系的主体。比如同一个设计单位，既存在行政机关对其进行管理的法律关系又存在工程建设单位与其之间的民事法律关系即工程建设设计合同关系。在前一个法律关系里，设计单位是行政法律关系的主体，在后一个法律关系里，设计单位是民事法律关系的主体。

7. 房地产交易法律关系的主体

房地产交易法律关系的主体包括法人主体和自然人主体，主要有房地产行政管理机关、房地产出卖人、房地产买受人、房地产抵押人、房地产抵押权人、房地产出租人、房地产承租人、房地产中介组织、房地产经纪人、房地产中介委托人等。法律对有些房地产交易法律关系的主体的权利能力和行为能力具有特殊要求，对有些主体则没有特别要求。这些法律关系的主体存在于特定的房地产交易法律关系里，比如房地产出卖人和房地产买受人只能存在于房地产买卖法律关系里而不能出现在房地产租赁法律关系里面。

8. 房地产权属登记法律关系的主体

房地产权属登记法律关系的主体包括法人和自然人，主要有房地产权属登记行政机关、房地产出卖人、房地产买受人等。房地产法律关系的主体是一般主体，法律只要求其具有一般的权利能力和完全行为能力即可。

9. 房地产物业管理法律关系的主体

房地产物业管理法律关系的主体比较复杂，也包括法人主体和自然人主体，主要有业主、业主大会、业主委员会、物业管理公司、物业管理行政机关等。法律对物业管理公司的的权利能力具有资格要求。同样，同一个单位在不同的法律关系里不能被视为同一个法律关系的主体。

10. 房地产纠纷处理法律关系的主体

房地产纠纷处理的方式不同，其法律关系的主体也不同。在房地产行政裁决法律关系里，法律关系的主体是房地产行政裁决机关和房地产纠纷当事人，在房地产行政复议法律关系里，法律关系的主体是提起行政复议的行政机关以及受理行政复议的行政机关；在房地产诉讼法律关系里，法律关系的主体是房地产诉讼当事人和受理案件的人民法院。

二、房地产法律关系的客体

房地产法律关系的客体，是指房地产法律关系主体行使权利、履行义务所指向的对象，在国家机关参与的房地产法律关系里，房地产法律关系的客体还包括国家机关履行法定职责所指向的对象，是体现房地产法律关系主体的权利义务关系的载体。能够成为房地产法律关系客体的有物、行为和智力成果。同样由于房地产法律关系的复杂性，对房地产法律关系分类的详细程度影响着人们对房地产法律关系客体的认识程度，如果分类较为粗略就很难仔细区分某一类法律关系的客体。

1. 房地产法律关系的物客体

这一客体形式在房地产法律关系中具体表现为土地与房屋及其附属物。其中土地作为房地产法律关系的客体主要法律关系主体依据宪法性法律规范和土地法律规范以及行政法律规范加以调整，而房屋作为房地产法律关系的客体则往往由法律关系主体依据民事法律规范加以调整。

土地作为房地产法律关系的客体主要存在于土地所有权法律关系、土地使用权转让法律关系、土地征收法律关系里。在这些法律关系里，法律关系的主体都以土地这一特定的物作为自己权利义务的载体。比如在土地征收法律关系里，土地征用法律关系的主体通过土地这一法律关系的客体来确定各自的权利义务，对土地本身的处分反映了法律关系主体之间的权利义务关系，即反映法律关系的内容。土地作为房地产法律关系的客体可以分为国有土地和集体土地。属于国家所有的土地包括：城市市区的土地；农村和城市郊区中已经依法没收、征收、征购为国有的土地；国家依法征用的土地；依法不属于集体所有的林地、草地、荒地、滩涂及其他土地；农村集体经济组织全部成员转为城镇居民的，原来属于其成员集体所有的土地；因国家组织移民、自然灾害等原因，农民城建制地集体迁移后不再使用的原来属于迁移农民集体所有的土地。集体所有的土地包括：除由法律规定不属于国家所有以外的农村和城市郊区的土地，宅基地和自留地、自留山。

房屋作为房地产法律关系的客体主要存在于房地产交易法律关系之中。当然，房屋并非所有的房地产交易法律关系的客体，房屋可以分为农村房屋和城市房屋。农村房屋和城市房屋因为房屋占有土地使用权属不同因而其产权属性不同，农村房屋附着于集体所有的土地上，由于集体土地不能转让，因而农村房屋不能交易；而城市房屋附着于国有土地上，国有土地使用权可以转让因此城市房屋可以交易。

土地和房屋作为房地产法律关系的物客体，它们之间具有密切的联系。例如房屋转让时，房屋所附着的土地使用权一并转让，房屋抵押时，房屋所附着的土地使用权一并抵押。

2. 房地产法律关系的行为客体

作为房地产法律关系客体的行为是指房地产法律关系主体为享受权利、履行义务或者行使国家权力、履行职责所进行的活动。行为是法律关系主体对法律关系运行结果积极追求的外在表现，广泛存在于各类房地产法律关系里，贯穿于房地产开发的全过程。房地产法律关系的行为客体同样可以根据其法律依据加以分类，大致可分为国家机关行使职权的行为、合同行为、侵权行为几类。这些行为交叉出现在房地产开发经营的过程之中并有各种表现形式如城市规划行为、土地征用行为、房屋拆迁行为、土地使用权申请许可行为、房地产开发行为、工程建设行为、房地产交易行为、房屋租赁行为、房屋抵押行为、物业管理行为等。

行为作为房地产法律关系的客体往往和物作为房地产法律关系的客体出现相互交叉的情况，区分房地产法律关系的客体到底是物还是行为要看具体的法律关系，在具体的法律关系里往往是既有物作为房地产法律关系的客体又伴随有行为作为房地产法律关系的客体。这里需要区分作为房地产法律关系客体的行为和作为房地产法律事实的行为。作为房地产法律客体的行为是法律关系主体积极追求的某种结果，而作为法律事实的行为仅仅是法律关系主体实现某种目标的手段行为。

3. 房地产法律关系的智力成果客体

智力成果成为房地产法律关系的客体也往往存在于房地产开发经营的全过程。房地产开发的过程一方面是物的权利产生和转移过程，另一方面也是房地产技术水平和权利保护的凝聚过程，这是由房地产行业的技术密集性特点所决定的，我国知识产权法律规范和市场法律规范都对智力成果保护作出了明确的规定。如用于房地产开发的各类规划方案等，作为设计者的个人或单位对该设计方案依法享有著作权，还有用于房地产投资决策或销售的各种具有竞争优势的信息、数据等构成企业的商业秘密，受到《中华人民共和国反不正当竞争法》（以下简称《反不正当竞争法》）的保护。智力成果作为房地产法律关系的客体的表现形式多种多样，常见的有房地产策划书、工程设计图纸、工程管理文件、招标投标文件等。

三、房地产法律关系的内容

房地产法律关系的内容即房地产法律关系的主体享有的权利和承担的义务。在不同的法律关系里，房地产法律关系的主体所享有的权利和承担的义务是不同的，因而法律关系的内容也不同。我们说法律是社会意志和个人意志的统一，根据房地产法律关系内容所体现的社会意志和个人意志可将房地产法律关系的内容分为法定性内容和约定性内容两种。其中，房地产法律关系的法定性是指房地产法律关系主体的权利和义务由法律规定，体现着法律的社会意志；而房地产法律关系的约定性则是指房地产法律关系主体的权利和义务由法律关系主体自己约定，这体现着法律的个人自由意志。

1. 房地产法律关系的法定性内容

房地产法律关系的法定性内容一般由强行性法律规范调整，这些法定性内容不允许法律关系主体通过协商的方法加以更改，更改则构成违法，这些内容是法律的社会意志的方面。由于房地产法律关系与公共利益关系密切，国家权力介入较多，这是房地产法律关系法定性内容存在的原因。房地产法律关系法定性内容主要存在于物权法律关系和房地产行政法律关系里，比如土地所有权法律关系、城市规划法律关系、房地产开发法律关系、工程建设法律关系、土地征用和房屋拆迁法律关系、权属登记法律关系、房地产纠纷处理法律关系。其法律规范依据主要是宪法、物权法、行政法、诉讼法规范。在这些法律关系里，法律对法律关系主体的权利义务作了明确的规定，比如在土地所有权法律关系里，法律明确规定"任何单位和个人不得侵占、买卖或者以其他形式非法转让土地。土地使用权可以依法转让"。该法条明确规定了土地所有权人的法定义务，即不得转让土地，土地所有权法律关系的义务人——土地所有权人以外的任何人不得侵占土地。同时法律赋予了土地所有权人的一项权利即土地使用权可以转让。

2. 房地产法律关系的约定性内容

房地产法律关系的约定性内容主要存在于房地产债权法律关系，主要表现形式是合同，一般由法律的任意性规范加以调整。法律把这些内容的确定赋予了法律关系的主体，体现了法律关系的个人自由意志。房地产法律关系的约定性内容所存在的领域和法定性内容存在的领域具有重合之处，这是由于房地产法律关系的法定性内容本身就是为了规范约定性内容而存在的。因此，几乎在所有的房地产法律关系里都存在房地产法律关系的约定性内容，但是在土地所有权法律关系里房地产法律关系的法定性内容要多一些，而在房地产交易法律关系和房屋赠予继承法律关系里房地产法律关系的约定性内容则多一些。

第三节　房地产法律关系的确认和保护

一、房地产法律关系确认和保护的法律规范

房地产法律关系确认和保护的法律规范是指享有立法权的国家机关制定的房地产法律规范进行确认和保护的法律规则，是房地产法律关系存在的基本条件，也是房地产法律关系确认和保护的法律依据。

房地产法律规范具有法律规范的普遍性特点，普通法律规范的概念和基本构成以及分类都适用于房地产法律规范，这里仅介绍常见的房地产确认和保护的法律规范。由于对于房地产实体性权利确定的法律规范的介绍由第一章第四节的房地产法律体系加以介绍，因此本节仅介绍房地产法律关系确认和保护的程序性法律规范。

（1）宪法。主要有《中华人民共和国宪法》，宪法里规定了人民法院的独立审判原则。

（2）基本法律法规。主要有《中华人民共和国民事诉讼法》《中华人民共和国行政诉讼法》《中华人民共和国刑事诉讼法》《中华人民共和国仲裁法》《中华人民共和国法官法》《中华人民共和国律师法》《中华人民共和国行政复议法》等，这些法律确定了法律关系确认和保护的程序。

（3）行政法规。国务院的行政法规在依照法律规定行使行政职权的同时也规定了与行政

管理法律关系有关的确认和保护程序，关于法律关系确认和保护的程序主要散见于实体性的行政法规里。

（4）最高人民法院的司法解释。主要有《最高人民法院关于执行〈中华人民共和国行政诉讼法〉若干问题的解释》《最高人民法院关于执行〈中华人民共和国刑事诉讼法〉若干问题的解释》《最高人民法院关于适用〈中华人民共和国民事诉讼法〉若干问题的意见》《最高人民法院关于民事诉讼证据的若干规定》等。

房地产法律关系的确认和保护的程序性规范不限于上述介绍，事实上在房地产法律关系的实体性法律里面规定了大量的程序性内容。如《中华人民共和国物权法》就规定了物权法律关系确认和保护的程序性内容。

二、房地产法律关系的法律事实

房地产法律关系的法律事实是指能够引起房地产法律关系产生、变更和消灭的法律事实，是房地产法律关系确认和保护的实质性条件。房地产法律关系的法律事实通常也分为行为和事件。作为房地产法律事实的法律行为和房地产法律关系紧密相关，也和房地产法律关系的其他要素紧密相关，因此了解了房地产开发的全过程也就了解了房地产法律关系的法律事实，在房地产法律关系和房地产法律关系主体的论述里对房地产法律行为已经有所论述，因此本节只对作为房地产法律关系法律事实的行为简述如下。

1. 房地产法律行为

房地产法律行为包括房地产行政行为和房地产民事法律行为。

（1）房地产行政行为。是指房地产管理行政管理行政部门对房地产开发和交易活动进行行政管理的行为。这些行为是国家行政机关行使法律规定的国家权力的行为，体现了公共意志对房地产社会关系的介入。房地产行政行为一般分为房地产行政许可行为、房地产行政处罚行为、房地产行政征收行为、房地产行政补偿行为、房地产行政强制行为、房地产行政裁决行为、房地产行政复议行为等，这些行为的表现形式如土地征用、强制拆迁等。房地产行政行为一经做出就具有行政法意义上的效力，行政相对人即便对行政行为不服也必须首先执行然后申请行政复议或者提起行政诉讼直至行政复议机关或者人民法院作出决定或者判决。这些行为是房地产法律关系产生、变更和消灭的重要法律事实。

（2）房地产民事法律行为。是指地位平等的房地产法律关系主体通过意思表示来实现自己目的的法律行为，可以分为单方行为和双方行为以及多方行为，如房屋赠与行为、房地产交易行为、工程建设合同行为等。房地产民事法律行为最常见的是合同行为，即房地产民事法律关系主体通过平等协商确定各方权利义务并签订合同的行为。合同行为需要严格依据《中华人民共和国合同法》及其他相关法律所规定的程序和要求才能发生法律效力。

2. 房地产法律事件

房地产法律事件，是指由房地产法律规定的不以当事人的意志为转移的、能够引起房地产法律关系产生、变更或消灭的客观情况，主要是指房地产法律法规的颁布实施或者修改、废止和不可抗力事件等。一般认为，导致房地产法律关系产生、变更或消灭的事件包括自然现象和社会事件。

（1）自然现象。作为房地产法律事实的自然现象，是指能够引起房地产法律关系产生、变更与消灭的一切来自人类意志之外的事实。如山洪暴发冲毁房屋、地震破坏房屋、房地产所有权人死亡等。

（2）社会事件。作为房地产法律事实的社会事件，是指能够引起房地产法律关系产生、变更和消灭的不以人们意志为转移的重大社会事实。如战争、罢工、土地改革、法律的颁布和废止等。

房地产法律行为是房地产法律关系产生、变更和消灭的原因,也是房地产法律关系确认和保护的前提。

三、房地产法律关系确认和保护的程序

房地产法律关系确认和保护的程序遵循普通法律确认和保护的程序,对于满足房地产法律关系确认和保护实质性条件的房地产法律关系进行确认和保护的程序,大致有如下几种类型。

1. 房地产法律关系确认和保护的协商程序

房地产法律关系确认和保护最有效和便捷的程序是房地产法律关系主体之间通过平等协商解决问题,协商程序适用于任何房地产法律关系。通过友好协商不仅能够节约成本和时间,而且能够把矛盾解决在萌芽状态,房地产法律关系主体之间的其他社会关系不会受到影响。由于是平等协商,任何一方都不得把自己的意志强加给另一方,而且协商本身就是相互妥协的过程,因此,需要房地产法律关系主体双方寻找到共同利益最大化的双赢解决办法,不仅需要耐心,还需要高超的谈判技巧。房地产法律关系确认和保护的协商程序常常表现为合同关系,首先通过谈判确立合同的权利和义务然后根据合同条款来通过谈判解决争议,另外通过合同条款的设定可以有效避免一些争议。通过协商对房地产法律关系的确认和保护是最常见的房地产法律关系保护方法。当事人协商后达成的确认和保护的房地产法律关系的协议反悔的仍然可以向人民法院起诉或者向仲裁机构申请裁决。

2. 房地产法律关系确认和保护的仲裁解决程序

房地产法律关系确认和保护的仲裁解决程序是指通过独立的仲裁机构来解决房地产法律关系争议的程序,这是在房地产法律关系主体无法通过协商的方法来对房地产法律关系的产生、变更和消灭作出确认,同时又同意通过仲裁的方式解决问题的程序。仲裁和诉讼只能选择其一,房地产法律关系主体选择了仲裁后再向人民法院起诉的人民法院不予受理。房地产法律关系主体对通过仲裁方式达成的房地产法律关系确认和保护的仲裁协议的效力有异议的可以请求人民法院作出裁定。

3. 房地产法律关系确认和保护的行政裁决程序

房地产法律关系确认和保护的行政裁决程序是指行政机关依照法律授权以中间人的身份对特定的民事房地产法律关系争议进行审理和公断的行政行为。行政裁决程序本身针对民事房地产法律关系的争议,而不能针对行政房地产法律关系。另外,行政裁决的民事房地产法律关系的范围则由法律确定,行政机关对法律规定范围以外的事项则无权进行行政裁决。行政裁决是行政行为,对裁决不服可以申请行政复议和提起行政诉讼。

4. 房地产法律关系确认和保护的行政复议程序

房地产法律关系确认和保护的行政复议程序是指行政房地产法律关系的相对人不服行政机关作出的行政行为而向行政机关复议申请重新审查并纠正原来的行政行为,行政复议机关对原来的行政行为进行合法性和合理性审查并作出决定的程序。行政复议仅仅针对行政行为并且只有与行政行为相关的房地产法律关系主体有资格申请。对行政复议结果不服的除了法律规定的例外情况以外都可以向人民法院提起行政诉讼,但是在行政复议期间房地产法律关系主体向人民法院起诉的人民法院不予受理。

5. 房地产法律关系确认和保护的诉讼程序

房地产法律关系的确认和保护程序是指房地产法律关系主体通过向人民法院提起诉讼的方式来确认和保护房地产法律关系的程序,这是房地产法律关系确认和保护的最后程序。诉讼程序分为民事诉讼程序、行政诉讼程序和刑事诉讼程序，分别针对民事房地产法律关系、行政房地产法律关系和刑事房地产法律关系进行设定。相对于其他程序，诉讼程序所作出的确认能够否定其他程序所作出的确认，我国民事和行政诉讼实行两审终审制，即对一个案件经过两级法院审理所作出的判决是发生法律效力的判决，刑事诉讼除了死刑案件设置死刑复核程序外也实行两审终审制。对于发生法律效力的判决，由国家司法权力来对确认的房地产法律关系加以保护。因此，诉讼程序是对房地产法律关系确认具有最终效力和保护最有力的程序。

复习思考题

1. 什么是法律关系？法律关系有什么特点？
2. 房地产法律关系的特点是什么？
3. 试述房地产法律关系的分类。
4. 试述房地产法律关系主体的分类。
5. 试述房地产法律事实中的法律行为。
6. 房地产法律关系的确认和保护程序有哪些？

案例分析

【案例 2-1】

1. 案情介绍

2007 年 5 月 A 房地产开发公司就其某住宅小区项目与 B 建筑公司签订了一份工程总承包合同，约定由 B 建筑公司承建该住宅小区项目工程；部分工程分包时，工程价款由 B 建筑公司与分包单位结算。其后，B 建筑公司与 C 桩基公司就桩基工程签订分包合同，约定 B 建筑公司每月按照已完成桩基工程量的 80% 支付进度款，余款暂由该桩基公司垫资，桩基工程验收合格后 60 日内，B 建筑公司付清余款。2007 年 8 月，因 B 建筑公司拖欠 C 桩基公司部分工程款，C 桩基公司一纸诉状将其告上法院，要求其结算并支付工程欠款，并要求法院判令终止合同履行。B 建筑公司则认为：停止桩基工程是房地产开发商要求的，其主要责任应由开发商承担；同时认为自己作为承包单位，只是负有转付工程款的义务，而建设单位应承担直接支付工程款的义务。

2. 法律关系分析

（1）法律关系的性质分析。

B 建筑公司与 C 桩基公司之间是分包合同法律关系。其权利义务的确定依据《中华人民共和国合同法》《中华人民共和国建筑法》《中华人民共和国招标投标法》《建设工程质量管理条例》等法律法规以及当事人之间的合同来确定。

上述法律关系以上述法律规范的存在为前提条件的；上述法律规范则体现了国家意志即社会意志对房地产法律关系的要求。B 建筑公司与 C 桩基公司之间依照上述法律规范来建立的社会关系是法律关系，它们只有建立了法律关系，法律才能保护它们所追求的利益从而才能使它们实现自己的目的。就它们之间的法律关系的类型来说，是平等的民事主体之间的法律关系，因而属于横向型法律关系；它们所建立的法律关系确定的是它们之间关于房地产开发的行为规则，不是以解决纠纷为主要内容的，因而属于调整性法律关系；同时上述法律关系是以实现 B 建筑公司与 C 桩基公司之间财产性利益为目的的法律关系，因而属于财产性法律关系。就房地产法律关系的特殊分类而言，它们之间的法律关系属于房屋物权原始取得法律关系，房屋物权原始取得依赖于债权的设定行为。

（2）法律关系构成要素分析。

B建筑公司与C桩基公司之间的法律关系的主体是B建筑公司与C桩基公司之间，其权利能力、责任能力依照《中华人民共和国公司法》《建筑业企业资质管理规定》等法律、法规和规章来确定；法律关系的客体是工程建设行为，即C桩基公司为B建筑公司从事工程建设、B建筑公司向C桩基公司支付工程价款的行为，正是为了实现上述目的才使得它们之间建立法律关系，并且法律关系的内容即它们之间的权利义务关系也紧紧围绕上述法律关系的客体来确定；法律关系的内容即它们之间的权利和义务则依照法律的规定和它们之间的约定来确定，其中法律所确定的权利和义务属于法定性内容，它们在合同中约定的权利和义务则属于约定性内容。

（3）法律关系的确认和保护分析。

首先，它们之间确立法律关系的事实是合同行为，这种合同行为以法律规范的存在为前提条件，法律规定了它们通过合同行为可以建立合同法律关系。这种事实是法律所规定的规范性事实，具有法律意义。合同行为是它们之间法律关系产生的原因，也是构成它们之间法律关系确认的实质性条件。

其次，他们之间的法律关系的保护以法律关系的确认为前提条件，而它们之间的法律关系的保护则需要通过一定的程序来实现，本案中，它们通过诉讼方式来实现它们之间法律关系的保护。

【案例2-2】

1. 案情介绍

李某排行老三，其大哥、二哥都已结婚分家另过，结婚时李某父母给了其大哥、二哥一些钱建房。2001年，李某结婚时，父母无钱，于是口头允诺将现住的4间房分给他们夫妻两间居住，后来李某夫妇一直使用这间房子。事隔三年，李某的弟弟结婚也要用房，便说李某夫妇侵占了父母的房产，应退出来，李某的父母因偏爱小儿子，又素与李某妻子不和，也反悔且不承认将房屋赠与了李某夫妇，李某无奈之下起诉至法院，要求确认其夫妇的房屋所有权。

2. 法律关系分析

法律关系是法律规范调整的那一部分社会关系，本案中所要解决的社会关系是李某的父母将房屋赠与给李某的行为能否受到法律的保护。这就需要分析这种行为所形成的社会关系是否属于法律关系，也就是说需要分析这种行为是否在当事人之间成立了法律关系。

（1）法律关系的性质分析

法律关系是是根据法律规范建立的一种社会关系，法律关系的产生、变更和终止需要两个条件，即法律规范和法律事实。

就法律规范来讲，我国法律关于房屋赠与法律关系的规定主要体现在《中华人民共和国合同法》《中华人民共和国城市房地产管理法》《中华人民共和国物权法》等法律法规里。这些法律规范明确规定了房屋赠与法律关系的概念、构成要素，是法律关系理论的在房地产行业里的体现。因此，本案中的赠与关系具备了法律关系的规范条件。

就法律关系的事实来讲，法律事实首先是法律所认可的事实，如果上述法律规范对李某父母的赠与行为加以认可，那么这种赠与行为就具备了法律事实的第一个特征。其次，法律事实是一种能用证据证明的事实。如果李某父母的赠与行为是一种能用证据证明的事实，这种赠与行为就具备了法律事实的第二个特征。第三，法律事实是一种具有法律意义的事实。如果李某父母的赠与行为对于解决本案的问题具有法律意义，那么这种赠与行为就具备了法律事实的第三个特征。上述特征同时具备才能构成本案的法律事实。

《中华人民共和国合同法》规定了赠与行为的构成要件"赠与的财产依法需要办理登记手续的,应当办理有关手续"。《中华人民共和国物权法》规定"不动产物权的设立、变更、转让和消灭,经依法登记,发生效力;未经登记,不发生效力,但法律另有规定的除外。"《中华人民共和国城市房地产管理法》规定"房地产转让或者变更时,应当向县级以上地方人民政府房产管理部门申请变更登记,由县级以上地方人民政府房产管理部门核实并颁发房屋所有权证书"。

结合本案的情况,李某父母的赠与行为显然不符合法律的上述规定,也就是说该行为不具有法律关系的合法性要求,不属于法律行为,不能发生法律效力。因此,李某的父母和李某之间并没有成立赠与法律关系。

(2) 法律关系构成要素分析

本案没有成立赠与法律关系,因此虽然具备了法律关系的主体要素,但没有法律关系的客体和内容。

(3) 法律关系的确认和保护分析

本案中法律关系确认的依据是上述法律规定,确认的程序是诉讼程序,确认的结果是上述法律关系没有成立。

 实训题

1. 王某系某小区户主,拥有401室与402室的同单元相邻的两套房子,为了把两套房子合成一套使用,在两套房子门外的走廊处安装了一道防盗门。物业管理公司认为王某的行为构成非法占有,造成公共妨碍,将王某起诉到人民法院。

试对分析上述案例的法律关系。

2. 甲公司与乙公司签订了某办公楼的建筑安装施工合同,对办公楼的土建安装全部由乙公司负责,乙公司向甲公司缴纳管理费为工程税前总价的6%。施工过程中由于甲公司资金不到位,乙公司垫资施工并竣工验收合格。现甲公司拖欠乙公司180万元。

试分析甲公司和乙公司之间的法律关系及其保护程序。

第三章 土地所有权

> **学习目标**

1. 了解土地所有制内涵和我国的土地制度。
2. 掌握我国土地所有权的表现形式及范围。
3. 掌握我国国有土地所有权的特征。
4. 熟悉土地他项权利的内涵及他项权利类型。

> **技能要求**

掌握依法运用土地他项权利的能力。

第一节 土地制度概述

一、土地制度概述

土地制度是人们在占有、使用、收益和处置土地方面所形成的社会关系的总和。

土地制度有广义和狭义的概念之分。广义的土地制度是指包括一切土地问题的制度，是人们在一定社会经济条件下，因土地的归属和利用问题而产生的所有土地关系的总称。广义的土地制度包括土地所有制度、土地使用制度、土地规划制度、土地保护制度、土地征用制度、土地税收制度和土地管理制度等。狭义的土地制度仅仅指土地的所有制度、土地的使用制度和土地的国家管理制度。在新中国成立后的一个很长的历史时期内，由于特定的历史原因，在人们的传统观念上，习惯把土地制度理解为狭义的土地制度。我国现阶段的土地制度是以社会主义土地公有制为基础和核心的土地制度，包括了上述广义土地制度的全部内容。

二、我国土地制度沿革

1. 原始社会

原始社会的土地属于氏族公有，集体耕种，平均分配。

2. 奴隶社会（夏、商～春秋末年）

土地归国家所有，实行井田制。

（1）实质：国王所有的贵族土地所有制。

（2）表现：①"公田"，即贵族占有；②"私田"，即分授给农夫；农夫只有使用权，没有所有权。

(3) 内容：①一切土地名义上属于国家公有；②国王把土地层层分封给各级贵族世代享用，但不得转让和买卖；诸侯要向国王缴纳一定的贡赋。

(4) 瓦解：齐管仲，相地而衰征；鲁初税亩，承认了私田的合法性；秦商鞅变法，承认私人占有土地的合法性，允许土地自由买卖，推动地主经济的发展。

3. 封建社会（战国～1840年）

战国时期，废除井田制，以法律形式确立封建土地所有制，形成以私有制为主体的多种土地所有制。

国有——"官田（公田）"。

私有——自耕农土地私有制；君主土地私有制；地主土地所有制（豪强地主、士族地主）。

土地来源：占有公田转私，获赐，兼并买卖（主要）。

租佃关系：战国产生，汉代普遍。

自宋代始，租佃经营成为仅次于自耕农形式的重要经营方式。

明清时期，租佃制普及全国，成为农村经济的主要形式。

地租形态：劳役→实物（宋）→货币（明清）；农民雇工自主权积极性提高。

人身依附关系：东汉豪强、地主割据形成田庄，田庄的劳动者与田庄庄主形成强烈的人身依附关系。之后依附关系越来越减弱，特别是明清时契约纳租方式确立后。解脱出来的农民，生产自主权提高，提高了积极性，促进了农业的发展。

4. 清末民初（1840～1924年）

清末民初，封建土地所有制占主体。

(1) 太平天国。《天朝田亩制度》农民个体私有，平均主义。

(2) 辛亥革命。平均地权（理念）。

5. 国民革命时期（1924～1927年）

目的：为发动农民反对军阀。

政策：耕者有其田（口号）。

影响：有利于开展农民运动、反对军阀统治。

1927年党的"八七会议"，井冈山革命根据地的创建，是由大革命失败到土地革命战争兴起的历史性转变。

6. 十年对峙时期（1927～1931年）

目的：为了满足农民的土地要求。

政策：1927年打土豪，分田地；1931年土地革命，农民土地所有制。

路线：依靠贫农、雇农，联合中农，限制富农，保护中小工商业者，消灭地主阶级，变封建半封建的土地所有制度为农民的土地所有制。

影响：巩固了农村革命根据地；使广大贫雇农政治上翻了身，经济上分到土地，生活上得到了保障，调动了他们革命的积极性。

7. 抗日战争时期（1931～1945年）

(1) 进行根据地建设。大生产运动（抗战时期中共领导抗日根据地军民开展的以自给为目标的大规模生产自救运动）；军垦屯田。

目的：巩固农村革命根据地。

影响：陕甘宁边区和敌后抗日根据地的大生产运动健康发展，成就显著。农业和工商业的产值迅速增长，人民负担大大减轻，军民生活明显改善。大生产运动使根据地度过了严重的经济困难时期，为争取抗日战争的胜利奠定了物质基础。

(2) 地主减租减息，农民交租交息。

目的：团结一切力量争取抗战胜利。

影响：中共在民族矛盾成为主要矛盾的情况下改变了没收地主土地的政策，承认了地主土地所有权、地主对农民的债权和租佃关系。但对地主的封建剥削又进行了一定的限制，改善农民的物质生活。这一措施把巩固抗日民族统一战线与解放农民问题很好地结合起来，即调动了农民的生产积极性，又有利于团结地主抗日，巩固了抗日统一战线。

8. 解放战争时期（1945～1949 年）

目的：调动广大群众革命积极性。

政策：1946 年 5 月，中共中央发出《关于清算减租及土地问题的指示》，变减租减息为没收地主土地分配给农民。

1947 年《中国土地法大纲》规定，耕者有其田。

影响：加速了人民解放战争的进程。

认识：变革土地制度是中国民主革命的一项基本任务，是广大农民最迫切的要求。不解决土地问题，就不可能把广大农民真正地发动起来，也不可能完成反封建的任务。在国共政权十年对峙时期和抗日战争时期，中国共产党根据当时的国内矛盾，分别制定了切实可行的土地改革政策。抗日战争胜利后，中国社会的主要矛盾发生变化。为适应建立抗日民族统一战线需要而制定的减租减息政策已不能满足广大农民的要求，为了彻底消灭封建剥削制度，中国共产党制定了《中国土地法大纲》。这是一个比较完善的土地革命纲领。

9. 新中国成立后（1949 年至今）

(1) 1950 年土地改革（即"土改"）。封建土地所有制→农民土地所有制，按劳分配。

① 目的：新解放区农民迫切要求获得土地；为了彻底废除封建土地私有制。

② 政策：《中华人民共和国土地改革法》。

③ 特点：采取保存富农经济的政策。

④ 影响：1952 年年底全国基本完成土改，彻底废除封建剥削土地制度；广大农民翻身解放，农村生产力得到解放。

(2) 1953～1956 年　对农业社会主义改造。

农民土地所有制→集体所有制，实行平均分配。

1958 年后，人民公社"一大二公"，大规模集体所有制，平均分配。

① 方针和原则：积极发展稳步前进、自愿互利。

② 方法：典型示范逐步推进。

③ 过程：互助组（社萌芽，土地私有、共同劳动）──→初级农业生产合作社（半社，土地入股、统一经营）──→高级农业生产合作社（完全社，土地归公、集体所有）。

(3) 1978 年：家庭联产承包制（经济体制改革、调整产业结构）大规模集体所有制──→社会主义公有制，按劳分配。

① 主要形式：是联产承包责任制和乡镇企业。

② 方向：专业化、商品化、社会化，改革后新体制实行家庭分散经营与集体统一经营相结合。

③ 性质：农村经济体制改革的性质仍然是社会主义公有制。

④ 实质：在土地公有制的基础上，使农村获得生产和分配自主权。

⑤ 意义：农村经济体制改革调动了农民生产积极性，解放了农村生产力，推动了农业的发展；推动产业结构的调整。农村改革逐渐向专业化、商品化和社会化发展。它为城市经济体制改革提供了条件。

三、土地所有制

土地制度的核心是土地所有制。土地所有制是以国家意志对土地所有权的内涵、性质和地位作出界定，是人们行使土地权利时必须遵守的制度。

根据目前世界各国土地所有制现状，世界各国大致可以区分为公有制和私有制两大类。我国土地所有制为社会主义土地公有制。我国社会主义土地公有制的内容主要包括如下几类。

① 我国全部土地实行社会主义公有制，即全民所有制和劳动群众集体所有制。

② 土地的全民所有制采取社会主义国家所有的形式，国家代表全体劳动人民占有属于全民的土地，行使占有、使用、收益和处分的权利。

③ 土地的社会主义劳动群众集体所有制，采取农村集体经济组织的农民集体所有的形式，农村集体经济组织代表该组织的全体农民占有属于该组织的农民集体所有的土地，并对该集体所有的土地行使经营、管理权。

④ 城市市区的土地全部属于国家所有。

⑤ 农村和城市郊区的土地，除法律规定属于国家所有的以外，属于农民集体所有〔包括村农民集体和乡（镇）农民集体〕。

⑥ 实行国有土地有偿使用制度。

第二节　土地所有权

一、土地所有权内涵

土地所有权是指土地所有权人对归其所有的土地依法享有的拥有、占有、使用、收益、处分的权利，是一种权利束。

土地所有权是指土地所有者依法对自己的土地所享有的占有、使用、收益和处分的权利。土地所有者这种占有、使用、收益和处分权利，是土地所有制在法律上的体现。在我国，土地所有权的权利主体只能是国家和农民集体，其他任何组织和公民个人都不享有土地所有权，这是由我国土地的社会主义公有制决定的。土地所有权的四项权能即占有、使用、收益和处分。

一般来说，土地所有权属于财产所有权的范畴。但是土地所有权相对于一般财产所有权而言有其特殊性，土地所有者及其代表行使权利有三项重要的限制。

① 土地所有者及其代表行使权利不得违反法律、行政法规规定。

② 土地所有者及其代表不得违反其与土地使用者签订的土地使用权出让合同或者土地承包合同中约定的义务。

③ 土地所有权禁止交易。

土地所有权是其他一切房地产权利的基础。根据《中华人民共和国宪法》和《中华人民共和国物权法》（以下简称《物权法》）等有关法律的规定，土地所有权属于物权范畴，也具有物权的一切特征。

我国在新中国成立后，在法律上也承认物权，包括财产所有权、地上权、地役权、典权、抵押权等。但是，在 1957 年社会主义改造基本完成后，因多种所有制形式互相渗透而形成的用益物权已不可能存在。而产品经济体制下的产品流通按计划进行，也不必有担保物权的存在。所以除财产所有权以外的物权在很长一段时间内基本上已不复存在。一直到改革开放以后，多种所有制并存和社会主义市场（商品）经济的确立，离不开物权法的调整，因此，《中华人民共和国民法通则》（以下简称《民法通则》）明确规定了财产所有权和与财产所有权有关的产权，如抵押权、相邻权等属于物权范畴的权利。

根据《物权法》等有关法律的规定，所有权包含的各项权利可以独立于所有权而存在。土地所有权同样可以分解成拥有、占有、使用、收益、处分五项权能。这五项权能在特定场合下，除拥有权以外都可以与所有权人分离，但处分权只是部分分离，而作为土地所有权人并不因此丧失其所有权，还保留了拥有权和最终处分权。在市场经济条件下，所有权权能的分离，往往能给所有权人带来更大的经济效益。所有权人享有的五项权能，不一定是通过对五项权能的直接支配来发挥该财产的经济效益。在我国，国家作为国有土地的所有者，可以通过在一定时期内将其中一些权能让渡（转移）给土地使用者的方式（如国有土地使用权出让或租赁）直接获取经济利益。

二、我国的土地所有权

根据《中华人民共和国宪法》（以下简称《宪法》）和有关法律的规定，我国的土地所有权有两种形式，即国有土地所有权和集体土地所有权。

1. 国有土地所有权

（1）国有土地的范围。《中华人民共和国土地管理法实施条例》（以下简称《土地管理法实施条例》）规定了国有土地的范围。依据《土地管理法》第八条和《土地管理法实施条例》第二条的相关规定，下列土地属于全民所有即国家所有：

① 城市市区的土地；
② 农村和城市郊区中已经依法没收、征收、征购为国有的土地；
③ 国家依法征收的土地；
④ 依法不属于集体所有的林地、草地、荒地、滩涂及其他土地；
⑤ 农村集体经济组织全部成员转为城镇居民的，原属于其成员集体所有的土地；
⑥ 因国家组织移民、自然灾害等原因，农民成建制地集体迁移后不再使用的原属于迁移农民集体所有的土地。

（2）国有土地所有权的特征。《土地管理法》规定国家所有土地的所有权由国务院代表国家行使。

我国国家土地所有权的特征有以下几点。

① 所有权主体的唯一性。只有中华人民共和国才是国家土地所有权的主体，国家土地所有权，只能由代表全国人民利益的中华人民共和国及其授权的各级政府行使，其他任何机关、企事业单位都无权干涉。
② 所有权客体的广泛性。国家土地范围的广泛性决定了国家土地所有权客体相当广泛。
③ 所有权与使用权的分离性。国家是国家土地所有权的唯一所有权主体，但由于国家的特性所决定，国家不直接行使土地使用权，而是依法授权给国家机关或企事业单位行使，国家则采取各种方法和手段对国有土地使用权的行使进行监督。

2. 集体土地所有权

《土地管理法》规定了集体土地的范围。《宪法》第十条和《土地管理法》第八条规定：

① 农村和城市郊区的土地，除由法律规定属于国家所有的除外，属于农民集体所有；
② 宅基地和自留地、自留山，属于农民集体所有。

土地的劳动群众集体所有制，实际上是指土地的农民集体所有制，表现在土地所有权上就是农民集体的土地所有权。

劳动群众集体对属于其所有的土地依法享有的占有、使用、收益和处分权利，是土地集体所有制在法律上的表现。集体土地所有权的主体只能是农民集体，依农民集体的所属不同，可以将集体土地所有权划分为三种。

（1）农村农民集体土地所有权。农村农民集体土地所有权是集体土地所有权中的基本形式。村农民集体土地所有权属于全村农民所有，村集体经济组织的法人机关或者法定代表人，是村农民集体土地所有者的法定代表。

（2）乡（镇）农民集体土地所有权。乡（镇）农民集体土地所有的土地属于全乡（镇）农民集体所有，一般由乡（镇）办企、事业单位使用，也可以由乡农民集体或个人使用。乡（镇）农民集体所有的土地一般由乡（镇）人民政府代管，即由乡（镇）人民政府代行乡（镇）农民集体的土地所有权。

（3）村内两个以上农村集体经济组织的土地所有权。行政村内两个以上各自独立的农村集体经济组织，一般是指由过去的生产队沿袭下来的村民小组。农村实行大包干以后，大部分生产队已经解体，一些地区相应建起了村民小组。这种村内的农村经济组织是否具有集体土地所有权的主体特征，可以从两个方面来考察，一是各个农村经济组织之间是否仍然明确保持着过去生产队时期的土地权属界线；二是这些农村经济组织对自己认定的界线内的土地有无法律规定的占有、使用、收益、处分的权利，具体表现形式如排斥他人的、独自占有使用权，农、林、牧、渔业用地承包经营的发包权，以及国家建设征用土地时的独立受偿权等。农民集体所有的土地，由县级人民政府登记造册，核发证书，确认所有权。属于村内的农民分别所有的（实际上是以生产队为基础延续存在的），由村内的农村集体经济组织或者村民小组经营、管理；属于乡（镇）的，则由这一级的农村集体经济组织经营、管理。

第三节　土地的他项权利

一、土地的他项权利及特征

1995年的《土地登记规则》第二条第二款规定："本规则所称土地他项权利，是指土地使用权和土地所有权以外的土地权利，包括抵押权、承租权以及法律和行政法规规定的需要登记的其他权利。"

土地他项权利是在已经确定了他人所有权和使用权的土地上保留的其他利用土地方面的权利。他项权利的主体具有特定性，他项权利拥有者必须是与土地所有权或使用权拥有者有着密切关系的单位和个人。如邻里关系、土地使用权租赁关系、土地使用权抵押关系、地上附着物权属关系等。他项权利的发生，有的是由于土地所有权和使用权拥有者通过协议出让了部分权利，有的是法律明文规定的。他项权利与土地使用权的客体一般为同一块土地，它既依附于土地的所有权和使用权，又是对土地所有权和使用权的一种限制，这种限制往往影响土地所有者和使用者对土地的充分利用，从而影响土地所有权和使用权的价值。中华人民共和国成立前，在土地私有制条件下，除土地所有权以外，设定在他人所有土地（包括国有土地）上的一切权利统称为土地他项权利。

由此看来，土地他项权利有如下特征：

① 是在他人土地上享有的权利；

② 可以满足他人对土地利用的需求；

③ 他项权利的主体是土地所有人、使用人以外的人；
④ 它的存在对所有人、使用人有一定限制，如应满足别人的通行权；
⑤ 它是一种生产、生活中客观存在的权利。

二、土地他项权利的类型

1. 地役权

地役权是指为自己使用土地的需要，而使用他人土地的权利。《物权法》规定"地役权人有权按照合同约定，利用他人的不动产，以提高自己的不动产的效益。前款所称他人的不动产为供役地，自己的不动产为需役地。""设立地役权，当事人应当采取书面形式订立地役权合同。""地役权自地役权合同生效时设立。当事人要求登记的，可以向登记机构申请地役权登记；未经登记，不得对抗善意第三人。"

2. 相邻权

相邻权指相邻关系，包括相邻土地使用关系，相邻流水、排水关系，相邻防险、排污关系，相邻音响、震动、光照、卫生关系等。《民法通则》第八十三条规定："不动产的相邻各方，应当按照有利生产、方便生活、团结互助、公平合理的精神，正确处理截水、排水、通风、采光等方面的相邻关系。给相邻方造成妨碍或损失的，应当停止侵害，排除妨碍，赔偿损失。"《物权法》第八十四条规定："不动产的相邻权利人应当按照有利生产、方便生活、团结互助、公平合理的原则，正确处理相邻关系。"

3. 地上权

地上权是指在他人的土地上建筑、种植的权利。如建造厂房、住宅、种树、种竹等。

4. 空中权

空中权是指在他人土地上空建造设施的权利。如桥梁、渡槽、高架线等。

5. 地下权

地下权是指在他人土地之下埋设管线、电缆、建设地下设施的权利。如地铁、隧道、人防工程等。

6. 土地租赁权

土地租赁权是指出租人将土地提供给承租人使用，土地承租人按合同规定支付租金并对土地占有、使用的权利。

7. 土地借用权

土地借用权是指无偿占有、使用他人土地的权利。通过借用而使用别人的土地，可以认为借用人具有借用权。这是中国特殊历史条件下产生的一种他项权利形式。20世纪50年代至60年代，通过借用协议使用土地的相当多，且一般协议内容简单，有的有期限，有的没有期限，有的写明不作某用途时即退还等。这些问题，往往通过补签协议，增加限制条件继续借用，对借用方加以权利上的明确，有利于土地使用的稳定。

8. 耕作权

耕作权是指在他人土地上进行种植并获取收获物的权利。如单位征而不用的土地，应当退给农民继续耕种。农民耕种期间，不得在该土地上兴建永久性建筑物或者种植多年生作物，在国家建设需要时无偿退还。退还时土地上有青苗的，建设单位要付给青苗补偿费。

9. 土地抵押权

土地抵押权是指土地使用人依照法律规定，不转移抵押土地的占有，向债权人提供一定的土地作为清偿债务的担保所产生的担保物权，当债务人不履行债务时，债权人有权依法将土地折价或者以变卖方式从所得的价款中优先受偿。接受抵押的人是抵押权人，提供土地抵押的人,是抵押人。

总之,土地他项权利是一种发展和变化中的土地权利,对其进行确认和登记,一方面,可以区别土地所有权和使用权与他项权利的地位关系,保障土地所有权和使用权的正常行使不受干扰;另一方面,对土地的所有权和使用权进行了明确的限制,保护了土地所有权和使用权以外的有关土地的合法权益不被忽视和损害。此外,设定他项权利,还有利于土地所有权和使用权各项权能的分离和实现,对完善土地的权属管理和适应土地使用制度的改革有重要的作用。

复习思考题

1. 土地所有制的内涵是什么?
2. 我国的土地制度内容是什么?
3. 土地所有权的内涵是什么?
4. 我国哪些土地是国有土地?
5. 我国哪些土地是集体土地?
6. 我国国有土地所有权的特征是什么?
7. 什么是他项权利?他项权利有哪些类型?

案例分析

1. 案情介绍

1975年某县某公社为发展养猪事业建猪场,占用甲大队土地50亩,乙大队土地50亩,丙大队土地57亩,合计157亩,当时未办征用土地手续。在该猪场共建房屋、建猪舍,房屋和猪舍共占地5亩。自1976年起,该片地的农业税和征购任务由全乡农民负担。1978年后,上述三个大队多次找该公社领导要求收回土地,补偿损失。1980年9月1日双方签订了合同书。合同书前三条规定征用各大队土地亩数、每亩款数、还款时间,第四条规定征用上述三个大队的土地所有权归公社猪场,第五条规定猪场解散时按原价卖给原大队。1981年年底该公社分别以树苗、砖和现金按合同规定兑现了土地价款。1983年以后再没有养猪。猪场土地被四周群众挤占4.5亩。1988年5月该乡(原某公社)人民政府将其中40亩土地承包给某农民耕种,承包期为4年。1991年4月9日又将采伐树木腾出的70亩土地(1982年植树若干棵,1990年采伐),承包给该乡另外三位农民,承包期为30年。至此,甲乙丙三个村委会对养猪场的土地主张其集体所有权利,并与该乡人民政府发生土地权属争议。

2. 案例分析

原审第三人某乡政府未经批准占用三个村的集体耕地,尔后又未依法办理批准手续,且1983年后已不再养猪,猪舍坍塌闲置,土地长期对外发包,已改变了土地的用途,故应将土地退回原村庄所有。

第四章
城乡规划和建设政策与法规

> 学习目标

1. 了解城乡规划法内涵及法律责任。
2. 熟悉城乡规划的编制与审批、城乡规划的实施管理的具体内容、程序和规定。
3. 掌握房地产项目的勘察设计的有关管理措施。
4. 重点掌握城镇住房制度改革的主要内容和具体措施。

> 技能要求

1. 按照城乡规划法规定的进行城市规划和建设的能力。
2. 依法采取相应措施对违章建筑进行处罚的能力。

第一节 概 述

《中华人民共和国城乡规划法》(以下简称《城乡规划法》)从城乡规划法基础理论的角度,对城乡规划法中带有基础性的问题进行了深入论证,涉及城乡规划的基本范畴、基本特点和基本内涵等,对于城乡规划法的应用与研究具有奠基性的作用。城乡规划法是为了加强城乡规划管理,协调城乡空间布局,改善人居环境,促进城乡经济社会全面协调可持续发展而制定的。

一、城乡规划概述

城乡规划是指各级人民政府为了实现一定时期内行政区域的经济和社会发展目标,确定规划区性质、规模和发展方向,合理利用和节约使用城市土地,协调规划区空间布局和各项建设的总体部属和具体安排。

1. 城乡规划的概念

城乡规划是以促进经济社会全面协调可持续发展为根本任务、促进土地科学使用为基础、促进人居环境根本改善为目的,涵盖城乡居民点的空间布局规划。它是各级政府统筹安排城乡发展建设空间布局、保护生态和自然环境、合理利用自然资源、维护社会公正与公平的重要依据,具有重要公共政策的属性。城乡规划是按照法定程序编制和批准的,以图纸和文本为表现形式。城乡规划经过法定程序审批确立后,城乡规划区内的各项土地利用和建设活动,都必须按照城乡规划进行。

2. 城乡规划的内容

城乡规划包括城镇体系规划、城市规划、镇规划、乡规划和村庄规划。城市规划、镇规划分为总体规划和详细规划。详细规划分为控制性详细规划和修建性详细规划。在城乡规划中，城市规划是城市发展的蓝图，是建设城市和管理城市的基本依据，是保证城市土地合理利用和房地产开发等经营活动协调进行的前提和基础，是实现城市经济和社会发展目标的重要手段。

规划区是指城市、镇和村庄的建成区以及因城乡建设和发展需要，必须实行规划控制的区域。规划区的具体范围由有关人民政府在组织编制的城市总体规划、镇总体规划、乡规划和村庄规划中，根据城乡经济社会发展水平和统筹城乡发展的需要划定。城市规划区是指城市市区、近郊区以及城市行政区域内因城市建设和发展需要实行规划控制的区域。城市规划区的具体范围，由城市人民政府在编制的城市总体规划中划定。

二、城乡规划法概述

1. 城乡规划法概念

城乡规划法是指调整城乡规划制定、实施和管理过程中各种社会关系的法律规范的总称。广义的城乡规划法是指国家制定和认可的，旨在调整城乡规划活动中发生的各种社会关系的法律规范的总称。其调整对象包括城乡规划的制定、实施管理、修改、监督检查等活动中所产生的各种社会关系。狭义的概念是指 2008 年 1 月 1 日实施的《城乡规划法》这部法典。

2. 制定城乡规划法的原则

（1）城乡统筹、合理布局、节约土地、集约发展和先规划后建设的原则。

（2）改善生态环境，促进资源、能源节约和综合利用。

（3）保护耕地等自然资源和历史文化遗产，保持地方特色、民族特色和传统风貌，防止污染和其他公害。

（4）符合区域人口发展、国防建设、防灾减灾和公共卫生、公共安全的需要。

3. 城乡规划法的适应范围

规划区，是指城市、镇和村庄的建成区以及因城乡建设和发展需要，必须实行规划控制的区域。

规划区的具体范围由有关人民政府在组织编制的城市总体规划、镇总体规划、乡规划和村庄规划中，根据城乡经济社会发展水平和统筹城乡发展的需要划定。

4. 城乡规划管理

城乡规划管理是城乡规划管理部门依照相关法律、法规和批准的城乡规划，对规划区内进行的各项建设活动进行统一的安排和控制。

建设活动的内容：

（1）房屋建筑、构筑物及其附属建筑；

（2）城市道路等市政基础设施；

（3）供水、通信、电力等管线工程；

（4）城市防灾工程、绿化美化工程；

（5）为完成上述工程进行的临时工程。

5. 城乡规划管理的作用

（1）有利于促进城乡经济的发展。

（2）缓和村镇建设与农业用地的矛盾，有利于合理利用土地资源。

（3）合理布局城乡内部功能组织。

（4）改善城乡环境。

(5) 有利于保障城乡安全。
(6) 有利于保护自然和文化遗产。

6. 城乡规划法的法律责任

(1) 有关人民政府违反《城乡规划法》的行为及承担的法律责任

① 依法应当编制城乡规划而未组织编制，或者未按法定程序编制、审批、修改城乡规划的，由上级人民政府责令改正，通报批评；对有关人民政府负责人和其他责任人员依法给予处分。

② 委托不具有相应资质等级的单位编制城乡规划的，由上级人民政府责令改正，通报批评；对有关人民政府负责人和其他责任人员依法给予处分。

(2) 城乡规划行政主管部门违反《城乡规划法》的行为及承担的法律责任。城乡规划行政主管部门有下列行为之一的，由本级人民政府、上级人民政府城乡规划行政主管部门或者监察机关依据职权责令改正，通报批评；对直接负责的主管人员和其他直接责任人员依法给予处分：

① 未依法组织编制城市的控制性详细规划、县人民政府所在地镇的控制性详细规划的；

② 超越职权或者对不符合法定条件的申请人核发选址意见书、建设用地规划许可证、建设工程规划许可证、乡村建设规划许可证的；

③ 对符合法定条件的申请人未在法定期限内核发选址意见书、建设用地规划许可证、建设工程规划许可证、乡村建设规划许可证的；

④ 未依法对经审定的修建性详细规划、设计方案的总平面图予以公布的；

⑤ 同意修改修建性详细规划、设计方案的总平面图前未采取听证会等形式听取利害关系人的意见的；

⑥ 发现未依法取得规划许可或者违反规划许可的规定在规划区内进行建设的行为，而不予查处或者接到举报后不依法处理的。

(3) 相关行政部门违反《城乡规划法》的行为及承担的法律责任。县级以上人民政府有关部门有下列行为之一的，由本级人民政府或者上级人民政府有关部门责令改正，通报批评；对直接负责的主管人员和其他直接责任人员依法给予处分：

① 对未依法取得选址意见书的建设项目核发建设项目批准文件的；

② 未依法在国有土地使用权出让合同中确定规划条件或者改变国有土地使用权出让合同中依法确定的规划条件的；

③ 对未依法取得建设用地规划许可证的建设单位划拨国有土地使用权的。

(4) 城乡规划编制单位违反《城乡规划法》的行为及承担的法律责任

① 城乡规划编制单位有下列行为之一的，由所在地城市、县人民政府城乡规划主管部门责令限期改正，处合同约定的规划编制费1倍以上2倍以下的罚款；情节严重的，责令停业整顿，由原发证机关降低资质等级或者吊销资质证书；造成损失的，依法承担赔偿责任。

　a. 超越资质等级许可的范围承揽城乡规划编制工作的；

　b. 违反国家有关标准编制城乡规划的。

② 未依法取得资质证书承揽城乡规划编制工作的，由县级以上地方人民政府城乡规划主管部门责令停止违法行为，依照前款规定处以罚款；造成损失的，依法承担赔偿责任。

③ 以欺骗手段取得资质证书承揽城乡规划编制工作的，由原发证机关吊销资质证书，依照前款规定处以罚款；造成损失的，依法承担赔偿责任。

④ 城乡规划编制单位取得资质证书后，不再符合相应的资质条件的，由原发证机关责令限期改正；逾期不改正的，降低资质等级或者吊销资质证书。

(5) 行政相对方违反《城乡规划法》的行为及承担的法律责任

① 未取得建设工程规划许可证或者未按照建设工程规划许可证的规定进行建设的，由县级以上地方人民政府城乡规划主管部门责令停止建设；尚可采取改正措施消除对规划实施的影响的，限期改正，处建设工程造价5%以上10%以下的罚款；无法采取改正措施消除影响的，限期拆除，不能拆除的，没收实物或者违法收入，可以并处建设工程造价10%以下的罚款。

② 建设单位或者个人有下列行为之一的，由所在地城市、县人民政府城乡规划主管部门责令限期拆除，可以并处临时建设工程造价1倍以下的罚款：

a. 未经批准进行临时建设的；

b. 未按照批准内容进行临时建设的；

c. 临时建筑物、构筑物超过批准期限不拆除的。

③ 建设单位未在建设工程竣工验收后6个月内向城乡规划主管部门报送有关竣工验收资料的，由所在地城市、县人民政府城乡规划主管部门责令限期补报；逾期不补报的，处1万元以上5万元以下的罚款。

(6) 乡村违法建设所应承担的法律责任。在乡、村庄规划区内未依法取得乡村建设规划许可证或者未按照乡村建设规划许可证的规定进行建设的，由乡、镇人民政府责令停止建设、限期改正；逾期不改正的，可以拆除。

(7) 对违法建设的强制执行。城乡规划主管部门作出责令停止建设或者限期拆除的决定后，当事人不停止建设或者逾期不拆除的，建设工程所在地县级以上地方人民政府可以责成有关部门采取查封施工现场、强制拆除等措施。

(8) 违反《城乡规划法》的规定应承担的刑事法律责任。违反《城乡规划法》规定，构成犯罪的，依法追究刑事责任。

三、城乡规划的编制

1. 城乡规划编制的权限

《城乡规划法》规定我国的城乡规划实行分级编制。并具体规定了各级政府的编制权限。各类城乡规划应由相应各级人民政府组织编写，并报上一级人民政府审批。

国务院城乡规划主管部门会同国务院有关部门组织编制全国城镇体系规划，由国务院城乡规划主管部门报国务院审批。

省、自治区人民政府组织编制省域城镇体系规划，报国务院审批。城市总体规划，城市人民政府组织编制。

直辖市的城市总体规划由直辖市人民政府报国务院审批。

省、自治区人民政府所在地的城市以及国务院确定的城市的总体规划，由省、自治区人民政府审查同意后，报国务院审批。

其他城市的总体规划，由城市人民政府报省、自治区人民政府审批。

县人民政府组织编制县人民政府所在地镇的总体规划，报上一级人民政府审批。其他镇的总体规划由镇人民政府组织编制，报上一级人民政府审批。

2. 编制城乡规划的原则

(1) 城乡规划要为社会、经济、文化综合发展服务。

当前我国正处在加速城市化的时期，即面临难得的历史机遇，又面临着巨大的挑战。各种社会、经济矛盾凸显，对政府的执政能力提出了新的挑战。在市场经济的发展中，城乡规划是政府实施宏观调控的主要方式之一。城乡规划、建设的根本目的就是促进社会、经济、文化的综合发展，不断优化城乡人居环境。实施城乡规划与城乡综合发展是相辅相成、互为依据的。没有城乡的不断发展就不可能为实施城乡规划提供物质基础。在编制城乡规划时是否有利于区域综合发展、长远发展，应当成为我们考虑问题的出发点，也是检验城乡规划工作的根本标准。

（2）城乡规划必须从实际出发、因地制宜。

从实际出发就是从我国的国情出发，从城市的市情出发。近年来，虽然我国的发展取得了长足的进步，国民生产总值排名在世界上不断上升，但人口多、底子薄的情况并未得到根本改变，仍属于发展中国家，这就是我国的基本国情。一切城乡规划的编制，包括规划中指标选用、建设标准的确定、分期建设目标的拟定，都必须从这个基本国情出发，符合国情是城乡规划工作的基本出发点。我国幅员辽阔，城市众多，各地自然、区域乃至经济、社会发展程度差别很大，城乡规划不能简单地采用统一的模式，必须针对市情提出切实可行的规划方案。

从根本上讲，城乡规划的目的是用最少的资金投入取得城市建设合理化的最大成果，对于国外的先进经验和优秀的规划设计范例，也应从我国的实际情况出发，吸收其精髓实质，而不是盲目追求它的标准和形式。在各地的规划建设中，脱离实际、盲目攀比、贪大求洋的情况屡屡出现，《国务院关于加强城乡规划监督管理的通知》（国发〔2002〕13号）中对这些现象提出了严肃的批评。要把坚持实用、经济的原则和美的要求有机地结合起来，力争少花钱多办事、办好事。

（3）城乡规划应当贯彻建设节约型社会的要求，处理好人口、资源、环境的关系。

我国人口多，土地资源不足，合理使用土地、节约用地是我国的基本国策，也是我国的长远利益所在。城乡规划必须树立贯彻中央关于建设节约型社会的要求，对于每项城市用地必须认真核算，在服从城市功能上的合理性、建设运行上的经济性前提下，各项发展用地的选定，要尽量使用荒地、劣地，严格保护基本农田。

要从水资源供给能力为基本出发点，考虑产业发展和建设规模，落实各项节水措施。要大力促进城市综合节能，鼓励发展新能源和可再生能源，完善城市供热体制，重点推进节能降耗。

（4）城乡规划应当贯彻建设人居环境的要求，构建环境友好型城市。

现代城市的综合竞争力和可持续发展的能力的重要因素之一是城市的人居环境的建设水平。在特定意义上讲，城乡规划是城市的环境规划，城市建设是为市民的工作、生活创造良好环境的建设。城市的发展，尤其是工业项目，对于生态环境的保护是有一定的影响。但产业发展与人居环境建设的关系，绝不是对立的、不可调和的。城市的合理功能布局是保护城市环境的基础，城市自然生态环境和各项特定的环境要求，都可以通过适当的规划方法和环境门槛的提高，把建设开发和环境保护有机地结合起来，力求取得经济效益、社会效益的统一。

（5）城乡规划应当贯彻城乡统筹、建设和谐社会的原则。

树立和落实科学发展观，构建社会主义和谐社会，是我们党从全面建设小康社会、开创中国特色社会主义事业新局面的全局出发提出的一项重大任务，适应了我国改革发展进入关键时期的客观要求。在城乡规划工作中，关键要坚持"五个统筹"，推动经济社会全面协调地持续发展。城市是人类社会、经济活动和时代文明的集中体现。城乡规划不仅要考虑城市设施的逐步现代化，同时要根据市场经济条件下社会利益主体多元化、复杂化的趋势，深入研究日益增长的城市居民各种层面的利益需求和矛盾关系，为建设和谐社会创造条件。要建设和谐社会，还必须处理好继承优秀传统文化与现代化建设的关系。在编制城乡规划中，必须注意保护当地的优秀历史文化遗产，有纪念意义、教育意义和科学艺术价值的文化古迹，把开发和保护、继承和发扬结合起来。少数民族地区的城乡规划应当适应少数民族风俗习惯的需要，并努力创造具有民族特色的城市风貌。

3. 有关城市规划用地的标准和技术规范

① 满足发展生产、繁荣经济、保护生态环境、改善市容景观、促进科学技术文化教育事业的发展和加强精神文明建设等要求，统筹兼顾，综合部署，力求取得经济效益和环境效益的统一。

② 贯彻城乡结合、促进流通、有利生产和方便生活的原则，改善投资环境，提高居住质量，优化城市布局结构，促进国民经济持续、稳定、协调发展。

③ 满足城市防火、防爆、防空、防洪、防泥石流和抗震等防灾要求，以及治安、交通管理等要求，保障城市安全和社会安定。

④ 保护优秀的历史文化遗产，保护具有重要历史意义、科学和艺术价值的文物古迹、风景名胜和传统街区，保持民族传统和地方风貌，体现城市特色。

⑤ 合理用地、节约用地，提高土地开发经营的综合效益；科学预测城市发展的需要，使城市发展规模、各项建设标准、定额指标、开发程序同国家和地方的经济技术发展水平相适应。

⑥ 城市主要技术规范应按下列标准执行。

a. 中华人民共和国国家标准：《城市用地分类与规划建设用地标准》。

b. 中华人民共和国国家标准：《城市居住区规划设计规范》。

c. 中华人民共和国行业标准：《城市道路设计规范》。

d. （原）国家建设部、（原）国家土地管理局发布的《工矿企业生活区建设用地指标》（1993年10月正式施行）。

e. （原）国家建设部、（原）国家计划委员会发布的《新建工矿企业项目住宅及配套设施建筑面积指标》（1993年11月正式施行）。

四、城乡规划的审批

1. 总体规划

直辖市的城市总体规划，由国务院审批。

省和自治区人民政府所在地城市及国务院确定的城市的总体规划，由省、自治区人民政府审查同意后报国务院审批。

其他城市的总体规划，由省、自治区、直辖市人民政府审批。

县级人民政府所在地镇的总体规划，由县人民政府组织编制，报上一级人民政府审批。

其他建制镇的总体规划由镇人民政府组织编制，报上一级人民政府审批。城乡分区规划由该市人民政府审批。

2. 详细规划

没有编制分区规划的城市，其详细规划由该市人民政府审批。

已编制分区规划的详细规划，重要的由该市人民政府审批，其他的由该市政府的城乡规划行政主管部门审批。

五、建设项目选址管理

国家对于建设项目，特别是大、中型建设项目的宏观管理，在可行性研究阶段，主要是以通过计划管理和规划管理来实现的。将计划管理和规划管理有机结合起来，就能保证各项建设工程有计划并按照城乡规划进行建设。《城乡规划法》规定：城乡规划区内的建设工程的选址和布局必须符合城乡规划。设计任务书报请批准时，必须附有城乡规划行政主管部门的选址意见书。

1. 申请项目选址及必需的资料

（1）申请项目选址必需的资料包括以下材料：

① 政府计划部门批准项目立项的批文；

② 建设单位或其上级主管部门申请用地的函件；

③ 项目建议书或可行性研究报告（附《环境保护评估证明》）；

④ 建设工程情况的简要说明、选址要求及项目用地平面布置图（1：500～1：2000）；

⑤ 其他。

（2）申请项目选址单位将上述资料送交城乡规划行政主管部门。城乡规划行政主管部门根据全市经济社会发展策略、城市总体规划、分区规划、控制性详细规划等各级规划，按照国家《城乡规划法》《建设项目选址规划管理办法》等，考虑建设项目的要求，在规划期限内提出规划方面的初审意见和选址意见。

（3）城乡规划行政主管部门会同土地管理部门，征求项目所涉及的有关部门的意见，对初审意见及其选址提出复审意见，对于同意的项目报政府审批后，在规定的审批期限内核发项目选址意见书。

2. 项目选址意见书

按照国家规定需要有关部门批准或者核准的建设项目，以划拨方式提供国有土地使用权的，建设单位在报送有关部门批准或者核准前，应当向城乡规划主管部门申请核发选址意见书。

（1）选址意见书。选址意见书是指建设工程在立项过程中，由城乡规划行政主管部门出具的该建设项目是否符合城乡规划要求的意见书。

（2）项目选址意见书的内容。主要内容包括：建设项目基本情况；名称；依据；规模；选址；建设项目选址意见。

（3）选址意见书的核发权限。国家审批的大中型和限额以上的建设项目，由项目所在地县、市人民政府城乡规划行政主管部门提出审查意见，报省、自治区、直辖市、计划单列市人民政府城乡规划行政主管部门核发选址意见书，并报国务院城乡规划行政主管部门备案。

中央各部门、公司审批的小型和限额以下的建设项目，其选址意见书由项目所在地县、市人民政府城乡规划行政主管部门核发。

省、自治区建设项目由项目所在地县、市人民政府城乡规划行政主管部门。提出审查意见，报省、自治区人民政府城乡规划行政主管部门核发。

六、建设用地规划管理

城乡建设用地规划管理的基本内容是依据城乡规划确定的不同地段的土地使用性质和总体布局，决定建设工程可以使用哪些土地，不可以使用哪些土地，以及在满足建设项目功能和使用要求的前提下，如何经济、合理地使用土地。城乡规划行政主管部门对城市用地进行统一的规划管理，实行严格的规划控制是实施城市规划的基本保证。

1. 核发建设用地规划许可证

《城乡规划法》第40条规定：在城市、镇规划区内进行建筑物、构筑物、道路、管线和其他工程建设的，建设单位或者个人应当向城市、县人民政府城乡规划主管部门或者省、自治区、直辖市人民政府确定的镇人民政府申请办理建设工程规划许可证。

申请办理建设工程规划许可证，应当提交使用土地的有关证明文件、建设工程设计方案等材料。

2. 临时建设和临时用地的管理

临时建设用地是指由于建设工程施工、堆料或其他原因，需临时使用并限期收回的土地。

建设单位须持上级主管部门批准的申请临时用地文件，向城乡规划行政主管部门提出临时用地申请，经审核批准后，可取得临时建设用地许可证。

3. 城市用地调整

为适应国民经济和社会发展的需要，城市人民政府可以根据城市规划对城市用地进行调整。用地调整主要有以下三种形式。

① 在土地所有权和土地使用权不变的情况下，改变土地的使用性质。

② 在土地所有权不变的情况下，改变土地使用权及土地使用性质。

③ 对早征晚用、多征少用、征而不用的土地，现状不合理和存在大量浪费的建设用地，进行局部调整，合理利用，使之符合城市规划要求。

七、建设工程规划管理

依法对建设工程实行统一的规划管理，是城乡规划行政主管部门的重要行政职能之一，也是城市规划管理日常业务中最大量和主要的工作。

1. 建设工程规划管理的主要内容

（1）建筑管理。建筑管理的主要内容是按照城市规划要求对各项建筑工程（包括各类建筑物、构筑物）的性质、规划、位置、标高、高度、体量、体形、朝向、间距、建筑密度、建筑色彩和风格等进行审查和规划控制。

（2）道路管理。道路管理的主要内容是按照城市规划要求对各类道路的走向、坐标和标高、道路宽度、道路等级、交叉口设计、横断面设计、道路附属设施等进行审查和规划控制。

（3）管线管理。管线管理的主要内容是按照城市规划要求对各项管线工程（包括地下埋设和土地架设的给水、雨水、走向、污水、电力、通信、燃气、热力及其他管线）的性质、断面、走向、坐标、标高、架埋方式、架设高度、埋置深度、管线相互间的水平距离与垂直距离，及交叉点处管线各自的技术规范要求，以及管线与地面建筑物、构筑物、道路、行道树和地下各类建设工程的关系，进行综合协调。

（4）审定设计方案。城乡规划行政主管部门对于建设工程的初步设计方案进行审查，并确认其符合规划设计要点的要求后，建设单位就可以进行建设工程的施工图设计。

（5）核发建设工程许可证。建设工程规划许可证是有关建设工程符合城乡规划要求的法律凭证。在城市规划区内新建、扩建和改建建筑物、构筑物、道路、管线和其他工程设施必须持有关批准文件向城乡规划行政主管部门提出申请，由城乡规划行政主管部门应对建设工程施工图进行审查。建设单位或者个人在取得建设工程规划许可证件和其他有关批准文件后，方可申请办理开工手续。

建设工程规划许可证件的作用主要有以下几点。

① 是确认有关建设活动的合法地位，保证有关建设单位和个人的合法权益。

② 是作为建设活动进行过程中接受监督检查时的法定依据，城乡规划管理工作人员要根据建设工程规划许可证件规定的建设内容和要求进行督察检查，并将其作为处罚违法建设

活动的法律依据。

③ 是作为城乡规划行政主管部门有关城市建设活动的重要历史资料和城市建设档案的重要内容。

（6）放线、验线制度。为了确保建设单位能够按照建设工程许可证的规定组织施工，建设工程的坐标、标高确认无误，城乡规划行政主管部门应派专门人员或认可的勘测单位，到施工现场进行放线，建设工程经城乡规划行政主管部门验线后，方可破土动工。

2. 建设工程的规划审批程序

（1）建设申请。有关建设单位或个人持法律规定的有关文件向城乡规划行政主管部门提出申请建设的要求。

（2）建设申请的审查。城乡规划行政主管部门对于建设申请进行审查，确定有关建设工程的性质、规模等是否符合城市规划的布局和发展要求。

（3）提出规划设计要点。城乡规划行政主管部门应根据建设工程所在地区详细规划的要求，提出具体的规划设计要点，作为进行工程设计的重要依据。

3. 建设工程的竣工验收

城乡规划行政主管部门参加建设工程的竣工验收，主要是监督检查该建设工程是否符合规划设计要求核准的设计方案。

4. 建设工程的竣工的资料的报送

城乡规划区内的建设工程，建设单位应当在竣工验收后6个月内向城乡规划行政主管部门报送有关竣工资料。

竣工资料包括该建设工程的审批文件（影印件）和该建设工程竣工时的总平面图、各层平面图、立面图、剖面图、设备图、基础图和城乡规划行政主管部门指定需要的其他图样。竣工资料是城乡规划行政主管部门在进行具体的规划管理过程中需要查阅的重要历史资料，因而任何建设单位和个人都必须依法执行。

八、城市规划的实施监察检查体系

城市规划实施监督检查的基本内容如下。

1. 对建设活动的监督检查

① 城乡规划行政主管部门对于在城市规划区使用土地和进行各项建设的申请，都要严格验证其申报条件（包括各类文件和图样）是否符合法定要求，有无弄虚作假的情况等。对于不符合要求的申请，就要及时退回，不予受理。

② 建设单位或个人在领取建设用地规划许可证并办理土地的征用或划拨手续后，城乡规划行政主管部门要进行复验，若有关用地的坐标、面积等与建设用地规划许可证规定不符，城乡规划行政主管部门应责令其改正或重新补办手续。否则，对其建设工程不予审批。

③ 建设单位或个人在取得建设工程规划许可证件并放线后，要自觉接受城乡规划行政主管部门的检查，即履行验线手续。若其坐标、标高、平面布局形式等与建设工程规划许可证件的规定不符，城乡规划行政主管部门就应责令其改正。否则，有关建设工程不得继续施工，并可给予必要的行政处罚。

④ 建设单位或个人在施工过程，城乡规划行政主管部门有权对其建设活动进行现场检查，被检查者要如实提供情况和必要的资料。如果发现违法占地和违法建设活动，城乡规划行政主管部门要及时给予必要的行政处罚。在检查过程中，城乡规划行政主管部门有责任为被检查者保守技术秘密和业务秘密。

⑤ 城乡规划行政主管部门应当参加城市规划区内对城市规划有重要影响的建设工程的

验收，检查建设工程的平面布置、空间布局、立面造型、使用功能等是否符合城市规划设计要求。如果发现不符，就视情况提出补救和修改措施，或给予必要的行政处罚。

2. 立法机构的监督检查

① 城市人民政府在向上级人民政府报请审批已经编制完成或修改后的城市总体规划前，必须报经同级人民代表大会或其常务委员会审查同意。对于审查中提出的问题和意见，城市人民政府有责任给予明确的解释或作出相应的修改与完善。

② 城市人民代表大会或其常务委员会有权对城市规划的实施情况进行定期或不定期的检查，就实施城市规划的进展情况、城市规划实施管理的执法情况提出批评和意见，并督促城市人民政府加以改进或完善。城市人民政府有义务在任期同全面检查城市规划的实施情况，并向同前人民代表大会或其常务委员会作出工作报告。

3. 社会监督

① 城乡规划行政主管部门有责任将城市规划实施管理过程中的各个环节予以分开，接受社会对其执法的监督。

② 城市中一切单位和个人对于违反城市规划的行为和随意侵犯其基本权利的行为，有监督、检举和控告的权利。城乡规划行政主管部门应当制订具体办法，保障公民的监督权，并及时对检举和控告涉及的关违法行为进行查处。

③ 城市中一切单位和个人对于城乡规划行政主管部门及其工作人员执法过程中的各种违法行为，有监督、检举和控告的权利。各级城乡规划行政主管部门有责任制定切实有效的制度，随时听取意见和检举、控告，并对有关违法行为作出公开的处理。

第二节　住宅建设法律制度

住宅是人类生存的最基本的物质基础之一，是各国房地产法律所要调整的重要问题。因此，国家必须以法律的形式稳定住房秩序和发展住宅建设。我国有关住宅建设的法律法规主要是在改革开放以后重新建立并不断完善的，尤其是《城乡规划法》和《城市房地产管理法》的颁布，对加快现代城市建设和住宅建设，改善居民居住条件，促进经济繁荣和维护社会安定，奠定了法律基础，起到了保驾护航的作用。

一、城镇住宅建设管理制度

1. 城镇个人建造住宅管理制度

改革开放以后到 1988 年，我国城镇住宅管理制度主要依据《城镇个人建造住宅管理办法》等相关法律法规，其主要内容包括：个人建造住宅管理制度、控制城镇住宅标准制度及解决住房困难户的管理制度等一系列法规制度。

(1) 个人建造住宅的形式

① 自筹自建：城镇居民（包括职工，下同）自己投资、投料、投工，新建或扩建住宅。

② 民建公助：以城镇居民自己投资、投料、投工为主，政府或所在单位在征地、资金、材料、施工等方面给予适当帮助，新建或扩建住宅。

③ 互助互建（即合作共建）：城镇居民互助互惠，共同投资、投料、投工，新建或扩建住宅。

④ 政府主管部门同意的其他形式。

(2) 申请建造住宅者的范围。凡在城镇有正式户口、住房确有困难的居民或职工，都可以申请建造住宅。

（3）个人建造住宅的运行、管理程序。首先必须由建造人所在单位或所在地居民委员会开具证明，向所在地房地产主管部门提出申请，经审核同意后，才准建造住宅。个人建造住宅需要征用土地的，必须按有关规定，办理征地手续。个人建造住宅，必须经城乡规划行政主管部门审查批准；发给建设许可证后，方可施工，住宅竣工后1个月内，建造人须持建筑许可证和建筑图纸向房地产主管部门申请验查，经审查批准后，领取房屋所有权证。

（4）权属规定。城镇个人自筹自建住宅，所有权归个人；民建公助住宅，公助补贴金额不得超过住宅总造价的20%，其所有权可全部或部分归建造人，具体办法由房屋所在地城市政府或补贴单位与建造人协商议定；合作共建住宅，其所有权属于共有，建造者个人按照出资比例获得相应的所有权。

（5）城镇个人建造住宅管理。城镇个人建造住宅，必须十分珍惜和合理利用土地。要与改造旧城区相结合，充分利用原有的宅基地和空闲地，提倡造两层以上的住宅。禁止占用良田、菜田、道路和城市绿化地建造住宅。有条件的城镇，应当由政府统一解决用地，统一规划。城镇个人建造住宅的建筑面积，不得超过人均20平方米（包括异地住宅）。禁止用围墙筑院的方式扩大宅基地。城镇个人建造住宅必须符合城市规划的要求，不得妨碍交通、消防、市容、环境卫生和毗邻建筑的采光、通风等。个人建造住宅的资金、材料、施工力量的来源必须正当，不得利用职权侵占国家、集体资产和平均劳动力、运输车辆。

（6）罚则。违反城镇个人建造住宅管理办法规定的，视情节轻重，给予行政处分、罚款。对违法建筑，予以拆除或没收，造成经济损失的，责令赔偿。触犯刑律的，依法追究刑事责任。

2. 控制城镇住宅标准制度

城镇住宅标准制度主要依据1983年12月15日国务院发布的《关于严格控制城镇住宅标准的规定》，1984年4月25日国家计划委员会（现国家发改委）、城乡建设环境保护部发布《关于彻底执行〈国务院关于严格控制城镇住宅标准的规定〉的若干意见》，1990年9月建设部、国家计划委员会又发布了有关的《补充意见》，而建立的控制城镇住宅标准制度。但这一制度已不适应目前经济社会发展的需要，有关住宅标准各地政府都有相应的规定。

从目前情况看，我国住宅建筑面积标准一般为：厅（局）级——约140平方米（m^2）；处（区）级——约110平方米；科（局）级——约90平方米；一般工作人员60~70平方米（m^2），其他人员参照公务员标准。

而且规定，今后无论是单位、个人还是开发商，建设的住宅（包括商品房）最小建筑面积不得低于50平方米，而且必须是（卫生间、厨房等）配套齐全、能独立使用的整套住宅。

二、住房制度改革

我国城镇住房制度改革是将传统的城市制度，即一种以国家统包、无偿分配、低租金和无期限使用为特征的实物分配式福利住房制度，转变为有偿、有期限使用住宅的住房分配货币制度。这是经济体制改革的重要组成部分和重大突破，是我国社会主义市场经济发展过程中的一项具有深远意义的举措。

我国城镇住房制度改革从20世纪80年代初开始探索和试点，一直到1988年国务院发布了《关于在全国城镇分期分批推行住房制度改革实施方案的通知》和1991年国务院办公厅发布了《关于全面推进城镇住房体制改革意见》，我国城镇住房制度改革才逐渐全面地展开。

我国城镇住房制度改革的主要内容包括：

① 把住房建设投资由国家和单位统包体制改变为由国家、单位和个人三者合理负担的体制；

② 把各单位建设、分配、维修、管理住房的体制改变为社会化、专业化运行的体制；

③ 把住房实物福利分配的方式改变为按劳分配为主的货币分配方式；

④ 建立以中低收入家庭为对象、具有社会保障性质的经济适用房供应体系和以高收家庭为对象的商品房供应体系；

⑤ 建立住房公积金制度；

⑥ 发展住房金融和住房保险，建立政策性和商业性并存的住房信贷体系；

⑦ 建立规范化的房地产交易市场；

⑧ 建立房屋维修，管理市场。

目前，我国住房建设投资已经形成了由国家、单位和个人三者合理负担的体制，住房的实物福利分配方式已经结束，已经形成经济适用房、普通商品房、高档商品房相配套的城镇住房供应体系；政策性和商业性并存的住房信贷体系已经建立并不断完善，住房公积金制度已经建立并逐渐取代了传统的后勤管理模式。而且，各地正在实施"廉租房"制度，以解决城镇特困户居民的住房问题。

由此可见，我国城镇住房制度的改革，从根本上找到了解决城镇居民的住房难、住房挤、住房差这一长期没法解决的"老大难"问题的有效途径；同时也促进了我国房地产市场和房地产行业的快速发展，促进了城市现代化建设的步伐。

第三节　综合开发法律制度

综合开发是指根据城市建设总体规划的要求，对一定规模的区域内的土地、房屋建筑、基础设施及配套工程等进行统一规划、配套建设的管理方法。其特点是"统一"和"配套"。所谓"统一"是指统一规划、统一投资、统一设计、统一施工、统一配套、统一管理。所谓"配套"是指在城市统一规划下，对房屋建筑基础设施、园林绿地、环境卫生设施等进行统筹安排，同步建设。

综合开发计划是国家对综合开发进行宏观调控和管理的主要手段。编制综合开发计划的依据是：城市社会经济发展计划、城市总体规划、本地区固定资产投资规模、城市用地计划和房地产市场供求情况。综合开发计划的任务是：合理确定综合开发规模、开发数量和布局，统筹安排开发区的市政、公用设施和各类房屋的建设，处理好新区开发和旧区改造的关系。综合开发计划由城市建设主管部门（或专设的主管部门）会同有关部门编制，报市政府审批，由市建设主管部门（或专设的主管部门）组织实施。

综合开发的最终产品是商品房和配套设施。我国有关法律法规对商品房建设和销售已作出明确规定：商品房建设必须纳入国家计划。商品房计划由生产计划和销售计划两部分开组成。商品房生产计划，包括在计划期的建设总规模、施工面积、新开工面积、竣工面积等指标。商品房销售计划，包括在计划期的预计竣工面积、销售面积、购房资金来源等指标。商品房生产计划是国家固定资产投资计划的组成部分，任何地区和单位都不得突破国家下达的固定资产投资计划，但允许根据实际情况调减。商品房必须有计划销售，任何单位都不得在省、自治区、直辖市和计划单列市及省辖市批准的销售计划以外出售商品房。

进行城市房地产综合开发的主体是房地产开发企业。房地产开发企业必须按照批准的规划方案和法定程序，组织综合开发项目的设计。

在综合开发项目建设的资金总额中，开发公司自有资金不得低于年度投资总量的30%。

预收购房款必须投入到项目建设中,房地产开发企业的建设资金(包括预收购房款)一律存入建设银行或其他指定银行。

为了保证城市房地产开发的健康发展,确保城市规划得到很好落实,《城市房地产管理法》和相关的法律法规,对房地产开发企业的设立作出了明确的规定,与此同时国家对房地产开发企业实行严格的资质管理,这是保证房地产开发企业在进行房地产开发和经营活动时有足够资本和技术能力,是保证房地产综合开发项目工程质量的有效措施(有关这方面的规定将在第七章房地产开发管理政策与法规中详细论述,本章不再论述)。

第四节 建筑工程管理法律制度

我国的建筑工程管理制度包括从房地产开发项目的勘察设计、施工到竣工验收的全过程。有关房地产开发项目的工程和竣工验收的规定将在第七章详细论述,本章节仅论述房地产开发项目的勘察设计的有关规定。

根据 1991 年 7 月建设部颁发的《工程勘察和工程设计单位资格管理办法》,工程勘察和设计单位的资格分为甲、乙、丙、丁四级,其标准如下。

1. 甲级勘察设计单位

(1) 技术力量雄厚、专业配备齐全,有同时承担两项复杂地质条件工程项目勘察任务或两项大型项目设计任务的技术骨干。

(2) 具有本行业的技术专长和计算机软件开发能力。

(3) 独立承担过本行业两项以上大型复杂地质条件工程项目的勘察或者两项大型项目的设计任务,并已建成投产,取得好的效果。

(4) 在近五年内有两项以上工程获得过全国或者省、部级优秀工程勘察、优秀工程设计奖。

(5) 参加过国家、地方工程建设标准规范的编制工作。

(6) 建立了一套有效的全面质量管理体系。

(7) 有比较先进、齐全的技术装备和固定的工作场所。

(8) 社会信誉好。

2. 乙级勘察设计单位

(1) 技术力量强,专业配备齐全,有同时承担两项比较复杂地质条件工程目的的勘察任务或者两项中型项目设计任务的技术骨干。

(2) 有相应的技术特长,能够利用国内外本行业的软件,并做出比较先进的勘察、设计成果。

(3) 独立承担过本行业两项以上中型较复杂地质条件工程项目的勘察或者两项中型项目的设计任务,并已建成投产,取得好的效果。

(4) 近五年内有一项以上工程获得过省、部级优秀工程勘察、优秀工程设计奖。

(5) 建立了一套有效的全面质量管理体系。

(6) 有相应配套的技术装备和固定的工作场所。

(7) 社会信誉好。

3. 丙级勘察设计单位

(1) 有一定的技术力量、专业配备齐全,有同时承担两次小型工程项目勘察或者设计任务的技术骨干。

(2) 独立承担过本行业两项以上小型工程项目的勘察或者设计任务,并已建成投产,效果良好。

(3) 有比较健全的管理制度。

(4) 有必需的技术装备和固定的工作场所。

4. 丁级勘察设计单位

(1) 有一定的技术力量，专业基本齐全，人员配备基本合理，主要专业应当配备有工程师以上职称，并从事过工程勘察，工程设计实践的技术人员。

(2) 独立承担过小型或者零星工程项目的勘察或者设计任务，并已建成投产且效果良好。

(3) 有比较健全的管理制度。

(4) 有必需的技术装备和固定的工作场所。

房地产开发项目的勘察和设计，必须由获得相应等级的《工程勘察证书》或《工程设计证书》的单位承担。持有甲级证书的单位，可在全国范围内承担等级证书规定行业的大、中、小型工程建设项目的勘察、设计任务；持有乙级证书的单位可在本省、自治区、直辖市范围（跨省需另行批准）承担等级证书规定行业的中、小型工程建设项目的勘察、设计任务；持有丙级证书的单位，可在本省、自治区、直辖市承担等级证书规定行业的小型工程建设项目的勘察、设计任务；持有丁级证书的单位，只能在单位所在地市或县范围内承担等级证书规定行业的小型工程建设项目及零星工程建设项目的勘察、设计任务。

房地产开发项目的勘察和设计，除某些不适宜招标的特殊工程以外，都应该通过招投标的方式确定承担勘察或设计任务的单位。根据（原）国家计委、（原）城乡建设环境保护部颁发的《建设工程招标投标暂行规定》和《工程设计招标投标暂行办法》的规定，凡持有营业执照、资格证书的勘察设计单位都可以按照批准的有资格承担的业务范围参加投标。建设工程的招标和投标，不受部门、地区限制，招标单位对参加投票的单位不得有亲有疏，对任何中标单位，要一视同仁，提供方便。建设工程的招标和投标，是法人间的经济活动，受国家法律保护和监督。

承担房地产开发项目的勘察、设计任务的单位（中标单位），应与房地产开发单位签订《建筑工程勘察设计合同》，明确双方的权利义务关系。勘察合同，由建设单位、勘察设计单位或有关单位提出委托，经双方同意即可签订。设计合同，须具有政府主管部门批准的设计任务书方能签订。小型单项工程必须具有政府主管部门批准的文件，如果仅单独委托施工图设计任务，应同时具有经有关部门批准的初步设计文件方能签订。

房地产开发项目的设计合同应具备以下主要条款。

(1) 建设工程基本情况：工程名称、规模、投资额以及建设地点等。

(2) 委托方的义务：向承包方提供资料的内容、技术要求和期限以及其他协作条件。

(3) 承包方的义务：勘察的范围、进度和质量；设计的阶段、进度、质量和设计文件份数。

(4) 勘察、设计收费的依据、收费标准及支付方法。

(5) 违约责任。

勘察设计合同签订后，委托方应先向承包方支付定金。勘察合同的定金为勘察的30%，设计合同的定金为设计费的20%。如果合同因委托方的原因不能履行，委托方无权要求返还定金，如果合同因承包方的原因不能履行，承包方双倍返委托方无权要求返还定金，如果合同承包方的原因不能履行，承包方应双倍返还定金。

一个建设项目由几个单位共同设计时，房地产开发单位应与主体工程设计单位签订总承包合同。然后由主体工程设计单位与配合设计单位签订分包合同。总承包人就全部工程设计向房地产开发单位负责；分承包人就所承包工程设计任务向总承包人负责。

第五节　违章建筑管理

根据《城乡规划法》和有关建筑法规的规定：违章建筑，是指在城市规划区内，未取得建设工程规划许可证或违反建筑工程规划许可证的规定建设的，或采取欺骗手段骗取批准而占地新建、扩建和改建的建筑物。

违章建筑，根据其性质可分为两类。

（1）程序上的违章建筑。此类违章建筑是指建设单位或建房个人没有按有关规定申领规划和施工许可证，就先行施工的建筑，或虽申领了许可证，但不按照批准的要求和核准的设计图纸施工的各种建筑。

（2）实体上的违章建筑。此类违章建筑是指建筑物本身就不符合城市规划、建筑物构造限制的规定，或妨碍交通，影响市容、消防和上、下水管道，占用绿地，以及无任何审批手续、无任何规划设计而擅自建造的各种建筑。

所有违章建筑都影响城市正常建设，违反城市规划、建筑工程管理和房地产管理的法律法规，必须予以坚决制止和处罚。但根据我国实际情况，对上述两种不同性质的违章建筑一般亦有不同的对待处理办法。

对于前一种违章建筑，即程序上的违章建筑，当事人只是没有按规定为理申领规划和施工许可证，擅自动工，而其建筑物的位置、高度、结构等都不违反当地城市规划的规定，而且已合法取得国有土地使用权的，可以通过罚款，并补领规划和施工许可证后，其建设物予以保留。但是，如果当事人尚未取得该国有土地使用权，或建筑物不符合城市规划和有关法律法规的规定，则是后一种违章建筑即实体上的违章建筑，而应坚决责令责任人限期拆除，并处分和罚款。

由于我国目前各地违章建筑比较严重，给城市建设、交通、消防、环境卫生、市容及居民安全等方面造成严重的不良影响，各地人民政府对制止和处理违章建筑均有具体的规定，主要措施如下。

（1）凡未取得规划和施工许可证而擅自开工建设的，各级城建管理部门有权责令停工，施工单位不得施工，财政、银行不予付款，公用事业部门不予通水、电、煤气等市政设施；因停工造成的损失，由建设单位自负。

（2）对影响不大，可以保留或暂许保留的违章建筑，应及时向市容整顿办公室和建筑管理部门提出申请，予以审定处理，但罚款必须按时交齐。

（3）不许保留的违章建筑，必须限期拆除。过期不拆者由执法部门组织力量代拆。如阻挠拆除，经批评无效的，将以触犯《中华人民共和国治安管理处罚法》（情节严重的以触犯《中华人民共和国刑法》）送交公安、司法机关依法处理。

（4）对出租、出卖违章建筑，或利用违章建筑进行投机牟利和其他非法活动的，应予以坚决打击、取缔。情节严重者将被追究刑事责任。

复习思考题

1. 城乡规划法对现代城市建设有何意义？
2. 编制城乡规划分几个阶段？
3. 如何规定城乡规划的审批权限？
4. 城乡规划的实施管理有哪些内容？
5. 什么是建设用地规划许可证？

6. 城乡规划法对房地产开发企业的开发经营有何约束？
7. 我国住房制度改革的意义和主要内容是什么？
8. 我国对解决城镇低收入和特困居民的住房问题采取哪些优惠政策？
9. 我国对房地产开发项目的勘察设计有哪些管理措施和规定？

 案例分析

【案例 4-1】

1. 案情介绍

某房地产开发企业通过招标方式，依法取得了在市区三类地区的一块 100000 平方米的（多层）住宅建设用地。按照《城市房地产管理法》和《土地管理法》等有关法律的规定，该房地产开发企业依法办理了国有土地使用权出让手续；与政府土地行政管理部门签订了《国有土地使用权出让合同》，并依法取得了该块土地的《国有土地使用权证》。出让合同依据城市规划的要求，对有关技术指标作出了规定（如绿化率 35%、建筑密度 35%、建筑高度 20 米、容积率 2.1）。

在达到预售条件时，开发商依法办理了《预售许可证》，并开始预售商品房。但在预售初期发现，虽然顶楼售价很低（比中间楼层低 20%），也很少有人问津。为了促进顶楼商品房的销售，开发商修改了原来设计，在顶楼又加盖了一层"阁楼"（面积达到了顶楼面积65%以上）。随后在预售时推出了"买顶楼送阁楼"的促销策略，而且将顶楼的销售单价提高了 30% 以上，甚至超过中间楼层销售价格近 10%。即使这样，这一促销策略一经推出，顶楼商品房依然很快销售一空。这一结果，使开发商高兴（赚了钱），也让买房者满意（增加了使用面积，按平均单价计算，实际降了 20% 以上），大家皆大欢喜。

该住宅项目工程完工时，开发商向政府建设主管部门申请竣工验收。在规定的时间内，市建设主管部门会同城市规划等部门对该项目进行了验收。该住宅项目工程的大部分指标都达到了规定要求[如绿化率、建筑密度、楼间距、各共用场地（所）和设备等]，而且建筑质量达到了优秀标准。但在验收时发现，该项目的"阁楼"属于擅自改变设计，而且所谓的"阁楼"等于多了一层，实际容积率已达到 2.5，超标约 0.5，而且楼高超标约 1 米。

2. 案例分析

虽然，该住宅项目的建筑质量达到了优秀标准，而且大部分指标都达到了规定要求。但该项目的容积率和建筑高度明显超标行为违反了《城乡规划法》的有关规定和土地出让合同的约定，属于违法和违约行为。

3. 处理结果

根据该项目容积和建筑高度超标情况，市建设主管部门对该开发商作出了没收顶楼的涨价部分的全部收入和处以罚款的行政处罚，并将该开发商的违法和违约行为载入"诚心档案"，予以公布。

【案例 4-2】

1. 案情介绍

天津张女士于 1989 年 5 月 30 日与天津市甲区某某村民委员会（下称该村）签订协议书，该村将其村南运输六厂东口一块空闲地约 624 平方米租给张女士使用。

后经张女士申请，1994 年，天津市甲区人民政府给张女士颁发了集体土地建设用地使用证，批准的用地面积为 436.76 平方米，其中建筑面积为 107.21 平方米，甲区某乡村建设管理站分别又于 1994 年 9 月 5 日、1994 年 9 月 23 日给张女士颁发了编号分别为 144、198、199、200《天津市甲区居民、社员建房施工执照》，建筑面积分别为 105 平方米、60 平方米、84.5平方米、38.5平方米，共计395.21平方米。此地段已于1987年被依法征为国有并为用地单位颁发了《国有土地使有权证》，1997后划归乙区管辖。

2000年10月20日，天津市乙区综合执法大队作出了包括张女士房屋在内的对南排污河密云支河铁路至运输六场桥段两侧的建筑拆除的《责令拆除违法建设通知书》，2000年10月21日作出《责令拆除违法建设通告》，2000年10月25日乙区人民政府作出《强行拆除违法建设通告》后，遂对张女士位于原甲区该村南的两处共计395.21平方米私有房屋实施了强行拆除。由于乙区政府不给张女士经济补偿。张女士为此曾起诉乙区人民政府要求赔偿，一审、二审均判决张女士败诉。

张女士败诉后又将给其颁证的甲区人民政府起诉至人民法院，请求法院依法确认甲区人民政府的发证行为违法，并要求甲区人民政府依法赔偿，法院同样又判决张女士败诉。

2. 案例分析

法院依法驳回张女士要求乙区人民政府对其赔偿的判决是正确的。

张女士房屋所在地段早在1987年就依法被征为国有，应当属于城市规划区。依照我国《城市规划法》规定，在城市规划区内搞建设，必须依法取得建设用地规划许可证和建设工程规划许可证。张女士所持有的是甲区人民政府颁发的集体土地使用权证，其在没有取得建设用地规划许可证和建设工程规划许可证的情况下建成的房屋被乙区人民政府依法强拆并不予赔偿或补偿是符合法律规定的。法院依法驳回张女士的赔偿诉求无疑是正确的。但是，法院判决向张女士颁发集体土地使用证的甲区人民政府也不承担赔偿或补偿责任就值得商榷了。

纵观张女士建房及房屋被强拆的过程，有两个具体行政行为：一是1994年9月甲区人民政府为张女士颁发集体土地使用权证的颁证行为；二是2002年乙区人民政府对张女士的房屋进行强拆的行为。在上述两个具体行政行为中，甲区人民政府的颁证行为是给张女士造成经济损失的根源。张女士被拆房屋所在地段是1997年以后才划归乙区人民政府管辖的，也就是说，在1997年以前该地段始终归甲区人民政府管辖。在其管辖其间，1987年该地段被征为国有。这一事实，作为一级负有管辖权的甲区人民政府显然是应当知道的，也不可能不知道。因此，在张女士向甲区人民政府申请领取集体土地使用权证和建房手续时，甲区人民政府应当告知张女士该地块已被征为国有的事实，告知张女士或者不能申请集体土地使用权证，或者按照《城市规划法》的要求申请有关的建筑手续。令人遗憾的是，甲区人民政府没有履行上述职责，反而在该地块已被征为国有的情况下于1994年9月为张女士颁发了《集体土地使用权证》。张女士作为一个普通的老百姓，有理由相信甲区人民政府所颁发证件的合法性，更有理由相信其基于政府所颁发证件而享有的合法权益，这也是由政府对公众的信赖利益所决定的。但最终事实是，因为该幅土地已经被征为国有了，根据我国《城市规划法》第三十九规定，在城市规划区内，未能取得建设用地规划许可证而取得建设用地批准文件、占用土地的，批准文件无效。张女士所持有的由甲区人民政府颁发的相关证件不是在城市规划区内建筑的有效证件而不被认可，导致张女士的房屋被乙区人民政府强拆并不予赔偿或补偿，张女士巨大经济损失得不到应有的赔偿，造成这一后果的始作俑者是甲区人民政府，张女士持"证"建房没有任何过错，因此，甲区人民政府应当对张女士进行赔偿或补偿，法院判决甲区人民政府不承担赔偿责任是值得商榷的。

 实训题

查找资料和请教有关人员，把违章建筑分类列举出来，并说明对相应的违章建筑的处理手段或措施。

第五章 房地产征收政策与法规

学习目标

1. 初步了解房地产物权的概念。
2. 理解房地产征收法律关系。
3. 了解房地产征收主体的权利和义务。
4. 了解房地产征收问题的处理程序。

技能要求

1. 初步理解房地产征收的法律意义。
2. 能够从物权的角度把握本章内容和其他章节之间的联系。
3. 对现实中的房地产征收问题有宏观的把握。

第一节 概 述

一、房地产物权的概念

房地产征收包括土地征收和房屋征收，它们都属于我国法律所规定的能够引起法律关系产生、变更和消灭的法律事实，通常情况下属于法律事实中的法律行为。这两种法律行为所针对的对象分别是农村集体土地所有权和国有土地上的房屋所有权，土地和房屋在法律上被认为是不动产，不动产和动产相对，都是我国物权法上所规定的"物"，因此要了解房地产征收就需要了解房地产物权的概念。

1. 房地产物权的概念

物权是指权利人依法对特定的物享有直接支配和排他的权利，包括所有权、用益物权和担保物权。房地产物权是指以房地产为权利对象的物权，包括房产和地产。其中房地产所有权是指房地产所有权人对自己的土地和房屋依法享有占有、使用、收益和处分的权利；房地产用益物权是指对他人所有的房地产依法享有的占有、使用和收益的权利，我国法律规定的房地产用益物权实际上仅指土地用益物权而不包括房屋用益物权；房地产担保物权是指物权人以自己的房地产为自己或者别人的债务担保，在债务人不履行到期债务或者发生约定实现担保物权的情形时，债权人所享有的对担保的房地产拍卖后的价款优先受偿的权利。

2. 房地产物权的特点

房地产物权本身具有下列的特点。

（1）土地所有权属于国家或者集体，国家土地所有权优越于集体土地所有权，前者可以对后者进行征收并且后者不能用于房地产开发。通常所说的土地征收指的是国家对农村土地的集体所有权的征收，而房屋征收指的是对国有土地上的房屋所有权的征收。

（2）房地产物权往往与宪法所规定的公民住宅权利密切相关，这使得国家权力对房地产物权的保护非常慎重，为了避免权利冲突就设立了房地产物权登记制度。

（3）房屋的所有权归房屋所有权人所有，但是房屋所在的土地所有权属于国家或者集体，虽然物权法规定了土地使用权到期后自动续期，但国家或者集体作为土地所有权人仍然具有处分土地的权利，特别是在城市规划方面。

（4）房屋出租属于设定债权的行为，但和土地的用益物权非常类似，其区别也仅仅是法律对土地用益物权作了规定而对房屋则没有规定。

（5）土地使用权和房屋所有权抵押，这是房地产担保物权的权能，但土地只能以使用权进行抵押，而房屋则以所有权抵押。

（6）房地产的共有部分由共有人共同所有，这是建筑物区分所有权的基础，是由房屋本身的特点所决定的。

二、土地征收与房屋征收的概念

土地征收是指国家行政机关通过行使宪法和土地管理法所规定的土地征收权把集体土地所有权转变为国家土地所有权，同时给予补偿的行为。《中华人民共和国宪法》（以下可简称《宪法》）第10条和《中华人民共和国土地管理法》第2条都规定国家为了公共利益的需要，可以依法对土地实行征收或者征用并给予补偿。需要说明的是，有些教材把土地征用过程和建设单位取得土地使用权的过程结合起来统称为土地征用。但是本书认为征收和征用是两种不同的法律关系，后者只是"用"，并不能取得土地所有权。因此，本书的土地征收仅指国家取得集体土地所有权的行为。

房屋征收是指市、县级人民政府依照宪法、物权法以及《国有土地上房屋征收与补偿条例》的规定对城市房屋进行征收和补偿的行为。房屋征收行为的宪法依据是《中华人民共和国宪法》第13条的规定"国家为了公共利益的需要，可以依照法律规定对公民的私有财产实行征收或者征用并给予补偿"；《中华人民共和国物权法》第42条规定，"为了公共利益的需要，依照法律规定的权限和程序可以征收集体所有的土地和单位、个人的房屋及其他不动产"；《国有土地上房屋征收与补偿条例》第2条规定，"为了公共利益的需要，征收国有土地上单位、个人房屋的，应当对被征收房屋所有权人（以下称为被征收人）给予公平补偿"。

土地征收和房屋征收都会对土地附着物的物权人的权利造成损害，这就需要对土地附着物的物权人进行补偿，这就是土地征收补偿和房屋征收补偿。由于土地征收补偿和房屋征收补偿针对的对象不同，因此其补偿范围和标准也不同。《中华人民共和国物权法》第42条规定，"征收集体所有的土地，应当依法足额支付土地补偿费、安置补助费、地上附着物和青苗的补偿费等费用，安排被征地农民的社会保障费用，保障被征地农民的生活，维护被征地农民的合法权益。"《中华人民共和国土地管理法》第47条规定，"征收土地的，按照被征收土地的原用途给予补偿"，该法也规定了征收耕地的补偿标准，而对于其他土地（包括农村宅基地）的土地补偿费和安置补助费的标准则由省级立法机关来确定。《国有土地上房屋征收与补偿条例》确立了以房屋市场价为基础的评估程序的补偿机制。

因此，土地征收法律行为包括土地征收行为和土地征收补偿行为，房屋征收也包括房屋征收行为和房屋征收补偿行为。

三、土地征收和房屋征收法律关系分析

土地征收行为和房屋征收行为都是国家权力对公民权利的限制行为,因此土地征收法律关系和房屋征收法律关系都包含宪法法律关系、行政法律关系、民事法律关系;是纵向型法律关系和横向型法律关系的混合;调整性法律关系和保护性法律关系的混合;是财产性法律关系,但也包含人身法律关系。在立法层面,二者都强调"依法行政"的观念,即行政机关作出的征收决定都必须有法律依据,征收程序也必须合法。

1. 土地征收法律关系

土地征收法律关系存在的法律依据是宪法、物权法和土地管理法的规定,但三者却存在着根本性的区别。宪法是授权性规范,其一方面授予国家征收土地的权力;另一方面则严格限制国家权力,宪法性规范意在强调国家征收土地必须是"为了公共利益",立法目的具有"平衡性";物权法属于民事法律的规范,它意在强调"公民的私有财产受法律保护";而土地管理法则属于行政法的范畴,强调行政权力对社会经济生活的管理和控制。根据土地征收法律关系的性质可以对土地征收法律关系进行分类。

(1) 土地征收物权法律关系。土地征收是土地所有权的转移过程,即土地所有权由集体所有转为国家所有,这是集体组织和国家机关之间的法律关系;同时,土地使用权人由于土地所有权的转移而丧失了对土地的使用权,土地使用权人有权因此而取得补偿。现实中表现为国家对农村集体土地的征收,同时农村集体经济组织基于土地所有权被征收的行为获得补偿,而使用农村耕地或者宅基地的村民基于土地使用权被征收的行为获得补偿。

(2) 土地征收行政权法律关系。土地征收是国家行政机关代表国家行使公共权力的行为,因此具有行政法律关系的特点。首先,国家行使土地征收权力受到了宪法和法律的限制,即必须为了公共利益目的而且审批权由国务院和省级人民政府行使;其次,土地征收法律关系是纵向法律关系,即土地征收法律关系的当事人地位是不平等的,对土地进行征收是由国家机关决定的而非由集体经济组织决定;再次,土地征收必须依照法定程序进行,任何违背法定程序的土地征收行为均属非法;最后,土地征收过程中对原土地使用权人的补偿是国家行为,该补偿依照法律规定的标准进行。

土地征收法律关系的构成要素:土地征收法律关系的主体是国家行政机关、农村集体组织及其成员;土地征收法律关系的客体是集体土地所有权向国家土地所有权的转移行为以及土地征收补偿行为;土地征收法律关系的内容是土地征收法律关系主体间的权利义务关系。

2. 房屋征收法律关系

房屋征收法律关系的依据是宪法的规定以及物权法、合同法、城乡规划法以及《国有土地上房屋征收与补偿条例》的规定。

房屋征收法律关系和土地征收法律关系具有相同的特点(此点略论,可参照土地征收法律关系的分析),但房屋征收法律关系具有住宅权保障和物权保障的双重属性。即房屋征收法律关系不仅仅是国家土地使用权转移过程中对该土地上的房屋所有权产生限制因而对房屋所有权进行救济的法律关系,同时也包含了住宅权法律关系。从理论上讲,农村集体土地征收过程中涉及的房屋部分同样具有这样的双重属性,但其征收程序适用《中华人民共和国土地管理法》的规定。这两类法律关系分别由《中华人民共和国物权法》《中华人民共和国合同法》《中华人民共和国宪法》等法律确定,如《中华人民共和国宪法》第39条规定,"中华人民共和国公民的住宅不受侵犯。禁止非法搜查或者非法侵入公民的住宅。"而在具体的保障措施方面则有《国有土地上房屋征收与补偿条例》规定了严格的"先补偿、后搬迁"的原则。

房屋征收法律关系的构成要素。房屋征收法律关系的主体是房屋征收法律关系的当事人，即征收人和被征收人；房屋征收法律关系的客体是房屋征收行为，包括房屋征收决定和房屋征收补偿两个行为，是房屋征收法律关系确立的主要依据；房屋征收法律关系的内容即房屋征收法律关系主体之间的权利和义务，分为的法定权利义务和约定的权利义务，约定的权利义务主要是关于房屋征收补偿协议方面的内容。

四、土地征收和房屋征收所适用的法律规范

土地征收和房屋征收所适用的法律、法规主要有《中华人民共和国宪法》第10条、《中华人民共和国物权法》《中华人民共和国土地管理法》《中华人民共和国农村土地承包法》《中华人民共和国城市房地产管理法》《中华人民共和国土地管理法实施条例》《大中型水利水电工程建设征地补偿和移民安置条例》《国有土地上房屋征收与补偿条例》等。另外，人民政府进行土地征收和房屋征收还要符合城乡规划、当地的国民经济发展计划等方面的政策。

除了上述法律、法规之外，地方性法规、人民政府规章、部门规章以及最高人民法院相关的司法解释也是土地征收和房屋征收的法律依据，例如《国土资源部关于加强征地管理工作的通知》《国土资源部关于完善征地补偿安置制度的指导意见》《国有土地上房屋征收评估办法》《上海市征收集体土地房屋补偿评估管理暂行规定》《北京市集体土地房屋拆迁管理办法》《青海省实施〈中华人民共和国土地管理法〉办法》《山东省土地征收管理办法》《洛阳市人民政府关于国有土地上房屋征收与补偿的意见》《最高人民法院关于村民因土地补偿费、安置补助费问题与村民委员会发生纠纷人民法院应否受理问题的答复》等。当然，上述规范性文件都属于政府规章性质或者人民法院的司法解释，但在实践中具有重要意义。

从总体上看，我国关于土地征收和房屋征收的法律法规作出了原则性的规定，而国务院主管部门和省级人民政府的规章进行了更具体的规定。

第二节 土地征收程序及审批权限

一、土地征收程序

1. 土地征收程序的概念

土地征收程序是指国家征用集体土地所必须遵循的条件和步骤。土地征收行为是国家权力的行使行为，通过法律程序来对国家权力进行限制从而防止国家权力的滥用是国际社会的普遍做法。我国对土地征收行为的法律规定主要散见于各类行政法律规范，同时由于土地征收行为涉及公民的财产权利因而也要受到民事法律规范的约束。国家权力仅在有限的范围内行使。只有遵循了土地征收程序的土地征收行为才能达到合理利用土地的目的。

2. 土地征收的程序

一般而言，土地征收需要经过以下程序。

（1）市县人民政府按照城乡规划拟订土地征收方案。城乡规划是人民政府土地征收的基本依据，各级人民政府都必须遵循城乡规划来拟订土地征收方案。理论上讲，土地征收是国家将集体土地所有权转化为国有土地所有权的行为，这种行为由于关系到宪法所确定的所有制原则，因而应该受到严格的宪法限制，该种权力应该由各级国家权力机关来行使。各级人民政府作为国家权力机关的执行机关，负责拟订土地征收方案，而后由国家权力机关审查批

准。然而《中华人民共和国土地管理法实施条例》却将批准权授予了上级人民政府，这违背人民主权原则，属于立法不当。虽然如此，我国的土地征收制度和具体建设项目相结合仍然体现了国家对土地进行严格控制的原则。

市县人民政府拟订土地征收方案要符合法定的形式要件和实质要件。就形式要件而言即形式上要符合行政程序法的要求以便能够发生法律效力，例如要有主管领导签字、拟订单位盖章。而土地征收方案的实质要件是指拟订的土地征收方案所包含的内容应该使得审查机关了解土地征收的基本情况，至少应该包括以下内容：征收集体土地的面积、被征收土地位置、被征收土地的权属情况、被征收土地补偿标准、被征收土地其他费用标准、安置方案。另外，土地征收方案应当按照土地管理法律、法规的规定对被征收的土地情况及补偿情况进行详细的分类描述，例如对土地分类为耕地、林地、园地、牧草地、交通用地、村庄用地、工矿用地、未利用土地等。对补偿分类为青苗补偿费、地上附着物补偿费、新菜地开发建设基金、耕地占用税、土地复垦费、耕地开垦费、临时用地补偿费、征地管理费、不可预见费等内容。总之，土地征收方案的实质内容一定要具体。

（2）对土地征收方案进行审查、批准。对土地征收方案进行审查批准是由省级以上人民政府或者省级人民政府授权的市、自治州人民政府来完成的。首先由有审查批准权的人民政府的土地行政主管部门对土地征收方案进行审查，其次，经过审查后，该土地行政主管部门提出审查意见报有批准权的人民政府批准。这就是说，对土地征收方案的审查权和批准权是由土地行政管理部门和人民政府分别享有的。虽然土地行政管理部门是人民政府的工作部门，但土地行政管理部门享有独立的行政权力因而也就负有独立的行政责任。人民政府批准前也需要独立地对土地征收方案进行审查，但这种审查只是形式审查而不是实质审查。

（3）被征收土地所在地的市县人民政府组织实施、公告。土地征收方案经过有批准权的人民政府批准后即对执行该方案的组织即被征收土地所在地的市县人民政府发生法律效力。市县人民政府应当对土地征收方案进行公告，公告的内容大体上与拟订的土地征收方案的内容一致，但需以人民政府的名义并且指出有批准权的人民政府批准该方案的文件名称以及所依据的法律法规。还需要提醒土地所有权人和使用权人进行土地征收补偿登记以及公告发生以后权利人在其土地上从事建设行为的后果、不进行土地权利登记的后果。

二、土地征收审批权限

土地征收审批权限是指对土地征收方案的审查批准权限。我国设立土地征收审批制度，体现了土地征收问题的极端重要性，土地征收审批权限的划分体现了宪法对国家机构的权力进行监督的要求。另外，我国土地资源的有限性也是土地征收审批制度的重要原因。我国土地征收审批权具有三个特点。

1. 根据土地的重要性进行分类管理

我国土地管理法将土地分为基本农田、基本农田以外的耕地、其他土地三类，对这三类土地进行不同的严格性控制。这体现了我国人多地少的特点以及确保粮食安全的国家政策，其中基本农田是确保我国粮食安全的基本要素，因此法律对其进行极其严格的控制；基本农田以外的耕地是我国粮食产量不断提高的基本要素，法律对其进行相对严格的控制；国家对其他土地进行控制则主要是基于保护集体土地所有权的考虑。前两类土地关系到社会的稳定发展问题。国家对土地实行分类控制是我国土地审批权的一个特点。

2. 土地审批权实行分级控制

大体上来说，我国土地批准权在于国务院和省级人民政府，市县人民政府没有土地征收批准权。根据《中华人民共和国土地管理法》的规定。

(1) 国务院批准征收土地的权限

① 征收基本农田。除国家能源、交通、水利、军事设施等重点建设项目选址确实无法避开基本农田保护区，需要占用基本农田外，其他建设都不得占用基本农田。因此规定征收基本农田需报国务院批准。

② 征收基本农田以外的耕地超过35公顷的。

③ 征收其他土地70公顷以上。其他土地指耕地以外的土地，包括林地、草地、养殖水面、城乡住宅和公共设施用地、工矿、交通、水利设施用地、旅游用地和未利用土地等。

(2) 省、自治区、直辖市人民政府批准征收土地的权限

① 征收基本农田以外的耕地低于35公顷的。

② 征收其他土地低于70公顷。

3. 审查权和批准权相对分离

根据《中华人民共和国土地管理法实施条例》规定，我国土地征收的审查权和批准权是相对分离的，即土地征收方案的拟订由市、县人民政府负责，对土地征收方案的审查由有批准权的人民政府土地行政主管部门负责。其第20条规定：在土地利用总体规划确定的城市建设用地范围内，为实施城市规划占用土地的，按照下列规定办理。

(1) 市、县人民政府按照土地利用年度计划拟订农用地转用方案、补充耕地方案、征用土地方案，分批次逐级上报有批准权的人民政府。

(2) 有批准权的人民政府土地行政主管部门对农用地转用方案、补充耕地方案、征用土地方案进行审查，提出审查意见，报有批准权的人民政府批准；其中，补充耕地方案由批准农用地转用方案的人民政府在批准农用地转用方案时一并批准。

(3) 农用地转用方案、补充耕地方案、征用土地方案经批准后，由市、县人民政府组织实施，按具体建设项目分别供地。

在土地利用总体规划确定的村庄、集镇建设用地范围内，为实施村庄、集镇规划占用土地的，由市、县人民政府拟订农用地转用方案、补充耕地方案，依照前款规定的程序办理。

我国土地征收审批权限具有分类管理、分级控制、审查权和批准权相对分离三个特点，体现了土地征收法律关系的复杂性和重要性。

第三节　土地征收补偿

一、土地征收补偿的概念

土地征收补偿是指国家对于集体土地所有权进行征收转化为国家土地所有权的行为给予集体土地所有权人和使用权人的补偿。土地征收补偿既包括对土地所有权人的补偿也包括对土地使用权人的补偿，前者体现为土地补偿费，后者则体现为地上附着物及青苗补偿费和安置补助费。

土地征收补偿法律关系的一方主体是实施土地征收补偿方案的市县人民政府，其资金最终来源是转化为国有土地以后的使用权人交纳的土地使用费；土地征收补偿法律关系的另一方主体是集体经济组织和该集体组织成员，其中集体经济组织作为集体土地所有权人取得对土地所有权的补偿，该项款项属于该集体经济组织的共有财产，而集体经济组织成员则取得对于土地使用权的补偿以及土地附着物的所有权补偿，该款项属于成员个人财产。

土地征收补偿法律关系的客体是土地征收行为，该行为既包含行政法律行为也包含民事

法律行为。前者如土地征收补偿标准及其范围的确定，该项行为是行政机关依职权做出的行政法律行为；后者如集体经济组织对取得的土地所有权补偿款项的处分，该项处分是公民对共有财产的处分行为，允许当事人之间进行平等协商。

二、土地征收补偿的范围和标准

1. 土地征收的合理补偿原则

土地征收会造成对集体土地所有权和使用权的双重损害，要使得权利损害恢复到原来的状态就要使得权利的损害和补偿大体相当，既不能使得损害过分大于补偿，又不能使得补偿远超过损害。因此，土地征收补偿应以使被征地农民的生活水平不降低，保障农民的利益不受征地而受损为原则；另外征收土地的补偿标准和补偿范围要按照被征收土地的原用途确定，原来是耕地的，按耕地的标准给予补偿，原来是林地的，按林地的标准给予补偿，对地上物的补偿和对人员的安置也是如此。

2. 土地征收补偿的范围和标准

依据《中华人民共和国土地管理法》第47条的规定，征收土地的补偿范围主要包括：土地补偿费；安置补助费；地上附着物和青苗补偿费。

（1）土地补偿费。土地补偿费是指因国家征收土地而对土地所有人和使用人的土地投入和收益损失给予的补偿，是针对土地所有权的补偿。征收耕地（包括菜地）的补偿费标准为该耕地被征用前3年平均产值的6~10倍，按当地统计部门审定的最基层单位统计年报和经物价部门认可的单价为准。大中型水利水电工程建设征收耕地的，土地补偿费和安置补助费之和为该耕地被征收前3年平均年产值的16倍。征用其他土地的土地补偿费标准，由省、自治区、直辖市参照征收耕地的土地补偿费标准规定。

（2）安置补助费。安置补助费是指为了安置以土地为主要生产资料并取得生活来源的农业人口的生活所给予的补助费用，是针对土地使用权的补偿，具体包括对征收耕地的安置补助费和征收其他土地的安置补助费。

① 征收耕地的安置补助费。征用耕地的安置补助费，按照需要安置的农业人口数计算。每一个需要安置的农业人口的安置补助费标准，为该耕地被征收前3年平均年产值的4~6倍，但是每公顷被征收耕地的安置补助费，最高不得超过被征用前3年平均产值的15倍。

② 征收其他土地的安置补助费。征收其他土地的安置补助费的标准由省、自治区、直辖市参照征收耕地的安置补助费标准规定。依照规定支付土地补偿费和安置补助费，尚不能使需要安置的农民保持原有生活水平的，经省、自治区、直辖市批准，可以增加安置补助费。但是，土地补偿费和安置补助费的总和不得超过土地被征收前3年平均年产值的30倍。对于剩余劳动力的安置，因国家建设征收土地造成的多余劳动力，由县级以上地方人民政府土地主管部门组织被征收单位、用地单位和有关单位，通过发展副业生产和举办乡镇企业等途径加以安置；安置不完的，可以安排符合条件的人员到用地单位或者其他集体所有制单位和全民所有制单位就业，并将相应的安置补助费转拨给吸收劳动力的单位。

（3）地上附着物和青苗补偿费。

① 地上附着物补偿费，是指对因自然或人工而与土地结合在一起的私人或集体所有的房屋及水井、坟墓等设施造成损失的补偿。但是，凡是在协商征地方案后抢建的设施，一律不予补偿。

② 青苗补偿费，是指对因征地造成的农民种植在被征地上尚未成熟的农作物损失的补偿。但是，凡是协商征地方案后抢栽的农作物、树木等，一律不予补偿。地上附着物补偿费和青苗补偿费的具体补偿标准，由省、自治区、直辖市规定。

另外，国务院根据社会、经济发展水平，在特殊情况下，可以提高征收耕地的土地补偿费和安置补助费的标准。

以上规定说明国家对于土地征收补偿标准遵循合理补偿的原则，遵循我国《中华人民共和国宪法》《中华人民共和国物权法》所确定的"国家为了公共利益的需要，可以依照法律规定对公民的私有财产实行征收或者征用并给予补偿"的规定。

三、土地征收补偿的程序

国家征收土地，依照法定程序批准后，市、县人民政府按以下程序组织实施征地。

1. 发布征地公告

市、县人民政府在被征收土地所在地的乡（镇）、村范围内发布征地公告。征地公告发布后，被征地单位和个人抢栽抢种的农作物或抢建的建筑物不列入补偿范围。

2. 办理征地补偿登记

被征收土地的所有权人、使用权人应当在公告规定的期限内，持土地权属证书和地上附着物的产权证明等文件到公告指定的人民政府土地行政主管部门办理征地补偿登记。不按规定办理登记的，不列入补偿范围。

3. 拟订征地补偿安置方案

市、县人民政府土地行政主管部门应当根据土地登记资料和观场勘测结果，核对征地补偿登记情况。根据核对结果以及法律、法规规定的征地补偿标准，会同各有关单位拟订征地补偿安置方案，并在被征收土地所在地的乡（镇）、村予以公告，听取被征收土地的农村集体经济组织和农民的意见。征地补偿安置方案应当载明土地补偿费、安置补助费、青苗和附着物的补偿费等事项。

4. 确定征地补偿安置方案

征地补偿安置方案报市、县人民政府批准后，由县级以上人民政府土地行政主管部门组织实施，并报省人民政府土地行政主管部门备案。对补偿、安置标准有争议的，由县级以上人民政府协调，协调不成的。由批准征收土地的人民政府裁决。征地补偿安置争议不影响征收土地方案的实施。

5. 实施征地补偿安置方案

交付土地征用土地补偿安置费用应当在征地补偿安置方案批准之日起3个月内全额支付给被征地的单位和个人，被征地的单位和个人应当按规定的期限交付土地；征地补偿安置费用未按规定支付的，被征地的单位和个人有权拒绝交付土地。

第四节　房屋征收概述

一、房屋征收法律关系的主体

由于房屋征收法律关系比较复杂，因此，其法律关系的主体也比较复杂。根据国务院《国有土地上房屋征收与补偿条例》的规定，房屋征收法律关系的主体大体上有：市县人民政府、房屋征收部门、房屋征收实施单位、被征收人（被征收房屋所有权人）等。在上述法律关系的主体中最重要的是市县人民政府和被征收人，而市县人民政府确定的房屋征收部门组织实施本行政区域的房屋征收补偿工作，房屋征收实施单位受房屋征收部门委托承担与房屋征收补偿有关的工作。另外，房地产价格评估机构是房屋价格评估服务的法律关系的主体。

从法律关系的性质来看，市县人民政府和被征收人之间形成了行政法律关系，法律关系的客体即房屋征收行政决定行为和房屋征收补偿行为。市县人民政府与房屋征收部门之间是行政授权关系，而房屋征收部门与房屋征收实施单位之间是行政委托关系。在行政授权关系中，被授权的房屋征收部门对自己在征收过程中实施的行为的法律后果独立承担责任，而授权的市县人民政府对自己作出的征收决定和补偿决定承担责任；在行政委托关系中，房屋征收部门对于接受委托的房屋征收实施单位在委托权限范围内的行为承担责任。

除了上述法律关系主体以外，上级人民政府对下级人民政府的房屋征收行为进行监督，国务院和省级住房城乡建设主管部门以及相关其他部门对房屋征收工作实施指导。

二、房屋征收的阶段

根据《国有土地上房屋征收与补偿条例》，房屋征收行为主要包括房屋征收决定和房屋征收补偿两个阶段。但在行政机关作出征收决定之前应当由相关部门履行批准手续，只是《国有土地上房屋征收与补偿条例》的立法目的主要是规范行政机关与被征收人之间的关系，因此对于批准手续方面的内容规定得比较简略。但基于依法行政的要求，本书从广义上理解将房屋征收分为6个阶段。

1. 国家权力机关通过相关决议

根据《国有土地上房屋征收与补偿条例》的规定，与房屋征收相关的建设活动应当符合国民经济和社会发展规划，保障性安居工程、旧城改建，应当纳入市、县级国民经济和社会发展年度计划。国民经济和社会发展规划是县级以上人民政府对当地未来一定时期（通常情况下是五年规划）的经济和社会发展做出的安排，而国民经济和社会发展年度计划则是对国民经济和社会发展规划的分年度贯彻落实，二者都是以当地人民政府在当地人民代表大会上作的工作报告的形式表现出来。《国有土地上房屋征收与补偿条例》的规定体现了国家权力机关对人民政府的监督职能，体现了国家对房屋征收行为的慎重态度。任何不符合上述规划、计划的房屋征收行为均属非法。因此国家权力机关通过相关决议是房屋征收的前提。

2. 上级政府房屋征收部门批准

根据《国有土地上房屋征收与补偿条例》的规定，上级人民政府应当加强对下级人民政府房屋征收与补偿工作的监督。虽然该条例并未规定市县级人民政府作出房屋征收决定需要得到上级人民政府的批准，但在实践中市县级人民政府房屋征收部门会向上级人民政府房屋征收部门就征收事项进行请示，上级政府房屋征收部门对此作出批复。

3. 规划确认

根据《国有土地上房屋征收与补偿条例》的规定，征收房屋的各项建设活动应当符合土地利用总体规划、城乡规划和专项规划。因此市、县级人民政府在作出土地征收决定前应当征求国土部门关于该项目是否符合土地利用总体规划的意见、征求城乡规划部门关于该项目是否符合城乡规划的意见，获得上述部门关于符合相关规划确认的书面答复。

4. 作出房屋征收决定

市县人民政府获得相关部门的批准、确认之后，即进入房屋征收决定阶段。在房屋征收决定正式作出之前，市县级人民政府应当事先作出征收补偿方案的征求意见稿，广泛征求社会公众意见并根据公众意见进行修改征收补偿方案，还要进行社会稳定风险评估，而后由市县人民政府作出正式的房屋征收决定并公告。《国有土地上房屋征收与补偿条例》规定对于征收补偿方案的征求意见稿的公示时间不少于30日，实践中房屋征收部门或者实施单位以入户发放调查表的形式征求意见。

5. 房屋征收补偿

大多数情况下，房屋征收补偿是房屋征收的最后阶段，是对被征收房屋的所有权人进行补偿的阶段。主要包括对房屋价格的评估、其他损失的统计、搬迁安置费用的计算、补偿协议的签订和履行等几个环节。《国有土地上房屋征收与补偿条例》规定房屋征收部门与被征收人依照该条例订立补偿协议，在征收补偿方案确定的签约期限内达不成协议的或者被征收房屋所有权人不明确的由市县级人民政府作出征收补偿决定。

6. 房屋征收异议处理

根据《国有土地上房屋征收与补偿条例》的规定，被征收人对补偿决定不服的，可以依法申请行政复议，也可以依法提起行政诉讼。在房屋征收过程中，由于被征收人社会生活情况不同，对利益具有不同的认识，因此不可避免地出现部分被征收人对于房屋征收补偿条件不满而无法达成协议同时又对政府的征收补偿决定不服的情况，在此种情况下被征收人就会申请行政复议或者提起行政诉讼。

三、房屋征收的原则

根据《国有土地上房屋征收与补偿条例》的规定，房屋征收应遵循决策民主、程序正当、结果公开的原则。但事实上《国有土地上房屋征收与补偿条例》属于行政法规，它还应遵循行政法规的基本原则。

1. 合法性原则

房屋征收行为的合法性原则事实上即我国行政法的合法性原则在房屋征收过程中的体现，它具体包含以下含义。

（1）依据合法。即房屋征收过程中的决策、实施过程的每一个环节都应有法律依据，这里的法律依据不仅指地方政府部门的规定，而是指宪法、法律、行政法规的规定，而且地方政府部门的规定只有在符合法律、行政法规的前提下才具有法律效力。《国有土地上房屋征收与补偿条例》第8条明确规定了可用实行房屋征收的工程项目的范围。

（2）行为合法。即不仅征收行为具有法律依据，而且在房屋征收过程中要严格遵守法律的规定。这里包含了"依法行政"和"守法行政"两个方面，即房屋征收行政机关既要依法行使职权、积极作为，又要遵守法律的规定进行房屋征收。

（3）违法行为无效。即在房屋征收过程中违法的行为不具有法律效力，这是对行政主体违法行为的否定性评价。在房屋征收为争议内容的行政复议和行政诉讼中，行政机关只有证明其行为具有合法性才能免除责任，这是对行政法的合法性原则的遵守。

（4）违法追责。即行政主体必须对违法的行政行为承担相应的法律责任。对于行政主体的违法行为，不仅应确认该行为无效，同时还应追究行为责任者相应的法律责任，这是"违法必究"精神的体现。《国有土地上房屋征收与补偿条例》第5条规定了房屋征收部门对征收补偿行为后果承担法律责任。

2. 合理性原则

房屋征收的合理性原则同样是我国行政法的合理性原则在房屋征收过程中的体现，它具体包含以下含义。

（1）目的正当性。即行政征收主体对房屋进行征收的行为在目的上具有正当性，即必须根据宪法、法律、行政法规规定的"为了公共利益的需要"。实践中有些房屋征收主体以"旧城改造"为名进行房地产商业开发，这样的项目涉及的房屋征收显然不符合目的正当性。

（2）平衡性。即行政主体在选择做出某种行政行为时，必须注意权利与义务、个人所受损害与社会所获利益、个人利益和国家利益的平衡。《国有土地上房屋征收与补偿条例》对于房屋征收补偿确立了被征收房屋价值补偿不得低于房屋征收公告之日被征收房屋类似房地产的市场价格的原则,这是该条例对于房屋征收的平衡性的遵循。

(3) 情理性。即行政主体做出行政行为,必须符合客观规律、合乎情理,不能要求行政相对人承担其无法履行或者违背情理的义务。《国有土地上房屋征收与补偿条例》对于被征收人的补偿作出了"被征收人可以选择货币补偿,也可以选择房屋产权调换"的规定,体现了行政法治的情理性。

3. 权力监督原则

权力监督原则是我国宪法所确定的基本原则,它主要体现在公民对行政机关监督以及权力机关、司法机关、上级机关对行政机关的监督方面,《国有土地上房屋征收与补偿条例》坚持了上述原则。

(1) 民主监督。这是公民对行政机关监督的重要方面,《国有土地上房屋征收与补偿条例》第11条规定"因旧城区改建需要征收房屋,多数被征收人认为征收补偿方案不符合本条例规定的,市县级人民政府应当组织由被征收人和公众代表参加的听证会,并根据听证会情况修改方案"。

(2) 人大监督。人民代表大会是我国的国家权力机关,我国宪法确立了人大对行政机关进行的监督制度,《国有土地上房屋征收与补偿条例》坚持了该制度,该条例第9条规定,"保障性安居工程建设、旧城改建,应当纳入市、县级国民经济和社会发展年度计划",而国民经济和社会发展年度计划都要经过当地人民代表大会表决通过,因此这样的规定也体现了国家权力机关对房屋征收行政行为的监督。

(3) 司法机关监督。我国《宪法》确立了"中华人民共和国实行依法治国,建设社会主义法治国家""人民法院依照法律规定独立行使审判权,不受行政机关、社会团体和个人的干涉"等原则,我国的行政诉讼法确立了人民法院审理行政案件的原则和程序,这些都体现了司法机关对行政机关监督的基本制度。《国有土地上房屋征收与补偿条例》规定"被征收人对补偿决定不服的,可以依法申请行政复议,也可以依法提起行政诉讼",该规定同样体现了司法机关监督的原则。

(4) 上级行政机关监督。我国宪法确立了上级行政机关对下级行政机关的领导关系,上级行政机关有权改变或者撤销下级行政机关的决定,这也是一种监督关系。《国有土地上房屋征收与补偿条例》关于上级人民政府加强对下级人民政府房屋征收补偿工作的监督以及被征收人对补偿决定不服可以申请行政复议规定的体现了上级行政机关监督的原则。

4. 保障公民权利的原则

保障公民权利的原则是我国《宪法》的基本原则,也是建设法治国家的基本出发点,《国有土地上房屋征收与补偿条例》同样坚持了上述原则。

(1) 保障公民的参与权。我国《宪法》规定"人民依照法律规定,通过各种途径和形式,管理国家事务,管理经济和文化事业,管理社会事务",而《国有土地上房屋征收与补偿条例》规定市县级人民政府应当对房屋征收部门拟订的征收补偿方案予以公布,征求公众意见,征求意见的期限不得少于30日,这恰恰是坚持了保障公民参与权的原则。

(2) 保障公民的财产权。我国《宪法》规定了公民的合法私有财产不受侵犯的原则,同时又规定征收补偿的原则,而《国有土地上房屋征收与补偿条例》规定了被征收房屋补偿价值不低于市场价的原则,同时规定了房屋评估制度,这些都有利于对公民财产权的保障。当然还有其他条文同样体现了这样的原则。

(3) 保障公民的人身权。人身权利是我国公民的基本权利,为我国宪法和基本法律所确认,《国有土地上房屋征收与补偿条例》同样保障了这项权利,该条例规定任何单位和个人不得采取暴力、威胁或者其他非法方式迫使搬迁。

(4) 保障公民的住宅权。住宅权利也是我国宪法规定的基本权利。而《国有土地上房屋征收与补偿条例》规定先补偿后搬迁以及不得采取中断供水、供热等方式迫使搬迁也是对公民的住宅权的保障。

第五节 房屋征收决定

房屋征收行为属于行政行为,根据行政行为的性质房屋征收的主要过程可以分为房屋征收决定和房屋征收补偿两个阶段。其中房屋征收决定的作出过程中的行为在理论上属于内部行政行为,它对被征收人不发生法律效力,当然房屋征收决定作出后对被征收人发生法律效力;而房屋征收补偿行为属于外部行政行为,对被征收人发生法律效力。《国有土地上房屋征收与补偿条例》也将房屋征收过程分为房屋征收决定和房屋征收补偿两个阶段,本节主要介绍房屋征收决定。

一、房屋征收决定的性质

房屋征收决定是房屋征收的主要阶段,是房屋征收补偿的前提。从性质上看,房屋征收是行政行为。根据行政法学的理论,房屋征收决定具有以下几个特点。

1. 房屋征收决定的单方性

房屋征收决定的单方性是指房屋征收决定只需要政府根据法律作出,是否作出该决定并不需要征得社会公众的同意,也即房屋征收决定是政府的单方行为。虽然作出房屋征收决定需要事先拟订征收补偿方案,并征求社会公众意见;需要根据社会公众的意见将房屋征收补偿方案进行修改;多数被征收人认为征收补偿方案不符合规定应当组织听证会。但是这些都只是对房屋征收决定本身的所适用的现实条件进行补充,并不影响房屋征收决定的最终作出。

2. 房屋征收决定的公务性

房屋征收决定的公务性是指房屋征收决定是国家行政机关行使行政权的行为,不是一种私人行为。因为它是代表国家行使行政职权的行为,所以它具有强制执行的效力。《国有土地上房屋征收与补偿条例》第16条规定,房屋征收范围确定后,不得在房屋征收范围内实施新建、扩建、改建房屋和改变房屋用途等不当增加补偿费用的行为;违反实施的,不予补偿。

3. 房屋征收决定的执行性

房屋征收决定的执行性是指该行为是执行国家权力机关决议的行为,也是执行国家城乡规划的行为。《国有土地上房屋征收与补偿条例》第8条规定,作出房屋征收决定的目的是为了保障国家安全、促进国民经济和社会发展等公共利益的需要;第9条规定了房屋征收决定应当符合国民经济和社会发展规划、土地利用总体规划、城乡规划等,这些都说明房屋征收决定具有执行性的特点。

4. 房屋征收决定的法律性

房屋征收决定的法律性是指该行为是一种法律行为,而不是事实行为,它能够对被征收人发生法律效果,造成被征收人的权利义务发生增加或者减少的状态。正是因为房屋征收决定的法律性,《国有土地上房屋征收与补偿条例》规定在房屋征收决定作出前应当将拟订的房屋征收补偿方案进行公布并征求社会公众的意见，应当进行社会稳定风险评估等方面的内容。房屋征收的法律性还表现在该条例规定被征收人对征收决定不服可以申请行政复议或者行政诉讼，通过法律途径解决争议。

二、房屋征收决定的主体

房屋征收是国家对公民财产权利状态的单方面改变行为，虽然由《国有土地上房屋征收与补偿条例》作出了具体的规定，但其法理基础仍然是宪法、物权法等基本法律的规定。房屋征收决定是房屋征收行为的关键，虽然《国有土地上房屋征收与补偿条例》规定，作出征收决定的是市县人民政府，但同样规定了其他国家机关对征收决定进行监督，表明该条例从立法层面对改变公民财产权利状态的慎重态度。因此，有必要分析房屋征收决定的主体。

1. 国家权力机关

国家权力机关即人民代表大会，房屋征收决定以当地的人民代表大会通过的国民经济和发展规划、国民经济和社会发展年度计划为前提。《国有土地上房屋征收与补偿条例》规定，房屋征收的各项建设活动应当符合国民经济和社会发展规划。而根据《中华人民共和国地方各级人民代表大会和地方各级人民政府组织法》的规定，县级以上的地方各级人民代表大会审查和批准本行政区域内的国民经济和社会发展计划、预算以及它们执行情况的报告。因此，国家权力机关对相关的国民经济和社会发展规划进行审查和批准是影响房屋征收决定的关键环节。通常情况下，作出房屋征收决定时当地人大通过的国民经济和社会发展规划里对房屋征收所涉及的工程项目都会有提及。

2. 国土资源管理部门

通常情况下，房屋征收意味着对土地利用的重新规划。因此《国有土地上房屋征收与补偿条例》规定，房屋征收应获得土地利用总体规划部门的确认。《中华人民共和国土地管理法》规定，城市建设用地应当符合城市总体规划，而城市总体规划应当与土地利用总体规划相衔接。土地利用年度计划必须根据国民经济和社会发展计划、土地利用总体规划进行编制，并且必须严格执行。因此，国土资源管理部门对房屋征收决定的控制事实上是履行《中华人民共和国土地管理法》赋予的法定职责的行为。房屋征收后的工程建设也必须取得国土资源部门的行政许可。这些因素都决定国土资源管理部门在房屋征收决定中起重要作用。

3. 城乡规划部门

城乡规划部门是对城乡规划的编制、实施负有重要职责的部门，城市建设必须严格依照城市总体规划和专项规划进行。《中华人民共和国城乡规划法》规定人民政府应当根据城市总体规划、镇总体规划、土地利用总体规划和年度计划以及国民经济和社会发展规划，制订近期建设计划。因此《国有土地上房屋征收与补偿条例》规定，房屋征收应获得城乡规划部门关于该建设项目符合城乡规划和专项规划的确认。

4. 上级人民政府

从法律的角度来看，获得上级人民政府的批准并不是市县级人民政府作出房屋征收决定的必经程序。但从实践的角度，市县级人民政府确定的房屋征收部门会在市县人民政府作出房屋征收决定前向上级人民政府房屋征收部门就房屋征收事项进行请示，上级人民政府房屋征收部门以批复的形式表示同意。这是因为我国法律确定了上级人民政府领导下级人民政府的组织原则，《国有土地上房屋征收与补偿条例》也明确规定上级人民政府应当加强对下级人民政府房屋征收与补偿工作的监督。

5. 市县级人民政府

市县级人民政府是作出房屋征收决定的法定机关，其作出的行政征收决定对公民的房屋所有权起直接作用，并且具有法律效力。《国有土地上房屋征收与补偿条例》规定，被征收人对市县级人民政府作出的房屋征收决定不服的，可以依法申请行政复议或者提起行政诉讼。

6. 被征收人

被征收人即被征收房屋的所有权人，在房屋征收决定中属于"行政相对人"。在房屋征收决定作出过程中享有对房屋征收补偿方案的参与权，即对于房屋征收方案发表意见的权利，但是对于是否进行房屋征收并无决定权。这是因为房屋征收决定本身是根据权力机关的决议、土地总体规划和城乡规划等作出的，对行政决定的合法性由国家权力机关、专门行政机关进行监督。但是这并不意味着被征收人完全没有监督权，如果被征收人在房屋征收决定作出以后发现该征收决定违法仍然可以对作出房屋征收决定的市县级人民政府申请行政复议或者提起行政诉讼。

7. 其他主体

其他主体即市县级人民政府确定的房屋征收部门和委托的房屋征收实施单位，这些主体是基于行政授权关系或者行政委托关系协助市县级人民政府处理房屋征收和房屋征收补偿的组织。其中市县级人民政府确定的房屋征收部门对房屋征收过程中的具体事项行使行政职权，对其行为独立承担法律责任；而房屋征收实施单位则是基于房屋征收部门的委托为房屋征收部门处理征收补偿事务，其行为后果由房屋征收部门承担责任。当然，对于超出委托事务以外的事项或者违法事项仍然由其自身承担责任。

三、房屋征收决定的范围

房屋征收决定的范围即行政机关有权决定进行房屋征收的情形，我国宪法和物权法都规定征收的前提条件是为了公共利益的需要，但关于公共利益界定在理论上有不同的认识。《国有土地上房屋征收与补偿条例》规定了可以进行房屋征收的几种情形，可以视为行政法规层面上的明确规定。根据《国有土地上房屋征收与补偿条例》第9条规定，可以进行房屋征收的情形包括：

① 国防和外交的需要；
② 由政府组织实施的能源、交通、水利等基础设施建设的需要；
③ 由政府组织实施的科技、教育、文化、卫生、体育、环境和资源保护、防灾减灾、文物保护、社会福利、市政公用等公共事业的需要；
④ 由政府组织实施的保障性安居工程建设的需要；
⑤ 由政府依照城乡规划法有关规定组织实施的对危房集中、基础设施落后等地段进行旧城区改建的需要；
⑥ 法律、行政法规规定的其他公共利益的需要。

四、房屋征收决定做出的程序

房屋征收行为属于行政行为，必须依照法律规定的条件和程序进行。《国有土地上房屋征收与补偿条例》的规定，作出房屋征收决定的程序如下。

1. 房屋征收补偿部门获取前期的批准手续

房屋征收补偿部门是市县人民政府为了办理房屋征收事项而成立的办事机构，比如"旧城改造办公室""新区建设指挥部"等。由于对于一个地区来说,旧城改造、新区建设的任务比较繁重,因此这类机构能够较长期地存在。

(1) 房屋征收部门在所属人民政府的帮助下获取当地人民代表大会通过的国民经济和社会发展规划、国民经济和社会发展年度计划以及通过该决议的文件。

(2) 房屋征收部门分别向国土资源部门和城乡规划部门致函确认与房屋征收有关的工程建设项目符合土地利用总体规划、城乡规划和专项规划,上述部门复函确认。

(3) 房屋征收部门向上级人民政府房屋征收部门致函与房屋征收有关的工程建设项目请示,上级人民政府给予批复同意或者要求作出修改。

2. 确定房屋征收补偿方案征求意见稿并公示

房屋征收补偿方案必须广泛征求社会公众的意见,因此需要拟订征求意见稿并公示。

(1) 房屋征收补偿部门拟订房屋征收补偿方案,并报市县人民政府。

(2) 市县人民政府对房屋征收补偿方案进行论证。

(3) 房屋征收补偿部门将房屋征收补偿方案征求意见稿进行公示,公示期不少于30日,同时发放征求意见表进行入户调查。

3. 形成房屋征收补偿方案

(1) 房屋征收部门或者其委托的房屋征收实施单位将汇总整理发放的征求意见表进行统计分析。

(2) 房屋征收部门或者其委托的房屋征收实施单位根据收集的征求意见表统计数据进行社会稳定风险评估,形成风险评估报告。

(3) 房屋征收部门将风险评估报告送市县人民政府,市县人民政府作出批复。

(4) 房屋征收补偿部门根据社会公众意见对房屋征收补偿方案进行修改并报上级人民政府房屋征收补偿部门批复。

(5) 如果上级人民政府房屋征收补偿部门批复同意则形成正式的征收补偿方案。

4. 房屋征收补偿方案形成过程公示

过程公示主要目的在于确保社会公众更全面的知情权。公示的内容通常包括房屋征收补偿方案的征求意见情况和根据社会公众意见对房屋征收方案的修改情况。

5. 市县人民政府作出房屋征收决定并公示

市县人民政府作出的房屋征收决定应当载明房屋征收地块的范围、征收期限、房屋征收补偿方案、行政复议、行政诉讼等事项。

房屋征收范围确定后,不得在房屋征收范围内实施新建、扩建、改建房屋和改变房屋用途等不当增加补偿费用的行为;违反规定实施的,不予补偿。房屋征收部门应当将前款所列事项书面通知有关部门暂停办理相关手续。暂停办理相关手续的书面通知应当载明暂停期限。暂停期限最长不超过1年。

第六节 房屋征收补偿

一、房屋征收补偿的概念

房屋征收补偿是指市县级人民政府由于实施行政征收决定给被征收人的合法权益造成损失,而对被征收人的损失给予弥补的责任。

1. 房屋征收补偿与行政赔偿

从理论上讲,房屋征收补偿不同于行政赔偿,房屋征收补偿是以合法的行政征收决定为前提的，实施房屋征收的行为是一种合法行为；行政赔偿则是由于行政机关违法行使职权的行为造成的，是一种违法行为。实践中，房屋征收过程中房屋征收部门和被征收人之间履行征收补偿协议或者按照市县级人民政府的房屋征收补偿决定给予征收补偿的行为都是合法行为，属于房屋征收补偿的范畴；但是如果房屋征收部门采取暴力手段强制拆除的行为则属于非法行为，对此类损失的弥补属于行政赔偿的范畴。

2. 房屋征收补偿与房屋征收决定

根据《国有土地上房屋征收与补偿条例》规定的程序，市县级人民政府在作出房屋征收决定之前将拟订的房屋征收补偿方案予以公布，广泛征求意见。但该房屋征收补偿方案是针对众多的被征收人规定的普遍性的情况，而房屋征收补偿协议或者市县人民政府的房屋征收补偿决定是针对具体的被征收人的家庭情况。从二者的目的上看，前者的目的是为了给市县人民政府将要作出的房屋征收决定确定基本的原则，后者的目的则是在房屋征收决定确定的补偿原则的指导下对具体的被征收人给予补偿。

因此，房屋征收补偿不同于房屋征收补偿方案，前者是针对具体的被征收人的补偿，后者针对的是众多的被征收人的整体情况。房屋征收补偿方案为市县级人民政府作出房屋征收决定提供依据，在市县级人民政府作出房屋征收决定之后，房屋征收部门根据市县级人民政府的房屋征收决定和公示的房屋征收补偿方案对具体的被征收人实施补偿。

3. 房屋征收补偿与房屋征收补偿决定

房屋征收补偿是实施房屋征收决定的行为，是以房屋征收决定为前提条件的行为。房屋征收补偿决定是作出房屋征收决定的市县人民政府做出的行政法律文书。《国有土地上房屋征收与补偿条例》规定，"房屋征收部门与被征收人在征收补偿方案确定的签约期限内达不成补偿协议，或者被征收房屋所有权不明确的，由房屋征收部门报请作出房屋征收决定的市、县级人民政府依照本条例的规定，按照征收补偿方案作出补偿决定，并在房屋征收范围内予以公告"。由此可见，房屋征收补偿决定是针对房屋征收过程中出现的特殊情况作出的行政决定。

上述概念情况比较复杂，但我们可以从发生的先后顺序的角度来理解，即先有房屋征收补偿方案，再有房屋征收决定，而后进行房屋征收补偿，在房屋征收补偿过程中出现特殊情况则会出现房屋征收补偿决定。

二、房屋征收补偿的内容

房屋征收补偿的内容即作出房屋征收决定的市县级人民政府给予被征收人的补偿费用的内容。根据《国有土地上房屋征收与补偿条例》第17条的规定，房屋征收补偿的内容包括被征收房屋价值的补偿、因征收房屋造成的搬迁和临时安置的补偿、因征收房屋造成的停产停业损失的补偿、对被征收人给予补助和奖励等内容。《国有土地上房屋征收与补偿条例》第18条至第24条对上述补偿内容作了更详细的说明。

1. 被征收房屋价值的补偿

根据《国有土地上房屋征收与补偿条例》的规定，对房屋价值补偿前首先要考虑被征收人是否符合住房保障条件，对于符合住房保障条件的应优先给予住房保障；其次，被征收房屋的价值补偿不低于房屋征收决定公告之日被征收房屋类似房地产的市场价格。被征收房屋的价值，由具有相应资质的房地产价格评估机构按照房屋征收评估办法评估确定；被征收人可以选择货币补偿也可以选择房屋产权调换；对违法建筑不予补偿。

实践中，房屋征收补偿方案中明确了房屋价值的计算原则、确定了几种安置房的基本情况供被征收人选择。根据应当获得补偿的价值与安置房的价值情况给予被征收人补偿，如果应当获得补偿的价值高于安置房的价值,则被征收人除了获得安置房以外还可得到一部分价值补偿;如果应当获得的补偿价值低于安置房的价值,则被征收人应当补齐二者之间的差价。

2. 因征收房屋造成的搬迁和临时安置的补偿

《国有土地上房屋征收与补偿条例》规定因征收房屋造成搬迁的,应当支付搬迁费;选择房屋产权调换的,产权调换房屋交付前,房屋征收部门应当向被征收人支付临时安置费或者提供周转用房。

实践中,房屋征收补偿方案中明确了搬迁费、临时安置费的计算标准,大多以当地的地方性规定的单位面积补偿标准与被征收房屋的面积以及一定期限三个因素来计算。

3. 因征收房屋造成的停产停业损失的补偿

《国有土地上房屋征收与补偿条例》规定对因征收房屋造成停产停业损失的补偿,根据房屋被征收前的效益、停产停业期限等因素确定。具体办法由省、自治区、直辖市制定。

实践中,被征收房屋的停产停业损失的认定要考虑三个方面:①有房屋权属证明,表明是合法建筑;②具有合法有效的营业执照,证明被征收房屋作为营业用房使用;③具有纳税凭证。停产停业损失补偿标准以被征收人的月平均利润值确定。月平均利润值依据被征收人提供的近3年纳税证明推算确定,不足3年的以全部生产经营期间纳税证明为依据推算确定。

4. 政策性补助和奖励

《国有土地上房屋征收与补偿条例》并未详细规定政策性补助和奖励的具体内容,实践中这些内容都由各地自行规定,通常包括如下几类。

(1) 购房补助。即为了鼓励尽快实施房屋征收决定,在《国有土地上房屋征收补偿条例》所规定的不低于房屋市场价值的基础上给以被征收人更高的补偿,通常以房屋价值比例确定具体数额。

(2) 物业管理费补助。对被征收人即按照建筑面积和单位面积标准计算一定期限的物业管理费补助。

(3) 老年人及残疾人补助。这是考虑到老年人和残疾人在搬迁过程中行动不便而给予的适当补助,通常以户口本、身份证、残疾证为准,按照每人每月的标准计算一定期限。

(4) 中小学生交通补助。考虑到在搬迁过程中对中小学生上学造成的不便而给予的补助,通常按人一次性发放交通补助费。

总之,政策性补助和奖励体现了行政法以人为本的基本理念。

三、房屋征收补偿的程序

从广义的角度来看,房屋征收补偿程序包括房屋征收决定以前的程序,但由于房屋征收决定作出的程序在前一节已经概述,这里仅描述房屋征收决定以后的征收补偿程序。根据《国有土地上房屋征收与补偿条例》并结合实践中的情况,房屋征收补偿程序大致包括以下几个方面。

1. 宣传房屋征收补偿方案

房屋征收补偿方案与房屋征收决定同时作出,它一经作出即产生法律效力。为了使得大多数被征收人理解房屋征收方案,需要对房屋征收补偿方案向社会公众作进一步的解释,同时针对被征收人的具体情况解答特殊问题。包括作出房屋征收补偿方案的法律依据、补偿标准、房屋征收补偿方案的拟订过程等。

2. 确认房屋现状

《国有土地上房屋征收补偿条例》规定，房屋征收部门应当对房屋征收范围内房屋的权属、区位、用途、建筑面积等情况组织调查登记。调查登记以房屋权属证明、入户调查结果为准，通常情况下如何调查还应包括房屋本身的附属设施情况、装饰装修情况等，有些情况下还有需要迁移的树木情况的登记。总之凡是因房屋征收行为能够造成的被征收人的损失的情况都要登记。

3. 房屋价格评估

《国有土地上房屋征收补偿条例》规定被征收房屋的价值，由具有相应资质的房地产价格评估机构按照房屋征收评估办法评估确定。实践中包括两个步骤，即选定评估机构和房屋价格评估。

（1）选定评估机构。首先由房屋征收部门推荐具有房地产价格评估资质的评估机构向被征收人公示，而后通过发放调查表格的方式了解被征收人的意向，最后房屋征收部门根据调查统计结果显示的大多数人的意见确定最终的房屋价格评估机构。房屋征收部门公示调查统计结果和最终确定的房屋价格评估机构。

（2）房屋价格评估。房屋价格评估机构确定后，房屋征收部门和房屋评估机构签订委托评估合同，房屋评估机构通过到相关部门调查相关资料、实地调查等形式根据房地产市场情况以及相关政策对房屋价格作出价格评估，价格评估由专业的房地产估价师作出并盖章。

4. 公示和纠错

房屋征收部门将房屋价格评估情况进行公示，对个别却有错误和遗漏的情况进行纠正，最终形成被征收人大致认可的结果。

5. 订立房屋征收补偿协议

房屋征收补偿协议是指房屋征收部门和被征收人就房屋征收所造成的被征收人房屋所用权补偿问题所达成的协议。内容包括补偿方式、补偿金额、支付期限、用于产权调换房屋的地点和面积、搬迁费、临时安置费或周转用房、停产停业损失、搬迁期限、搬迁过渡方式和过渡期限等事项。订立补偿协议后一方不履行协议约定的义务，另一方可以依法提起诉讼。

6. 作出房屋征收补偿决定

《国有土地上房屋征收与补偿条例》规定，"房屋征收部门与被征收人在征收补偿方案确定的签约期限内达不成补偿协议，或者被征收房屋所有权人不明确的，由房屋征收部门报请作出房屋征收决定的市、县级人民政府依照本条例的规定，按照征收补偿方案作出补偿决定，并在房屋征收范围内予以公告"。

根据上述规定，多数情况下，只要房屋征收部门与被征收人订立了房屋征收补偿协议便无须经过房屋征收补偿决定的阶段，只要在个别情况下才会经过这个阶段，并且通常是被征收人对征收补偿数额不满意因而拒不签订房屋征收补偿协议。

房屋征收补偿决定由市县级人民政府作出，其补偿数额的标准与其他被征收人相同。被征收人对该决定不服可以申请行政复议或者提起行政诉讼。

四、房屋征收补偿的争议预防及处理

房屋征收补偿争议即在房屋征收补偿过程中产生的被征收人对房屋征收补偿方案不满意而不签订房屋征收补偿协议的事实，而房屋征收部门又急于完成房屋征收补偿工作，从而造成二者的冲突。这类争议是在房屋征收过程中曾经造成严重的后果，因而立法者对此高度重视。《国有土地上房屋征收补偿条例》对此类争议作出了慎重的安排。

1. 实施房屋征收应当先补偿后搬迁

这是在立法层面作出的对房屋征收补偿争议的预防性规定，它以法律的形式明确了房屋征收部门的权力界限，任何违背这条规定的做法均属非法。实践中曾经存在被征收人拒不签订房屋征收补偿协议而房屋被强制拆除的情况，这种情况造成了激烈的社会冲突。《国有土地上房屋征收与补偿条例》作此规定有助于保障被征收人的人身权、住宅权等基本权利，通过保障基本权利来实现降低社会矛盾冲突的剧烈程度。从法理上看，在被征收人未获得补偿之前，被征收人的房屋所有权转移的条件尚未具备，房屋仍然属于被征收人的私有财产，而我国宪法、物权法等法律明确规定公民的私有财产受法律保护。只有对被征收人进行了补偿，被征收人的房屋所有权才可能被转移，房屋征收部门才可能获得对房屋的处分权。

2. 不得以非法手段迫使被征收人搬迁

《国有土地上房屋征收与补偿条例》规定，"任何单位和个人不得采取暴力、威胁或者违反规定中断供水、供热、供气、供电和道路通行等非法方式迫使被征收人搬迁。禁止建设单位参与搬迁活动。"该条规定不仅禁止以暴力、威胁方式迫使被征收人搬迁，而且也禁止也给被征收人造成生活严重影响的方式变相使用暴力、威胁的方式迫使被征收人搬迁。

从法律关系的角度来看，房屋征收法律关系和公民的人身权、住宅权等法律关系不是同一类型的法律关系。对公民的人身权利、住宅权利进行侵害的行为是严重违法行为，不能以违法行为来实现房屋征收决定，这是依法行政的要求。

3. 被征收人申请行政复议或者提起行政诉讼

《国有土地上房屋征收与补偿条例》规定对市县级人民政府作出的房屋征收决定或者房屋征收补偿决定不服都可以申请行政复议或者提起行政诉讼。这是我国行政复议法和行政诉讼法赋予的行政相对人的权利，《国有土地上房屋征收与补偿条例》对该项权利予以确认。

在实践中，个别市县级人民政府对于被征收人的申请的行政复议或者提起的行政诉讼不以为然。被征收人房屋被强制拆除后，无论其申请行政复议或者提起行政诉讼都可能会获得法律上的支持并且可以申请行政赔偿。但是其获得的赔偿数额与签订房屋征收补偿协议获得的数额相差不大，甚至由于未能及时签订房屋征收补偿协议而失去了政策性奖励反而使得行政赔偿诉讼获得的赔偿更少。诉讼程序也耗费了被征收人大量的时间和费用，得不偿失。对于市县级人民政府来说，即使败诉所承担的赔偿责任只不过是本来就该补偿给被征收人的那部分数额。

4. 申请法院强制执行

《国有土地上房屋征收与补偿条例》对于被征收人故意拖延的行为规定了强制执行措施。该条例第 28 条规定，"被征收人在法定期限内不申请行政复议或者不提起行政诉讼，在补偿决定规定的期限内又不搬迁的，由作出房屋征收决定的市、县级人民政府依法申请人民法院强制执行"。

房屋征收补偿决定本身属于行政法律行为，一经作出即具有法律效力，因此人民法院可以不经审查而直接依据行政征收决定强制执行。一般情况下，行政部门具有一定的执法权。但由于房屋征收本身与公民的人身权、住宅权等基本权利有密切关系，因此《国有土地上房屋征收与补偿条例》并未赋予作出决定的人民政府以行政强制权。

 复习思考题

1. 土地征收和房屋征收的法律依据是什么？
2. 试述我国土地征收和审批的法律规定。
3. 试述我国土地征收补偿的程序。

4. 试述我国房屋征收决定作出的程序。
5. 试述我国房屋征收补偿的程序。

案例分析

【案例5-1】

1. 案情介绍

2015年11月某村A村民小组所在的土地被纳入甲县城总体规划范围，规划为工业园区用地。2016年2月4日、2月20日，甲县人民政府与A村民小组签订征地补偿协议，协议约定甲县人民政府征收A村民小组规划区域土地270余亩，征地补偿费用7064304元人民币，分6年付款，每年6月30日为付款日期。协议签订后，甲县人民政府在征收及有关农用地转为建设用地等手续尚未被有关部门批准情况下，即将该地批准给有关用地单位使用。A村民小组认为甲县人民政府未经批准征收土地的行为违反法律规定，遂起诉到法院要求撤销征地补偿协议。

2. 法律分析

（1）法律关系性质分析。本案属于土地征收补偿程序争议，法律关系是否成立、变更和终止以及法律关系的性质依照《中华人民共和国土地管理法》《中华人民共和国土地管理法实施条例》等法律法规关于土地征收的规定来加以判断。以《中华人民共和国土地管理法》关于土地征收行为的法律规定的条件来判断，本案中甲县人民政府在征收及有关农用地转为建设用地等手续尚未被有关部门批准的情况下，即将该地批准给有关用地单位使用，这种行为明显违反了《中华人民共和国土地管理法》第44条的规定。因此，该种行为不是土地征收法律行为，不能导致土地征收法律关系的成立。相反，该种行为是违法行为，能够导致法律责任的产生，特定情况下会导致刑事法律关系的产生。

（2）法律关系的确认和保护

① 本案中法律关系确认的法律事实和法律依据。本案的争议在于土地非法征收行为对征地补偿协议法律效力的影响，即土地征收补偿法律关系。根据《中华人民共和国土地管理法实施条例》第25条的规定，土地征收补偿发生在土地征收方案被依法批准后，期间还要经过公告、争议解决等一系列程序。甲县人民政府在征收土地方案未被批准情况下即与被征地集体经济组织签订征地补偿协议，违反上述规定，该征地补偿协议应当认定无效。因此人民法院对上述协议应当予以撤销。

② 本案中法律关系确认和保护的程序是诉讼程序。

【案例5-2】

1. 案例介绍

2012年6月1日，某区政府作出了房屋征收决定，并发布了公告。2012年9月17日，王某作为被征收人与区房屋征收与补偿管理办公室签订了《房屋征收安置补偿协议》。后因区房屋征收与补偿管理办公室未按协议约定向王某交付产权调换房屋，王某于2015年7月15日以区房屋征收与补偿管理办公室为被告向一审法院提起诉讼。

2. 法律分析

（1）法律关系性质分析。本案属于房屋征收补偿协议争议，法律关系是否成立、变更和终止以及法律关系的性质依照《中华人民共和国物权法》《国有土地上房屋征收与补偿条例》等法律法规关于房屋征收补偿协议的规定来加以判断。《中华人民共和国物权法》第42条规定，"征收单位、个人的房屋及其他不动产，应当依法给予拆迁补偿，维护被征收人的合法权益"。《国有土地上房屋征收与补偿条例》第25条规定，补偿协议订立后，一方当事人不履行补偿协议约定的义务的，另一方当事人可以依法提起诉讼。因此，本案中法律关系是房屋征收补偿法律关系。

(2) 法律关系的确认和保护

① 本案中法律关系确认的法律事实和法律依据。本案中区房屋征收与补偿管理办公室与征收人之间订立了房屋征收协议，这一事实导致房屋征收补偿法律关系成立，但是区房屋征收与补偿管理办公室却并未履行协议，这种行为则违反了上述《中华人民共和国物权法》《中华人民共和国合同法》《国有土地上房屋征收与补偿条例》等法律法规的有关规定。根据《中华人民共和国民法通则》第 106 条规定，公民、法人违反合同或者不履行其他义务的应当承担民事责任。因此，被征收人有权要求区房屋征收与补偿管理办公室承担法律责任。

② 本案中法律关系确认和保护的程序是诉讼程序。

实训题

1. 甲镇政府根据 A 的申请于 2015 年 3 月 10 日签署了房屋建造批准书，同意 A 在其房屋东侧建造面积为 26 平方米的房屋一间一层，同年 3 月 14 日，A 缴清扩建费后即开始动工兴建。建造过程中，甲镇政府所在的 B 县道路拓宽改造指挥部等领导前往施工现场叫 A 暂时停建，维持现状。3 月 27 日，B 县道路拓宽指挥部发布第一号公告，A 所建的房屋属公告的房屋征收范围。A 按公告所规定的期限持房屋批准建造书前往甲镇房屋征收办公室要求处理，房屋征收办公室以 A 建房系突击审批，"三证"不齐全为由对 A 不予解决返造地基。后 A 多次向县信访办、县委、县政府领导、道路拆迁办指挥部等相关部门提出要求落实返造地基。后被告知通过法律途径解决。2015 年 7 月 5 日，B 县人民政府撤销了道路拓宽改造指挥部，并规定：未尽事宜由 B 县建设环保与土地管理局负责完成。2015 年 9 月 5 日，A 向 B 县建设环保与土地管理局提交报告，要求其落实拆迁返造地基，但对方未予答复，A 遂向法院提起诉讼。

请对上述征收法律关系进行分析。

2. 甲某承租某市房管局某处房屋，使用面积 38.42 平方米。后来该市市政园林局经市城市规划局和国土局批准征用上述房屋地段建设河涌项目。该市人民政府于 2014 年 10 月 15 日发布《房屋征收决定》，公告明示上述地段由该市市政园林局委托拆迁。2015 年 1 月 24 日，甲某与被委托的单位签订房屋征收补偿协议，约定该单位安置位于该市某路的新兴花园 4 号 4 单元 604 房给甲某居住。该套间一厅两房，厅房面积 31.324 平方米，使用面积 40.047 平方米，有独立厨厕等配套设施，甲某同意于 2015 年 2 月 15 日前搬迁到该单位安排的房屋居住等。协议签订后，甲某以其本人年事已高不适宜居住六楼房屋为由，拒绝搬迁。

试对上述案例进行评析。

第六章 土地使用权

> 学习目标

1. 了解我国土地使用权制度的现状和特点。
2. 掌握我国国有土地使用权的划拨、出让、转让、出租、抵押、终止的概念。
3. 掌握国有土地使用权出让、出租、抵押的特点和相关程序。
4. 重点掌握国有土地使用权出让的方式、期限和当事人的权利和义务。

> 技能要求

1. 具有依法进行国有土地使用权的划拨、出让的能力。
2. 具有依法进行国有土地使用权的出租、抵押的能力。
3. 具有依法保护国有土地使用权交易双方当事人合法权利的能力。

第一节　概　　述

土地是房地产的根基，土地是极为稀缺的珍贵资源。所有的房地产开发和房屋建设首先要解决的就是土地的使用问题，从法律的角度讲就是能否取得土地使用权的问题，房地产的交易活动通常都会涉及土地使用权的变更或转移。因此，土地使用权法律制度在房地产管理法中处于重要地位。

一、土地使用权的概念

土地使用权是土地所有者依法取得的、在法律规定的范围内对土地享有的占有、使用、收益和有限制的处分的权利。是土地所有制在法律上的表现，是我国地权制度的重要组成部分。

我国的土地制度实行的是社会主义公有制，土地所有权包括国家土地所有权和集体土地所有权。值得注意的是，土地的使用权具有很强的社会性，各种生产、生活及一切社会活动均需要一定的土地作为生产条件、活动场所和生活空间，使用土地是一种大量而普遍的行为。这种土地占有的垄断性与土地使用的普遍性、社会性之间的矛盾，使得土地使用权与土地所有权的分离成为一种必然的、普遍的社会现象。由此可见，我国的土地使用权是作为一种独立的权利类型存在和发展的，并且已经得到了法律的确认。

二、土地使用权的特征

1. 土地使用权的派生性

土地使用权的派生性，主要表现为它是从土地所有权中分离出来的一种权利。所谓"分离"是指土地所有权人在不丧失土地所有权的情况下，将部分权能暂时或长久地让给他人享有的约定。从土地所有人那里取得的土地使用权，或多或少要受到所有权人意志的制约。土地使用权的形式必须符合法律的规定和合同的约定。

2. 土地使用权的物权性

土地使用权是基于土地所有权而产生的，但并不从属于土地所有权，具有很强的独立性。土地使用权人对土地享有独立的支配权、占有权、使用权和收益权，除法律规定或合同约定的限制外，土地使用权的行使不受他人干预，包括土地所有人在内。依法取得并经过登记的土地使用权可以对抗第三人，当土地使用权受到他人侵犯时，权利人可以独立行使诉权，并请求以物权保护的方法得到法律保护。土地使用权具有物权性质。

3. 土地使用权的期限

土地使用权从所有权中分离出来之后，虽具有很强的独立性，但最终要回归到所有权中，使土地所有权恢复完整状态。因此，土地使用权通常具有明确的期限。如以出让方式取得的土地使用权，通过承包方式取得的土地承包经营权，以及外商投资企业通过合资、合作方式和独资方式取得的土地使用权，均有明确的期限。在我国，土地使用权期限的长短通常也是依法在合同中明确约定的。当合同约定的土地使用期满时，土地使用权即行终止。

4. 土地使用权取得的法定性

土地使用权的取得必须经过法定程序。通过有偿出让、转让取得土地使用权，除依法签订土地使用权出让或转让合同外，还必须依法向县级以上地方人民政府房地产管理部门登记，领取土地使用证。划拨土地使用权也必须依法进行，并办理登记手续。

三、土地使用权的类型

土地使用权是我国地权制度的重要内容，但在目前地权制度不完善的情况下，土地使用权是一个高度概括、十分宽泛的概念，根据土地使用权性质不同，可将土地使用权分为国有土地使用权和集体土地使用权。

国有土地建设用地使用权使用是指土地使用者经人民政府批准，依照法律规定或合同约定使用国有土地时，对土地享有的占有、使用和收益的权利。集体土地建设用地使用权，一般是指农民集体或个人进行非农业建设，依法取得的使用集体土地的权利其客体主要包括乡（镇）村企事业单位用地、公共设施用地、公益事业用地和农村村民住宅用地。集体土地建设用地使用权的主体，在法律上受到比较严格的限制，一般来讲，只有集体经济组织及其所属的成员进行非农业建设，才可以申请使用该集体的土地。

农村用地使用权实质上是指土地的承包经营权。土地承包经营权的客体，可以是集体的土地也可以是国有的土地，如国营农场的土地和农民集体使用的国有土地。土地承包经营权的主体一般限定在农业集体化经济组织地内部成员。在现阶段，国家鼓励人们承包荒山、荒滩和荒地，发展农业生产，农业集体经济组织以外地单位和个人在一定条件下也可以依法取得土地承包经营权。

四、土地使用权的取得和变更和中止

1. 土地使用权的取得

因为我国的土地所有权不同,因此土地使用权的取得方式也不同。

(1) 国有土地建设用地使用权的取得方式。1990年5月,国务院公布的《城镇国有土地使用权出让和转让暂行条例》,正式确立了这种新的土地使用权取得方式,并为其提供了法律依据。关于划拨和出让这两种取得方式适用的范围,有关法律、法规已作了明确的规定。

① 划拨国有土地使用权是指(土地使用者经县级以上)人民政府依法批准,在土地使用者缴纳补偿安置等费用后交付其使用,或者无偿交付其使用的行为。

② 出让国有土地使用权是指国家将国有土地使用权在一定年限内出让给土地使用者,由土地使用者向国家支付土地使用权出让金的行为。出让金:是指出让的土地使用权价格。

③ 国家出资、入股国有土地使用权是指国家以一定年限的国有土地使用权作价,作为出资投入改组后的新设企业,该土地使用权由新设企业持有,可以依照土地管理法律法规关于出让土地使用权的规定转让、出租、抵押的行为。

④ 国家租赁国有土地使用权是指土地使用者与县级以上土地行政主管部门签订一定年限的土地租赁合同,并支付租金的行为。国有土地建设用地使用权的取得,主要有出让和划拨两种方式。划拨也称行政划拨。

(2) 集体土地建设用地使用权的取得方式。不同用途的集体土地使用权按不同方式原始取得,包括以下四种情况。

① 农地使用权一般通过承包经营的方式取得,通过这种方式取得的集体土地使用权被称为土地承包经营权。

依《土地管理法》规定,集体经济组织成员以及集体经济组织成员以外的单位或者个人,可以通过承包经营的方式,取得农地使用权(即土地承包经营权),从事种植业、林业、畜牧业、渔业生产。发包方和承包方应当订立承包合同,约定双方的权利和义务。土地承包经营的期限由承包合同约定。承包合同一旦生效,承包方即取得集体土地使用权。在承包经营期间,承包人的土地使用权受到法律的保护。

② 宅基地使用权依《土地管理法》第六十二条的规定,农村居民在户口所在村(村民组)内提出申请,按省、自治区、直辖市规定的标准,经县级人民政府审批后,由本集体经济组织分配取得宅基地使用权。

③ 乡镇企业用地使用权依《土地管理法》第六十条的规定,农村集体经济组织利用本集体经济组织所有的土地兴办企业的,经县级以上人民政府审批后,通过投资兴办企业,取得乡镇企业用地使用权。集体经济组织以土地使用权入股、联营等方式与其他单位、个人共同举办企业的,亦照此办理。

④ 乡村公益用地使用权依《土地管理法》第六十一条的规定,乡(镇)村公共设施、公益事业建设,需要使用土地的,经乡(镇)人民政府审核,向县级以上地方人民政府土地行政主管部门提出申请,按照省、自治区、直辖市规定的批准权限,由县级以上地方人民政府批准后,经集体经济组织拨付,取得乡村公益事业用地使用权。集体土地建设用地使用权取得的主要方式是申请审批。需要使用集体土地进行非农业建设的单位和个人,只要符合法定条件,就可以向人民政府申请,经依法批准,即取得土地使用权。例如,乡(镇)村企事业单位用地和农民的宅基地,都是通过这种方式取得土地使用权的。此外,根据《土地管理法》的规定,乡村集体经济组织可以用土地使用权作为出资,与全民所有制单位、城镇集体

所有制单位举办联营企业或与外国企业或个人合资、合作经营。经人民政府依法批准后，联营企业或合资、合作企业可以取得联营或合营期间的土地使用权。

（3）土地承包经营权的取得方式。土地承包经营权的取得方式，主要是作为土地使用者的承包方与代表土地所有者的发包方签订土地承包合同。依法签订的土地承包合同生效后，土地承包人便依据承包合同取得了土地承包经营权。

2. 土地使用权的变更

土地使用权的变更是指土地使用权依法设定后，因某种法律事实的出现，而使土地使用权的主体或客体发生变化。土地使用权的变更主要有以下几种情况。

（1）地上建筑物转让。土地与地上建筑物在物质形态上具有不可分割性。因此，在转让地上物时，要坚持土地使用权和地上建筑物所有权主体一致的原则。《城镇国有土地使用权出让和转让暂行条例》第二十四条明确规定："土地使用者转让地上建筑物、其他附着物所有权时，其使用范围内的土地使用权随之转让。但地上建筑物、其他附着物作为动产转让的除外。"地上建筑物转让导致土地使用权主体变更，是土地使用权变更的最主要的方式。

（2）土地使用权转让。根据《城镇国有土地使用权出让和转让暂行条例》的规定，以出让方式取得的土地使用权可以依法转让，包括出售、交换和赠与。这些法律行为的实施，都会导致土地使用权主题的变更。

（3）土地承包经营权转让。土地承包人依法取得土地承包经营权以后，经发包方同意，可以将土地承包经营权转让给他人，使土地承包经营权主体发生变更。

（4）法人的合并与分立。法人合并与分立是经济活动中的常见现象，土地使用权作为法人财产权的重要内容，在法人财产合并或分割时必然会受到影响，导致权利主体的变更。

此外，现实生活中的房产继承、赠与、投资和共有房产的分割等都会导致土地使用权主体变更，导致土地使用权客体变更的情况也经常出现。土地使用权客体变更，主要是指作为土地使用权客体的土地所发生的变化，如土地用途的改变、土地面积的增减等。

无论土地使用权以什么方式发生变更，权利人都应采用书面合同的形式，并到国家有关管理机关依法进行变更登记。否则，土地使用权的变更不具有法律效力，不受国家法律的保护。

第二节 土地使用权划拨

一、土地使用权划拨的概念和特征

1. 概念

土地使用权划拨是指通过行政划拨的方式取得土地使用权，是县级以上人民政府依法批准，在土地使用者缴纳补偿、安置等费用后将该幅土地交付其使用，或者将土地使用权无偿交付给土地使用者使用的行为。土地使用者通过划拨方式取得的土地使用权，即划拨使用权。

2. 特征

土地使用权划拨具有以下几个主要物质特征。

（1）无须支付土地使用权出让金。通过划拨方式取得的土地使用权，虽然土地使用者要缴纳补偿、安置等费用，但不必向国家支付地租性质的费用。

(2)没有明确的使用期限。通过划拨方式取得的土地使用权，除法律、行政法规另有规定外，没有使用期限的限制。《城市房地产管理法》第二十三条第二款规定，"以划拨方式取得土地使用权的，除法律、行政法规另有规定外，没有使用期限的限制。"

(3)不能转让、出租和抵押（划拨土地使用权的转让、出租、抵押依法受到限制）。通过划拨方式取得的土地使用权，除符合法律规定的条件外，不得转让、出租和抵押。所谓法律规定的条件，主要是指《城市房地产管理法》规定的条件，即：首先要经市、县人民政府土地管理部门和房产管理部门批准；其次要与土地管理部门签订土地使用权出让合同，向当地市、县人民政府补缴土地使用权出让金，或者以转让、出租、抵押所获收益抵缴土地使用权出让金。不具备这两个基本条件的，土地使用权不得转让、出租和抵押。

二、土地使用权划拨的条件

土地使用权的划拨是国家为了支持或照顾某些公益性事业或特殊行业的发展，而对其项目用地采用的特殊的供地方式。根据《土地管理法》第五十四条和《城市房地产管理法》第二十三条的规定，国有土地使用权划拨适用于以下范围。

(1)国家机关用地和军事用地。国家机关用地是指各级权力机关、行政机关、审判机关和检察机关用地。

(2)城市基础设施用地和城市公益事业用地。城市基础设施用地是指给排水、环境保护、供电、通信、煤气、道路桥梁、消防保安等设施用地，城市公益事业用地是指城市内教育、文化和卫生等设施用地。

(3)国家重点扶持的能源、交通、水利等项目用地。

(4)法律、行政法规规定的其他用地。

另外，国有土地使用权的划拨需要经过申请、审核、划拨、登记等程序。

在上述范围内，政府认为应当予以扶持，并给予政策上优惠的建设项目用地，经过批准，可以采用划拨方式取得土地使用权。

三、土地使用权划拨的程序

根据《土地管理法》的规定，除乡（镇）村建设经依法批准使用本集体经济组织农民集体所有的土地外，任何单位和个人进行建设需要使用土地的，都必须依法申请使用国有土地。土地使用者申请国有土地包括国家所有的土地和国家征用的原属于农民集体所有的土地。在现阶段，土地使用者申请使用国有土地的，以后者居多，因此，土地使用权划拨与国家征用土地的程序基本相同，大体上由以下几个步骤构成。

(1)申请。由建设用地单位，持有关部门批准的建设计划等有关文件，向土地所在地县级以上人民政府土地管理部门提出建设申请。

(2)审核。县级以上地方人民政府土地管理部门，对建设用地申请进行审核。划定用地范围，组织商定用地补偿，安置或者拆迁安置的方案。

(3)批准。县级以上人民政府土地管理部门按规定的权限报县级以上人民政府批准。经批准后，由土地所在地的县级以上人民政府发给建设用地批准书。

(4)划拨。用地所在地的县级以上地方人民政府土地管理部门，根据有关人民政府批准用地的文件所确定的用地面积和范围，到实地划拨建设用地。

(5)登记。建设项目竣工后，由县级以上地方人民政府土地管理部门核查实际用地，经认可后，办理土地登记手续，核发国有土地使用证。

四、划拨土地使用权的行使

土地使用者依法取得划拨土地使用权之后,便在法律规定的范围内对划拨的土地享有占有、使用、收益和排除妨害请求权的权利,其权利的行使受国家法律的保护。但由于取得划拨土地时大多是无偿或只支付了相当少的价金,因此权利人在行使其使用权时,必须遵守国家法律、法规的有关规定,不得擅作他用。

(1) 土地使用权人不得擅自改变土地用途。人民政府在批准土地划拨时,都明确了土地的用途。土地使用权人在使用土地过程中不得随意改变土地用途,不得损害社会公共利益,如遇特殊情况确需改变土地用途的,需得到县级以上人民政府批准,并要依法办理土地用途变更登记手续。

(2) 划拨土地使用权未经转化为出让土地使用权并符合其他条件,不得转让、出租、抵押,否则无效。

(3) 因国家公共利益的需要,人民政府要收回划拨的土地使用权时,土地使用权人有义务服从人民政府的决定,而不能以划拨土地的无期限性作为抗辩事由。

(4) 划拨土地使用权的转移必须遵守有关法律、法规的规定。就土地使用权划拨的性质来讲,权利人对其享有的土地使用权没有处分权。但在人多地少,土地供求矛盾日益尖锐的今天,客观上要求划拨土地使用权能够流转,房地产市场发展本身也要求划拨土地使用权流转,为了充分合理地利用宝贵的土地资源,国家法律允许划拨土地使用者以土地使用权作为出资与他人联营、联建房屋,允许土地使用权随房地产交易转移,但同时也规定了严格的条件。

1990 年国务院公布的《中华人民共和国城镇国有土地使用权出让和转让暂行条例》第四十五条规定,划拨土地使用权转让、出租和抵押要经市、县人民政府土地管理部门和房地产管理部门的批准,其条件是:

(1) 土地使用者必须是公司、企业、事业或其他经济组织和个人;
(2) 领有国有土地使用证;
(3) 具有地上建筑物、其他附着物合法的产权证明;
(4) 依照有关法规的规定签订土地使用权出让合同,向当地市、县人民政府补缴土地使用权出让金,或者以转让、出租、抵押所获收益抵交土地使用权出让金。

1994 年国务院颁布的《城市房地产管理法》第四十条,对划拨土地使用权转让的方式和条件又作了进一步的规定,即"以划拨方式取得土地使用权的,转让房地产时,应当按照国务院规定,报有批准权的人民政府审批。有批准权的人民政府准予转让的,应当由受让方办理土地使用权出让手续,并依照国家有关规定缴纳土地使用权出让金。""转让房地产报批时,有批准权的人民政府按照国务院规定决定可以不办理土地使用权出让手续的,转让方应按照国务院规定将转让房地产所获收益中的土地收益上缴国家或者作其他处理。"土地使用者无论以何种方式转让划拨土地,都应遵守上述规定。

总之,划拨土地使用权在我国目前条件下,还是一种重要的权利类型,并具有明显的特点。尽管我国的经济管理体制已由计划经济过渡为市场经济,我国的土地资源也由无偿无期限使用变为有偿有期限使用。但在现阶段"划拨"方式的存在有其客观必要性"划拨"作为土地资源分配方式也会长期存在。但划拨土地使用权确实有其局限性,从长远考虑应尽可能地缩小划拨土地使用的范围。除确属必要者外,应一律采用出让方式供地,并尽快将存量土地中的经营性用地纳入有偿使用的轨道,早日实现土地使用制度的转轨,实现我国土地使用制度改革的目标。

第三节　土地使用权出让

一、土地使用权出让的概念和特征

1. 土地使用权出让的概念

土地使用权出让是指将国家土地使用权在一定年限内出让给土地使用者，由土地使用者向国家支付土地使用权出让金的行为。1988年12月，七届全国人大委员会第五次会议通过修改《土地管理法》的决定，增加了"国有土地和集体土地的使用权可以依法转让。土地使用权转让的办法，由国务院另行规定"。1990年5月19日，国务院发布了《城镇国有土地使用权出让和转让暂行条例》，同时发布了《外商投资开发经营成片土地暂行管理办法》。

2. 土地使用权出让的法律特征

（1）出让土地使用权必须服从国家主权。国家保留对出让土地的司法管辖权、行政管理权和为公共利益征用出让土地的权利等主权范围内的全部权利。

（2）出让土地使用权是一种较为完整的物权。土地使用权出让的实质是国家按照土地所有权与使用权分离的原则，把国有土地以约定的面积、价格、使用期限、用途和其他条件，让与土地使用者占有、使用、经营和管理。由于出让土地使用权具备了物权所包含的基本权利，即占有的权利，一般意义上使用的权利，收益的权利和一定程度的处分权利，所以它是除土地所有权之外的较为完整的物权。

（3）出让土地使用权的主体是政府。其他任何单位和个人不能充当出让人。各级人民政府的土地行政主管部门代表政府主管国有土地使用权的行政工作，负责土地使用权出让的组织、协调、审查、报批和出让方案的具体落实，负责土地使用权转让、出租、抵押等交易活动的审核与权属管理。

（4）出让土地使用权的客体是国有土地使用权。农村集体土地和国有土地的所有权不能出让，出让土地的地下资源、埋藏物和市政公共设施也不能出让。

二、国有土地使用权出让的原则

依据《城市房地产管理法》和《城镇国有土地使用权出让和转让暂行条例》的规定，我国国有土地使用权出让的基本原则主要有以下几项。

1. 国家主权原则

根据《外商投资开发经营成片土地暂行管理办法》的规定，境外的公司、企业、其他经济组织和个人，除法律另有规定者外，也可以依照有关规定取得土地使用权，进行土地开发、利用和经营。但对于境外的受让者，在出让土地使用权时，有以下几项明确规定。

（1）开发区域的行政管理、司法管理、口岸管理、海关管理等，分别由国家有关主管部门组织实施。

（2）作为受让方的土地使用者受中国法律的管辖，其一切活动均应遵守我国的法律、法规，并不得损害社会公共利益。

（3）外商投资成片开发土地的，开发企业依法自主经营管理，但在其开发区内没有行政管理权。

（4）土地使用的出让年限、区位、用途、数量以及出让金的标准均由出让方来确定，并严格按合同执行。

2. 政府垄断原则

土地使用权出让既是国家依法行使土地所有权的行为，又是国家行使土地管理权，对土地资源的使用信心分配的一种方式。出让土地所有权的最终目的是实现土地资源的最佳配置，创造最好的社会效益、经济效益和生态效益。因国有土地使用权出让必须由政府垄断。只有坚持政府垄断原则，才能保证最终目标的实现，才能有效地控制土地供应量，进而有效地调整二级市场，防止国有土地收益的流失。土地使用制度改革以来的时间证明，在土地使用权出让中，坚持政府垄断一级市场的原则是十分正确的，更是十分必要的。

3. 合理利用土地原则

国有土地使用权出让是国家分配土地资源的一种重要方式，也是保证土地资源合理利用的一个重要方面。因此，土地使用权的出让必须坚持合理利用土地资源的原则。《城镇国有土地使用权出让和转让暂行条例》第九条和第十条明确规定："土地使用权的出让，由市、县人民政府负责，有计划、有步骤地进行。""土地使用权出让的地块、用途、年限和其他条件，由市、县人民政府土地管理部门会同城市规划和建设部门、房产管理部门实施。"另外，对于土地使用权出让后，未按合同规定的期限和条件开发、利用土地的，市、县土地管理部门可以根据情节轻重予以警告、罚款，直至无偿收回土地使用权。这些法律规定都是合理利用土地原则的具体体现。

4. 自愿、公平、等价有偿和诚实信用原则

在具体的土地使用权出让法律关系中，国家作为土地所有权人，与受让土地使用者之间的关系是一种平等主体之间的民事关系，所以必须遵循民事法律的一般原则，即自愿、平等、等价有偿、诚实信用。只有这样才能真正维护出让、受让双方的合法权益，保证出让合同约定的各项权利和义务得到全面履行。

三、国有土地使用权出让的方式和期限

1. 国有土地使用权出让的方式

依据1990年颁布的《城镇国有土地使用权出让和转让暂行条例》，国有土地使用权出让可以采取拍卖、招标或者双方协议的方式。2002年，国土资源部出台了《招标拍卖挂牌出让国有土地使用权规定》（国土资源部令第11号）增加了国有土地使用权出让的挂牌出让方式。11号令同时规定，商业、旅游、娱乐和商品住宅用地，必须采取拍卖、招标或者挂牌方式出让。

（1）协议出让。土地使用权的协议出让称定向议标，协议出让指政府作为土地所有者（出让方）与选定的受让方磋商用地条件及价款，达成协议并签订土地使用权出让合同，有偿出让土地使用权的行为。采取此方式出让使用权的出让金不得低于国家规定所确定的最低价。协议出让方式的特点是自由度大，不利于公平竞争。这种方式适用于公共福利事业和非营利性的社会团体、机关单位用地和某些特殊用地。

（2）拍卖出让。拍卖出让是按指定时间、地点，在公开场所出让方用叫价的办法将土地使用权拍卖给出价最高者（竞买人）。拍卖出让方式的特点是有利于公平竞争，它适用于区位条件好，交通便利的闹市区、土地利用上有较大灵活性的地块的出让。

（3）招标出让。招标出让是指土地所有者（出让人）向多方土地使用者（投标者）发出投标邀请，通过各投标者设计标书的竞争，来确定土地使用权受让人的方式。招标出让土地使用权的方法有两种：一是公开招标；二是采用邀请招标。中标者（受让人）不一定是标价最高的单位或个人。招标出让方式的特点是有利于公平竞争，适用于需要优化土地布局、重大工程的较大地块的出让。

(4)挂牌出让。挂牌出让国有土地使用权,是指出让人发布挂牌公告,按公告规定的期限将拟出让宗地的交易条件在指定的土地交易场所挂牌公布,接受竞买人的报价申请并更新挂牌价格,根据挂牌期限截止时的出让结果确定土地使用者的行为。挂牌出让方式不仅具有招标、拍卖的公开、公平、公正的特点,而且具有招标、拍卖不具备的优势,是招标、拍卖方式出让国有土地使用权的重要补充。

采取招标、拍卖、协议和挂牌方式出让土地使用权的具体程序和步骤,由国土资源部或省、自治区、直辖市人民政府规定。

2. 国有土地使用权出让的期限

我国《城镇国有土地使用权出让和转让暂行条例》第十二条规定的土地使用权出让期限是:居住用地 70 年;工业用地 50 年;教育、科技、文化、卫生、体育用地 50 年;商业、旅游、娱乐用地 40 年;综合或者其他用地 50 年。这是土地使用权出让的最高年限。具体的土地使用权出让中,人民政府应根据具体情况和国家有关政策,在法定最高年限之下,确定土地使用权的期限。

四、土地使用权出让合同当事人的权利和义务

土地使用权出让合同的当事人是土地管理部门和土地使用者。双方当事人签订土地使用权出让合同后,彼此间就形成一定的权利和义务关系。

出让方的权利一般包括:

① 要求受让方按法律规定或合同约定交付出让金,否则,出让方有权解除合同,并要求对方承担违约责任;

② 监督土地使用权受让人行使权利的行为和对土地进行开发、利用及经营的活动;

③ 在土地使用权出让期限届满时,收回土地使用权及其上建筑物;

④ 在受让方需要改变合同约定用途时,必须取得出让方和市县人民政府城市规划主管部门的同意。

出让方的义务一般包括:

① 按合同约定向受让方提供土地使用权;

② 在遇到不可抗力导致出让合同不能履行或不能完全履行时,应及时通知受让人;

③ 保证土地使用权受让人对土地的正常使用。

受让方的权利一般包括:

① 要求出让方按合同约定交付出,按时提供土地使用权。出让方不能按合同约定提供土地使用权的,可以要求对方承担违约责任;

② 受让人对土地的开发利用达到法定要求后,有权对土地使用权及地上建筑物进行转让、出租和抵押;

③ 在土地使用权出让合同期限届满之前,遇特殊情况,国家提前收回土地使用权时,受让方有权要求给予适当的损失补偿;

④ 在土地使用权出让合同期限届满时,受让方如果需要继续使用土地的,可以申请续期。

受让方的义务一般包括:

① 按照合同约定的时间和方式交付土地使用权出让金;

② 按出让合同确定的用途和要求使用土地,确实需要改变土地用途的,必须报经出让方和市、县人民政府主管部门同意,经原批准机关批准,签订出让合同变更协议或重新签订出让合同,并依法调整出让金;

③ 在土地使用权出让合同期限届满时，应无偿地将土地使用权连同地上建筑物，一并交还土地使用权出让方。

第四节　土地使用权转让

一、土地使用权转让概念

土地使用权转让是指土地使用者将土地使用权再转移的行为，包括出售、交换和赠与。未按土地使用权出让合同规定的期限和条件投资开发、利用土地的，土地使用权不得转让。

二、国有土地使用权转让特征

国有土地使用权转让应符合《城镇国有土地使用权出让和转让暂行条例》规定。

（1）土地使用权转让应当签订转让合同。

（2）土地使用权转让时，土地使用权出让合同和登记文件中所载明的权利、义务随之转移。

（3）土地使用者通过转让方式取得的土地使用权，其使用年限为土地使用权出让合同规定的使用年限减去原土地使用者已使用年限后的剩余年限。

（4）土地使用权转让时，其地上建筑物、其他附着物所有权随之转让。

（5）地上建筑物、其他附着物的所有人或者共有人，享有该建筑物、附着物使用范围内的土地使用权。土地使用者转让地上建筑物、其他附着物所有权时，其使用范围内的土地使用权随之转让，但地上建筑物、其他附着物作为动产转让的除外。

（6）土地使用权和地上建筑物、其他附着物所有权转让，应当按照规定办理过户登记。土地使用权和地上建筑物、其他附着物所有权分割转让的，应当经市、县人民政府土地管理部门和房产管理部门批准，并依照规定办理过户登记。

（7）土地使用权转让价格明显低于市场价格的，市、县人民政府有优先购买权。土地使用权转让的市场价格不合理上涨时，市、县人民政府可以采取必要的措施。

三、国有土地使用权转让程序

1. 单位用地转让的程序

单位用地转让的程序包括以下几方面。

（1）交易双方提出转让、受让申请。交易当事人申请办理转让手续的同时，还应提供转让协议、土地使用证、宗地界址点图、建筑物产权证明、法人资格证明、委托书、身份证明等资料。

（2）审查。接到申请后，承办人应对资料及宗地情况进行详细审查了解，凡未按出让合同规定的期限和条件投资开发、利用土地的，抵押、查封、出租而未通知承租人知道的，权属不清、四邻有纠纷的等不予办理转让手续，并在15日内通知转让当事人。如改变土地用途的须有规划部门的意见，转让时需分割建筑物的应有房产主管部门的意见。

（3）现场勘察。现场勘察应与有关资料对照核实。如需分割转让，应考虑土地利用率等因素，并制图确定四至、面积，必要时需经四邻签章认可。

（4）地价评估，并提供报告书。审核评估报告与转让协议，转让价明显低于市价的，建议市政府优先购买；价格过高的，可建议采取必要调控措施。

（5）填写转让审批表。认真核对原批准文件、评估报告、规划意见等资料，用途、价额、年期等内容填写要完整、准确、字迹工整。

（6）审批。审批内容包括费用表及转让审批表。费用表须经所长签字后，经办人携完整转让档案与转让审批表等报中心及局领导审查批准。

（7）缴纳有关税费。

（8）登记编号。审批后，也可在审批前到产权科对补签出让合同及审批表编号。转让档案、留产权科统一保存，按年度交档案室。

（9）土地使用权变更登记。经办人依据补签出让合同、转让审批表、付款票据等，填写变更登记审批表进行变更登记。变更登记审批表，可随转让审批表同时报批。

2. 单位用地转让的有关补充说明

对于单位用地转让的有关补充说明如下。

（1）如果为协助法院执行转让土地使用权，应根据法院提供的裁定书（判决书）、协助执行通知书及其中所载明的条款筹办转让过户手续，可以不经被执行人同意。

（2）划拨土地使用权转让，应补办土地使用权出让手续，并经审查批准，补交出让金后方可转让；或收回国有后出让国有土地使用权，党政机关、公益事业单位划拨土地转让须经上级主管部门批准。

（3）转让合同应经过公示。

（4）有关资料采用复印件时，应与原件核实并予以证明。

（5）分立、更名等涉及土地使用权变更的，当事人应提供有效的证明材料。分立者应为同一单位或家庭成员，且单位所有权性质不变；更名者应为同一使用权人。集成的需提交集成文书或公证文书等。缴纳有关费用后，集成、分立、更名可填写变更登记审批表直接进行变更登记。夫妇共同购置的房地产，可以设定为共有财产，经申请可以参照更名办理。

（6）企业改制土地变更实际上是一种转让行为，通常以有偿方式取得土地使用权，原则上需转让审批。

3. 个人住宅用地转让

个人住宅用地转让手续与单位宗地转让手续基本相同。除出让土地外，其他个人住宅用地可以按划拨用地对待，在办理过程中注意以下事项。

（1）需有宗地共有人同意转让意见。

（2）个人转让应以当场签押为准。

（3）个人住宅转让时未缴纳年租金者需缴纳地价总额1%有偿使用费后按划拨土地使用权进行变更登记。

4. 集体土地使用权转让

下列集体土地使用权视情况可以转让。

（1）乡、村企业经审批可以在集体经济组织内部流转，确需对外转让的，经土地主管部门审查同意并报经政府批准国有后，可以依法出让（转让）；另抵押的集体土地，抵押权实现时，可以依法转让。

（2）依法登记的城镇个人住宅使用的集体土地，经土地所有权人同意可以转让，但变更后的土地使用权性质仍为集体土地使用权。

第五节 土地使用权出租

一、土地使用权出租的概念和特征

1. 土地使用权出租的概念

土地使用权出租是指土地使用者作为出租人将土地使用权随同地上建筑物、其他附着物租赁给承租人使用,由承租人向出租人支付租金的行为。未按土地使用权出让合同规定的期限和条件投资开发、利用土地的,土地使用权不得出租。

2. 土地使用权出租的特征

土地使用权出租,出租人与承租人应当签订租赁合同。租赁合同不得违背国家法律、法规和土地使用权出让合同的规定。

土地使用权出租后,出租人必须继续履行土地使用权的出让合同。

土地使用权和地上建筑物、其他附着物出租,出租人应当依照规定办理登记。

二、城市土地使用权出租的条件

土地使用权出租,分为出让取得土地使用权的出租和划拨取得土地使用权的出租。

出让取得土地使用权出租的条件如下。

(1) 出租人必须是通过出让依法取得国有土地使用权的受让人,持有国有土地使用权证书,才能对土地具有处分权,合法地转移其土地使用权。

(2) 土地使用权出租时,出租人具有土地使用权证的同时,要具有地上建筑物、其他附着物的所有权证,即土地使用权人和房屋所有权人必须是一致的。

(3) 土地使用权出租时,以出让方式取得土地使用权的原土地使用权人必须按照出让合同的约定支付出让金,并依合同规定的期限、条件进行一定的投资开发。

(4) 土地使用权出租不得违反土地使用权出让合同的规定。

三、城市土地使用权出租的程序

(1) 出租申请。出租人就土地使用权(及地上建筑物、附着物)拟出租情况向所在地市、县人民政府土地行政主管部门提出出租申请,同时提交土地使用权出让(租赁)合同、土地使用证、房产证、土地及地上建筑物的使用状况材料、拟承租人的基本情况、出租合同(草案)、租金标准等资料。

(2) 审核。土地行政主管部门接到出租人的土地使用权出租申请后,一方面对提交的申请资料进行审查,主要审查土地权属是否清楚,出租人的土地使用权取得的方式、土地使用权出租合同是否与出让(租赁)合同有抵触及承租人的基本情况,土地用途是否改变等。另一方面要调查土地的实际使用情况,即出让或租赁土地使用权是否真正按照土地使用权出让或租赁合同的要求进行开发利用等。在无异议的情况下,一般15日内向出租人给予是否同意出租的回复。

(3) 签订出租合同。土地使用权出租必须采取书面形式,双方就出租合同的主要条件协商一致后就可以签订土地使用权出租合同。

(4) 出租合同公证。出租合同签订后应到司法公证部门进行公证,领取公证书,这主要是保证出租合同的合法性、真实性，使出租合同具有强制执行的效力。

（5）办理出租登记。由登记责任人（即土地使用权及地上建筑物租赁双方）或其他代理人到土地行政主管部门申请出租登记，并提交应登记文件的副本和文件资料。这些文件资料主要有：出租合同及公证材料、出租人国有土地使用权、房产证、土地使用权出让（租赁）合同、承租人身份证等。

四、城市土地使用权租赁合同

1. 土地使用权租赁合同定义

土地使用权租赁合同，是指土地使用人作为出租人将土地使用权随同地上建筑物、其他附着物交付承租人使用，承租人支付租金并于合同终止时将土地使用权返还土地使用人的合同。土地使用权租赁合同应当具备以下条件。

（1）出租人必须是土地使用权的合法享有人或者将来可以合法享有土地使用权的人。

（2）出租人（土地使用权受让人）必须在按土地使用权出让合同规定的期限和条件投资开发利用后，方可将土地使用权出租。

（3）土地使用权出租时，地上建筑物及其他附着物同时出租；反之，地上建筑物及其他附着物出租时，其土地使用权也应当同时出租。

（4）以无偿划拨方式取得的土地使用权出租时，必须征得土地管理部门的同意，重新签订土地使用权出让合同并补缴土地使用权出让金。

（5）土地使用权出租时，如果需要改变土地使用权出让合同规定的土地用途，必须征得市、县土地管理部门的同意，并办理土地用途变更登记。

（6）土地使用权出租的期限不得超过土地出让合同规定的出让期限减去土地使用权受让人已经使用的年限的余额。

土地使用权和地上建筑物和其他附着物出租，应由出租人与承租人订立书面合同，并由出租人依照规定到土地管理部门和房产管理部门办理登记。

2. 土地使用权租赁合同的具体内容

土地使用权租赁合同的具体内容包括以下几项。

土地使用权租赁合同的主要内容，包括当事人的名称、地址、代表人或合法代理人的姓名等基本情况，租赁合同的主要条款，以及有关的文书、电报、图表和其他资料。除此之外，还包括以下内容。

（1）出租土地的面积大小，所处的地理位置，四至的界限，周围的环境，基本建设情况，地上建筑和其他附着物状况，市政设施情况等标的条款。

（2）租赁期限，即土地使用期限。这是土地使用权租赁合同中最关键的一个问题。依照我国法律的规定，土地使用权租赁合同是建立在土地使用权出让合同的基础上，因而土地使用权租赁合同最长租期不得超过土地使用权出让合同规定的期限，其最长期限是指土地使用权出让合同规定的出让期限减去土地使用权出让合同生效后受让人已经使用的年限的余额。地上建筑物和其他附着物的出租期限与土地使用权的出租期限相同。

（3）租金的标准及给付方式。土地使用权出租的租金，要按照城市政府的有关规定，结合市场情况，由租赁双方协商确定。

（4）土地使用规则，即出租合同的建设条件必须要符合使用权出让合同所规定的建设条件和土地使用规划，不得任意改变。如确实需要改变，只能依照法定程序，由出让人向土地所有者或其代表提出申请。出租合同无权改变出让合同规定的建设条件和土地使用规则。在使用土地时应注意环境保护、园林绿化、消防卫生防疫等要求。

（5）合同的担保方式。
（6）违约责任的条款。
（7）纠纷的解决方式。
（8）双方认为应加以特别约定的条款。
（9）合同订立的地点、日期等。

3. 出租方的权利和义务

（1）依据本合同约定向承租方收取租金。

（2）监督承租方依据本合同约定使用土地。承租方未征得出租方同意，擅自改变用途的，出租方有权收回相关土地的土地使用权。

（3）本合同期满不再延续的，出租方有权收回该土地的土地使用权。

（4）需根据本合同的约定，及时、完整地向承租方提供租赁土地之土地使用权。

（5）应支持承租方在获得必需的法定批准后，在承租的土地上新建、扩建、改建永久性或临时性建筑物、构筑物。

（6）租赁期间，出租方对该土地相邻土地行使权利不得妨碍承租方对该土地行使正当权利。

（7）对于政府因公益事业而附设的各种管线穿越该租赁土地的绿化地区和其他区域所造成的对租赁土地的破坏，出租方无需作任何工程上的修补或经济上的补偿。

（8）出租方保证不侵犯承租方在租赁土地上的任何建筑物、附着物的所有权，包括占有、使用、处分及收益的权利和利益。

（9）在本协议有效期内，未经承租方书面同意，出租方不得提前终止协议或部分及全部收回土地使用权，但本协议另有规定者除外。

4. 承租方的权利和义务

（1）承租方有权依据本合同的约定使用土地。

（2）承租方须向甲方及时按本合同支付租金。

（3）承租方须根据本合同约定用途使用土地，并接受甲方监督。

（4）租赁期满不再续租的，承租方须及时、完整地向出租方交回不再续租之部分或全部租赁土地的土地使用权。

（5）承租方不得将租赁的土地使用权进行转让、转租、抵押。

（6）承租方应保证政府管理、公安、消防、救助人员及其紧急器械、车辆等在进行紧急救险或执行公务时能顺利进出该土地。

（7）承租方在土地租用期间应对承租土地内的市政设施妥善保护，不得损坏，否则应承担修复所需的一切费用。

第六节　土地使用权抵押

一、土地使用权抵押的概念和特点

1. 土地使用权抵押的概念

土地使用权抵押是土地使用权人把土地使用权作为担保财产以保证自己或第三人履行债务的行为。通过土地使用权抵押，债权人可以取得土地使用权的变价处分权和就卖得价金优先受偿权。变价处分权，是指债务人不履行债务时，债权人依照法律的规定以抵押物折价优先得到偿还的权利。

2. 土地使用权抵押的特点

土地抵押权作为抵押权的一种，具备抵押权的共同属性，适用抵押权制度的共同规则。但土地抵押权是设立于土地之上的权利和负担，属于土地权利的范畴，又要适用土地权利制度的有关规则，并符合国家的土地政策。因此，对土地抵押权定义的理解，应注意以下几个特点。

（1）土地抵押不是实物抵押而是权利抵押。在我国，土地所有权不具有流转性，地产市场流转的只是土地使用权。因此，土地抵押权的标的是土地使用权而不是土地本身；土地抵押权的成立和存续依赖于土地使用权的法律存在而不是土地的自然存在。

（2）抵押权的客体是法律允许转让的土地使用权，即权利客体的限制性。首先，土地所有权不得抵押。其次，土地使用权可以抵押，但必须是法律允许转让的土地使用权。因为，抵押权实现的结果必然是土地使用权的转移，而我国法律对一部分土地使用权的转让有禁止性或者限制性的规定，如果这部分土地使用权允许抵押，实际上就等于突破了这些规定。例如，划拨国有土地使用权不具有可流转性，因而不允许抵押。乡镇企业用地使用权不能脱离厂房等建筑物单独转让，因而也不能单独用于抵押。

（3）抵押人必须是享有土地使用权的债务人或第三人。在土地使用权与所有权相分离而独立设定的情况下，所有权人不得在该土地上另行设定抵押权。例如，对于已经发包的土地，集体经济组织不具有以抵押人身份为他人提供土地使用权抵押的资格。

（4）土地使用权抵押不影响土地上其他权利人的权利。土地使用权抵押的效力，仅及于抵押人享有的物上权利，不涉及第三人在该土地上享有的物权，如工作物所有权、种植物所有权、房屋或土地租赁权以及各种土地他项权利。

二、土地使用权抵押登记

为加强土地使用权抵押登记的管理，规范抵押登记行为，保障抵押当事人的合法权益，根据《城市房地产管理法》《中华人民共和国担保法》（以下可简称《担保法》）和《城镇国有土地使用权出让和转让暂行条例》等政策及法规，我国关于土地使用权抵押登记的具体规定如下。

1. 土地使用权抵押登记的法律效力

土地使用权抵押权的设立、变更和消灭应依法办理土地登记手续。土地使用权抵押合同经登记后生效，未经登记的土地使用权抵押权不受法律保护。

土地使用权抵押登记必须以土地使用权登记为基础，并遵循登记机关一致的原则，异地抵押的，必须到土地所在地的原土地使用权登记机关办理抵押登记。县级以上地方人民政府土地管理部门负责土地使用权抵押登记工作。土地使用权抵押权的合法凭证是《土地他项权利证明书》，《国有土地使用证》《集体土地所有证》和《集体土地使用证》不作为抵押权的法律凭证，抵押权人不得扣押抵押土地的土地证书。抵押权人扣押的土地证书无效，土地使用权人可以申请原土地证书作废，并办理补发新证手续。

2. 土地使用权抵押的地价评估和合同签订

土地使用权抵押应当进行地价评估，并由抵押人和抵押权人签订抵押合同。地价评估收费标准按国家有关规定执行。

（1）以出让方式取得的国有土地使用权，由抵押权人进行地价评估或由具有土地估价资格的中介机构评估并经抵押权人认可后，由抵押人和抵押权人签订抵押合同。

（2）以划拨方式取得的国有土地使用权，由抵押人委托具有土地估价资格的中介机构进行地价评估，经土地管理部门确认，并批准抵押，核定出让金数额后，由抵押人和抵押权人签订抵押合同。

（3）乡（镇）村企业厂房等建筑物抵押涉及集体土地使用权抵押的，由抵押人委托具有土地估价资格的中介机构进行地价评估，经土地管理部门确认，并明确实现抵押权的方式，需要转为国有的，同时核定土地使用权出让金数额。然后，由抵押人和抵押权人签订抵押合同。

（4）以承包方式取得的荒山、荒沟、荒丘、荒滩等荒地的集体土地使用权，由抵押人委托具有土地估价资格的中介机构进行地价评估，并经土地管理部门确认后，由抵押人和抵押权人签订抵押合同。抵押出让土地使用权的，抵押权终止期限不得超过土地使用权出让终止期限。

3. 关于土地使用权抵押登记申请

土地使用权设立抵押权的，抵押人和抵押权人应在抵押合同签订后15日内，持被抵押土地的土地使用证、抵押合同、地价评估及确认报告、抵押人和抵押权人的身份证件共同到土地管理部门申请抵押登记。一方到场申请抵押登记的，必须持有对方授权委托文件。

申请抵押登记除提交前款所列材料外还应分别情况，提交下列材料：

（1）以划拨土地使用权抵押的，提交土地管理部门确认的抵押宗地的土地使用权出让金额的证明；

（2）以房屋及其占有范围内的土地使用权抵押的，提交房屋所有权证；

（3）抵押乡（镇）村企业厂房等建筑物涉及集体土地使用权抵押的，提交集体土地所有者同意抵押的证明；

（4）以承包方式取得的荒山、荒地、荒丘、荒滩等荒地的集体土地使用权抵押的，提交该集体土地所有者同意抵押的证明；

（5）抵押人和抵押权人委托他人办理抵押登记的，提交委托书和代理人身份证件；

（6）抵押权人为非金融机构，其抵押借款行为依法应当办理有关批准手续的，应当提交有关批准文件。

同一宗地多次抵押时，以收到抵押登记申请先后为序办理登记。未按规定提交有关证明文件的土地使用权抵押登记申请，土地管理部门不予受理。

4. 关于土地使用权抵押登记和变更登记

（1）抵押登记申请经审查，符合规定要求的，准予登记，土地管理部门在抵押土地的土地登记卡上进行注册登记，同时在抵押人土地使用证内进行记录，并向抵押权人核发《土地他项权利证明书》，土地使用权抵押权正式生效。

（2）土地使用权分割抵押的，由土地管理部门确定抵押土地的界线和面积。抵押期间，抵押合同发生变更的，抵押当事人应当在抵押合同变更后15日内，持有关文件到土地管理部门办理变更抵押登记手续。

（3）因处分抵押财产转移土地使用权的，被处分土地使用权的受让方、抵押人和抵押权人应在抵押财产处分后30日内，持有关证明文件到土地管理部门办理变更土地登记手续。处分抵押财产涉及集体土地所有权转为国有土地的，按土地管理的有关规定办理。

（4）抵押合同解除或终止，抵押权人应出具解除或终止抵押合同的证明文件，与《土地他项权利证明书》一起交抵押人，抵押人自抵押合同终止或解除之日起15日内，持有关文件到土地管理部门办理注销抵押登记手续。

第七节　土地使用权终止

一、土地使用权终止的概念

土地使用权终止是土地使用权依法设定后，因某种法律事实的出现，而使土地使用权消灭。土地使用权终止意味着土地所有者和土地使用者之间的权利义务关系不再存在。土地使用权终止可分为土地使用权收回和土地使用权终止。

二、土地使用权收回

1. 有偿收回国有土地使用权

《土地管理法》第五十八条规定：（1）为公共利益需要使用土地的；（2）为实施城市规划进行旧城改建，需调整使用土地的。对土地使用权人应当适当给予补偿。

2. 有偿收回集体土地使用权

《土地管理法》第六十五条规定：为乡（镇）村公共设施和公益事业建设，需要使用权人土地的，对土地使用权人应当给予适当补偿。

3. 责令退还土地

（1）买卖或者以其他形式非法转让土地的，根据《土地管理法》第七十三条规定：除没收违法所得外，土地性质是集体土地的，应退还原集体经济组织的土地。

（2）未经批准或者采取欺骗手段骗取批准，非法占用土地的，根据《土地管理法》第七十六、七十七条规定，非法占用土地性质是集体土地的，应退还原集体经济组织的土地。

（3）无权批准征用、使用土地的单位或者个人非法批准占用土地的，超越批准权限非法批准占用土地的，不按照土地利用总体规划确定的用途批准用地的，或者违反法律规定的程序批准占用、征用土地的。根据《土地管理法》第七十八条规定：对使用集体土地的，如没有给农民和原土地的集体经济组织补偿的，应收回退还原集体经济组织。

（4）临时使用土地期满拒不归还土地的，根据《土地管理法》第八十条规定，临时使用的是集体土地的，应责令退还原集体经济组织。

4. 责令限期改正

（1）违反《土地管理法》规定，占用耕地建窑，建坟或者擅自在耕地上建房、挖砂、采矿、采土等，破坏种植条件的，或者因开发土地造成土地荒漠化、盐渍化的，根据《土地管理法》第七十四条规定，责令限期改正。

（2）擅自将农民集体所有的土地的使用权出让、转让或者出租用于非农业建设的，根据《土地管理法》第八十一条规定，责令限期改正。

三、土地使用权终止

有下列情形之一的，土地使用权终止：

（1）出让合同规定的年期届满；

（2）土地灭失；

（3）土地使用者死亡而无合法承继人；

（4）人民法院或土地管理部门依法作出的没收土地使用权的判决、裁定或决定生效；

(5) 用地单位迁移或者被依法注销的;
(6) 市政府根据社会公共利益的需要,提前收回土地使用权的;
(7) 法律、法规规定的其他情形。

复习思考题

1. 什么是土地使用权?土地使用权的取得方式有哪些?
2. 土地使用权的特征是什么?类型有哪些?
3. 土地使用权如何取得?
4. 什么是土地使用权划拨,其程序如何?
5. 什么是土地使用权出让?
6. 出让土地使用权的法律特征是什么?
7. 出让土地使用权的方式有哪几种?
8. 出让土地使用权应遵循哪些原则?
9. 土地使用权出让的期限是如何规定的?
10. 土地使用权划拨的条件是什么?
11. 土地使用权转让的程序是什么?
12. 什么是土地使用权出租?
13. 城市土地使用权出租的条件是什么?
14. 什么是土地使用权抵押?其特点是什么?
15. 土地使用权终止都包括哪些情况?

案例分析

【案例 6-1】 土地转让问题

1. 案情介绍

某外商到某市投资开发房地产,在依法批准成立甲公司并取得外商独资企业法人营业执照后,与该市土地管理局签订国有土地使用权出让合同。合同规定:甲公司受让国有土地39亩的使用权,出让金每亩10万元,共计300万元,在出让合同签订两个月内交清。该出让合同经政府批准。在出让合同规定的期限内,公司仅交付出让金50万元,即向市土地管理局申请国有土地使用证。土地管理局未经认真审核,在甲公司的出让金未完全缴纳,不具备法定发证的情况下,报经市政府批准,给甲公司颁发了国有土地使用证。甲公司随后在该地块上投入30万元用于平整土地,并以国有土地使用权作价600万元转让给乙公司。

2. 案例分析

本案中,甲公司转让国有土地使用权的行为违反了以出让方式取得土地使用权的转让条件,属非法转让。甲公司没有按照出让合同的约定在合同签订后60日内支付全部土地使用权出让金,虽然取得了国有土地使用证,但该国有土地使用证属违法颁发,是无效的。甲公司没有按照出让合同的约定进行投资开发,没有完成开发投资总额的25%以上,不具备转让土地使用权的条件。甲公司存在非法转让土地的主观故意,应当由县级以上人民政府土地主管部门没收实际获取转让土地的非法所得,并可以罚款。

【案例 6-2】 国有土地使用权能否抵押

1. 案例介绍

1996年7月,某市钢铁厂向某银行申请贷款500万元,用于对企业原有设备的更新改造。银行对这一贷款项目非常重视,积极地参与企业的项目可行性研究,还与企业一道进行了较为周密的市场调查。最后银行认为该企业的设备改造计划是可行的。改造后，企业的生产能力将大大增加，估计一年半左右即可收回投资，于是银行同意提供贷款。

在签订贷款合同之前，银行要求该钢铁厂提供足够的抵押物。钢铁厂提供了一块企业准备建职工宿舍的以出让方式取得的土地。于是，银行便与钢铁厂签订了贷款合同，并且办理了抵押土地的手续。但是，无论是银行还是钢铁厂都没有对这块土地的价值进行评估。

钢铁厂在获得贷款后，着手进行了设备的更新改造工作。在抵押的近一年时间里，机床厂在用于抵押的土地上建起了简易厂房，存放新购置的和淘汰的设备，期间还曾把一部分租给邻近的某公司临时存放货物。银行对此并未提出异议。

钢铁厂在新技术设备安装调试、开始试生产时发现，要使新设备的作用得到充分发挥，必须培训一大批技术人员，而且还得去外省组织购进高质量的原料。培训技术人员和外购原料无形中增加了成本，产品利润与原来所预想的有很大的差距，按期还贷的计划已无法实现。银行看到按期收回贷款已无可能，于是要求购买钢铁厂抵押的土地，以抵偿贷款。机床加工厂这时却提出，土地的所有权是属于国家的，钢铁厂无权将其抵押，现在收回。银行坚决不同意，并提出不仅要把土地折价1500万元人民币，而且要求钢铁厂把土地抵押期间土地上所得到的收益也交给银行。双方争执不下，无法达成一致意见，最后银行向某区人民法院提起诉讼。

2. 法院判决

（1）贷款合同和抵押合同均有效。

（2）土地使用权作价1500万元，转让给银行，银行将扣除贷款本金及利息后的余额返还给钢铁厂。

（3）钢铁厂再抵押期间对土地的使用属于自己的民事权利，银行无权要求获得收益。因此，对于银行的该项请求，法院不予支持。

3. 案例分析

本案的焦点在于国有土地使用权能否抵押。《房地产管理法》中规定："以出让方式取得的土地使用权，可以设定抵押权。"本案中，钢铁厂对于作为抵押物的土地，虽然不具有所有权，但是他已经通过出让方式取得土地的使用权。在履行了相应的抵押土地的手续后，它是可以将国家授予其的土地使用权作为抵押财产的。钢铁厂以其不具有对土地的所有权，而主张以该土地作为抵押物的合同无效，这与《房地产管理法》相违背，不能得到法院支持。

 实训题

下面是一个非法转让土地案，请根据案情，谈谈你对法院判决的看法。

案情：2007年10月，某市机械公司李某以在该市经济开发区投资建厂的名义向市土地管理局申请建设用地，该市土地管理局批准其申请，将市开发区20亩闲置建设用地划拨给该公司供该公司建设厂房及生活设施等使用。机械公司获得土地使用权后，除对少数用地进行清理、平整外，并未投入生产。2008年5月该市一家房地产公司欲在开发区兴建别墅，李某得知后，主动联系该公司。双方于7月签订土地使用权转让合同，以每亩40万元价格成交。

判决：根据群众举报，该市检察院以李某涉嫌非法转让、倒卖土地使用权罪提起公诉。经法院依法审理，李某被判处2年有期徒刑，缓刑2年执行，纺织公司非法所得的800万元被依法上缴国库，并判以100万元罚金。

第七章 房地产开发管理政策与法规

学习目标

1. 了解房地产开发的概念、特征及其分类,房地产开发的基本要求及基本原则。
2. 掌握房地产企业设立的条件和程序及其资质管理制度。
3. 掌握房地产项目管理中的各项制度和方式,重点掌握规划管理制度和施工许可制度。
4. 掌握经济适用房开发建设的相关制度和政策。
5. 了解在房地产项目开发中存在的问题。

技能要求

1. 依法对房地产开发企业资质和工程项目管理的能力。
2. 对房地产开发中存在问题的解决能力。

第一节 房地产开发概述

一、房地产开发的概念和特征

1. 房地产开发的概念

房地产开发是指在依法取得土地使用权的国有土地上进行基础设施、房屋建设的一种法律行为。它包括从定点选址到交付使用的全过程,由征地与拆迁安置、规划设计、供水、排水、供电、通信、道路、绿化、房屋建设等多项内容组成。对于房地产开发,我们从以下几个方面来理解。

(1) 取得国有土地使用权是房地产开发的前提条件。房地产开发必须是国有土地,因此,根据我国的土地制度,要进行房地产开发必须取得国有土地使用权;集体土地只有在由国家通过征收转为国有土地后,才能成为房地产开发用地。

(2) 房地产开发既可以只进行基础设施建设,也可以继之进行房屋建设。基础设施建设通常称为土地开发或再开发,土地开发之后的房屋建设通常称为房屋开发。

(3) 房地产开发是一种法律行为。房地产开发这种行为必须是法律所认可的,如果法律没有认可是不能从事这种行为。同时,从事房地产开发必须依照法律的有关规定进行,如果不依法进行,其行为不仅不会受到法律的保护,而且还会受到法律的制裁。

2. 房地产开发的特征

(1) 涉及面广,是多部门协作活动。房地产开发是一项复杂的经济活动,它涉及土地、规划、勘测、设计、施工、市政、供电、通信、商业、园林、环境、金融等众多部门，需要得到这些部门的支持和协作才能完成一项房产项目的开发。

（2）工程项目多。一般情况下，房地产开发涉及的工程项目比较多，以开发一个住宅项目为例，住宅区内的工程项目，少则几十项，多则几百项，包括住宅及各种配套项目、附属工程样样俱全。

（3）投资量大，风险性大。房产项目的开发投资量一般都比较大，少则几百万、上千万元，多则几亿元，甚至几十亿元，这巨大资金的投入就使得房地产项目的开发风险性较大。

（4）建设周期长。房地产开发属于基本建设，而基本建设一般都需要经过规划、勘察设计、组织施工、竣工验收等许多程序，从最初立项到交付使用，小型项目要一两年，中型项目要三四年，大型项目要五六年，甚至更长的时间。

3. 房地产开发的分类

从房地产开发的内容不同，可划分为：单纯的土地开发和再开发，单纯的房屋开发和再开发，土地房屋的一体化开发等三大类。

（1）单纯的土地开发和再开发。土地开发是指通过"三通一平"（即通电、通水、通道路，平整土地）或"七通一平"（即通电、通水、通道路、通排水、通煤气、通热力、通邮，平整土地），按照竖向规划进行土方工程施工，将自然状态的土地变为可供建造各类房屋和各类设施的建筑用地，即把生地变为熟地的开发活动。新城建设一般都需要先进行土地开发。开发公司在平整土地之前，还应对地下物进行勘察，以确定地下是否有文物古迹、管道、电缆、防空洞和其他地下物，并按照规定进行地下物的清除。不能清除的也要在设施施工时加以考虑和处理。

期间，"七通一平"比"三通一平"的工作要求更高，实施"七通一平"必须完成下列工程：能源系统工程，包括供电、供热、供气等设施；给排水系统工程，包括取水、输水、净水、配水管网、排水管网、冷水处理等工程；道路交通系统工程；邮电通信系统工程，包括邮政、电信和电脑网络等设施；土地平整工程。

土地再开发是指对已开发区域的现有土地，通过一定量的资金、劳动的投入，调整用地结构，完善基础设施，以提高土地使用功能和开发利用效益。旧城区改造一般都需进行土地再开发。

（2）单纯的房屋开发和再开发。房屋开发是指在具备建设条件的土地上，新建各类房屋的活动。一般包括地基建设、主体工程建设、配套和附属工程建设、安装和装饰工程建设等内容。房屋再开发指的是为了提高现有房屋的使用功能和利用效益，在不拆除现有房屋的前提下，对现有房屋进行较大规模的扩建和改建活动。一般又称旧城区开发。需要指出的是，对房屋的扩建和改建只有达到一定程度和规模，才属于房地产开发的范畴。而对现有房屋进行一般性的修缮和装修，则属于物业管理的范畴，而不是房地产开发。

（3）土地房屋一体化开发。土地房屋一体化开发是指从事土地开发和房屋开发，或从事土地再开发和房屋开发全过程的房地产开发活动。我国目前的房地产开发此类形式居多。

二、房地产开发的基本原则

1. 符合城乡规划

城乡规划，包括城镇体系规划、城市规划、镇规划、乡规划和村庄规划。城市规划、镇规划分为总体规划和详细规划。详细规划分为控制性详细规划和修建性详细规划。经依法批准的城乡规划，是城乡建设和规划管理的依据。而作为城乡建设中承担主要实施行为的房地产企业，其开发行为作为城市建设的一部分当然必须要遵照城乡规划执行。

2. 坚持经济效益、社会效益、环境效益相统一的原则

经济效益是指房地产开发企业赖以生存和发展的必要条件。房地产开发企业在市场经济体制下，本身就是以营利为目的的经济实体，追求经济效益是其从事房地产开发活动的主要目的之一。

环境效益是指房地产开发对城市自然环境和社会环境所产生的影响。在现代社会，房地产开发是改善城市环境和形象的重要途径。因此，房地产开发也应将环境效益置于重要地位。

社会效益，是指房地产开发对社会所产生的效果和利益。如通过开发一个小区，可以解决部分居民的住房问题，并通过配套建设，可以完善城市基础设施和公共服务设施，加强城市综合服务功能。房地产开发商只有取得明显的社会效益，才能得到全社会的承认和肯定，才能受到各方面的积极支持和帮助。

房地产开发的经济效益、环境效益和社会效益三者是辩证的关系，既是矛盾的，又是相互促进的，房地产开发企业必须在保障社会效益、环境效益的前提下追求经济效益。

3. 鼓励和扶持建设居民住宅的原则

居住水平从一个侧面反映了人民生活水平和社会进步水平的高低。目前，我国城镇居民的居住水平与发达国家相比还有相当大的差距，住房需求量是十分巨大的。然而，由于住宅建设的投资回报率远远低于商业、娱乐等高档开发项目。因此，如果国家不对居民住宅开发建设实施扶持、鼓励政策，受利益的驱使，房地产开发企业仍将热衷于将资金投入到盈利高、见效快的高档开发项目。

我国《城市房地产管理法》第四条规定："国家根据社会、经济发展水平，扶持发展居民住宅建设，逐步改善居民的居住条件。"同时该法第二十九条规定：国家采取税收等方面的优惠措施鼓励和扶持房地产开发企业开发建设居民住宅。相关措施如下：

（1）在税收上，按《土地增值税暂行条例》第八条规定对于建设普通标准住宅的，增值额未超过扣除项目金额的20%，免征土地增值税。

（2）在用地方式上，对于居民居住的福利用地、危旧房改造用地、安居工程用地可以按照有关规定采取划拨方式取得土地。

（3）在贷款方式上，国家允许房地产开发企业以依法取得的土地使用权抵押贷款，对购房者实行按揭贷款，以解决房地产开发过程中的资金问题。

4. 坚持全面规划、合理布局、综合开发、配套建设的原则

全面规划、合理布局，是城市规划的核心，也是城市各项建设协调发展的基础。在房地产开发项目的选址、定点时，不得妨碍城市的发展，不得危害城市的安全和破坏城市的环境。

综合开发按规划成片改造旧城、配套建设新区，可以避免分散建设的弊端，有利于实现城市的总体规划、加快改变城市面貌的速度，同时也有利于城市各项建设的协调发展。

配套建设是城市综合开发的重要内容。城市开发要在城市总体规划的指导下，由政府依法统一征地，并组织开发单位按照批准的开发方案，配套进行房屋、市政设施和生活服务设施的建设。

三、房地产开发的基本要求

为了规范房地产开发行为，《城市房地产管理法》及《城市房地产开发经营管理条例》都对房地产开发提出了一些基本要求。

(1) 房地产开发必须严格执行城市规划，按照经济效益、环境效益和社会效益相统一的原则，实行全面规划、合理布局、综合开发、配套建设。

(2) 以出让方式取得土地使用权进行房地产开发的，必须按照土地使用权出让合同约定的土地用途、动工开发期限开发土地。超过出让合同约定的动工开发日期满1年未动工开发的，可以征收土地使用权出让金20%以下的土地闲置费；满2年未动工开发的，可以无偿收回土地使用权；但是，因不可抗力或政府、政府有关部门的行为或者动工开发必需的前期工作造成动工延迟的除外。

(3) 房地产开发项目的设计、施工，必须符合国家的有关标准和规范。房地产开发项目竣工，经验收合格后，方可交付使用。

(4) 依法取得的土地使用权，可以依照本法和有关法律、行政法规的规定，作价入股、合资、合作开发经营房地产。

(5) 国家采取税收等方面的优惠措施鼓励和扶持房地产开发企业开发建设居民住宅。

第二节　房地产开发企业管理

一、房地产开发企业的概念和种类

1. 房地产开发企业的概念

房地产开发企业，又称开发商或发展商，是以营利为目的，从事房地产开发和经营的企业。对于房地产开发企业，我们可以从以下几个方面来理解。

(1) 房地产开发企业以房地产开发经营为营业范围。

(2) 房地产开发企业以营利为目的。房地产开发企业以营利为直接目的，这就决定了房地产开发企业的开发和经营活动必须追求经济效益。

(3) 房地产开发企业应具有法人资格。房地产开发企业应当是具有民事权利能力和民事行为能力，依法独立享有民事权利和承担民事义务的经济组织。

2. 房地产开发企业的类型

根据房地产开发企业的经营性质来划分，我们可以将房地产开发企业划分为以下三类。

(1) 房地产开发专营企业。房地产开发专营企业是指专门以房地产开发经营为经营内容或以房地产开发专营主要经营内容的企业。房地产开发专营企业应拥有独立、健全的组织机构及同企业等级的相适应的专职技术人员和经济管理人员。2000年3月29日重新修订发布的《房地产开发企业资质管理规定》将房地产开发企业的资质等级和条件进行了更科学和明确的划分和规定。

(2) 房地产开发兼营企业。房地产开发兼营企业是指经批准从事房地产开发经营业务的其他企业，它以其他经营项目为主，兼营房地产开发经营业务。

(3) 房地产开发项目公司。房地产开发项目公司是以房地产开发项目为对象从事单项房地产开发经营的企业。其经营对象只限于批准的项目。该类房地产开发企业经建设行政主管部门审定，核发一次性《资质等级证书》后，便可以申请单项房地产开发经营的开业登记。被批准的项目开发、经营完毕后，应向工商行政管理机构办理核减经营范围的变更登记。这类企业经营期限短，经营方式灵活，风险也比较小，许多合资、合作经营的房地产开发企业都属此种类型。

二、房地产开发企业的设立

根据《城市房地产管理法》第三十条和《城市房地产开发经营管理条例实施细则》的规定，设立房地产开发企业应当具备以下条件。

1. 有自己的名称和组织机构

任何房地产开发企业都必须有自己的名称，这是房地产开发企业人格化和与其他企业相区别的重要标志，也是设立房地产开发企业的一个必要条件。设立房地产开发企业，首先应当确定企业的名称，没有名称就不能得到社会的承认。根据我国《民法通则》第九十条的规定，法人有权使用和依法转让自己的名称。根据《公司登记管理条例》第十条的规定，公司名称应当符合国家有关规定。公司只能使用一个名称。经公司登记机关核准登记的公司名称受法律保护。

房地产开发企业作为独立法人，要有健全的组织机构，以便对内管理企业事务，对外代表企业从事民事活动。房地产开发企业的组织机构应依其形态的不同而有差异。《中华人民共和国公司法》（以下简称《公司法》）对有限责任公司、股份有限公司的组织机构作了详尽的规定，凡是采用公司形态的房地产开发企业应从此规定，设立组织机构。一般说来，房地产开发企业的组织机构主要包括：股东会（股东大会），它是房地产开发公司的决策机构，即形成企业的意志、决定企业重大事务的机构，它是企业的最高权力机关；董事会、经理，其中董事会是房地产开发公司的执行机构，即负责贯彻执行决策机关的决议、指示，经理是受董事会聘用、具体管理企业日常业务活动的机构；监事会，它是房地产开发公司的监督机构，即对企业执行机构的活动进行监督的机构（在房地产开发有限公司，如股东人数较少和规模较小的，可以不设监事会，而只设 1~2 名监事）。

2. 有固定的经营场所

房地产开发企业和任何一个企业一样，须有固定的经营场所。首先，房地产开发企业要有自己的经营场所，包括自有的或租赁的经营场所。其次，企业必须拥有固定的经营场所，有企业法人的固定地址，不能是游动性地从事生产经营活动。

3. 有符合国务院规定的注册资本

房地产开发企业进行房地产开发经营活动必须拥有资本。注册资本的多少在一定程度上反映了企业的经济实力。为保证投资开发房地产的能力，房地产开发企业的注册资本必须适应房地产开发的规模，不得低于最低限额。由于房地产开发具有投资量大、资金占用期长的特点，房地产开发企业是资金密集型企业，其经营特点不同于一般的流通企业，注册资金的要求比一般流通企业要高。因此，《城市房地产管理法》第二十九条规定，房地产开发企业必须有符合国务院规定的注册资本。《城市房地产开发经营管理条例实施细则》第五条第一款规定：房地产开发企业须有 100 万元以上的注册资本。

4. 有足够的专业技术人员

房地产开发企业除具有资金密集的特点外，还具有技术密集的特点。因此，这就决定了房地产开发企业必须有足够的、具有相当水平的会计、统计、财务、营销等方面的经济管理人员和规划、设计、施工等方面的工程技术人员。根据《城市房地产开发经营管理条例实施细则》第五条第二款规定，房地产开发企业须有 4 名以上持有资格证书的房地产专业、建筑工程专业的专职技术人员，2 名以上持有资格证书的专职会计人员。

5. 法律、行政法规规定的其他条件

《城市房地产管理法》在规定了设立房地产开发企业必须具备的以上四项条件的同时，还规定了一项条件，即法律、行政法规规定的其他条件。这样规定的目的是为了同其他法律、行政法规相衔接，如《公司法》《中华人民共和国全民所有制工业企业法》（以下简称《全民所有制工业企业法》）和《中华人民共和国公司登记管理条例》（以下简称《公司登记管理条例》）等。

三、房地产开发企业的设立程序

1. 申请登记

设立房地产开发企业，应当向工商局行政管理部门申请设立登记。登记的事项包括：名称、住所、法定代表人、注册资本、企业类型、经营范围、营业期限、有限责任公司股东或者股份有限公司发起人的姓名或者名称。

2. 发放营业执照

工商局行政管理部门对符合规定条件的，应当自收到申请之日起 30 日内予以登记，发给营业执照；对不符合条件者不予登记，应当说明理由。

3. 备案

新设立的房地产开发企业，应当自领取营业执照之日起 30 日内，持下列文件到登记机关所在地的房地产开发主管部门备案。

（1）营业执照复印件。
（2）企业章程。
（3）验资证明。
（4）企业法定代表人的身份证明。
（5）专业技术人员的资格证书和聘用合同。
（6）房地产开发主管部门认为需要的其他文件。

4. 核发资质证书

房地产开发主管部门应当在收到备案申请后 30 日内向符合条件的企业核发《暂定资质证书》。《暂定资质证书》有效期 1 年。房地产开发主管部门可以视企业经营情况，延长《暂定资质证书》有效期，但延长期不得超过 2 年。自领取《暂定资质证书》之日起 1 年内无开发项目的，《暂定资质证书》有效期不得延长。

四、房地产开发企业资质等级

为了加强房地产开发企业资质管理，规范房地产开发企业经营行为，建设部于 2000 年 3 月发布了《房地产开发企业资质管理规定》，2015 年 5 月 4 日住房和城乡建设部进行了修订："房地产开发企业应当按照本规定申请核定企业资质等级。未取得房地产开发资质等级证书（以下简称资质证书）的企业，不得从事房地产开发经营业务。"

房地产开发企业按照企业条件分为一～四个资质等级。各资质等级企业条件如下。

1. 一级资质

（1）从事房地产开发经营 5 年以上；
（2）近 3 年房屋建筑面积累计竣工 30 万平方米以上，或者累计完成与此相当的房地产开发投资额；
（3）连续 5 年建筑工程质量合格率达 100%；
（4）上一年房屋建筑施工面积 15 万平方米以上，或者完成与此相当的房地产开发投资额；

(5) 有职称的建筑、结构、财务、房地产及有关经济类的专业管理人员不少于 40 人，其中具有中级以上职称的管理人员不少于 20 人，持有资格证书的专职会计人员不少于 4 人；

(6) 工程技术、财务、统计等业务负责人具有相应专业中级以上职称；

(7) 具有完善的质量保证体系，商品住宅销售中实行了《住宅质量保证书》和《住宅使用说明书》制度；

(8) 未发生过重大工程质量事故。

2. 二级资质

(1) 从事房地产开发经营 3 年以上；

(2) 近 3 年房屋建筑面积累计竣工 15 万平方米以上，或者累计完成与此相当的房地产开发投资额；

(3) 连续 3 年建筑工程质量合格率达 100%；

(4) 上一年房屋建筑施工面积 10 万平方米以上，或者完成与此相当的房地产开发投资额；

(5) 有职称的建筑、结构、财务、房地产及有关经济类的专业管理人员不少于 20 人，其中具有中级以上职称的管理人员不少于 10 人，持有资格证书的专职会计人员不少于 3 人；

(6) 工程技术、财务、统计等业务负责人具有相应专业中级以上职称；

(7) 具有完善的质量保证体系，商品住宅销售中实行了《住宅质量保证书》和《住宅使用说明书》制度；

(8) 未发生过重大工程质量事故。

3. 三级资质

(1) 从事房地产开发经营 2 年以上；

(2) 房屋建筑面积累计竣工 5 万平方米以上，或者累计完成与此相当的房地产开发投资额；

(3) 连续 2 年建筑工程质量合格率达 100%；

(4) 有职称的建筑、结构、财务、房地产及有关经济类的专业管理人员不少于 10 人，其中具有中级以上职称的管理人员不少于 5 人，持有资格证书的专职会计人员不少于 2 人；

(5) 工程技术、财务等业务负责人具有相应专业中级以上职称，统计等其他业务负责人具有相应专业初级以上职称；

(6) 具有完善的质量保证体系，商品住宅销售中实行了《住宅质量保证书》和《住宅使用说明书》制度；

(7) 未发生过重大工程质量事故。

4. 四级资质

(1) 从事房地产开发经营 1 年以上；

(2) 已竣工的建筑工程质量合格率达 100%；

(3) 有职称的建筑、结构、财务、房地产及有关经济类的专业管理人员不少于 5 人，持有资格证书的专职会计人员不少于 2 人；

(4) 工程技术负责人具有相应专业中级以上职称，财务负责人具有相应专业初级以上职称，配有专业统计人员；

(5) 商品住宅销售中实行了《住宅质量保证书》和《住宅使用说明书》制度；

(6) 未发生过重大工程质量事故。

五、房地产开发企业资质管理

1. 房地产开发企业资质管理机构的分工

国务院建设行政主管部门负责全国房地产开发企业的资质管理工作；县级以上地方人民政府房地产开发主管部门负责本行政区域内房地产开发企业的资质管理工作。一级资质由省、自治区、直辖市人民政府建设行政主管部门初审，报国务院建设行政主管部门审批。二级资质及二级资质以下企业的审批办法由省、自治区、直辖市人民政府建设行政主管部门制定。

2. 房地产开发企业的资质年检

房地产开发企业的资质实行年检制度。对于不符合原定资质条件或者有不良经营行为的企业，由原资质审批部门予以降级或者注销资质证书。一级资质房地产开发企业的资质年检由国务院建设行政主管部门或者其委托的机构负责。二级资质及二级资质以下房地产开发企业的资质年检由省、自治区、直辖市人民政府建设行政主管部门制定办法。房地产开发企业无正当理由不参加资质年检的，视为年检不合格，由原资质审批部门注销资质证书。房地产开发主管部门应当将房地产开发企业资质年检结果向社会公布。

3. 各级房地产开发企业承担任务的规定

（1）一级资质的房地产开发企业承担房地产项目的建设规模不受限制，可以在全国范围承揽房地产开发项目。

（2）二级资质及二级资质以下的房地产开发企业可以承担建筑面积25万平方米以下的开发建设项目，承担业务的具体范围由省、自治区、直辖市人民政府建设行政主管部门确定。

（3）各资质等级企业应当在规定的业务范围内从事房地产开发经营业务，不得越级承担任务。

4. 违反房地产开发企业资质管理规定的法律任务

（1）企业未取得资质证书从事房地产开发经营的，由县级以上地方人民政府房地产开发主管部门责令限期改正，处5万元以上10万元以下的罚款；逾期不改正的，由房地产开发主管部门提请工商行政管理部门吊销营业执照。

（2）企业超越资质等级从事房地产开发经营的，由县级以上地方人民政府房地产开发主管部门责令限期改正，处5万元以上10万元以下的罚款；逾期不改正的，由原资质审批部门吊销资质证书，并提请工商行政管理部门吊销营业执照。

（3）企业有下列行为之一的，由原资质审批部门公告资质证书作废，收回证书，并可处以1万元以上3万元以下的罚款：

① 隐瞒真实情况、弄虚作假骗取资质证书的；

② 涂改、出租、出借、转让、出卖资质证书的。

（4）企业开发建设的项目工程质量低劣，发生重大工程质量事故的，由原资质审批部门降低资质等级；情节严重的吊销资质证书，并提请工商行政管理部门吊销营业执照。

（5）企业在商品住宅销售中不按照规定发放《住宅质量保证书》和《住宅使用说明书》的，由原资质审批部门予以警告、责令限期改正、降低资质等级，并可处以1万元以上2万元以下的罚款。

（6）企业不按照规定办理变更手续的，由原资质审批部门予以警告、责令限期改正，并可处以5000元以上1万元以下的罚款。

第三节　房地产开发项目管理

一、房地产开发项目土地使用权的取得

1. 土地使用权的取得方式

房地产开发用地应当以出让、转让方式有偿取得；但是，法律和国务院规定可以采用划拨方式的除外。

2. 建设行政主管部门书面意见的内容

土地使用权出让或者划拨前，县级以上地方人民政府城市规划行政主管部门和房地产开发主管部门应当对下列事项提出书面意见，作为土地使用权出让或者划拨的依据之一：

(1) 房地产开发项目的性质、规模和开发期限；
(2) 城市规划设计条件；
(3) 基础设施和公共设施的建设要求；
(4) 基础设施建成后的产权界定；
(5) 项目拆迁补偿、安置要求。

3. 土地使用权出让管理

(1) 县级以上地方人民政府出让土地使用权用于房地产开发的，须根据省级以上人民政府下达的控制指标拟订年度出让土地使用权总面积方案，按照国务院规定，报国务院或者省级人民政府批准。

(2) 土地使用权出让，由市、县人民政府有计划、有步骤地进行。出让的每幅地块、用途、年限和其他条件，由市、县人民政府土地管理部门会同城市规划、建设、房产管理部门共同拟订方案，按照国务院规定，报经有批准权的人民政府批准后，由市、县人民政府土地管理部门实施。

直辖市的县人民政府及其有关部门行使前款规定的权限，由直辖市人民政府规定。

(3) 土地使用权出让，可以采取拍卖、招标或者双方协议的方式。商业、旅游、娱乐和豪华住宅用地，有条件的，必须采取拍卖、招标方式；没有条件，不能采取拍卖、招标方式的，可以采取双方协议的方式。

采取双方协议方式出让土地使用权的出让金不得低于按国家规定所确定的最低价。

(4) 土地使用权出让最高年限由国务院规定。

(5) 土地使用权出让，应当签订书面出让合同。土地使用权出让合同由市、县人民政府土地管理部门与土地使用者签订。

(6) 土地使用者必须按照出让合同约定，支付土地使用权出让金；未按照出让合同约定支付土地使用权出让金的，土地管理部门有权解除合同，并可以请求违约赔偿。

(7) 土地使用者按照出让合同约定支付土地使用权出让金的，市、县人民政府土地管理部门必须按照出让合同约定，提供出让的土地；未按照出让合同约定提供出让的土地的，土地使用者有权解除合同，由土地管理部门返还土地使用权出让金，土地使用者并可以请求违约赔偿。

(8) 土地使用者需要改变土地使用权出让合同约定的土地用途的，必须取得出让方和市、县人民政府城市规划行政主管部门的同意，签订土地使用权出让合同变更协议或者重新签订土地使用权出让合同，相应调整土地使用权出让金。

(9) 土地使用权出让金应当全部上缴财政，列入预算，用于城市基础设施建设和土地开发。土地使用权出让金上缴和使用的具体办法由国务院规定。

(10) 国家对土地使用者依法取得的土地使用权，在出让合同约定的使用年限届满前不收回；在特殊情况下，根据社会公共利益的需要，可以依照法律程序提前收回，并根据土地使用者使用土地的实际年限和开发土地的实际情况给予相应的补偿。

(11) 土地使用权因土地灭失而终止。

(12) 土地使用权出让合同约定的使用年限届满，土地使用者需要继续使用土地的，应当至迟于届满前一年申请续期，除根据社会公共利益需要收回该幅土地的，应当予以批准。经批准准予续期的，应当重新签订土地使用权出让合同，依照规定支付土地使用权出让金。

土地使用权出让合同约定的使用年限届满，土地使用者未申请续期或者虽申请续期但依照前款规定未获批准的，土地使用权由国家无偿收回。

二、房地产开发项目资本金制度

为了深化投资体制改革，建立投资风险约束机制，有效地控制投资规模，提高投资效益，促进国民经济持续、快速、健康发展，国务院于1996年8月23日发布了《关于固定资产投资项目试行资本金制度的通知》。其中规定："从1996年开始，对各种经营性投资项目，包括国有单位的基本建设、技术改造、房地产开发项目和集体投资项目，试行资本金制度，投资项目必须首先落实资本金才能进行建设。"

1. 投资项目资本金的概念

投资项目资本金，是指在投资项目总投资中，由投资者认缴的出资额，对投资项目来说是非债务性资金，项目法人不承担这部分资金的任何利息和债务；投资者可按其出资的比例依法享有所有者权益，也可转让其出资，但不得以任何方式抽回。

2. 投资项目资本金的出资方式

投资项目资本金可以用货币出资，也可以用实物、工业产权、非专利技术、土地使用权作价出资。对作为资本金的实物、工业产权、非专利技术、土地使用权，必须经过有资格的资产评估机构依照法律、法规评估作价，不得高估或低估。以工业产权、非专利技术作价出资的比例不得超过投资项目资本金总额的20%，国家对采用高新技术成果有特别规定的除外。

若投资者以货币方式认缴的资本金，其资金来源有如下几类。

(1) 各级人民政府的财政预算内资金、国家批准的各种专项建设基金、"拨改贷"和经营性基本建设基金回收的本息、土地批租收入、国有企业产权转让收入、地方人民政府按国家有关规定收取的各种规费及其他预算外资金。

(2) 国家授权的投资机构及企业法人的所有者权益（包括资本金、资本公积金、盈余公积金和未分配利润、股票上市收益等）、企业折旧资金以及投资者按照国家规定从资金市场上筹措的资金。

(3) 社会个人合法所有的资金。

(4) 国家规定的其他可以用作投资项目资本金的资金。

3. 房地产开发项目资本金

为加强宏观调控，调整和优化经济结构，促进上述行业的健康发展，国务院于2015年9月15日发布了《国务院关于调整和完善固定资产投资项目资本金制度的通知（国发〔2015〕51号）》。该通知明确规定：保障性住房和普通商品住房项目维持20%不变，其他项目由30%调整为25%。

房地产开发项目实行资本金制度，并规定房地产开发企业承揽项目必须有一定比例的资本金，可以有效防止少数不规范企业的不规范行为，减少烂尾楼盘的出现。

三、房地产开发项目的规划管理

城市规划是城市建设的蓝图，是城市各项工程建设和管理的依据。任何房地产开发项目都必须符合城市总体规划、详细规划的具体要求和相关规定。

1. 房地产开发项目前期的规划管理

房地产开发项目前期的规划管理主要包括房地产开发项目的选址定点、核发《建设用地规划许可证》、规划设计条件及设计方案审批、核发《建设工程规划许可证》等方面。

（1）开发项目选址管理。我国2008年1月1日起施行的《中华人民共和国城乡规划法》（以下简称《城乡规划法》）明确规定："按照国家规定需要有关部门批准或者核准的建设项目，以划拨方式提供国有土地使用权的，建设单位在报送有关部门批准或者核准前，应当向城乡规划主管部门申请核发选址意见书。前款规定以外的建设项目不需要申请选址意见书"。在房地产开发前期，房地产开发企业持建设项目选址申请表、项目建议书、项目建议书批准文件、拟选地点的地形图及其他相关材料向城市规划管理部门提出开发项目选址、定点申请，由城市规划管理部门审核后向城市土地管理部门等发征询意见表。房地产开发企业请有关部门填好征询意见表后，持征询意见表、征地和安置补偿方案及经城市土地管理部门盖章的征地协议、项目初步设计方案、批准的总平面布置图或建设用地图，报城市规划管理部门审核后，由城市规划管理部门下发《建设项目选址意见书》。

（2）核发《建设用地规划许可证》。《城乡规划法》明确规定："在城市、镇规划区内以划拨方式提供国有土地使用权的建设项目，经有关部门批准、核准、备案后，建设单位应当向城市、县人民政府城乡规划主管部门提出建设用地规划许可申请，由城市、县人民政府城乡规划主管部门依据控制性详细规划核定建设用地的位置、面积、允许建设的范围，核发建设用地规划许可证。建设单位在取得建设用地规划许可证后，方可向县级以上地方人民政府土地主管部门申请用地，经县级以上人民政府审批后，由土地主管部门划拨土地。""以出让方式取得国有土地使用权的建设项目，在签订国有土地使用权出让合同后，建设单位应当持建设项目的批准、核准、备案文件和国有土地使用权出让合同，向城市、县人民政府城乡规划主管部门领取建设用地规划许可证。城市、县人民政府城乡规划主管部门不得在建设用地规划许可证中，擅自改变作为国有土地使用权出让合同组成部分的规划条件"。由此可见，在房地产项目的开发中建设用地规划许可证是城市规划区内，经城市规划行政主管部门审核，许可用地的法律凭证；凡未取得建设用地规划许可证，而取得建设用地批准文件占用土地的，批准文件无效；未经发证机关同意，建设用地规划许可证的有关规定不得变更；建设用地规划许可证所需附图与附件由发证机关确定，与建设用地规划许可证具有同等的法律效力。

（3）规划设计条件审批。房地产开发企业持申请报告、建设项目立项有关文件、拟建项目的说明、拟建方案示意图、地形图和设计单位提供的控制性规划方案及其他相关资料向城市规划管理部门提出申请，经城市规划管理部门审核后，下发《规划设计条件通知书》及用地红线图。《规划设计条件通知书》主要规定了征地面积、规划建设面积、总建筑面积、容积率、建筑密度、绿化率、建筑后退红线距离、建筑控制高度和停车位个数等。

（4）设计方案审批。房地产开发企业在自行委托有规划设计资质的设计机构完成不少于2个方案设计后，持设计方案报审表、项目各设计方案的总平面图、各层平立剖面图、街景立面图、方案说明书及其他相关资料向城市规划管理部门提出设计方案审批申请，城市规划管理部门接此申请后协同其他有关单位审查该详细规划设计方案并提出修改或调整意见。之后，房地产开发企业根据审查意见对设计方案进行调整修改，再报城市规划管理部门审批。审批通过后由城市规划管理部门签发《规划设计方案审批通知书》。

（5）核发《建设工程规划许可证》。房地产开发企业持有关批准文件向城市规划行政主管部门提出申请，由城市规划行政主管部门根据城市规划提出的规划设计要求，核发《建设工程规划许可证》。房地产开发企业在取得《建设工程规划许可证》和其他有关批准文件后，方可申请办理开工手续。凡未取得《建设工程规划许可证》或不按《建设工程规划许可证》规定进行建设的，均属违法建设。凡未经发证机关许可，《建设工程规划许可证》的各项规定均不得随意变更。《建设工程规划许可证》所需附图与附件由发证机关确定，与《建设工程规划许可证》具有同等的法律效力。

2. 房地产开发项目建设阶段的规划管理

房地产开发项目建设阶段的规划管理主要包括开工放线、现场检查、临时建设与临时用地的管理和参加竣工验收等方面。

（1）开工放线。房地产企业按照《建设工程规划许可证》和批准的施工图放线后，应向城市规划行政主管部门申请验线，城市规划行政主管部门现场验线无误，做好验线记录工作，同意开工后，该建设工程方可破土动工。

（2）现场检查。房地产开发项目在建设过程中，应接受城市规划管理人员进入施工现场进行监督检查，并确保用地性质、工程定位、建筑面积、建筑功能及建筑外观等情况符合规划设计的要求。

（3）临时建设与临时用地的管理。在房地产开发项目建设阶段，房地产开发企业需要临时建设与临时使用土地的，应当征得城市规划行政主管部门的同意，不得影响城市规划的实施。批准临时建设与临时用地的使用年限一般不超过2年。

（4）参加竣工验收。城市行政主管部门参加竣工验收，主要是监督检查房地产开发项目是否符合规划设计要求批准的设计方案。

四、房地产开发项目的勘察设计管理

建设工程勘察设计是房地产开发建设项目得以实现的关键环节之一。为了加强对建设工程勘察、设计活动的管理，保证建设工程勘察、设计质量，保障人民生命和财产安全，国务院于2000年9月以第239号令颁布了《建设工程勘察设计管理条例》，并根据2015年6月12日《国务院关于修改〈建设工程勘察设计管理条例〉的决定》修订。

1. 建设工程勘察设计的概念

（1）建设工程勘察。建设工程勘察，是指根据建设工程的要求，查明、分析、评价建设场地的地质地理环境特征和岩土工程条件，编制建设工程勘察文件的活动。

房地产开发项目的勘察包括选址勘察、初步勘察、详细勘察、施工勘察等四个阶段，其主要内容包括地形测量、工程勘察、地下水勘察、地表水勘察、气象调查等。

（2）建设工程设计。建设工程设计，是指根据建设工程的要求，对建设工程所需的技术、经济、资源、环境等条件进行综合分析、论证，编制建设工程设计文件的活动。

房地产开发项目的设计一般分初步设计、技术设计、施工图设计三个阶段，包括工业建筑设计和民用建筑设计。

2. 建设工程勘察设计企业资质分类和分级

（1）国家对从事建设工程勘察、设计活动的单位，实行资质管理制度。建设工程勘察、设计资质分为工程勘察资质、工程设计资质。

(2) 工程勘察资质分为工程勘察综合资质、工程勘察专业资质、工程勘察劳务资质。工程勘察综合资质只设甲级；工程勘察专业资质设甲级、乙级，根据工程性质和技术特点，部分专业可以设丙级；工程勘察劳务资质不分等级。

(3) 工程设计资质分为工程设计综合资质、工程设计行业资质、工程设计专业资质和工程设计专项资质。工程设计综合资质只设甲级；工程设计行业资质、工程设计专业资质、工程设计专项资质设甲级、乙级。根据工程性质和技术特点，个别行业、专业、专项资质可以设丙级，建筑工程专业资质可以设丁级。

3. 建设工程勘察设计发包与分包

(1) 建设工程勘察、设计应当依照《中华人民共和国招标投标法》（以下简称《招标投标法》）的规定，以及《建设工程勘察设计管理条例》和《工程建设项目勘察设计招标投标办法》实行招标发包。

① 建设工程勘察、设计方案评标，应当以投标人的业绩、信誉和勘察、设计人员的能力以及勘察、设计方案的优劣为依据，进行综合评定。

② 建设工程勘察、设计的招标人应当在评标委员会推荐的候选方案中确定中标方案。但是，建设工程勘察、设计的招标人认为评标委员会推荐的候选方案不能最大限度地满足招标文件规定的要求的，应当依法重新招标。

③ 下列建设工程的勘察、设计，经有关主管部门批准，可以直接发包：

a. 采用特定的专利或者专有技术的；

b. 建筑艺术造型有特殊要求的；

c. 国务院规定的其他建设工程的勘察、设计。

(2) 发包方不得将建设工程勘察、设计业务发包给不具有相应勘察、设计资质等级的建设工程勘察、设计单位。

(3) 发包方可以将整个建设工程的勘察、设计发包给一个勘察、设计单位；也可以将建设工程的勘察、设计分别发包给几个勘察、设计单位。

(4) 除建设工程主体部分的勘察、设计外，经发包方书面同意，承包方可以将建设工程其他部分的勘察、设计再分包给其他具有相应资质等级的建设工程勘察、设计单位。建设工程勘察、设计单位不得将所承揽的建设工程勘察、设计转包。承包方必须在建设工程勘察、设计资质证书规定的资质等级和业务范围内承揽建设工程的勘察、设计业务。

五、房地产开发项目的施工许可制度

为了加强对建筑活动的监督管理，维护建筑市场秩序，保证建筑工程的质量和安全，根据《中华人民共和国建筑法》（以下简称《建筑法》）《建筑工程施工许可管理办法》由中华人民共和国住房和城乡建设部令第18号确定，自2014年10月25日起施行。

1. 施工许可证的申领范围

(1) 在中华人民共和国境内从事各类房屋建筑及其附属设施的建造、装修装饰和与其配套的线路、管道、设备的安装，以及城镇市政基础设施工程的施工，建设单位在开工前应当向工程所在地的县级以上人民政府建设行政主管部门申请领取施工许可证。

(2) 工程投资额在30万元以下或者建筑面积在300平方米以下的建筑工程，可以不申请办理施工许可证。省、自治区、直辖市人民政府建设行政主管部门可以根据当地的实际情况，对限额进行调整，并报国务院建设行政主管部门备案。

(3) 按照国务院规定的权限和程序批准开工报告的建筑工程，不再领取施工许可证。

（4）必须申请领取施工许可证的建筑工程未取得施工许可证的，一律不得开工。任何单位和个人不得将应该申请领取施工许可证的工程项目分解为若干限额以下的工程项目，规避申请领取施工许可证。

2. 申请领取施工许可证的条件

房地产开发企业申请领取施工许可证，应当具备下列条件，并提交相应的证明文件。

（1）已经办理该建筑工程用地批准手续。

（2）在城市规划区的建筑工程，已经取得建设工程规划许可证。

（3）施工场地已经基本具备施工条件，需要拆迁的，其拆迁进度符合施工要求。

（4）已经确定施工企业。按照规定应该招标的工程没有招标，应该公开招标的工程没有公开招标，或者肢解发包工程，以及将工程发包给不具备相应资质条件的，所确定的施工企业无效。

（5）有满足施工需要的施工图纸及技术资料，施工图设计文件已按规定进行了审查。

（6）有保证工程质量和安全的具体措施。施工企业编制的施工组织设计中有根据建筑工程特点制订的相应质量、安全技术措施，专业性较强的工程项目编制的专项质量、安全施工组织设计，并按照规定办理了工程质量、安全监督手续。

（7）按照规定应该委托监理的工程已委托监理。

（8）建设资金已经落实。建设工期不足1年的，到位资金原则上不得少于工程合同价的50%，建设工期超过1年的，到位资金原则上不得少于工程合同价的30%。建设单位应当提供银行出具的到位资金证明，有条件的可以实行银行付款保函或者其他第三方担保。

（9）法律、行政法规规定的其他条件。

3. 申领施工许可证的程序

申请办理施工许可证，应当按照下列程序进行。

（1）房地产开发企业向发证机关领取《建筑工程施工许可证申请表》。

（2）房地产开发企业持加盖单位及法定代表人印鉴的《建筑工程施工许可证申请表》，并附《建筑法》第四条规定的证明文件，向发征机关提出申请。

（3）发证机关在收到建设单位报送的《建筑工程施工许可证申请表》和所附证明文件后，对于符合条件的，应当自收到申请之日起15日内颁发施工许可证；对于证明文件不齐全或者失效的，应当限期要求建设单位补正，审批时间可以自证明文件补正齐全后作相应顺延；对于不符合条件的，应当自收到申请之日起15日内书面通知建设单位，并说明理由。建筑工程在施工过程中，建设单位或者施工单位发生变更的，应当重新申请领取施工许可证。

4. 施工许可证的有效期和延期

房地产开发企业应当自领取施工许可证之日起3个月内开工。因故不能按期开工的，应当在期满前向发证机关申请延期，并说明理由；延期以2次为限，每次不超过3个月。既不开工又不申请延期或者超过延期次数、时限的，施工许可证自行废止。

六、房地产开发项目的竣工验收制度

工程项目的竣工验收是房地产开发项目建设工程的最后一个程序，通过竣工验收，质量合格的房地产开发项目即可投入使用。因此，房地产开发企业对于其确已符合竣工验收条件和开发项目，应按国家过关规定和质量标准，及时组织进行竣工验收。

国务院建设行政主管部门负责全国工程竣工验收的监督管理工作。县级以上地方人民政府建设行政主管部门负责本行政区域内工程竣工验收的监督管理工作。工程竣工验收工作，由建设单位负责组织实施。县级以上地方人民政府建设行政主管部门应当委托工程质量监督机构对工程竣工验收实施监督。

1. 房地产开发项目竣工验收的条件

2000年6月30日建设部发布的《房屋建筑工程和市政基础设施工程竣工验收暂行规定》中规定了工程项目必须符合以下条件方可进行竣工验收。

（1）完成工程设计和合同约定的各项内容。

（2）施工单位在工程完工后对工程质量进行了检查，确认工程质量符合有关法律、法规和工程建设强制性标准，符合设计文件及合同要求，并提出工程竣工报告。工程竣工报告应经项目经理和施工单位有关负责人审核签字。

（3）对于委托监理的工程项目，监理单位对工程进行了质量评估，具有完整的监理资料，并提出工程质量评估报告。工程质量评估报告应经总监理工程师和监理单位有关负责人审核签字。

（4）勘察、设计单位对勘察、设计文件及施工过程中由设计单位签署的设计变更通知书进行了检查，并提出质量检查报告。质量检查报告应经该项目勘察、设计负责人和勘察、设计单位有关负责人审核签字。

（5）有完整的技术档案和施工管理资料。

（6）有工程使用的主要建筑材料、建筑构配件和设备的进场试验报告。

（7）建设单位已按合同约定支付工程款。

（8）有施工单位签署的工程质量保修书。

（9）城乡规划行政主管部门对工程是否符合规划设计要求进行检查，并出具认可文件。

（10）有公安消防、环保等部门出具的认可文件或者准许使用文件。

（11）建设行政主管部门及其委托的工程质量监督机构等有关部门责令整改的问题全部整改完毕。

2. 房地产开发企业竣工验收的依据

房地产开发项目或单体工程，其竣工验收的依据是：主管部门批准的计划立项手续、施工图和技术说明书及其他有关文件、施工过程中的设计变更文件、现行施工技术规范、施工验收规范、质量检验评定标准、房地产开发企业和施工单位签订的工程施工合同等。

3. 房地产开发项目竣工验收的程序

（1）工程完工后，施工单位向建设单位提交工程竣工报告，申请工程竣工验收。实行监理的工程，工程竣工报告须经总监理工程师签署意见。

（2）建设单位收到工程竣工报告后，对符合竣工验收要求的工程，组织勘察、设计、施工、监理等单位和其他有关方面的专家组成验收组，制订验收方案。

（3）建设单位应当在工程竣工验收7个工作日前将验收的时间、地点及验收组名单书面通知负责监督该工程的工程质量监督机构。

（4）建设单位组织工程竣工验收。

① 建设、勘察、设计、施工、监理单位分别汇报工程合同履约情况和在工程建设各个环节执行法律、法规和工程建设强制性标准的情况；

② 审阅建设、勘察、设计、施工、监理单位的工程档案资料；

③ 实地查验工程质量；

④ 对工程勘察、设计、施工、设备安装质量和各管理环节等方面作出全面评价，形成经验收组人员签署的工程竣工验收意见。

参与工程竣工验收的建设、勘察、设计、施工、监理等各方不能形成一致意见时，应当协商提出解决的方法，待意见一致后，重新组织工程竣工验收。

（5）竣工验收备案制度。依据（原）建设部于 2009 年 10 月修订的《房屋建筑工程和市政基础设施工程竣工验收备案管理办法》，我国建筑工程竣工验收实行备案制度。

房地产开发企业应当自工程竣工验收合格之日起 15 日内，向工程所在地的县级以上地方人民政府建设行政主管部门备案。

房地产开发企业办理工程竣工验收备案，应当提交下列文件：

① 工程竣工验收备案表；

② 工程竣工验收报告。竣工验收报告应当包括工程报建日期，施工许可证号，施工图设计文件审查意见，勘察、设计、施工、工程监理等单位分别签署的质量合格文件及验收人员签署的竣工验收原始文件，市政基础设施的有关质量检测和功能性试验资料以及备案机关认为需要提供的有关资料；

③ 法律、行政法规规定应当由规划、环保等部门出具的认可文件或者准许使用文件；

④ 法律规定应当由公安消防部门出具的对大型的人员密集场所和其他特殊建设工程验收合格的证明文件；

⑤ 施工单位签署的工程质量保修书；

⑥ 法规、规章规定必须提供的其他文件。

住宅工程还应当提交《住宅质量保证书》和《住宅使用说明书》。

七、房地产开发项目质量责任制度

1. 房地产开发企业应对其开发的房地产项目承担质量责任

《城市房地产开发经营管理条例》规定："房地产开发企业开发建设的房地产项目，应当符合有关法律、法规的规定和建筑工程质量、安全标准、建筑工程勘察、设计、施工的技术规范以及合同的约定。房地产开发企业应当对其开发建设的房地产开发项目的质量承担责任。勘察、设计、施工、监理等单位应当依照有关法律、法规的规定或者合同的约定，承担相应的责任。"

房地产开发企业在项目的开发建设过程中作为项目的所有者，是整个开发活动的组织者。尽管在建设环节中很多工作是由其所委托的勘察设计、施工等单位承担，出现质量问题可能是由于勘察设计、施工等单位的责任，但房地产开发企业作为项目的所有者、组织者，其他所有参与单位都是房地产开发企业所选择的，都和房地产开发企业拥有合同关系，出现问题理应由房地产开发企业与责任单位协调解决。此外，消费者是从开发商手中购得房屋，就如同在商店购物，出现问题应由商店对消费者承担质量责任一样，购买的房屋出现质量责任，也应由开发企业承担对购房者的质量责任。

2. 商品房质量保修

关于商品房的质量保修期限及责任，在 2001 年 6 月 1 日起施行《商品房销售管理办法》中明确规定。

（1）房地产开发企业应当对所售商品房承担质量保修责任。当事人应当在合同中就保修范围、保修期限、保修责任等内容作出约定。保修期从交付之日起计算。

（2）商品住宅的保修期限不得低于建设工程承包单位向建设单位出具的质量保修书约定保修期的存续期；存续期少于《商品住宅实行质量保证书和住宅使用说明书制度的规定》（以下简称《规定》）中确定的最低保修期限的，保修期不得低于《规定》中确定的最低保修期限。非住宅商品房的保修期限不得低于建设工程承包单位向建设单位出具的质量保修书约定保修期的存续期。

① 存续期是指《建设工程质量管理条例》中规定的建设工程承包单位向建设单位出具的质量保修书约定保修期减去商品房竣工至交付之间的时间。若该差少于《规定》中确定的最低保修期限的，以《规定》中确定的最低保修期限为准。比如，《建设工程质量管理条例》规定的屋面渗漏的保修期为5年，自竣工之日算起；《规定》中确定的保修期为3年，自交付之日起计算，某一商品住宅竣工1年后出售并交付使用，则房地产开发企业向购房者的质量保修期不得低于4年；但若竣工3年后交付使用，房地产开发企业向购房者的质量保修期则不能是不低于2年，而应不低于3年。

② 《规定》中确定的保修期限。正常使用情况下各部位、部件保修内容与保修期：

a. 地基基础和主体结构在合理使用寿命年限内承担保修；

b. 屋面防水3年；

c. 墙面、厨房和卫生间地面、地下室、管道渗漏1年；

d. 墙面、顶棚抹灰层脱落1年；地面空鼓开裂、大面积起砂1年；

e. 门窗翘裂、五金件损坏1年；

f. 管道堵塞2个月；

g. 供热、供冷系统和设备1个采暖期或供冷期；

h. 卫生洁具1年；

i. 灯具、电器开关6个月；

j. 其他部位、部件的保修期限，由房地产开发企业与用户自行约定。

住宅保修期从开发企业将竣工验收的住宅交付用户使用之日起计算。

③ 《建设工程质量管理条例》中规定施工单位和建设单位约定的保修期。在正常使用条件下，建设工程的最低保修期限为：

a. 基础设施工程、房屋建筑的地基基础工程和主体结构工程，为设计文件规定的该工程的合理使用年限；

b. 屋面防水工程、有防水要求的卫生间、房间和外墙面的防渗漏，为5年；

c. 供热与供冷系统，为2个采暖期、供冷期；

d. 电气管线、给排水管道、设备安装和装修工程，为2年；

e. 其他项目的保修期限由发包方与承包方约定。

建设工程的保修期，自竣工验收合格之日起计算。

（3）在保修期限内发生的属于保修范围的质量问题，房地产开发企业应当履行保修义务，并对造成的损失承担赔偿责任。因不可抗力或者使用不当造成的损坏，房地产开发企业不承担责任。

八、房地产开发项目手册制度

《城市房地产开发经营管理条例》中规定："房地产开发企业应当将房地产开发项目建设过程中的主要事项记录在房地产开发项目手册中，并定期送房地产开发主管部门备案"。一般情况下，房地产开发企业应当在取得国有土地使用权之日起15日内，到项目所在地的房地产开发主管部门领取《房地产开发项目手册》。《房地产开发项目手册》一式两份，房地产开发企业和房地产开发主管部门各持有一份。

1. 房地产开发项目实行项目手册制度的概念

房地产开发实行项目手册制度是政府行政管理部门对房地产开发企业是否按照有关法律、法规规定，是否按照合同的约定进行开发建设而建立的一项动态管理制度。

2. 建立房地产开发项目实行项目手册制度的目的

建立房地产开发项目实行项目手册制度的目的主要是为了便于房地产开发主管部门对房地产开发企业的开发活动进行监控，保护消费者的合法权益。

房地产开发主管部门监控主要包括对是否按申请领取预售许可证时承诺的时间表进行开发建设，预售款项是否按期投入，拆迁安置是否按要求进行，工程项目是否发生变化等内容。

3. 房地产开发项目手册中要填写的主要内容

参照《河北省城市房地产开发经营管理规定》中相关规定：房地产开发企业应当按规定将房地产开发项目建设过程中的下列相关事项如实记录在房地产开发项目手册中，并分别于每年的6月底和12月底前送房地产开发主管部门备案：

（1）项目的性质、规模和开发期限；
（2）经批准的规划设计方案；
（3）资本金到位和开发建设投资完成情况；
（4）拆迁补偿安置情况；
（5）开工日期和建设进度情况；
（6）按规定应当记录的其他事项。

第四节　政策性住房的开发建设

在我国，所谓的政策性住房是指经济适用住房、廉租房、限价房、集资合作建房等具有社会保障性质的住房。它们是国家和当地政府为了解决城市中低经济收入家庭住房困难而建的具有一定社会福利和社会保障性质的普通住宅。

一、经济适用住房的开发建设

1. 经济适用住房的概念和特点

（1）概念。经济适用住房是指根据国家经济适用住房建设计划安排建设的住宅。由国家统一下达计划，用地一般实行行政划拨的方式，免收土地出让金，对各种经批准的收费实行减半征收，出售价格实行政府指导价，按保本微利的原则确定。经济适用房相对于商品房具有3个显著特征，即经济性、保障性、实用性，是具有社会保障性质的商品住宅。

（2）特点

① 经济适用住房的建设受政府优惠政策扶持，如建设用地实行行政划拨的方式供给，批准的收费项目按国家规定实行优惠政策。

② 经济适用住房的销售实行"定对象、定价格、定标准"销售。定对象指经济适用住房只能向本市中低收入居民家庭销售；定价格指经济适用住房的销售价格须经市物价管理部门批准；定标准指每个家庭只能以经济适用住房价格购买规定住房面积标准内部分，超出标准面积部分应以商品房价格购买。

2. 经济适用住房开发可获得的优惠条件

（1）经济适用住房建设用地以划拨方式供应。经济适用住房建设用地应纳入当地年度土地供应计划，在申报年度用地指标时单独列出，确保优先供应。

（2）经济适用住房建设项目免收城市基础设施配套费等各种行政事业性收费和政府性基金。经济适用住房项目外基础设施建设费用，由政府负担。经济适用住房建设单位可以以在建项目作抵押向商业银行申请住房开发贷款。

(3) 购买经济适用住房的个人向商业银行申请贷款，除符合《个人住房贷款管理办法》规定外，还应当出具市、县人民政府经济适用住房主管部门准予购房的核准通知。

购买经济适用住房可提取个人住房公积金和优先办理住房公积金贷款。

(4) 经济适用住房的贷款利率按有关规定执行。

(5) 经济适用住房的建设和供应要严格执行国家规定的各项税费优惠政策。

(6) 严禁以经济适用住房名义取得划拨土地后，以补缴土地出让金等方式，变相进行商品房开发。

3. 经济适用住房的开发

(1) 经济适用住房要统筹规划、合理布局、配套建设，充分考虑城市低收入住房困难家庭对交通等基础设施条件的要求，合理安排区位布局。

(2) 在商品住房小区中配套建设经济适用住房的，应当在项目出让条件中，明确配套建设的经济适用住房的建设总面积、单套建筑面积、套数、套型比例、建设标准以及建成后移交或者回购等事项，并以合同方式约定。

(3) 经济适用住房单套的建筑面积控制在 60 平方米左右。市、县人民政府应当根据当地经济发展水平、群众生活水平、住房状况、家庭结构和人口等因素，合理确定经济适用住房建设规模和各种套型的比例，并进行严格管理。

(4) 经济适用住房建设按照政府组织协调、市场运作的原则，可以采取项目法人招标的方式，选择具有相应资质和良好社会责任的房地产开发企业实施；也可以由市、县人民政府确定的经济适用住房管理实施机构直接组织建设。在经济适用住房建设中，应注重发挥国有大型骨干建筑企业的积极作用。

(5) 经济适用住房的规划设计和建设必须按照发展节能省地环保型住宅的要求，严格执行《住宅建筑规范》等国家有关住房建设的强制性标准，采取竞标方式优选规划设计方案，做到在较小的套型内实现基本的使用功能。积极推广应用先进、成熟、适用、安全的新技术、新工艺、新材料、新设备。

(6) 经济适用住房建设单位对其建设的经济适用住房工程质量负最终责任，向买受人出具《住宅质量保证书》和《住宅使用说明书》，并承担保修责任，确保工程质量和使用安全。有关住房质量和性能等方面的要求，应在建设合同中予以明确。

经济适用住房的施工和监理，应当采取招标方式，选择具有资质和良好社会责任的建筑企业和监理公司实施。

(7) 经济适用住房项目可采取招标方式选择物业服务企业实施前期物业服务，也可以在社区居委会等机构的指导下，由居民自我管理，提供符合居住区居民基本生活需要的物业服务。

4. 经济适用住房价格的确定

按照《经济适用房价格管理办法》（计价格〔2002〕2503号）的规定：经济适用住房价格实行政府指导价。制订经济适用住房价格，应当与城镇中低收入家庭经济承受能力相适应，以保本微利为原则，与同一区域内的普通商品住房价格保持合理差价，切实体现政府给予的各项优惠政策。

(1) 经济适用住房基准价格由开发成本、税金和利润三部分构成。

① 开发成本。主要包括以下几项内容。

a. 按照法律、法规规定用于征用土地和拆迁补偿等所支付的征地和拆迁安置补偿费。

b. 开发项目前期工作所发生的工程勘察、规划及建筑设计、施工通水、通电、通气、通路及平整场地等勘察设计和前期工程费。

c. 列入施工图预（决）算项目的主体房屋建筑安装工程费，包括房屋主体部分的土建（含桩基）工程费、水暖电气安装工程费及附属工程费。

d. 在小区用地规划红线以内，与住房同步配套建设的住宅小区基础设施建设费，以及按政府批准的小区规划要求建设的不能有偿转让的非营业性公共配套设施建设费。

e. 管理费按照不超过开发成本 a 项至 d 项费用之和的 2% 计算。

f. 贷款利息按照房地产开发经营企业为住房建设筹措资金所发生的银行贷款利息计算。

g. 行政事业性收费按照国家有关规定计收。

② 税金。依照国家规定的税目和税率计算。

③ 利润。按照不超过"开发成本" a 项至 d 项费用之和的 3% 计算。

（2）下列费用不得计入经济适用住房价格：

① 住宅小区内经营性设施的建设费用；

② 开发经营企业留用的办公用房、经营用房的建筑安装费用及应分摊的各种费用；

③ 各种与住房开发经营无关的集资、赞助、捐赠和其他费用；

④ 各种赔偿金、违约金、滞纳金和罚款；

⑤ 按规定已经减免及其他不应计入价格的费用。

（3）经济适用住房价格由有定价权的政府价格主管部门会同建设（房地产）主管部门，按照有关规定，在项目开工之前确定，政府价格主管部门在接到房地产开发经营企业的定价申请后，应会同建设（房地产）主管部门审查成本费用，核定销售（预售）价格。对申报手续、材料齐全的，应在接到定价申请报告后 30 个工作日内作出制订或调整价格的决定，并向社会公布。

同时，房地产开发经营企业应当按照政府价格主管部门的规定实行明码标价，在销售场所显著位置公布价格主管部门批准的价格及批准文号，自觉接受社会监督。

5. 经济适用住房的交易和售后管理

（1）经济适用住房的销售对象。符合下列条件的家庭可以申请购买或承租一套经济适用住房：

① 有当地城镇户口（含符合当地安置条件的军队人员）或市、县人民政府确定的供应对象；

② 无房或现住房面积低于市、县人民政府规定标准的住房困难家庭；

③ 家庭收入符合市、县人民政府划定的收入线标准；

④ 市、县人民政府规定的其他条件。

（2）市、县人民政府经济适用住房主管部门应当在规定时间内完成核查。符合条件的，应当公示。公示后有投诉的，由经济适用住房主管部门会同有关部门调查、核实；对无投诉或经调查、核实投诉不实的，在经济适用住房申请表上签署核查意见，并注明可以购买的优惠面积或房价总额标准。

（3）符合条件的家庭，可以持核准文件选购一套与核准面积相对应的经济适用住房。购买面积原则上不得超过核准面积。购买面积在核准面积以内的，按核准的价格购买；购买面积超过核准面积的部分，不得享受政府优惠，由购房人补缴差价。超面积部分差价款的处理办法，由市、县人民政府制订并公布。

（4）居民个人购买经济适用住房后，应当按照规定办理权属登记。房屋、土地登记部门在办理权属登记时，应当分别注明经济适用住房、划拨土地。

（5）经济适用住房在取得房屋所有权证和土地使用证一定年限后，方可按市场价上市出售；出售时，应当按照届时同地段普通商品住房与经济适用住房差价的一定比例向政府缴纳收益。具体年限和比例由市、县人民政府确定。

个人购买的经济适用住房在未向政府补缴收益前不得用于出租经营。

（6）经济适用住房购买人以市场价出售经济适用住房后，不得再购买经济适用住房；如需换购，必须以届时经济适用住房价格出售给取得经济适用住房资格的家庭后，方可再次申请。

二、廉租房的开发建设

1. 廉租房的概念和特点

（1）概念。廉租房是指政府以租金补贴或实物配租的方式，向符合城镇居民最低生活保障标准且住房困难的家庭提供社会保障性质的住房。

（2）特点

① 廉租房是国家和当地政府为了解决城市中低经济收入家庭住房困难而建的普通住宅，有社会公共福利和住房社会保障性质的特点。

② 廉租房有特定的供给对象，符合廉租房供给条件的由本人（家庭）向政府提出申请，并经过政府相关部门核实批准后，方能购、租、补。同时，廉租房无继承权。

2. 廉租房政策的保障方式

廉租住房保障方式实行货币补贴和实物配租等相结合的方式。

（1）货币补贴。所谓货币补贴是指县级以上地方人民政府向申请廉租住房保障的城市低收入住房困难家庭发放租赁住房补贴，由其自行承租住房。

货币补贴额度按照城市低收入住房困难家庭现住房面积与保障面积标准的差额、每平方米租赁住房补贴标准确定。

每平方米租赁住房补贴标准由市、县人民政府根据当地经济发展水平、市场平均租金、城市低收入住房困难家庭的经济承受能力等因素确定。其中对城市居民最低生活保障家庭，可以按照当地市场平均租金确定租赁住房补贴标准；对其他城市低收入住房困难家庭，可以根据收入情况等分类确定租赁住房补贴标准。

在《北京市城市廉租住房申请、审核及配租管理办法》中规定城近郊八区廉租家庭租房补贴金额按下列公式计算：

低保家庭月租房补贴数额＝每平方米月补贴额×（人均住房保障面积标准－人均现住房使用面积）×配租家庭人口

其他低收入家庭月租房补贴数额＝每平方米月补贴额×（人均住房保障面积标准－人均现住房使用面积）×配租家庭人口－（家庭人均月收入-北京市城市低保标准）×配租家庭人口。

（2）实物配租。所谓实物配租是指县级以上地方人民政府向申请廉租住房保障的城市低收入住房困难家庭提供住房，并按照规定标准收取租金。

采取实物配租方式的，配租面积为城市低收入住房困难家庭现住房面积与保障面积标准的差额。

实物配租的住房租金标准实行政府定价。实物配租住房的租金，按照配租面积和市、县人民政府规定的租金标准确定。有条件的地区，对城市居民最低生活保障家庭，可以免收实物配租住房中住房保障面积标准内的租金。

3. 廉租住房保障资金及房屋来源

（1）廉租住房保障资金的来源。在我国廉租住房保障资金采取多种渠道筹措，其廉租住房保障资金来源包括以下几类。

① 年度财政预算安排的廉租住房保障资金。

② 提取贷款风险准备金和管理费用后的住房公积金增值收益余额。

③ 土地出让净收益中安排的廉租住房保障资金。

④ 政府的廉租住房租金收入。

⑤ 社会捐赠及其他方式筹集的资金。

同时，提取贷款风险准备金和管理费用后的住房公积金增值收益余额，应当全部用于廉租住房建设。土地出让净收益用于廉租住房保障资金的比例，不得低于10%。政府的廉租住房租金收入应当按照国家财政预算支出和财务制度的有关规定，实行收支两条线管理，专项用于廉租住房的维护和管理。

这一系列的措施为廉租房的建设和管理做好了充足的资金保障。

（2）实物配租的廉租住房来源。主要包括以下几类。

① 政府新建、收购的住房。对于新建廉租住房，政策规定主要采取配套建设与相对集中建设相结合的方式，主要在经济适用住房、普通商品住房项目中配套建设。同时规定新建廉租住房，应当将单套的建筑面积控制在50平方米以内，并根据城市低收入住房困难家庭的居住需要，合理确定套型结构。

同时，配套建设廉租住房的经济适用住房或者普通商品住房项目，需在用地规划、国有土地划拨决定书或者国有土地使用权出让合同中，明确配套建设的廉租住房总建筑面积、套数、布局、套型以及建成后的移交或回购等事项。

② 腾退的公有住房。

③ 社会捐赠的住房。鼓励社会捐赠住房作为廉租住房房源或捐赠用于廉租住房的资金。政府或经政府认定的单位新建、购买、改建住房作为廉租住房，社会捐赠廉租住房房源、资金，按照国家规定的有关税收政策执行，例如廉租住房建设免征行政事业性收费和政府性基金。

④ 其他渠道筹集的住房。

4. 廉租住房的申请与核准

（1）申请廉租住房保障。各地区由于其经济发展水平及各地居民居住情况不同，各地均需按照我国《廉租住房保障办法》制定适合本地区水平的廉租住房准入标准。居民在符合当地廉租住房准入标准的情况下，提供以下相关证明材料，提出廉租住房保障申请：

① 家庭收入情况的证明材料；

② 家庭住房状况的证明材料；

③ 家庭成员身份证和户口簿；

④ 市、县人民政府规定的其他证明材料。

（2）廉租住房申请的办理程序

① 申请廉租住房保障的家庭，应当由户主向户口所在地街道办事处或者镇人民政府提出书面申请。

② 街道办事处或者镇人民政府应当自受理申请之日起30日内，就申请人的家庭收入、家庭住房状况是否符合规定条件进行审核，提出初审意见并张榜公布，将初审意见和申请材料一并报送市（区）、县人民政府建设（住房保障）主管部门。

③ 建设（住房保障）主管部门应当自收到申请材料之日起15日内，就申请人的家庭住房状况是否符合规定条件提出审核意见，并将符合条件的申请人的申请材料转同级民政部门。

④ 民政部门应当自收到申请材料之日起 15 日内，就申请人的家庭收入是否符合规定条件提出审核意见，并反馈同级建设（住房保障）主管部门。

⑤ 经审核，家庭收入、家庭住房状况符合规定条件的，由建设（住房保障）主管部门予以公示，公示期限为 15 日；对经公示无异议或者异议不成立的，作为廉租住房保障对象予以登记，书面通知申请人，并向社会公开登记结果。

经审核，不符合规定条件的，建设（住房保障）主管部门应当书面通知申请人，说明理由。申请人对审核结果有异议的，可以向建设（住房保障）主管部门申诉。

同时，符合条件的家庭只能选择一种廉租住房保障方式，其中实物住房主要配租给家庭成员中有 60 周岁以上（含 60 周岁）老人、严重残疾人员、患有大病人员的家庭和承租危房及面临拆迁的家庭。

审核结果即发放租赁住房补贴和配租廉租住房的结果，应当予以公布。

5. 廉租住房手续的办理

廉租住房保障对象确定后，针对实施货币补贴者，主管部门需与保障对象签订《租赁住房补贴协议》。该协议主要用于明确租赁住房补贴额度、停止发放租赁住房补贴的情形等内容。

针对实施实物配租者，主管部门需与保障对象签订《廉租住房租赁合同》。该合同的主要内容为：

（1）房屋的位置、朝向、面积、结构、附属设施和设备状况；

（2）租金及其支付方式；

（3）房屋用途和使用要求；

（4）租赁期限；

（5）房屋维修责任；

（6）停止实物配租的情形，包括承租人已不符合规定条件的，将所承租的廉租住房转借、转租或者改变用途，无正当理由连续 6 个月以上未在所承租的廉租住房居住或者未缴纳廉租住房租金等；

（7）违约责任及争议解决办法，包括退回廉租住房、调整租金、依照有关法律法规规定处理等；

（8）其他约定。

6. 监督管理

（1）城市低收入住房困难家庭不得将所承租的廉租住房转借、转租或者改变用途。城市低收入住房困难家庭违反前款规定或者有下列行为之一的，应当按照合同约定退回廉租住房：

① 无正当理由连续 6 个月以上未在所承租的廉租住房居住的；

② 无正当理由累计 6 个月以上未缴纳廉租住房租金的。

（2）市（区）、县人民政府建设（住房保障）主管部门应当按户建立廉租住房档案，并采取定期走访、抽查等方式，及时掌握城市低收入住房困难家庭的人口、收入及住房变动等有关情况。

（3）已领取租赁住房补贴或者配租廉租住房的城市低收入住房困难家庭，应当按年度向所在地街道办事处或者镇人民政府如实申报家庭人口、收入及住房等变动情况。街道办事处或者镇人民政府可以对申报情况进行核实、张榜公布，并将申报情况及核实结果报建设（住房保障）主管部门。建设（住房保障）主管部门应当根据城市低收入住房困难家庭人口、收入、住房等变化情况，调整租赁住房补贴额度或实物配租面积、租金等；对不再符合规定条件的，应当停止发放租赁住房补贴，或者由承租人按照合同约定退回廉租住房。

三、限价房的开发建设

为调整住房供应结构，建立分层次的住房供应体系，促使我国住房市场的健康协调发展，我国近年推出"两限房"政策。

1. 限价房的概念

"两限房"全称为限房价、限套型普通商品住房，也被称为"两限"商品住房或限价房。"两限房"指经城市人民政府批准，在限制套型比例、限定销售价格的基础上，以竞地价、竞房价的方式，招标确定住宅项目开发建设单位，由中标单位按照约定标准建设，按照约定价位面向符合条件的居民销售的中低价位、中小套型普通商品住房。

限价房一般是中低价位、中小套型的普通商品房，可根据具体楼层、朝向在±5%的范围内调整销售价格，但平均销售价格不得超过房屋销售限价。"两限"中的其中一个就是限制价格，限价不是死价，它的价格有个上限，也就是不论你卖多少，都不能超过这个价格；另一个就是限制居住面积，这个面积肯定比同地段的普通商品房的面积小。在此我们以北京市限价房的开发建设相关制度为例进行阐述。

2. 限价房的项目建设

在限价房的开发中应遵循以下相关规定。

（1）市建设、国土资源部门会同有关部门根据本市限价商品住房需求，组织编制年度建设计划，经市政府批准后组织实施。限价商品住房建设用地在年度土地利用计划及土地供应计划中优先安排；同时，限价商品住房项目应尽可能选择在交通相对便利、市政基础设施较为完善的区域进行建设，方便居住和出行。

（2）市建设、国土资源部门负责组织建设的限价商品住房项目，由建设单位与其签订《限价商品住房建设销售协议》；各区县政府负责组织建设的限价商品住房项目，由建设单位与各区县政府指定部门签订《限价商品住房建设销售协议》。

（3）限价商品住房建设应遵循节约集约用地的原则。建设单位要严格执行国家和本市有关技术规范和标准，优化规划设计方案，采用成熟适用的新技术、新工艺、新材料和新设备，提高建设水平。

（4）限价商品住房套型建筑面积以90平方米以下为主。其中，一居室控制在60平方米以下；两居室控制在75平方米以下。限价商品住房销售价格以项目综合开发成本和合理利润为基础，参照同地段、同品质普通商品房价格，由市发展改革、国土资源、建设、财政、规划、监察等部门研究确定。

3. 供应对象

限价商品住房供应对象为本市中等收入住房困难的城镇居民家庭、征地拆迁过程中涉及的农民家庭及市政府规定的其他家庭。申请购买限价商品住房家庭应符合以下条件。

（1）申请人须具有本市户口，申请家庭应推举具有完全民事行为能力的家庭成员作为申请人。单身提出申请的，申请人须年满30周岁。市政府有关部门可根据限价商品住房供需情况，对单身申请人年龄实行动态管理。

（2）申请家庭人均住房面积、家庭收入、家庭资产须符合规定标准，并实行动态管理。

例如：北京市城六区申请购买限价商品住房家庭年收入、住房及总资产净值须符合下表标准。

家庭人口	家庭年收入	人均住房使用面积	家庭总资产净值
3人及以下	8.8万元及以下	15平方米及以下	57万元及以下
4人及以上	11.6万元及以下	15平方米及以下	76万元及以下

注：1.申请家庭成员之间应具有法定的赡养、扶养或者抚养关系，包括申请人及其配偶、子女、父母等。

2.家庭住房是指家庭全部成员名下承租的公有住房和拥有的私有住房。申请家庭现有2处或2处以上住房的，家庭住房面积应合并计算。

3.家庭收入是指家庭成员的全部收入总和，包括工资、奖金、津贴、补贴等劳动收入和储蓄存款利息等财产性收入。

4.家庭资产是指全部家庭成员名下的房产、汽车、现金、有价证券、投资（含股份）、存款、借出款等。

在符合上述条件的家庭中，属于下列三类家庭之一的，可优先购买：

① 解危排险、旧城改造和风貌保护、环境整治、保障性住房项目和市重点工程等公益性项目所涉及的被拆迁或腾退家庭；

② 家庭成员中有60周岁以上（含60周岁）的老人、严重残疾人、患有大病或做过大手术的人员、优抚对象的家庭；

③ 已通过经济适用住房购买资格审核自愿放弃购买经济适用住房的家庭。

经审核符合条件的家庭只能购买一套限价商品住房，已购买限价商品住房家庭的全部成员不得再次享受其他形式的保障性住房。

4. 限价房购买资格审核

购买限价商品住房实行申请、审核和备案制度。

(1) 申请。申请家庭持如实填写的《北京市限价商品住房家庭资格核定表》和相关证明材料，向户口所在地街道办事处或乡镇人民政府提出申请。申请时应当同时提交以下材料的原件和复印件（复印件一式两份）：

① 户口本和家庭成员身份证；

② 家庭成员婚姻状况证明；

③ 现住房产权证明或租赁合同；

④ 家庭成员所在单位出具的收入、住房情况证明；

⑤ 其他需提交的证明材料。

(2) 初审。街道办事处或乡镇人民政府通过审核材料、入户调查、组织评议、公示等方式对申请家庭的收入、住房、资产等情况进行初审，提出初审意见，将符合条件的申请家庭材料报区县住房保障管理部门。人户分离申请家庭情况应在户口所在地和实际居住地同时进行公示。

(3) 复审。区县住房保障管理部门对申请家庭材料进行复审，并将符合条件的申请家庭情况进行公示，无异议的，报市住房保障管理部门备案。

(4) 备案。市住房保障管理部门对区县住房保障管理部门上报的申请家庭材料予以备案。区县住房保障管理部门为经过备案的申请家庭建立市和区县共享的住房需求档案。

5. 统筹分配

房源主要由区县安排。各区县政府组织建设的限价商品住房，主要由本区县安排使用，市住房保障管理部门可根据情况从中划出一定比例统筹分配。

各区县住房保障管理部门负责组织本区县符合条件的申请家庭按优先配售条件及住房困难程度，通过摇号等方式配售限价商品住房。对参加多次摇号均未能摇中的申请家庭，轮候3年以上的，区县住房保障管理部门可为其直接配售。

对市住房保障管理部门统筹分配至各区县的房源，各区县住房保障管理部门应在2个月内确定购房人,向开发企业缴纳购房款。逾期不能确定购房人的,由市住房保障管理部门收回重新分配。区县住房保障管理部门也可先行垫付购房款后保留房源继续使用,保留时间不超过半年。

6. 监督管理

(1) 对限价商品住房购房人进行房屋权属登记时,房屋行政主管部门应在房屋权属证书上注明"限价商品住房"字样。

(2) 购房人取得房屋权属证书后5年内不得转让所购住房。确需转让的,可向户口所在区县住房保障管理部门申请回购,回购价格按购买价格并考虑折旧和物价水平等因素确定。回购的房屋继续作为限价商品住房向符合条件家庭出售。

购房人在取得房屋权属证书5年后转让所购住房的,应按届时同地段普通商品住房和限价商品住房差价的一定比例缴纳土地收益等价款。具体比例由市建设、国土资源、发展改革、财政等部门研究确定,经市政府批准后实施,并可根据房地产市场变化等情况按程序适时调整缴纳比例。

(3) 已经在市住房保障管理部门备案的申请家庭,其家庭收入、住房和资产等情况在轮候期间发生变化的,应如实向所在区县住房保障管理部门报告,区县住房保障管理部门会同有关部门对其申报情况进行复核。区县住房保障管理部门也可对申请家庭的收入、住房和资产情况进行检查。对经核实不符合购买限价商品住房条件的家庭,应取消其购房资格。

复习思考题

1. 什么是房地产开发?房地产开发有哪些特征?
2. 房地产开发建设过程中应遵循哪些基本原则和要求?
3. 设立房地产开发企业必须具备哪些条件?
4. 房地产开发企业的资质等级是如何划分的?
5. 房地产项目在开发建设过程中需遵循哪些管理制度?
6. 经济适用房的开发和普通商品房的开发有哪些不同?

案例分析

1. 案情介绍

2004年,某外贸集团公司(以下简称集团公司)看到房地产利润可观,决定涉足这一行业,遂与某房地产开发公司(以下简称开发公司)接洽,双方商定以房地产开发公司的开发权和开发经营管理经验同集团公司的经济实力相结合,联手开发房地产项目,开发所获利润双方按4∶6的比例分配,即房地产开发公司占40%,集团公司占60%。2004年4月,开发公司告知集团公司,已落实到一开发用地,可用于商住楼的开发,双方需共同与某村委会签订土地使用权转让合同。同年5月,由该村委会作为转让方,由开发公司与集团公司共同作为受让方,三方签订了土地使用权转让合同。合同规定:村委会将其集体所有的50亩土地转让给开发公司和集团公司使用,每亩转让价格为40万元。转让价总计2000万元。按照合同,集团公司与开发公司及时拨付了底价款。随后,开发公司开始着手项目的报建工作。经疏通各方关系,获得了建设工程规划许可证和建设工程施工许可证。2004年8月,集团公司向开发公司拨付了4800万工程建设款,开发公司开始工程项目的建设工作。2005年1月,市政府开始对房地产市场清理整顿,该开发商住楼被确认为非法用地项目,被勒令立即停止建设。2005年2月市政府土地行政主管部门对此作出处理意见:该商住楼系非法占用集体土地所建开发项目,三方签订的协议无效,该项目不得继续建设,更不得发售。至此：集团公司认为项目不得建设、不得发售，则其投资无法得到回报，要求村委会返还地价款并要求开发公司返回剩余工程建设款，被赔偿其所受损失。村委会表示：其所收地价款，已由村委会用于其他经营活动，因经营不善，目前亏损殆尽，村委会无力返还。而开发公司经调查实乃一皮包公司，该工程剩余工程款已被其挪作他用，公司账户上资金所剩无几，无力返还工程款，更无法赔偿集团公司损失。集团公司走投无路，遂诉至法院，希望通过诉讼程序挽回损失。

2. 评析意见

(1) 集团公司、房地产开发公司与村委会签订的土地使用权转让合同无效。《城市房地产管理法》等一系列法律法规明确规定，房地产开发必须在依法取得国有土地使用权的土地上从事房地产开发经营，集体土地不能用于房地产开发。因此，本案中三方当事人所签订的集体土地使用权转让合同，已构成非法转让土地使用权的违法行为，其合同不具有法律效力。

(2) 集团公司应通过何种合法途径尽量挽回损失值得探讨。集团公司在走投无路的情况下，决定采用诉讼途径解决纠纷，这并不是一条很好的途径。因本案诉至法院，法院只能按无效合同处理。因集团公司的主办人并不清楚集体土地不能用于房地产开发，故法院应判决村委会返还地价款，房地产开发公司退还剩余的工程建设款。但关键的问题是：村委会及房地产开发公司已将上述款项挪作他用，法院的判决恐怕难以执行而成一纸空文，这种情况在实践中并不鲜见。实际上，集团公司可寻找另外一条解决问题的合法途径，即，向当地政府提出申请，由政府将本案中所涉及的集体土地征为国有，然后再由政府将其土地使用权出让给该集团公司。这样集团公司虽需另向政府缴纳一笔土地使用权出让金，但其可以从此获得该地块的合法使用权，继续在该地块上的开发建设，并可通过租售房地产收回投资。同时，集团公司并不丧失对村委会和房地产开发公司债务的追偿权，其在法定诉讼时效内，还可行使诉讼权。

3. 案例分析

资料1：支持廉租房经适房建设 一揽子税收优惠政策出台

旨在促进廉租住房、经济适用住房制度建设和住房租赁市场健康发展的一揽子税收优惠政策，日前已获国务院批准。财政部、国家税务总局为此下发通知，规定与廉租住房、经济适用住房相关的新优惠政策自 2007 年 8 月 1 日起执行，与住房租赁相关的新优惠政策自 2008 年 3 月 1 日起执行。

支持廉租住房、经济适用住房建设的 8 项税收政策如下。

对廉租住房经营管理单位按照政府规定价格、向规定保障对象出租廉租住房的租金收入，免征营业税、房产税。

对廉租住房、经济适用住房建设用地以及廉租住房经营管理单位按照政府规定价格、向规定保障对象出租的廉租住房用地，免征城镇土地使用税。开发商在经济适用住房、商品住房项目中配套建造廉租住房，在商品住房项目中配套建造经济适用住房，如能提供政府部门出具的相关材料，可按廉租住房、经济适用住房建筑面积占总建筑面积的比例免除开发商应缴纳的城镇土地使用税。

企事业单位、社会团体以及其他组织转让旧房作为廉租住房、经济适用住房房源且增值额未超过扣除项目金额 20% 的，免征土地增值税。

对廉租住房、经济适用住房经营管理单位与廉租住房、经济适用住房相关的印花税以及廉租住房承租人、经济适用住房购买人涉及的印花税予以免征。开发商在经济适用住房、商品住房项目中配套建造廉租住房，在商品住房项目中配套建造经济适用住房，如能提供政府部门出具的相关材料，可按廉租住房、经济适用住房建筑面积占总建筑面积的比例免征开发商应缴纳的印花税。

对廉租住房经营管理单位购买住房作为廉租住房、经济适用住房经营管理单位回购经济适用住房继续作为经济适用住房房源的，免征契税。

对个人购买经济适用住房，在法定税率基础上减半征收契税。

对个人按《廉租住房保障办法》（建设部等9部委令第162号）规定取得的廉租住房货币补贴，免征个人所得税。

企事业单位、社会团体以及其他组织于2008年1月1日前捐赠住房作为廉租住房的，按《中华人民共和国企业所得税暂行条例》（国务院令第137号）、《中华人民共和国外商投资企业和外国企业所得税法》有关公益性捐赠政策执行；2008年1月1日后捐赠的，按《中华人民共和国企业所得税法》有关公益性捐赠政策执行。

个人捐赠住房作为廉租住房的，捐赠额未超过其申报的应纳税所得额30%的部分，准予从其应纳税所得额中扣除。

支持住房租赁市场发展的税收政策主要有：对个人出租住房取得的所得减按10%的税率征收个人所得税；对个人出租、承租住房签订的租赁合同，免征印花税；对个人出租住房，不区分用途，在3%税率的基础上减半征收营业税，按4%的税率征收房产税，免征城镇土地使用税；对企事业单位、社会团体以及其他组织按市场价格向个人出租用于居住的住房，减按4%的税率征收房产税。

通知明确指出，廉租住房、经济适用住房、廉租住房承租人、经济适用住房购买人以及廉租住房租金、货币补贴标准等须符合国发〔2007〕24号文件及《廉租住房保障办法》（建设部等9部委令第162号）、《经济适用住房管理办法》（建住房〔2007〕258号）的规定；廉租住房、经济适用住房经营管理单位为县级以上人民政府主办或确定的单位。

资料2：9000亿投资促保障性住房供应进一步增加

2008年11月12日住房和城乡建设部有关负责人表示，今后三年内要新增加200万套廉租房、400万套经济适用房，并完成100多万户林业、农垦和矿区的棚户区改造工程，总投资将达到9000亿元，平均每年3000亿元。随后，12月17日，新一轮房产新政——国务院《促进房地产市场健康发展措施》（下称"国三条"）如期出台。加大保障性住房投资建设力度，是明、后年改善民生、扩大内需的一项重大举措。业内人士认为，这些举措或将全面改写房地产格局。

根据《北京市城镇居民购买经济适用住房有关问题的暂行规定》，明确购买经济适用房需具备以下两个条件：一是家庭年收入在6万元以下；二是申请购房者须是无房户或现住房面积未达到本市规定的住房补贴面积标准的未达标户。"两限房"的条件虽有放宽，但也并非人人都可以购买。

虽然准购条件严格，但事实证明，针对"低收入家庭"的保障性住房销售仍可以成为拉动市场销售主要因素，10月份，北京保障性住房占住宅销售套数的比重约2/3。据统计，11月北京签约住宅套数总计达到12479套。其中经济适用房、"两限房"签约套数为7026套，商品房签约套数为5453套。继10月保障性住房销售首次超过商品房后，连续第二个月出现这种情况。12月的统计数据尚未完成，但北京高通智库投资顾问公司总经理张宏认为，保障性住房仍在其中占了很大比例。

曾认为"保障性住房将改写住宅房地产市场格局"的SOHO中国董事长潘石屹在上述政策出台后第一时间向《第一财经日报》表示，750万套全国保障性住房和240万套林垦区棚户区住房改造，可以解决低收入和贫困收入人群的住房问题。目前世界经济形势已经非常恶劣，在全世界金融危机面前，要拉动中国经济复苏房地产行业是一个火车头。

住房和城乡建设部副部长齐骥曾公开表示，未来3年，保障性住房的固定投资，对建材、钢铁、建筑、装修、家电等上下游产业投资的拉动作用，估算约为6000亿元，并创造200万到300万个就业岗位。

结合案例，谈一谈这些政策的出台实施对我国保障性住房建设的意义及商业房地产项目开发的影响。

 实训题

以3~6人为一小组，各小组按照房地产开发的流程，分析总结房地产项目的在开发建设过程中所实施的各种制度，并选择代表阐述，小组间可进行探讨交流。

第八章

房地产交易与中介服务管理政策与法规

> 学习目标

1. 初步了解债权和合同法的有关内容。
2. 初步理解房地产交易的法律意义。
3. 能够对现实中的房地产交易合同有宏观的把握。

> 技能要求

1. 理解房地产交易法律关系。
2. 了解房地产交易的类型。
3. 了解房地产交易合同的主要内容。

第一节 房地产交易管理概述

一、房地产交易管理的概念

房地产交易是指房地产物权人转让房地产物权的行为,包括对房地产所有权的转让,也包括对房地产担保物权和房地产债权的设定。由于土地所有权的转移由本书第五章加以阐述,土地他物权由本书第六章加以阐述,因此,本章所提及的房地产交易仅指房产而不包括地产。

房地产交易的类型主要包括房地产转让、房地产抵押、房地产租赁等。其中房地产转让是指房地产所有权的转让,这包括房地产预售、房地产买卖、二手房买卖等;房地产抵押是指房屋所有权人以自己的房屋为自己或者别人的债务提供担保的行为,房地产抵押不转移对房屋的占有,但在债务人不能偿还到期债务时,债权人根据约定对享有对该房屋进行拍卖、变卖所得款项的优先受偿权;房地产租赁是指房屋所有人作为出租人将其房屋出租给承租人,承租人向出租人支付租金的行为。另外,由于房地产交易的复杂性以及本身的技术要求,因此往往在房地产交易过程中除了交易的双方之外还需要有从事房地产交易服务的组织被称为房地产中介组织,中介组织提供的中介服务也属于房地产交易法律制度研究的范围。房地产交易管理则是指国家行政机关依照法律所规定的权限和程序对房地产交易行为进行行政管理的行为。

二、房地产交易所适用的法律法规

《中华人民共和国合同法》《中华人民共和国担保法》及其司法解释；《中华人民共和国城市房地产管理法》《最高人民法院关于审理商品房买卖合同纠纷案件适用法律若干问题的解释》《城市房地产转让管理规定》《城市房屋权属登记管理办法》《商品房销售管理办法》《城市商品房预售管理办法》《城市房地产抵押管理办法》等。

三、房地产交易法律关系成立的基本条件

1.《中华人民共和国合同法》的基本内容

《中华人民共和国合同法》是我国合同法律关系确立的最重要的法律规范，分为总则和分则两个部分。其中总则部分全面规定了我国合同法律关系的成立条件、合同订立的基本程序、合同的法律效力、合同履行的基本原则、合同法律关系的变更和转让、合同权利义务的终止、违约责任等内容，而分则部分对各类合同的订立、履行、权利义务等作出了具体规定。其中绝大部分与房地产交易有关；主要有买卖合同、赠与合同、借款合同、租赁合同、委托合同、行纪合同、居间合同等。

2. 房地产交易合同法律关系成立的条件

房地产交易法律关系主要是指房地产合同法律关系，房地产法律关系的成立同样需要具备法律规范和法律事实两个条件，法律规范即上述房地产交易所适用的法律规范，法律事实则主要是合同行为。根据《中华人民共和国合同法》和《中华人民共和国城市房地产管理法》的规定，房地产合同法律关系的成立具备下列条件。

（1）合同法律关系主体具有完全民事行为能力。民事行为能力是合同法律关系主体所必须具备的一个条件，只有具备完全民事行为能力的人才能对自己的行为承担法律责任。

（2）当事人意思表示一致。合同是当事人之间为了实现共同目的而签订的协议，只有合同双方都同意的协议才能实现合同当事人的共同目的。因此合同当事人意思表示一致是合同法律关系成立的基本条件。意思表示一致即合同当事人就合同的主要条款协商一致，达成的相同的、没有分歧的看法。

（3）内容不违反法律的禁止性规定。这是法律对合同内容的要求，合同内容符合法律所规定的条件是合同法律关系成立的条件。合同是当事人之间的法律，合同法律关系遵循契约自由原则，只要合同内容不违反法律的禁止性规定，法律对合同内容都给予认可和保护。订立合同必须符合法律、行政法规的规定。如果当事人订立的合同违反法律、行政法规的要求，法律就不予承认和保护，这样，当事人达成协议的目的就不能实现，订立合同也有失去了意义。

（4）合同行为包括要约和承诺。其中要约是指希望订立合同的意思表示，而承诺则是指同意订立合同的意思表示，这是因为合同是双方的意思表示，仅仅有一方的意思表示无法成立合同。合同法对合同成立的条件有明确规定，一般情况下承诺作出时合同成立。如果合同没有经过承诺，而只是停留在要约阶段，则合同未成立。

以上只是合同的一般成立条件。实际上由于合同的性质和内容不同，许多合同都具有其特有的成立要件。

四、房地产交易管理法律关系

房地产交易管理法律关系是指对房地产交易活动进行行政管理的法律关系，严格地讲属

于房地产行政法律关系。但是由于房地产交易活动毕竟是民事活动，因此有必要对房地产交易法律关系的类型加以分析。

1. 房地产转让法律关系

房地产转让即转移房地产所有权，房地产转让包括房地产预售、房地产买卖、二手房买卖、私房买卖，分别对应房地产物权形成的不同阶段。房地产转让法律关系即存在于上述房地产转让过程中的法律关系主体之间的权利义务关系。

房地产转让法律关系的基本主体是买卖双方，基本客体是房地产买卖行为，基本内容是买卖双方的权利和义务，包括合同义务和法定义务。只是在不同的买卖中房地产法律关系的主体、客体和内容的表现形式不同。房地产预售发生在房屋还没有建成阶段，此时房地产物权还不存在，所交易的只是即将存在的物权，买卖双方对房屋物权的认识信息极不对称，因此国家权力进行了较多的干预；房地产买卖发生在房屋建成阶段，此时房屋已经建成，房屋物权已经存在，出卖方对房屋物权的认识信息比较完善，而买受方则不能获得较为完善的信息，国家权力仍然进行干预；二手房买卖发生在房屋已经被使用的阶段，此时房屋物权已经存在买卖双方获得的信息比较均衡，国家权力干预较少；私房买卖主要是存在于自然人主体之间的房屋交易。

2. 房地产抵押法律关系

抵押是指为担保债务的履行，债务人或者第三人不转移对财产的占有，将该财产抵押给债权人，债务人不履行到期债务或者发生当事人约定的实现抵押权情形时债权人有权就该财产优先受偿，其中债务人或第三人是抵押人，债权人为抵押权人，提供担保的财产为抵押财产。

房地产抵押是指以房地产作为抵押财产的抵押方式。房地产抵押可以用于一般债务的担保，即房屋所有人可以以自己的房屋担保自己的一般债务，也可以用于房屋本身的贷款担保，这被称为房地产抵押贷款。

房地产抵押法律关系实际上是两个法律关系，即债权债务法律关系和抵押担保法律关系。房地产抵押贷款法律关系是房地产抵押法律关系的一种，包括贷款法律关系和抵押法律关系。其中贷款法律关系是抵押法律关系的前提条件，抵押仅仅是为了担保债权的履行才有存在的必要。

3. 房地产租赁法律关系

房地产租赁其实仅仅包括房产租赁而不包括地产租赁，因为土地租赁已经被《中华人民共和国物权法》规定在用益物权里面，土地租赁权已经成为用益物权的一部分。其实房屋租赁权完全符合用益物权的定义，只是立法者没有将房屋租赁权加以规定，因而房屋租赁只能被认为是设定债权的行为。

房屋租赁是指房屋所有人作为出租人将其房屋出租给承租人，承租人支付租金的行为。提供房屋给对方使用、收取租金的一方为出租人，请求对方交付房屋供自己占有使用、支付租金的一方为承租人。房屋租赁法律关系即出租人和承租人之间关于房屋租赁权利和义务的法律关系。房屋租赁法律关系的权利义务内容由当事人约定，法律也作出了一些强制性规定。房屋租赁法律关系的客体是转让房屋使用权的行为。

4. 房地产中介服务法律关系

房地产中介服务是指房地产咨询、房地产价格评估、房地产经纪等活动的总称。房地产咨询是指为房地产活动当事人提供法律法规、政策、信息、技术等方面服务的经营活动；房地产价格评估是指对房地产进行测算，评定其经济价值和价格的经营活动；房地产经纪是指为委托人提供房地产信息和居间代理业务的经营活动。

房地产中介服务法律关系即房地产中介组织和房地产中介人员与服务对象之间的法律关系。首先,房地产中介组织和房地产服务对象之间是委托合同关系;其次,房地产中介人员根据房地产中介组织的授权从事中介服务。

除此之外,法律对房地产中介组织和中介人员的从业资格作了严格规定,对中介组织和中介人员的行为作出了强制性规定,房地产中介法律关系因此也具备了行政法律关系的性质。

第二节　房地产转让管理

房地产转让是转让房地产所有权的行为,房地产本身的权利状况直接关系到买卖双方所建立的法律关系的目的能否实现,同时由于土地所有权归国家所有,国家权力积极介入房地产转让法律关系。法律对房地产转让行为作出了严格的限制。

一、法律对房地产转让的限制性规定

根据《中华人民共和国物权法》和《中华人民共和国城市房地产管理法》的有关规定,房地产物权的转让受到一些限制。

1. 转让权利的限制

房地产转让要受到土地物权的限制,这是由房屋的自然特性和我国的土地所有权制度所决定的。房地产转让、抵押时,房屋的所有权和该房屋占用范围内的土地使用权同时转让、抵押;以建设用地使用权抵押的,该土地上的建筑物一并抵押。因此当实现土地抵押权时房地产的转让就要受到土地抵押权的限制。

2. 转让价格限制

国家实行房地产价格评估制度,房地产价格评估按照国家规定的技术标准和程序以基准地价、标定地价和各类房屋的重置价格为基础,参照当地市场价格进行评估。

3. 转让范围的限制

法律对房地产转让的范围有明确规定,分为可转让的房地产和禁止转让的房地产。

(1) 可转让的房地产。以出让方式取得土地使用权的,转让房地产时,应当符合下列条件:

① 按照出让合同约定已经支付全部土地使用权出让金,并取得土地使用权证书。

② 按照出让合同约定进行投资开发,属于房屋建设工程的,完成开发投资总额的25%以上,属于成片开发土地的,形成工业用地或者其他建设用地条件。转让房地产时房屋已经建成的,还应当持有房屋所有权证书。

③ 以划拨方式取得土地使用权的,转让房地产时,应当按照国务院规定,报有批准权的人民政府审批。有批准权的人民政府准予转让的,应当由受让方办理土地使用权出让手续,并依照国家有关规定缴纳土地使用权出让金。

以划拨方式取得土地使用权的,转让房地产报批时,有批准权的人民政府按照国务院规定决定可以不办理土地使用权出让手续的,转让方应当按照国务院规定将转让房地产所获收益中的土地收益上缴国家或者作其他处理。

(2) 禁止转让的房地产。下列房地产禁止转让:

① 以出让方式取得土地使用权的,不符合(1)项规定的条件的;

② 司法机关和行政机关依法裁定、决定查封或者以其他形式限制房地产权利的;

③ 依法收回土地使用权的；
④ 共有房地产，未经其他共有人书面同意的；
⑤ 权属有争议的；
⑥ 未依法登记领取权属证书的；
⑦ 法律、行政法规规定禁止转让的其他情形。

4. 转让形式的限制

房地产转让，应当签订书面转让合同，合同中应当载明土地使用权取得的方式。就是说房地产转让必须采用书面的合同形式，而且房地产转让后必须进行登记才能使得所有权转移。不经过登记，即便履行了合同，买受人仍然不能取得房屋的所有权。

5. 转让后的实体权利的限制

以出让方式取得土地使用权的，转让房地产后，其土地使用权的使用年限为原土地使用权出让合同约定的使用年限减去原土地使用者已经使用年限后的剩余年限。以出让方式取得土地使用权的，转让房地产后，受让人改变原土地使用权出让合同约定的土地用途的，必须取得原出让方和市、县人民政府城市规划行政主管部门的同意，签订土地使用权出让合同变更协议或者重新签订土地使用权出让合同，相应调整土地使用权出让金。

二、房地产转让程序

房地产转让一般遵循下列程序。

（1）房地产转让双方签订书面合同。

（2）房地产转让当事人在房地产转让合同签订后90日内持当事人的合法证明、转让合同等有关文件向房地产所在地的房地产管理部门提出申请并申报成交价格。

（3）房地产管理部门对提供的有关文件进行审查，并在7日内作出是否受理申请的书面答复。

（4）房地产管理部门核实申报的成交价格并根据需要对转让的房地产进行现场查勘评估。

（5）房地产转让当事人按照规定缴纳有关税费。

（6）办理权属登记手续，核发房地产权属证书。

三、房地产转让许可备案制度和转让合同

1. 房地产预售许可制度

房地产开发企业取得预售许可后，方可预售商品房。预售商品房，应当符合下列条件：

① 已交付全部土地使用权出让金并取得国有土地使用权证，属于预售经济适用住房的，应当取得城镇建设用地批准书；
② 取得建设工程规划许可证件和施工许可证件；
③ 按提供预售的商品房计算，投入开发的建设资金达到工程建设总投资的25%以上；
④ 已确定施工进度和竣工交付日期，实践中各地区要求满足国土房管部门规定的预售最长期限。

房地产开发企业应当按照商品房预售许可证核准的内容预售商品房。预售时，房地产开发企业应当向预购人出示商品房预售许可证。

商品房预售许可证应当载明下列内容：

① 房地产开发企业名称；

② 预售许可证编号；
③ 预售商品房的建设工程规划许可证编号；
④ 预售商品房的坐落位置、幢号或者楼层、面积；
⑤ 土地的用途和使用期限；
⑥ 发证机关和发证日期。

2. 房地产销售备案制度

房地产销售需要具备下列条件：

① 销售商品房的房地产开发企业应当具有企业法人营业执照和房地产开发企业资质证书；
② 取得土地使用权证书或者使用土地的批准文件；
③ 持有建设工程规划许可证和施工许可证；
④ 已经通过竣工验收；
⑤ 拆迁安置已经落实；
⑥ 供水、供电、供热、燃气、通信等配套基础设施具备交付使用条件，其他配套基础设施和公共设施具备交付使用条件或者已确定施工进度和交付日期；
⑦ 物业管理方案已经落实。

房地产开发企业应当在商品房销售前将房地产开发项目手册及符合商品房销售条件的证明文件报送房地产开发主管部门备案。

3. 房地产转让合同的内容

商品房转让合同的内容大体上符合《中华人民共和国合同法》的规定，主要包括：

① 房地产转让人和受让人的名称或者姓名、住所；
② 商品房预售许可证编号或者转让房地产证书编号；
③ 房屋的坐落位置、结构、层高、建筑层数、阳台封闭情况；
④ 房屋的用途；
⑤ 土地使用权取得方式和期限；
⑥ 房屋的建筑面积、套内建筑面积和分摊的共用建筑面积；
⑦ 房屋的面积和实测面积误差的处理方式；
⑧ 商品房附属设备和装修标准；
⑨ 交付条件和日期；
⑩ 供水、供电、供热、燃气、通信、道路、绿化等配套设施的交付；
⑪ 申请办理房屋权属转移登记手续的约定；
⑫ 违约责任；
⑬ 争议解决方式；
⑭ 当事人约定的其他内容。

四、房地产建筑面积争议的处理

房地产买卖双方可以约定建筑面积计价方式，也可以约定按照套或者单元计价的方式。单元房地产建筑面积有两种约定方式，即约定套内建筑面积、约定建筑面积。房地产开发企业应当允许购房人查询商品房面积实测技术报告书。

1. 套内建筑面积计算方式的争议处理

房屋按照套内建筑面积计价的，买卖合同中载明的套内建筑面积与实测的套内建筑面积发生误差时，按照合同约定的方式处理。合同中未作约定或者约定不明的，按照下列规定处理。

（1）面积误差比绝对值在3%以内（含3%）的，根据实测面积结算房价款。

（2）面积误差比绝对值超出3%的，买受人有权退房。其中预购人退房的，房地产开发企业应当在预购人提出书面退房要求之日起30日内退还预购人已付房价款及其利息。预购人不退房的，实测面积大于合同约定的，面积误差比在3%以内（含3%）部分的房价款由预购人补足；超出3%部分的房价款由房地产开发企业承担，产权归预购人。实测面积小于合同约定的，面积误差比绝对值在3%以内（含3%）部分的房价款由房地产开发企业返还预购人；超出3%部分的房价款由房地产开发企业双倍返还预购人。面积误差比等于实测面积与合同约定面积之差除以合同约定面积乘以100%。

2. 建筑面积计价方式的争议处理

预售商品房按照建筑面积计价的，预售合同中载明的预售建筑面积、套内建筑面积与实测面积发生误差时，按照合同约定的方式处理。合同未作约定或者约定不明的，按照下列规定处理。

（1）建筑面积、套内建筑面积误差比绝对值均在3%以内（含3%）的，根据实测面积结算房价款。

（2）建筑面积误差比绝对值超出3%的，依照1.(2)的规定处理。

（3）建筑面积误差比绝对值在3%以内（含3%）、套内建筑面积误差比绝对值超出3%的，购房人有权退房。预购人退房的，房地产开发企业应当在预购人提出书面退房要求之日起30日内退还预购人已付房价款及其利息；购房人不退房的，根据实测面积结算房价款。

3. 按套计价方式的争议处理

预售商品房按照套（单元）计价的，商品房预售合同中应当约定商品房的套型、详细尺寸和误差范围及处理方式并附平面图。按照套（单元）计价的预售商品房实际交付时，房屋的套型与设计图纸一致，相关尺寸在预售合同约定的误差范围之内的，总价款不变。套型与设计图纸不一致或者相关尺寸超出约定的误差范围的，按照合同约定的方式处理；合同未作约定的，由当事人协商解决；协商不成的，可以依法申请仲裁或者提起民事诉讼。

第三节　房地产抵押管理

一、房地产抵押的概念

房地产抵押，是指抵押人以其合法的房地产以不转移占有的方式向抵押权人提供债务履行担保的行为。债务人不履行债务时，债权人有权依法以抵押的房地产拍卖所得的价款优先受偿。在地上无房屋（包括建筑物、构筑物及在建工程）的国有土地使用权上设定抵押权的，属于土地抵押，土地抵押的内容详见第六章的内容，因此本节所指的房地产抵押仅指房屋抵押。当然，根据法律规定以依法取得的房屋所有权抵押的，该房屋占用范围内的土地使用权必须同时抵押。国家实行房地产抵押登记制度。

二、房地产抵押的范围和方式

1. 房地产抵押的范围

我国物权法规定债务人或者第三人有权处分的建筑物和其他土地附着物可以抵押，但根据物权法和其他法律的规定，下列房地产不得设定抵押：

① 权属有争议的房地产;
② 用于教育、医疗、市政等公共福利事业的房地产;
③ 列入文物保护的建筑物和有重要纪念意义的其他建筑物;
④ 已依法公告列入拆迁范围的房地产;
⑤ 被依法查封、扣押、监管或者以其他形式限制的房地产;
⑥ 依法不得抵押的其他房地产。

以建筑物抵押的,该建筑物占用范围内的建设用地使用权一并抵押,以建设用地使用权抵押的,该土地上的建筑物一并抵押。抵押人所担保的债权不得超出其抵押物的价值。房地产抵押后,该抵押房地产的价值大于所担保债权的余额部分,可以再次抵押,但不得超出余额部分。同一房地产设定两个以上抵押权的,抵押人应当将已经设定过的抵押情况告知抵押权人。

2. 房地产抵押合同和抵押登记

房地产抵押,抵押当事人应当签订书面抵押合同。房地产抵押合同应当载明下列主要内容:

① 抵押人、抵押权人的名称或者个人姓名、住所;
② 主债权的种类、数额;
③ 抵押房地产的处所、名称、状况、建筑面积、用地面积以及四至等;
④ 抵押房地产的价值;
⑤ 抵押房地产的占用管理人、占用管理方式、占用管理责任以及意外损毁、灭失的责任;
⑥ 债务人履行债务的期限;
⑦ 抵押权灭失的条件;
⑧ 违约责任;
⑨ 争议解决方式;
⑩ 抵押合同订立的时间与地点;
⑪ 双方约定的其他事项。

房地产抵押合同自签订之日起30日内,抵押当事人应当到房地产所在地的房地产管理部门办理房地产抵押登记。房地产抵押合同自抵押登记之日起生效。办理房地产抵押登记,应当向登记机关交验下列文件:

① 抵押当事人的身份证明或法人资格证明;
② 抵押登记申请书;
③ 抵押合同;
④《国有土地使用权证》《房屋所有权证》或《房地产权证》,共有的房屋还必须提交《房屋共有权证》和其他共有人同意抵押的证明;
⑤ 可以证明抵押人有权设定抵押权的文件与证明材料;
⑥ 可以证明抵押房地产价值的资料;
⑦ 登记机关认为必要的其他文件。

抵押合同发生变更或者抵押关系终止时,抵押当事人应当在变更或者终止之日起15日内,到原登记机关办理变更或者注销抵押登记。

因依法处分抵押房地产而取得土地使用权和土地建筑物、其他附着物所有权的,抵押当事人应当自处分行为生效之日起30日内,到县级以上地方人民政府房地产管理部门申请房屋所有权转移登记,并凭变更后的房屋所有权证书向同级人民政府土地管理部门申请土地使用权变更登记。

三、房地产抵押物的管理

已作抵押的房地产,由抵押人占用与管理。抵押人在抵押房地产占用与管理期间应当维护抵押房地产的安全与完好。抵押权人有权按照抵押合同的规定监督、检查抵押房地产的管理情况。抵押权可以随债权转让。抵押权转让时,应当签订抵押权转让合同,并办理抵押权变更登记。抵押权转让后,原抵押权人应当告知抵押人。经抵押权人同意,抵押房地产可以转让或者出租。抵押房地产转让或者出租所得价款,应当向抵押权人提前清偿所担保的债权。超过债权数额的部分,归抵押人所有,不足部分由债务人清偿。抵押人占用与管理的房地产发生损毁、灭失的,抵押人应当及时将情况告知抵押权人,并应当采取措施防止损失的扩大。抵押的房地产因抵押人的行为造成损失使抵押房地产价值不足以作为履行债务的担保时,抵押权人有权要求抵押人重新提供或者增加担保以弥补不足。抵押人对抵押房地产价值减少无过错的,抵押权人只能在抵押人因损害而得到的赔偿的范围内要求提供担保。抵押房地产价值未减少的部分,仍作为债务的担保。抵押人擅自以出售、出租、交换、赠与或者以其他方式处分抵押房地产的,其行为无效;造成第三人损失的,由抵押人予以赔偿。

四、房地产抵押权的实现

1. 抵押权实现的条件

有下列情况之一的,抵押权人有权要求处分抵押的房地产以实现自己的抵押权:

① 债务履行期满,抵押权人未受清偿的,债务人又未能与抵押权人达成延期履行协议的;

② 抵押人死亡,或者被宣告死亡而无人代为履行到期债务的;或者抵押人的合法继承人、受遗赠人拒绝履行到期债务的;

③ 抵押人被依法宣告解散或者破产的;

④ 抵押人违反本办法的有关规定,擅自处分抵押房地产的;

⑤ 抵押合同约定的其他情况。

2. 抵押权的实现方式

经抵押当事人协商可以通过拍卖等合法方式处分抵押房地产。协议不成的,抵押权人可以向人民法院提起诉讼。

抵押权人处分抵押房地产时,应当事先书面通知抵押人;抵押房地产为共有或者出租的,还应当同时书面通知共有人或承租人;在同等条件下,共有人或承租人依法享有优先购买权。

建设用地使用权抵押后,该土地上新增的建筑物不属于抵押财产,该建设用地使用权实现抵押权时,应当将该土地上新增的建筑物与建设用地使用权一并处分,但新增建筑物所得的价款,抵押权人无权优先受偿。处分抵押房地产所得金额,依下列顺序分配:

① 支付处分抵押房地产的费用;

② 扣除抵押房地产应缴纳的税款;

③ 偿还抵押权人债权本息及支付违约金;

④ 赔偿由债务人违反合同而对抵押权人造成的损害;

⑤ 剩余金额交还抵押人。

同一房屋向两个以上的债权人抵押的,拍卖、变卖该房屋所得的价款按照登记的先后顺序清偿，顺序相同的按照债权比例清偿。处分抵押房地产所得金额不足以支付债务和违约金、赔偿金时，抵押权人有权向债务人追索不足部分。

抵押人隐瞒抵押的房地产存在共有、产权争议或者被查封、扣押等情况的，抵押人应当承担由此产生的法律责任。

五、房地产抵押贷款及其与一般贷款的区别

1. 房地产抵押贷款的概念

房地产抵押贷款是指借款人（或者第三人）将自己有权处分的房地产抵押给贷款人，贷款人将一定数额的款项贷给借款人的法律行为。由于地产抵押由本书第六章讲述，因此本章所提及的房地产抵押贷款仅指房产而不包括地产。广义上的房产抵押贷款包括以房屋为抵押物的一般抵押贷款和房地产按揭贷款。按揭则包括现房按揭和期房按揭。

现房按揭是指由购房人在抵押贷款合同生效后，将其取得的房屋所有权和土地使用权证书交银行执管，并在房地产管理部门作抵押登记，作为偿还银行支付给房地产开发商的贷款担保，银行向开发商支付购房人所申请的贷款，购房人依约分期还款至清偿完毕。买受人不偿还银行贷款本息时，银行有权将该房屋折价或以拍卖、变卖该房屋的价款优先受偿。

期房按揭是指在购房人与开发商签订房屋预售合同时，购房人、银行与开发商同时签订个人购房抵押贷款合同，购房人支付部分购房款后，将其在商品房预售合同中取得的房屋抵押给银行作为取得银行贷款（其额度为尚未支付的购房款）的担保，如果购房人未能依约履行还本付息和及时支付有关费用的义务，银行可以所享有的房屋抵押权优先受偿。

2. 房地产抵押贷款与一般贷款的区别

房地产抵押贷款与一般贷款具有明显的区别，主要表现在以下几个方面。

（1）房地产抵押贷款是以房地产为担保物的贷款。房地产抵押贷款法律关系除了适用《中华人民共和国物权法》《中华人民共和国合同法》《中华人民共和国担保法》等一般法以外，还适用房地产行业方面的特别法如《中华人民共和国城市房地产管理法》等。另外，《最高人民法院关于审理商品房买卖合同纠纷案件适用法律若干问题的解释》和部门规章也是房地产抵押贷款所适用的法律依据。

（2）房地产抵押贷款是以购买房屋为目的的抵押贷款，因此购房合同是贷款合同的前提；而贷款合同又是抵押合同的前提，是在贷款合同和购房合同的基础上订立抵押合同，抵押合同依赖于借款合同而存在，借款合同是主合同，抵押合同是从合同。根据最高人民法院的相关司法解释，商品房买卖合同被确认无效或者被撤销、解除致使商品房担保贷款合同的目的无法实现的，当事人可以请求解除商品房担保合同。

（3）房地产抵押贷款是以不动产为抵押物的抵押贷款，我国法律对不动产抵押明确要求进行抵押登记，体现了国家权力对房地产抵押贷款的干预。房地产抵押登记制度也是保证贷款安全的重要因素。

（4）房地产抵押贷款不仅可以发生在房屋物权存在以后，而且可以发生在房屋物权存在之前。一般来讲，抵押担保以物权存在为前提条件，但房地产抵押可以发生在房屋物权存在之前，这就是按揭。

（5）一般的抵押贷款，抵押物和借款合同之间的关联性较小，而房地产抵押贷款则直接以房产买卖合同的标的物为担保物，而房产买卖合同又是借款合同的前提。房地产抵押贷款的贷款人和房地产开发商之间往往具有利害关系。

第四节　房屋租赁管理

房屋租赁是指房屋所有权人作为出租人将其房屋出租给承租人使用，承租人向出租人支付租金的行为。房屋租赁实质上是房屋的所有权人转让房屋的使用权，是房屋所有权人设定债权的行为。房屋租赁法律关系以房屋所有权法律关系为前提条件，而房屋所有权法律关系受到国家权力的干预，因此房屋租赁法律关系也受到国家权力的干预。房屋租赁管理所适用的法律规范，主要有《中华人民共和国物权法》《中华人民共和国合同法》《中华人民共和国城市房地产管理法》以及地方性法规和司法解释等。

一、房屋租赁条件和范围

公民、法人或其他组织对享有所有权的房屋和国家授权管理和经营的房屋可以依法出租，但房屋租赁法律关系受到一些限制，有下列情形之一的房屋不能出租。

① 未依法取得房屋所有权证的；
② 司法机关和行政机关依法裁定、决定查封或者以其他形式限制房地权利的；
③ 共有房屋未取得共有人同意的；
④ 权属有争议的；
⑤ 属于违法建筑的；
⑥ 不符合安全标准的；
⑦ 已抵押，未经抵押权人同意的；
⑧ 不符合公安、环保、卫生等主管部门有关规定的；
⑨ 有关法律、法规规定禁止出租的其他情形。

二、房屋租赁合同

房屋租赁，出租人和承租人应当签订书面租赁合同，约定租赁期限、租赁用途、租赁价格、修缮责任等条款，以及双方的其他权利和义务，并向房产管理部门登记备案。

1. 租赁合同条款

房屋租赁合同一般要具备以下条款：
（1）当事人姓名或者名称及住所；
（2）房屋的坐落、面积、装修及设施状况；
（3）租赁用途；
（4）租赁期限；
（5）租金及交付方式；
（6）房屋修缮责任；
（7）转租的约定；
（8）变更和解除合同的条件；
（9）违约责任；
（10）当事人约定的其他条款。

2. 房屋租赁合同当事人的权利和义务

房屋租赁当事人按照租赁合同的约定，享有权利，并承担相应的义务。同时法律也对当事人的权利义务加以规定，根据《中华人民共和国合同法》和《城市房屋租赁管理办法》的规定，房屋租赁合同当事人享有下列权利并履行义务。

（1）出租人的权利。出租人的权利主要有以下几项。

① 收取租金。

② 法定条件下可以解除合同，承租人有下列行为之一的，出租人有权终止合同，收回房屋，因此而造成损失的，由承租人赔偿：

a.将承租的房屋擅自转让、转借他人或擅自调换使用的；

b.将承租的房屋擅自拆改结构或改变用途的；

c.拖欠租金累计6个月以上的；

d.公用住宅用房无正当理由闲置6个月以上的；

e.租用承租房屋进行违法活动的；

f.故意损害承租房屋的；

g.法律、法规规定其他可以收回的。

③ 同意转租的权利。承租人在租赁期限内，征得出租人同意，可以将承租房屋的部分或全部转租给他人。出租人可以从转租中获得收益。

④ 收回租赁房屋的权利。出租人在租赁期限内，确需提前收回房屋时，应当事先商得承租人同意，给承租人造成损失的，应当予以赔偿。

（2）出租人的义务。出租人的义务主要有：

① 按照合同约定交付租赁房屋的义务；

② 修缮的租赁房屋的义务；

③ 出卖租赁房屋时提前通知承租人的义务。

（3）承租人的权利。承租人的权利主要有：

① 使用租赁房屋的权利；

② 取得出租人同意后转租的权利；

③ 出租房屋危及人身安全时解除租赁合同的权利；

④ 要求出租人维修房屋的权利；

⑤ 自行维修房屋的权利；

⑥ 出租人出卖房屋时优先购买房屋的权利。

（4）承租人的义务。承租人的义务主要有：

① 按照约定的用途和方法使用租赁房屋的义务；

② 妥善保管租赁房屋的义务；

③ 按照约定的期限支付租金的义务；

④ 租赁合同到期后返还租赁房屋的义务。

3. 租赁合同的登记

我国法律规定了房屋租赁登记备案制度，《城市房屋租赁管理办法》则对登记备案制度进行了详细的规定。签订、变更、终止租赁合同的，当事人应当向房屋所在地市、县人民政府房地产管理部门登记备案。

申请房屋租赁登记备案应当提交下列文件：

① 书面租赁合同；

② 房屋所有权证书；

③ 当事人的合法证件；

④ 城市人民政府规定的其他文件。

出租共有房屋，还须提交其他共有人同意出租的证明。出租委托代管房屋，还须提交委托代管人授权出租的证明。房屋租赁当事人应当在租赁合同签订后 30 日内,持上述文件到市、县人民政府房地产管理部门办理登记备案手续。

房屋租赁申请经市、县人民政府房地产管理部门审查合格后,颁发《房屋租赁证》。《房屋租赁证》由租赁行为合法有效的凭证。租用房屋从事生产、经营活动的,《房屋租赁证》作为经营场所合法的凭证。租用房屋用于居住的,房屋租赁凭证可作为公安部门办理户口登记的凭证之一。

4. 房屋租赁合同的履行

房屋租赁期限届满,租赁合同约止。承租人需要继续租用的,应当在租赁期限届满前 3 个月提出,并经出租人同意,重新签订租赁合同。租赁期限内,房屋出租人转让房屋所有权的,房屋受让人应当继续履行原租赁合同的规定。出租人在租赁期限内死亡的,其继承人应当继续履行原租赁合同。

住宅用房承租人在租赁期限内死亡的,其共同居住两年以上的家庭成员可以继续承租。

有下列情形之一的,房屋租赁当事人可以变更或者解除租赁合同:

① 符合法律规定或者合同约定可以变更或解除合同条款的;
② 因不可抗力致使租赁合同不能继续履行的;
③ 当事人协商一致的。

因变更或者解除租赁合同使一方当事人遭受损失的,除依法可以免除责任的以外,应当由责任方负责赔偿。

三、房屋租赁的转租

房屋转租,是指房屋承租人将承租的房屋再出租的行为。房屋转租,应当订立转租合同。转租合同必须经原出租人书面同意,并按照法律规定办理登记备案手续。

转租合同的终止日期不得超过原租赁合同规定的终止日期,但出租人与转租双方协商约定的除外。转租合同生效后,转租人享有并承担转租合同规定的出租人的权利和义务,并且应当履行原租赁合同规定的承租人的义务,但出租人与转租双方另有约定的除外。转租期间,原租赁合同变更、解除或者终止,转租合同也随之相应地变更、解除或者终止。

第五节 房地产中介服务管理

一、房地产中介服务的概念

房地产中介服务是指为了实现房地产所有权的转移和房地产他物权的设立而提供的必要的服务的行为。包括房地产经纪、房地产咨询、房地产价格评估等。房地产经纪是指为委托人提供房地产信息和居间代理业务的经营活动;房地产咨询是指有关机构为房地产活动的当事人提供房地产信息、技术、政策法规等方面服务的活动;房地产评估是指对房地产进行测算,评定其经济价值和价格的经营活动。

二、房地产中介服务法律关系

房地产中介服务法律关系是房地产中介机构接受房地产交易人的委托为房地产交易人提供技术服务和交易机会,实际上是委托合同法律关系。房地产中介服务法律关系是以房地产交易活动为前提的，依附于房地产交易活动。

1. 房地产中介服务法律关系的主体

房地产中介服务法律关系的主体包括提供服务一方的主体和接受服务一方的主体。其中接受服务一方的主体是一般主体，任何具有完全民事行为能力的人和合法组织都可以成为接受服务一方的主体。房地产中介服务的另一方主体是房地产中介组织，而房地产中介组织又是由房地产从业人员构成的。

2. 房地产中介服务法律关系的客体

房地产中介服务法律关系的客体是房地产中介服务行为，包括房地产经纪、房地产咨询、房地产价格评估等服务行为。无论哪种服务行为都必须以房地产中介服务合同为前提，而房地产中介服务合同又必须符合合同法的规定，同时也要符合《城市房地产中介服务管理规定》的规定。在合同法里，房地产经纪合同属于居间合同的类型，有时也会是行纪合同；房地产咨询合同则往往属于技术咨询合同；房地产价格评估合同属于技术服务合同。因此，上述房地产中介行为客体应当分别符合合同法对各自合同类型的要求。

3. 房地产中介服务法律关系的内容

房地产中介服务法律关系的内容即房地产中介服务法律关系主体之间的权利和义务，大部分内容由合同约定，合同约定不得违背合同法的规定，还有一些权利义务则由其他法律规定。就房地产中介服务法律关系的内容而言，部门规章如《城市房地产中介服务管理规定》对房地产中介服务组织和中介服务人员的行为作出了一些禁止性规定，同时也对房地产中介服务合同的报酬作出了限制。

三、房地产中介组织和房地产中介从业人员

房地产中介组织和房地产中介从业人员是构成房地产法律关系的重要主体，法律对其从业资格作出了严格的规定。

1. 房地产中介组织

设立房地产中介服务机构必须具备法定条件，依据《城市房地产管理法》及《城市房地产中介服务管理规定》的有关规定，设立房地产中介服务机构应具备下列条件。

（1）自己的名称、组织机构。

（2）有固定的服务场所。

（3）有规定数量的财产和经费。

（4）从事房地产咨询业务的，具有房地产及相关专业中等以上学历、初级以上学历、初级以上专业技术职称人中须占总人数的50%以上；从事房地产评估业务的，须有规定数量的房地产估价师；从事房地产经纪业务的，须有规定数量的房地产经纪人。

（5）法律、行政法规规定的其他条件。设立房地产中介服务机构的资金和人员条件，应由县级以上房地产管理部门进行审查，经审查合格后，再行办理工商登记。需要跨省、自治区、直辖市从事房地产估价业务的机构应报国务院建设行政主管部门审查。经审查合格后，再行办理工商登记。

2. 房地产中介服务从业人员

法律对房地产中介服务人员的从业资格作了一定的限制，大体上而言对房地产经纪人和房地产估价师作的限制比较严格，而对于房地产咨询服务人员则限制较少。下面以房地产经纪人为例加以介绍。需要说明的是，虽然国务院取消了房地产经纪人的职业许可，但住房和城乡建设部、人力资源和社会保障部共同印发的《房地产经纪专业人员职业资格制度暂行规定》和《房地产经纪专业人员职业资格考试实施办法》仍然对该考试制度作出了规定，只是

在管理方面不再作为市场准入规则，而是作为能力认可规则。

（1）房地产经纪人从业资格条件。房地产经纪人包括房地产经纪人和房地产经纪人协理。房地产经纪人必须经过考试取得《房地产经纪人资格证》，未取得《房地产经纪人资格证》的人员不得从事房地产经纪业务。房地产经纪人报考条件是：凡中华人民共和国公民，遵守国家法律、法规，已取得房地产经纪人协理资格并具备以下条件之一者，可以申请参加房地产经纪人执业资格考试。

① 取得大专学历，工作满6年，其中从事房地产经纪业务工作满3年。

② 取得大学本科学历，工作满4年，其中从事房地产经纪业务工作满2年。

③ 取得双学士学位或研究生班毕业，工作满3年，其中从事房地产经纪业务工作满1年。

④ 取得硕士学位，工作满2年，从事房地产经纪业务工作满1年。

⑤ 取得博士学位，从事房地产经纪业务工作满1年。

房地产经纪人执业资格考试合格，由各省、自治区、直辖市人事部门颁发（原）人事部统一印制，（原）人事部、（原）建设部用印的《中华人民共和国房地产经纪人执业资格证书》。该证书全国范围有效。

凡中华人民共和国公民，遵守国家法律、法规，具有高中以上学历，愿意从事房地产经纪活动的人员，均可申请参加房地产经纪人协理从业资格考试。房地产经纪人协理从业资格考试合格，由各省、自治区、直辖市人事部门颁发（原）人事部、（原）建设部统一格式的《中华人民共和国房地产经纪人协理从业资格证书》。该证书在所在行政区域内有效。

（2）房地产经纪人职业资格注册。取得房地产经纪人资格证书的人员还必须经过注册才能执业，申请注册的人员必须同时具备以下条件。

① 取得房地产经纪人执业资格证书。

② 无犯罪记录。

③ 身体健康，能坚持在注册房地产经纪人岗位上工作。

④ 经所在经纪机构考核合格。

房地产经纪人执业资格注册，由本人提出申请，经聘用的房地产经纪机构送省、自治区、直辖市房地产管理部门（以下简称省级房地产管理部门）初审合格后，统一报建设部或其授权的部门注册。准予注册的申请人，由（原）建设部或其授权的注册管理机构核发《房地产经纪人注册证》。

经注册的房地产经纪人有下列情况之一的，由原注册机构注销注册：

① 不具有完全民事行为能力；

② 受刑事处罚；

③ 脱离房地产经纪工作岗位连续2年（含2年）以上；

④ 同时在2个及以上房地产经纪机构进行房地产经纪活动；

⑤ 严重违反职业道德和经纪行业管理规定。

（3）房地产经纪人的权利。房地产经纪人享有法律规定的职业资格权利，有权依法发起设立或加入房地产经纪机构，承担房地产经纪机构关键岗位工作，指导房地产经纪人协理进行各种经纪业务，经所在机构授权订立房地产经纪合同等重要业务文书，执行房地产经纪业务并获得合理佣金。

在执行房地产经纪业务时，房地产经纪人员有权要求委托人提供与交易有关的资料，支付因开展房地产经纪活动而发生的成本费用，并有权拒绝执行委托人发出的违法指令。

房地产经纪人协理有权加入房地产经纪机构，协助房地产经纪人处理经纪有关事务并获得合理的报酬。

房地产经纪人和房地产经纪人协理经注册后,只能受聘于一个经纪机构,并以房地产经纪机构的名义从事经纪活动,不得以房地产经纪人或房地产经纪人协理的身份从事经纪活动或在其他经纪机构兼职。

四、房地产中介服务行为规范

《城市房地产中介服务管理规定》对房地产中介服务行为作了一些强制性规定,这些规定作为房地产中介服务法律关系的内容的一部分,体现了法律对房地产行业的深度介入。这些规定如下。

1. 房地产中介业务管理规定

房地产中介服务人员承办业务,由其所在中介机构统一受理并与委托人签订书面中介服务合同。房地产中介服务费用由房地产中介服务机构统一收取,房地产中介服务机构统一收取,房地产中介服务机构收取费用应当开具发票,依法纳税。房地产中介服务人员与委托人有利害关系的,应当回避。委托人有权要求其回避。因房地产中介服务人员过失,给当事人造成经济损失的,由房地产中介服务机构承担赔偿责任。所在中介服务可以对有关人员追偿。经委托人同意,房地产中介服务机构可以将委托的房地产中介业务转让委托给具有相应资格的中介服务机构代理,不得增加佣金。

2. 对房地产中介服务人员的行为规定

房地产中介服务人员在房地产中介活动中不得有下列行为:

① 索取、收受委托合同以外的酬金或其他财物,或者利用工作之便,牟取其他不正当的利益;

② 允许他人以自己的名义从事房地产中介业务;

③ 同时在两个或两个以上中介服务机构执行业务;

④ 与一方当事人串通损害另一方当事人利益;

⑤ 法律、法规禁止的其他行为。

3. 对房地产中介服务机构和从业人员的行为共同规定

房地产中介服务机构及其从业人员不得从事下列行为:

① 伪造、涂改、转让、租借中介服务资质证书、备案证明、注册执业证书、执业专用章;

② 向委托人隐瞒房地产成交价格,获取非法交易差价;

③ 在代理房屋交易过程中,收取房款和房屋交易的押金、保证金、定金等,扣留委托人有效证件、房地产权属证书、公有住房租赁合同等;

④ 在两个以上房地产中介服务机构注册执业;

⑤ 发布房地产交易信息未注明房地产咨询、经纪机构名称;

⑥ 虚假房地产广告和信息;

⑦ 冒用客户的名义签订房地产交易合同或委托代理合同;

⑧ 违反规定收取中介服务费用以及法律、法规规定不得从事的其他行为。

五、房地产中介合同

房地产中介合同是房地产中介服务法律关系当事人之间确定各自权利义务内容的基础性文件。房地产中介服务人员承办业务,由其所的中介机构统一受理并与委托人签订书面的房地产中介服务合同。房地产中介服务合同大体上包括下列内容。

1. 当事人的姓名或者名称、住所

当事人的姓名或者名称、住所是合同法律关系的主体部分，法律关系的主体是法律关系成立的前提条件，只有在合同中明确了合同法律关系的主体才能确定合同法律关系的客体和内容。需要注意的是房地产中介服务法律关系的主体具有特殊性，法律对提供中介服务一方的主体具有严格限制条件，法律关系主体不合格会导致法律关系的无效。因此，签订合同的当事人一定要注意房地产中介服务法律关系的主体资格。

2. 中介服务项目的名称、内容、要求和标准

这是中介服务法律关系的客体部分，明确本部分的内容才能具体确定合同法律关系主体之间的具体的权利义务，合同法律关系主体的权利义务都是为了实现法律关系客体所确定的目标。中介服务项目的名称明确了中介服务的类型，内容则确定了中介服务项目的最终目的，要求和标准则确定了是否实现目标的评价方法。

3. 合同履行期限

这一部分内容确定了接受中介服务的一方当事人在中介服务法律关系中的权利，同时也确定了中介服务机构和中介服务人员在中介服务合同法律关系的义务，是中介服务法律关系客体内容的具体化，使合同得以履行的基本条件。

4. 收费金额和支付方式、时间

这一部分内容确定了中介服务机构和中介服务人员在中介服务法律关系里的权利，同时也确定了接受中介服务一方的义务。房地产中介合同当事人权利义务平等是房地产中介合同得以成立和履行的前提条件，赋予提供中介服务一方的权利是实现中介服务目的的必然要求。

5. 违约责任和纠纷解决方式

这一部分内容确定了对合同法律关系进行保障的条款，合同权利义务的履行一方面需要合同法律关系主体的自觉行为，另一方面也需要使其承担违约的法律责任从而促使合同法律关系主体来履行义务。合同法律关系主体可以在合同中约定违约责任来促使双方来履行合同义务从而实现合同目的。另外，法律也赋予了合同法律关系主体选择解决争议的方式，可以选择协商、仲裁、诉讼等方式。

6. 当事人约定的其他内容

这一部分是为了对上述约定没有穷尽的事项作出约定，因为社会生活的复杂性使得每份合同都有自己的特殊情况，合同法律关系当事人可以根据各自的情况作出特别约定。当然，这种特别约定不得违反法律的强制性规定。

关于房地产中介合同的内容，可以参见下面的格式。

房地产代理销售合同格式

合同编号：

甲　　方：

乙　　方：房地产中介代理有限公司

甲乙双方经过友好协商，根据《中华人民共和国民法通则》和《中华人民共和国合同法》的有关规定，就甲方委托乙方（独家）代理销售甲方开发经营或拥有的事宜，在互惠互利的基础上达成以下协议，并承诺共同遵守。

第一条　合作方式和范围

甲方指定乙方为在（地区）的独家销售代理，销售甲方指定的、由甲方在兴建的项目，该项目为（别墅、写字楼、公寓、住宅），销售面积共计_____平方米。

第二条　合作期限

1.本合同代理期限为_____个月，自_____年_____月_____日至_____年_____月_____日。在本合同到期前的_____天内，如甲乙双方均未提出反对意见，本合同代理期自动延长_____个月。合同到期后，如甲方或乙方提出终止本合同，则按本合同中合同终止条款处理。

2.在本合同有效代理期内，除非甲方或乙方违约，双方不得单方面终止本合同。

3.在本合同有效代理期内，甲方不得在_____地区指定其他代理商。

第三条　费用负担

本项目的推广费用（包括但不限于报纸电视广告、印制宣传材料、售楼书、制作沙盘等）由甲方负责支付。该费用应在费用发生前一次性到位。

具体销售工作人员的开支及日常支出由乙方负责支付。

第四条　销售价格

销售基价（本代理项目各层楼面的平均价）由甲乙双方确定为_____元/平方米，乙方可视市场销售情况征得甲方认可后，有权灵活浮动。甲方所提供并确认的销售价目表为本合同的附件。

第五条　代理佣金及支付

1.乙方的代理佣金为所售_____项目价目表成交额的_____％，乙方实际销售价格超出销售基价部分，甲乙双方按五五比例分成。代理佣金由甲方以人民币形式支付。

2.甲方同意按下列方式支付代理佣金：

甲方在正式销售合同签订并获得首期房款后，乙方对该销售合同中指定房地产的代销即告完成，即可获得本合同所规定的全部代理佣金。甲方在收到首期房款后应不迟于3天将代理佣金全部支付乙方，乙方在收到甲方转来的代理佣金后应开具收据。

乙方代甲方收取房价款，并在扣除乙方应得佣金后，将其余款项返还甲方。

3.乙方若代甲方收取房款，属一次性付款的，在合同签订并收齐房款后，应不迟于5天将房款汇入甲方指定银行账户；属分期付款的，每两个月一次将所收房款汇给甲方。乙方不得擅自挪用代收的房款。

4.因客户对临时买卖合约违约而没收的定金，由甲乙双方五五分成。

第六条　甲方的责任

1.甲方应向乙方提供以下文件和资料。

（1）甲方营业执照副本复印件和银行账户。

（2）新开发建设项目，甲方应提供政府有关部门对开发建设_____项目批准的有关证照（包括：国有土地使用权证书、建设用地批准证书和规划许可证、建设工程规划许可证和开工证）和销售_____项目的商品房销售证书、外销商品房预售许可证、外销商品房销售许可证；旧有房地产，甲方应提供房屋所有权证书、国有土地使用权证书。

（3）关于代售的项目所需的有关资料，包括：外形图、平面图、地理位置图、室内设备、建设标准、电气配备、楼层高度、面积、规格、价格、其他费用的估算等。

（4）乙方代理销售该项目所需的收据、销售合同，以实际使用的数量为准，余数全部退给甲方。

（5）甲方正式委托乙方为_____项目销售（的独家）代理的委托书。

以上文件和资料，甲方应于本合同签订后_____天内向乙方交付齐全。

甲方保证若客户购买的_____的实际情况与其提供的材料不符或产权不清，所发生的任何纠纷均由甲方负责。

2. 甲方应积极配合乙方的销售，负责提供看房车，并保证乙方客户所订的房号不发生误订。

3. 甲方应按时按本合同的规定向乙方支付有关费用。

第七条 乙方的责任

1. 在合同期内，乙方应做以下工作：

（1）制订推广计划书（包括市场定位、销售对象、销售计划、广告宣传等）；

（2）根据市场推广计划，制订销售计划，安排时间表；

（3）按照甲乙双方议定的条件，在委托期内，进行广告宣传、策划；

（4）派送宣传资料、售楼书；

（5）在甲方的协助下，安排客户实地考察并介绍项目、环境及情况；

（6）利用各种形式开展多渠道销售活动；

（7）在甲方与客户正式签订售楼合同之前，乙方以代理人身份签订房产临时买卖合约，并收取定金；

（8）乙方不得超越甲方授权向客户作出任何承诺。

2. 乙方在销售过程中，应根据甲方提供的_____项目的特性和状况向客户作如实介绍，尽力促销，不得夸大、隐瞒或过度承诺。

3. 乙方应信守甲方所规定的销售价格，非经甲方的授权，不得擅自给客户任何形式的折扣。在客户同意购买时，乙方应按甲乙双方确定的付款方式向客户收款。若遇特殊情况（如客户一次性购买多个单位），乙方应告知甲方，作个案协商处理。

4. 乙方收取客户所付款项后不得挪作他用，不得以甲方的名义从事本合同规定的代售房地产以外的任何其他活动。

第八条 合同的终止和变更

1. 在本合同到期时，双方若同意终止本合同，双方应通力协作作妥善处理终止合同后的有关事宜，结清与本合同有关的法律经济等事宜。本合同一旦终止，双方的合同关系即告结束，甲乙双方不再互相承担任何经济及法律责任，但甲方未按本合同的规定向乙方支付应付费用的除外。

2. 经双方同意可签订变更或补充合同，其条款与本合同具有同等法律效力。

第九条 其他事项

1. 本合同一式两份，甲乙双方各执一份，经双方或者代理人签字盖章后生效。

2. 在履约过程中发生的争议，双方可通过协商、诉讼方式解决。

甲 方： 乙 方：
代理人： 代理人：
　年　月　日 　年　月　日

复习思考题

1. 试述房地产交易和其他物权交易的区别。
2. 试述我国合同法的主要内容。
3. 试述房地产交易法律关系的类型。
4. 试述房地产买卖合同的主要内容。
5. 试述房地产抵押担保和一般担保的区别。
6. 试述房屋租赁法律关系当事人的法定权利和义务。

7. 试述房地产中介服务人员的主体资格。

案例分析

【案例 8-1】 房屋买卖合同案例分析

1. 案情介绍

A 与 B 房地产开发公司签订房地产买卖合同（预售）。合同约定：A 向 B 公司购买某小区住宅 3 栋 606 号房，建筑面积 90.62 平方米，总价款人民币 389575 元；B 公司出售的房地产主体建筑物为七层框架结构，须按照市规划国土局批准的建筑图纸完成全部建筑工程，并经市建筑工程主管部门验收合格；B 公司出售的房地产位于地块编号为 T104-66 的土地及公共设施，为该地域范围内的房地产权利人共同享有，由该土地或公共设施所产生的利益归于 A 及其他权利人共同享有，A 按占地分摊面积承担义务。B 公司在与 A 签约前，向 A 提供了该小区规划平面图，其中清楚标明涉案的 3、4、5 栋住宅楼的方位以及小区花园、网球场、停车场、幼儿园等配套设施和公共设施。合同签订后，A 付清房款，履行了相应的义务。B 公司则对承诺的小区基础设施和公共配套建筑一直没有落实。A 遂提起诉讼，请求法院判令被告：①承担违约责任，赔偿经济损失人民币 114757 元；②拉起围墙，完善小区内的基础设施和公共配套设施；③承担本案诉讼费。

2. 法律分析

（1）法律关系性质分析。

本案属于合同争议，法律关系是否成立依据《中华人民共和国合同法》来加以判断，《中华人民共和国合同法》对合同行为作为一项法律事实仅仅要求意思表示真实，内容不违反法律的禁止性规定。本案中 A 与 B 房地产开发公司签订的《房地产买卖合同》是双方当事人真实意思的表示，内容不违反法律的禁止性规定，因而该合同行为符合法律规定属于法律事实的法律行为，能够产生法律效力，合同法律关系成立，该合同因此属于具有法律效力的合同。

（2）法律关系的确认和保护。

① 本案中法律关系确认的法律事实和法律依据。A 履行了合同约定的付款义务，合同中虽没有对相关的基础设施、公共设施作明确的约定，但 B 提供的小区规划图中对小区花园、网球场、幼儿园、停车场等配套设施和公共设施明确予以标识，系 B 公司就环境质量向原告作出的明确允诺，亦应当视为合同内容的一部分，当事人违反的，应当承担违约责任。承担违约责任的依据是《中华人民共和国合同法》《最高人民法院关于审理商品房买卖合同纠纷案件适用法律若干问题的解释》的规定。

② 本案中法律关系确认和保护的程序是诉讼程序。

【案例 8-2】 房地产中介合同案例分析

1. 案情介绍

2015 年 10 月一天，A 与 B 房产中介公司签订了"物业购买委托书"约定：A 委托 B 公司就购买某条路上的房屋提供中介咨询服务；在 2015 年 10 月 31 日前办理房屋过户手续，2015 年 11 月 1 日之前办理房屋移交手续，任何一方逾期视为违约，违约方必须承担赔偿责任。合同还约定在签订房地产买卖合同时 A 向 B 公司支付房屋转让价 1% 的中介咨询费及 200 元续代办费（贷款服务费另付）。如在 6 个月之内不通过原告房产中介公司而自行成交则视为居间人促成了合同，买卖双方应各以房价总额的 1% 向 B 公司支付服务费用。如逾期支付，则需另承担每天万分之三的滞纳金，直至付清为止。后来 B 公司带领 A 验看了该条路上的一处房屋。经多次洽谈 B 公司与 A 签订了"房地产居间合同"，约定了房价及付款方式，成交价为 100 余万元。B 公司、A、出售方 C 三方签订了房地产买卖合同，并至交易中心办理产权过户手续，因各种原因当日未完成过户手续。后来 A 得知 B 公司介绍的税收的情节系虚假，事实上契税是 3% 而非 1.5%。遂解除了地产买卖合同，B 公司将出售方产权证退还给 C。但在解除买卖合同的当日，A 与 C 又重新签订了房地产买卖合同，约定的房价仍为 143 万元，A 支付的契税仍为 3%。

B 公司发现 A 与 C 绕开其私下办理了诉争房屋产权过户手续，认为 A 的行为严重损害了其权益，故诉至法院，要求 A 支付中介费 1 万余元。

2. 法律分析

(1) 法律关系性质分析。

本案属于中介合同争议，法律关系是否成立、变更和终止以及法律关系的性质依照《中华人民共和国合同法》《中华人民共和国城市房地产管理法》等法律法规关于中介合同的规定来加以判断。以《中华人民共和国合同法》（以下简称《合同法》）关于合同成立的条件来判断，本案的中介合同是当事人真实的意思表示，合同内容没有违反法律禁止性内容，合同主体具有相应的权利能力和行为能力，因此合同法律关系是成立的。

(2) 法律关系的确认和保护。

① 本案中法律关系确认的法律事实和法律依据。本案的争议在于引起合同法律关系成立的法律事实即合同行为，B 公司对 A 实施了欺诈行为具有法律意义，根据《合同法》第五十四条的规定该欺诈行为能够导致 A 请求人民法院对该合同进行撤销或者变更；A 知道 B 公司对其实施了欺诈行为后与 B 公司解除合同的行为具有法律意义，根据《合同法》第五十五条的规定该行为能够导致撤销权消灭，同时根据《合同法》第九十一条的规定，A 与 B 公司之间的合同法律关系解除。

A 与 B 公司之间在合同法律关系存续期间所实施的行为即 B 公司为 A 提供中介服务的行为具有法律意义，A 利用了 B 公司在为其提供的中介服务过程中所知悉的商业秘密重新与 C 签订合同，根据《合同法》第四十二条和第四十三条的规定，A 应当对 B 公司承担赔偿损失的责任。

② 本案中法律关系确认和保护的程序是诉讼程序。

【案例 8-3】 房地产租赁合同案例分析

1. 案情介绍

2014 年 7 月 10 日，A 与 B 签订房屋租赁合同，由 A 租赁 B 房屋两间，开设茶苑和快餐店，租赁费每月分别为人民币 1000 元、900 元合同规定不得任意转借租房给第三方。2014 年 9 月 25 日，A 与 C 签订转让合同一份。合同内容为：经双方商妥，A 同意将承租的房屋转让给 C。合同签订之前 A 已给付租金人民币 4500 元。合同签订当日，C 向 A 支付了转让费人民币 15000 元及租金人民币 4500 元。C 自 2014 年 10 月 20 日经营饭店至今，A 与 C 未与 B 签订房屋转租合同，但 C 支付给 A 租金的事情被 B 知道。A 曾向 C 索要剩余转让费人民币 15000 元，因未果，遂提起诉讼，要求判令 C 偿付结欠的转让费人民币 15000 元。C 则提起反诉，要求判令 A 返还其已支付的人民币 15000 元。

2. 法律分析

(1) 法律关系性质分析。

本案属于房屋租赁合同争议，法律关系是否成立、变更和终止以及法律关系的性质依照《中华人民共和国合同法》《中华人民共和国城市房地产管理法》等法律法规关于房屋租赁的规定来加以判断。以《中华人民共和国合同法》关于合同成立的条件来判断，本案中 A 与 B 之间的房屋租赁合同是当事人真实的意思表示，合同内容没有违反法律禁止性内容，合同主体具有相应的权利能力和行为能力，因此合同法律关系是成立的。A 与 C 之间的租赁关系属于转租行为所产生的法律关系，其合法性需要根据法律关于转租行为的规定来判断。根据《合同法》第二百二十四条的规定，A 经过 B 的同意后享有转租权利，如果 A 没有经过 B 的同意而转租则 B 可以解除合同，但这个合同是 A 与 B 之间的租赁合同而不是 B 与 C 之间的租赁合同。因此法律并没有严格禁止 A 与 C 之间的转租，A 与 C 之间的租赁法律关系成立。

(2) 法律关系的确认和保护。

① 本案中法律关系确认的法律事实和法律依据。本案所争议的法律关系是转租合同履行法律关系。本案中 A 与 C 之间成立房屋租赁法律关系，根据《合同法》第二百二十六条的规定，C 应当按照约定支付租金；根据《合同法》第二百二十八条的规定，因第三人主张权利致使 C 不能对房屋使用、收益的，C 可以向 A 要求减少租金或者不支付租金。由于 B 并未行使其解除其与 A 之间的租赁合同解除权，因此 A 并未对合同履行造成障碍，C 应当履行其对 A 的合同义务。C 所提出的要求 A 返还其已支付的人民币 15000 元则没有法律依据。

② 本案中法律关系确认和保护的程序是诉讼程序。

【案例 8-4】

1. 案情介绍

2013 年 9 月 12 日 A 与 B 公司签订一份商品房认购协议书。该协议约定内容如下。(1) 订购物业：B 公司开发的《××绿色家园》5 号楼 3 单元 4 层（西）户，订购建筑暂定面积 169.15 平方米，定购价格 317126 元（优惠 3%）。(2) 付款方式：定金 20000 元须于签署本认购协议书时付清，余款（认购房价扣除定金）须于签订认购书之日起的 10 日内付清。(3) 买卖条款：买卖方同意于签订本认购书后按出售方指定日期、地点携带本认购书与出售方签署政府主管部门制订的《商品房买卖合同》，签订《商品房买卖合同》后，认购协议书自行作废。在签订《商品房买卖合同》前，认购协议书为买卖双方的正式合约。该协议签订时 A 向 B 公司缴纳了定金 20000 元和首付款 130000 元。当时 B 公司尚未取得商品房预售许可证。但其在《××绿色家园》开盘时已将政府有关部门出具的证明在销售大厅公示。A 与 B 公司签订商品房认购协议书并交付首付款及定金 150000 元后发现该公司没有商品房预售许可证，于是向法院起诉要求认定 A 与 B 公司签订的商品房认购协议书为无效合同并赔偿一倍房款。

2. 法律分析

(1) 法律关系性质分析。

本案属于商品房预售合同争议，法律关系是否成立、变更和终止以及法律关系的性质依照《中华人民共和国合同法》《中华人民共和国城市房地产管理法》等法律法规关于房屋买卖的规定来加以判断。以《中华人民共和国合同法》关于合同成立的条件来判断，本案中 A 与 B 之间的商品房认购协议书是当事人真实的意思表示，合同主体具有相应的权利能力和行为能力，因此，合同法律关系成立。

(2) 法律关系的确认和保护

① 本案中法律关系确认的法律事实和法律依据。本案所争议的法律关系是商品房预售合同履行法律关系。由于《中华人民共和国城市房地产管理法》第四十五条规定了商品房预售必须取得商品房预售许可证。而本案中 B 公司并未取得商品房预售许可证，这就导致该公司的商品房预售行为不具有合法性从而使商品房预售合同不能得到履行。根据《合同法》第五十二条的规定，该合同无效；根据《合同法》第五十八条的规定，B 公司应当返还 A

所支付的首付房款并赔偿损失。由于其他证据能够证明B公司并无欺诈故意，因此B公司不必承担合同欺诈的责任。

② 本案中法律关系确认和保护的程序是诉讼程序。

实训题

1. 李某与某房地产开发经营有限公司于2016年8月25日签订了《商品房买卖合同》，合同约定：李某向该公司购买某路段两套房屋，两套房屋建筑面积共为150.63平方米，房屋总价款为人民币1248110元，但该房地产开发经营有限公司未将李某所购房屋的结构情况告知李某。合同订立后，李某先后四次给付购房款共计1248110元，该公司也将房屋交付给李某使用。此后，李某取得房产证，并对两套房屋进行装修，将两套房屋之间的隔墙打通，该公司明知李某改动结构，但未予以阻止，也未表示异议。李某入住后，发现所购房屋隔墙打通处墙体出现较大裂缝，李某曾多次与物业管理部门交涉要求改善，但虽经整改维修，却仍未能改善，李某遂起诉，要求退房。

试分析上述案例的法律关系。

2. A和B签订合同，B将其所经营的饭店转让给A，A在承担饭店转让费的同时缴纳饭店所用的房屋的租金，但B是租赁C的房屋开的饭店，B没有将此情况告诉A。合同约定A向B缴纳定金，同时A分两次支付全部租金，第一次支付80%，第二次付清全部租金。A缴纳定金和一部分租金后发现B经营饭店所使用的房屋是租用C的并且B和C之间的租赁合同即将到期，而且B支付给C的租金大大低于A支付给B的租金，感到自己受到了欺骗，欲和A解除合同。

试分析上述法律关系。

第九章 房地产市场管理政策与法规

> **学习目标**

1. 了解我国房地产价格、房地产流转中税费的情况。
2. 掌握房地产价格、房地产税费、住房公积金管理的概念和特征。
3. 重点掌握房地产买卖合同、我国对房地产价格和各种房地产流转中的税费的有关规定。

> **技能要求**

1. 具有的依法签约、纳税和确定房地产价格的能力。
2. 具有对房地产买卖合同、房地产价格、房地产税费和住房公积金进行依法管理能力。

第一节 概　　述

近几年来，随着我国国民经济的持续快速发展，我国的房地产业投资大幅度增加，居民的住房消费水平迅速增长，老百姓的居住环境得到进一步改善，房地产市场相应地步入了一个持续快速的发展时期。房地产业的发展不仅美化了城市环境，提升了城市的品位和档次，同时也带动了相关产业的迅速发展。但是值得注意的是房地产行业也出现了一些不容忽视的问题。如住宅产品结构不够合理、房价涨幅过快、供求极为不平衡、住房供应和保障体系尚未完全建立等。造成这些问题的原因是多方面的，既有经济发展迅速，城市化进度加快的因素；也有房地产市场法律法规不健全，市场监督不力的原因；也有少数房地产开发企业、物业管理企业、中介机构缺乏诚信，过分追求眼前利益等方面的原因。因此，我们必须高度重视，尽快解决，各级政府应该一手抓规范市场，调控房价；一手抓建立全新住房制度，以便促进房地产市场持续稳定健康蓬勃地发展。

房地产的买卖、租赁、抵押、拍卖、赠与及国有土地使用权的转让、出租、抵押等活动都属于房地产市场管理的范畴。由于大部分内容在前面的章节中已讲到，故本章只介绍房地产买卖合同、房地产市场价格管理、房地产流转中的税费以及住房公积金的管理。

第二节　房地产买卖合同管理

一、房地产买卖合同的概念和法律特征

1. 概念

房屋买卖合同是指公民之间、法人之间、公民和法人之间就买卖房屋达成的协议。是买

卖合同的一种，以不动产为标的物。

2. 法律特征

房屋买卖合同除了具备一般买卖合同的法律特征外，还有具有固有的法律特征，概括起来，房屋买卖合同具有如下法律特征。

（1）卖方将所出卖的房产的所有权转移给买方。这是房屋买卖合同最基本的法律特征。房屋买卖合同生效后，卖方的动产所有权因出卖而归于消灭，买方则因支付价金的购买而取得该房屋的所有权。

（2）房屋买卖合同是双务，有偿合同（诺成、双务、有偿合同）。在房屋买卖合同中，双方当事人的权利义务是对等的，各方都以履行一定的给付义务而取得利益。卖方承担交出所卖房屋给买方的义务，享受收取价金的权利，买方则承担交付一定数额房屋价金的义务，享受取得该房屋所有权的权利。

（3）基于房屋买卖合同的标的物是不动产的特点，决定了房屋所有权转移时，必须以当事人双方到房屋所在地房管机关办理产权过户登记手续为必要条件。

这一特征是房屋买卖合同与一般买卖合同的重要区别。一般的买卖合同是诺成性合同，除法律另有规定或当事人另有约定外，只要当事人一达成协议，合同就算成立，双方必须履行其合同规定的义务，但大多数国家的立法都规定，以不动产为标的物的买卖，其所有权的转移以一顶点达到的法律形式为要件，否则，所有权不能转移。根据我国的法律规定，房屋买卖合同的标的物所有权的转移以买卖双方到房屋所在地的房管部门登记过户为标志，否则房屋买卖合同不能生效，也就不能发生房屋所有权转移的法律效果。即使房屋已实际交付也不行。

（4）房屋买卖合同属于法律规定的要是（要式）法律行为。一方面，买卖双方必须订立书面合同。该合同应写明买卖房屋的地理位置、房屋四至、面积、结构、层次、间数、价款、付款和交付房屋的方式和期限，双方当事人和中人签字盖章，写明合同订立日期；另一方面，买卖城市新有房屋，卖方须持有房屋所有权证和身份证，买方须持身份证，双方还应持有关证件到房屋所在地房管机关办理所有权转移登记手续。

二、房地产买卖合同文本的主要内容

房地产买卖合同一般由房地产管理部门统一制发合同文本。下面就是一份常见的商品房买卖合同示范文本内容。

1. 商品房买卖合同的主要内容

商品房买卖合同应包括以下主要内容：

① 当事人名称或者姓名和住所；

② 商品房基本状况；

③ 商品房的销售方式；

④ 商品房价款的确定方式及总价款、付款方式、付款时间；

⑤ 交付使用条件及日期；

⑥ 装饰、设备标准承诺；

⑦ 供水、供电、供热、燃气、通信、道路、绿化等配套基础设施和公共设施的交付承诺和有关权益、责任；

⑧ 公共配置建筑的产权归属；

⑨ 面积差异的处理方式；

⑩ 办理产权登记有关事宜；

⑪ 解决争议的方法；
⑫ 违约责任；
⑬ 双方约定的其他事项。

2. 计价方式

按（原）建设部、国家工商总局印发的《商品房买卖合同》示范文本第四条之规定，现行商品房计价方式有如下四种。

（1）按套内建筑面积计算。即：

套内建筑面积＝套内使用面积＋套内墙体建筑面积＋阳台建筑面积。

（2）按套（单元）计算。即：

等于是买卖双方的协商价，与面积无直接关系。

（3）按建筑面积计算。即：

建筑面积＝套内建筑面积＋公共分摊建筑面积。

（4）其他。除以上三种方式外，买卖双方另外之约定。商品房销售可以按套（单元）计价，也可以按套内建筑面积或按建筑面积计价等3种方式进行。按套（单元）计价的现售房屋，当事人对现售房屋实地勘察后可以在合同中直接约定总价款。

商品房建筑面积由套内建筑面积和分摊的共有建筑面积组成，套内建筑面积部分分为独立产权，分摊的共有建筑面积为共有产权，买受人按照法律、法规的规定对其享受有权利、承担责任。按套（单元）计价或者按套内建筑面积计价的，商品房买卖合同中应当注明建筑面积和分摊的共有建筑面积。

3. 误差的处理方式

（1）按套（单元）计价的预售房屋，房地产开发企业应当在合同中附所售房屋的平面图。平面图应当标明详细尺寸，并约定误差范围。房屋交付时，套型与设计图纸一致，相关尺寸也在约定的误差范围内，维持总价款不变，套型与设计图纸不一致或者相关尺寸超出约定总价款。买受人退房的，由房地产开发企业承担违约责任。

（2）按套内建筑面积或者建筑面积计价的，当事人应当在合同中载明合同约定面积与产权登记面积发生误差的处理方式。

合同未作约定的，按以下原则处理：

① 面积误差比绝对值在3％以内（含3％）的，据实结算房价款；

② 面积误差比绝对值超出3％时，买受人有权退房。买受人退房的，房地产开发企业应当在买受人提出退房之日起30日内将买受人已付房价款退还买受人，同时支付已付房价款利息。买受人不退房的，产权登记面积大于合同约定面积时，面积误差比在3％以内（含3％）部分的房价款由买受人补足；超出3％部分的房价由房地产开发企业承担，房权归买受人。产权登记面积小于约定面积时，面积误差绝对值在3％以内（含3％）部分的房价款由房地产开发企业返还买受人；绝对值超出3％部分的房价款由房地产开发企业双倍归还买受人。

面积误差比是产权登记面积与合同约定面积之差与合同约定面积之比，面积误差比计算公式为：

$$面积误差比 = 100\%$$

按照建筑面积计价的，当事人应当在合同中约定套内建筑面积和分摊的共有建筑面积，并约定建筑面积体积不变而套内建筑面积发生误差以及建筑面积与套内建筑面积均发生误差时的处理方式。

4. 中途变更规划、设计

房地产开发企业应当按照标准的规划、设计建设商品房。商品房销售后，房地产开发企业不得擅自变更规划、设计。今后规划部门批准的规划变更、设计单位同意的统计变更导致商品房质量或者使用功能情形的，房地产开发企业应当在变更确立之日起 10 日内，书面通知买受人。

买受人有权在通知到达之日起 15 日内作出是否退房的书面答复。买受人在通知到达之日起 15 日内未作书面答复的，视同接受规划、设计变更以及由此引起的房价款的变更。房地产开发企业未在规定期限内通知买受人的，买受人有权退房；买受人退房的，由房地产开发企业承担违约责任。

5. 保修责任

当事人应当在合同中就保修范围、保修期限、保修责任等内容做出约定。保修期从交付之日起计算。商品住宅的保修期限不低于建设工程承包单位向建设单位出具的质量保修书约定保修期的存续期；存续期少于《商品住宅实行质量保证书和住宅使用说明书制度的规定》（以下简称《规定》）中确定的最低保修期限的，保修期不低于《规定》中确定的最低保修期限。

第三节　房地产价格管理

房地产价格是国民经济价格体系的重要组成部分。房地产价格直接或间接地影响到一大批相关产品的价格，具有扩散效应。因此房地产价格管理具有重要意义。

一、房地产价格的概念和特征

1. 房地产价格的概念

房地产价格是指在市场交换过程中以货币形式表示的房地产商品的价值。一般是由人们对房地产效应的认识、房地产的现对稀少性和对房地产有效需求的存在三者相互结合而形成的。

2. 房地产价格的特征

（1）价格实体的双重性。房地产商品的物质构成从总体上说，是房屋与土地的有机统一体，房地产价格是房屋建筑价格和土地价格的统一。由于其中包含有土地价格因子，使得房地产价格与一般物价具有明显的不同特性。

① 生产成本不同。一般物品是劳动的产物，有生产成本，而房地产价格中土地资源价格则无生产成本，而是地租的资本化。

② 供求变化不同。由于土地供给弹性小，土地的价格大多数受需求方面的影响。

③ 市场结构不同。一般物品有较完全的市场，形成的价格较客观，而土地没有完全的市场，形成的价格受主观因素的影响较大。

（2）价格表现形式的多样性。房地产价格按不同的方法划分为多种形式，如市场价格、理论价格、评估价格；拍卖价格、招标价格、协议价格；买卖价格、租赁价格、抵押价格、征用价格等。其中，在房地产市场中用得最多的是买卖价格（售价）、租赁价格（租金）和抵押价格。租赁价格和抵押价格成为房地产价格的最重要表现形式之一，使得房地产商品的租赁或抵押成为房地产市场中的主要行为之一。对于一般商品而言，商品的买卖价格为其最主要甚至是唯一的表现形式，虽然一般商品也可租赁、抵押，但是这只能算作一般商品在市场中的补充行为。

（3）房地产商品的价格是关于房地产权利的价格，房地产商品在市场中的任何一种行为都是与该商品的一定权属相联系。权利性质的不同，对房地产商品价格的影响是巨大的。房地产权利的类型很多，如所有权、使用权、典权、地役权、地上权等。房地产的所有权价格，指在交易房地产商品过程中，同时伴随着所有权的转移。一般而言，这种房地产商品的价格较高。房地产的使用权价格，指在交易房地产商品过程中，商品的所有权不变，仅仅交换的是商品的使用权。使用权价格在一般情况下比所有权价格低。房地产商品的使用权价格可因使用权年限的长短分为多种类型，如1年、5年、10年、30年、50年的使用权价格。

（4）房地产商品价格的地区性。由于房屋是建造在土地上，而土地本身所固有的特性——位置的固定性，使房屋具有不可转移的特点，造成房地产价格的地区差异明显。一般来说，相近质量的房地产，好地段的价格要明显高于差地段的价格，经济发达地区的价格要高于经济不发达地区的价格。

（5）房地产价格通常不具备形成市场价格的场所。房地产的现实价格，通常是个别形成的。这是由于房地产商品的不可移动性、数量固定性、个别性等特性决定的，使房地产商品不易形成交易市场。因此，要想知道房地产商品的价格只有亲自到所在地观察，并通过一定的估价程序来实现。

（6）房地产商品价格的形成是基于长远的考虑。由于房地产所在地区的社会经济条件经常处于变化发展之中，因此，房地产商品的价格必须是在考虑该房地产过去的社会经济特征以及使用情况，今后的社会经济特征以及使用情况，总结各方面的结果后得出的。

二、我国房地产价格的法律、法规及有关政策

我国的房地产价格法制建设工作，是随着改革开放进程的推进和房地产业的崛起而逐步开展起来的。虽然目前我国较为完善的房地产价格法律规范体系尚未建立，但是多年来，经过各级政府、各有关部门的共同努力，已陆续制定了一系列单行法规、规章及其规范性文件，在不少领域已经初步实现了有法可依，这也为房地产价格法律体系基本框架的形成奠定了一定的基础。

目前我国房地产法律规范散见于《宪法》、法律、行政法规、部门规章和地方政府规章及其他规范性文件之中，是一个有机统一的整体，均在不同层次、不同范围和不同角度对房地产价格关系进行调整。根据房地产价格法律规范的作用及其特定的调整对象，房地产价格法律体系包括以下几个方面：土地使用权出让及转让价格管理规范、房地产交易价格管理规范、房地产税费制度、物业管理规范和房地产价格评估规范。

1. 土地价格管理

已经出台的有关地价的法律、法规、规章主要有如下几项。

（1）《中华人民共和国宪法修正案》（1988年）第十条第四款规定："任何组织或者个人不得侵占、买卖或者以其他形式非法转让土地。土地的使用权可以依照法律的规定转让。"这从根本上确立了我国土地使用权出让转让的合法性，是土地有偿使用的法律依据，也是地价形成的前提。

（2）《中华人民共和国土地管理法》（1998年）第二条第三款规定："土地使用权可以依法转让。"该法第四十七条规定："征用土地的，按照被征用土地的原用途给予补偿。"第四十七条第二款具体规定了征地补偿费和安置费的标准。该法第五十四条规定："建设单位使用国有土地，应当以出让等有偿方式取得。"这为明确低构成、控制征地安置费用、制订经济适用住房价格提供了依据。

(3)《中华人民共和国城市房地产管理法》（1995年）第三十三条规定："基准地价、标定地价和各类房屋的重要价格应当定期确定并公布。具体办法由国务院规定。"基准地价及标定地价定期确定公布制度，是国家调控、引导房地产市场价格总水平的一项基本制度。

(4)《中华人民共和国城镇国有土地使用权出让和转让暂行条例》（1990年）第二十六条规定："土地使用权转让价格明显低于市场价格的，市、县人民政府有优先购买权。土地使用权转让的市场价格不合理上涨时，市县人民政府可以采取必要的措施。"该条款是国家干预和调控地价的重要依据。

(5)《协议出让国有土地使用最低价确定办法》（1995）规定，协议出让最低价根据商业、住宅、工业等不同土地用途和土地级别的基准地价的一定比例确定，具体适用比例由省级政府（省、自治区、直辖市）确定。但直辖市、计划单列市及省、自治区人民政府所在地的城市的具体适用比例，须报国家土地管理局核准，基准地价按《城镇土地估价规程》确定。基准地价调整时，协议出让最低价应当作相应调整。确定协议出让最低价应当综合考虑征地拆迁费用、土地开发费用、银行利息及土地纯收益等基本因素。以协议方式出让国有土地使用权的出让金不得低于协议出让最低价。

(6)《城市国有土地使用权价格管理暂行办法》（1995）是目前在地价调控和管理方面比较系统的行政规章。该办法对土地使用权出让、转让价格管理的基本原则、主管部门、调整公布程序、地价评估、地价监测、争议处理及监督处罚等问题做出了具体规定。

2. 房地产交易价格

已经出台的有关房地产交易价格的法律、法规、规章主要有如下几项。

(1)《城市私有房屋管理条例》（1983）第十二条规定："买卖城市私有房屋，双方应本着按质论价的原则，参照房屋所在地人民政府规定的私房评价标准议定价格，经房屋所在地房管机关同意后才能成交。"第十六条规定："房屋租金，由租赁双方按照房屋所在地人民政府规定的私有房屋租金标准协商议定；没有规定标准的，由租赁双方根据公平合理的原则，参照房屋所在地租金的实际水平协商议定，不得任意抬高。"

出租人除收取租金外，不得收取押租或其他额外费用。承租人应当按照合同规定交租，不得拒交或拖欠。

(2)《关于加强房地产交易市场管理的通知》（1998年）第四项和第五项对价格政策作了具体要求："物价部门和房地产部门要合理确定房地产价格，逐步使价格构成合理化、规范化。建立房地产交易价格评审制度，物价部门应会同有关部门制定评估价格的原则。房地产出租、出售价格、收费标准和评估价格的规定，以及适用范围地确定，应当报当地物价部门批准。企事业单位之间、私人之间的房产交易，由交易双方根据评估价格，协商议定，必要时，地方政府可规定最高限价，也可对超过评估价格部分制度收费办法予以调节。"

(3)《商品住宅价格管理暂行办法》（1992年）是我国房地产交易价格管理的第一项规范性文件。其主要内容是：确定了商品住宅的作价原则，即以合理成本为基础，有适当利润，结合供求状况和国家要求制订商品住宅价格，并根据楼层、朝向和所处地段等因素，实行差别价格；明确商品住宅价格构成项目；规范商品住宅价格的管理权限和审批程序。商品住宅经营单位必须按照经批准的价格销售商品住宅，并可根据市场变化情况适当下浮。

(4)《城市房产交易价格管理暂行办法》（1994年）是我国确立社会主义市场经济体制后出台的有关房地产价格的首例行政规则，建立主要由市场形成价格的机制，保证正常的价格竞争、禁止垄断、哄抬价格等不正当的做法。

3. 住房制度改革中的价格管理

关于住房价格制度改革的政策性文件有以下几项。

(1)《关于印发全国城镇分期分批推行住房制度改革实施方案的通知》《关于继续积极稳妥地进行城镇住房制度改革的通知》和《转发国务院住房制度改革领导小组关于全面推进城镇住房制度改革的通知》。上述三项文件的基本改革思路是，调整住房租金，适当发放职工补贴，以优惠政策逐步推动公房出售。

(2)《关于深化城镇住房制度改革的决定》(1994年)提出：全面推行住房公积金制度，积极推进租金改革，稳步出售公有住房，大力发展房地产市场交易和社会化的房屋维修、管理市场，加快经济适用住房建设等。

(3)《关于加强房地产价格调控加快住房建设的意见》(1998年)提出：加强房地产价格调控，建立合理的住房价格体系；清理整顿建设项目收费，调整住房价格构成；规范住房价格及物业管理收费行为，建立正常、良好的市场秩序进行地产价格调控，建立合理的住房价格体系；积极、稳妥地推进公有住房租金改革，加快实现住房商品化；加强领导，做好房地产价格调控的各项工作。

(4)《关于进一步深化城镇住房制度改革加快住房建设的通知》(1998年)明确了关于进一步深化城镇住房制度改革加快住房建设的总体思路、原则和重点，核心是停止实物分配，逐步实行住房制度分配货币化。

(5)《经济适用房价格管理办法》(2003年)规范了经济适用住房价格管理，全面促进了经济适用房的健康发展。

(6)《城镇廉租住房租金管理办法》(2005年)为保障城市低收入家庭的基本住房权益，规范城镇廉租住房基金管理起到了巨大的作用。

2006年12月28日，国家税务总局发布《关于房地产开发企业土地增值税清算管理有关问题的通知》(简称《通知》)。《通知》将原土地增值税清算点从开发项目公司注销税务登记改变为以房地产项目符合清算条件，明确的可操作性将开启房地产开发项目"清算"时代。

2006年12月31日，国务院发布了《关于修改〈中华人民共和国城镇土地使用税暂行条例〉的决定》。自2006年1月1日起，我国城镇土地使用税征收标准整体提高两倍，同时将外资企业也纳入征收范围。该税主要针对工业和商业用房，住宅用地还没有征收。

2007年6月1日，针对买卖双方利用"装修条款"做低房价以避税的情况，国家税务总局发布《关于承受装修房屋契税计税价格问题的批复》，明确房屋买卖的契税计税价格应当包括房屋的装修费用。

三、我国房地产价格管理方面存在的问题

改革开放以来，随着经济体制改革的逐步深化，我国土地使用制度改革和城镇住房建设及分配制度改革取得了突破性进展。国有土地使用权从行政划拨无偿、无期限使用转变为实行有偿、有期限的出让、转让制度，住房建设由过去国家单一投资转变为多元投资，住房分配从实物福利分配逐步转变为货币分配制度，住房商品化程度大大提高，对推动城市建设发展和改善居民住房条件起了重要作用，房地产业逐步成为促进我国经济增长的重要产业。适应我国建立社会主义市场经济体制和房地产业迅速发展的需要，房地产价格工作也取得了重大进展，已基本形成了在国家宏观政策调控下，以市场为主形成房地产价格的机制。在土地使用权价格管理方面，确立了以政府制定公布的基准地价、标定地价调控引导土地市场价格的基本制度，政府除对以协议方式出让土地使用权的最低价格和以招标拍卖方式出让土地使用权的出让底价，实行政府定价外，土地使用权出让和转让的具体交易价格实行市场调节价。在房屋价格管理方面，政府除对享受国家优惠政策建设的普通住宅实行政府指导价或政

府定价,以及对公有住房出售出租价格实行政府定价外,其他商品房价格已经放开,由当事人双方协商确定。但是,由于我国房地产市场发育时间较短,市场体系和相关法律制度尚未健全完善,目前在房地产价格管理方面还存在不少问题。

(1) 政府调控引导房地产价格总水平的基本制度尚未真正建立。基准地价、标定地价和各类房屋重置价格定期确定公布制度,是《城市房地产管理法》确定的国家调控引导房地产市场价格总水平的基本制度。目前虽然一些省市已经开展了基准地价、标定地价和房屋重置价格确定公布工作,但由于国家缺乏统一规范,在确定价格的原则、标准、程序及适用范围、部门分工等方面都存在很多问题,基准地价、标定地价和房屋重置价格所应有的作用没有发挥。这也是造成近年来房价上涨过快,而政府调控相对乏力的一个重要原因。

(2) 住房建设项目收费多,收费行为不规范。突出地表现在以下几方面。①政府性收费项目多、数额大。目前房地产开发企业承担的政府性收费项目一般为30~50项,收费额平均占住房售价的20%左右。收费项目不仅有各种管理费、登记费、证照费、配套建设费等,还有名目繁多的各种押金、保证金等。特别是摊入住房开发成本的城市基础设施建设费,不仅征收标准高、金额大,约占房价的3%~5%,而且造成产权关系的混乱。②政府性收费与经营服务性收费交叉存在,重复收费现象严重。有些收费项目,管理和服务内容基本相同,政府和社会中介机构两家都收费,如政府收房屋拆迁管理费,社会中介机构收房屋拆迁服务费等;一些政府性收费项目也存在重复征收的问题,如有的城市除征收城市基础设施配套费外,还同时征收供排水设施配套费、消防建设费等。③垄断企业强制推销商品和强制服务收费问题比较突出。经营燃气、自来水、电力、电话、有线或光缆电视的垄断企业普遍存在强行推销商品、服务,强制收费现象,房地产开发企业如不接受,则相应手续难以办理。④收费部门多、效率低,加大了建设成本。由于收费项目多,涉及的收费部门和审批环节也多,致使项目审批手续繁杂、效率低下。许多房地产开发企业反映,办理相关审批手续所花时间大体与工程建设时间相当,延长了工程建设周期,加大了建设成本。

(3) 住房价格构成缺乏有效约束,部分地区房价水平偏高。目前,各地除对经济适用住房等享受国家优惠政策的居民住房价格实行政府指导价或政府定价外,对其他住房价格已经放开由市场调节。对实施政府管理的住房价格,由于对构成价格的各项成本因素缺乏规范,开发企业乱摊成本、乱加费用的情况时有发生;同时,在价格确定方面,还有一些地区采取个别成本核价的办法,缺乏有效约束机制,失去了应有的价格调控作用。另外,由于"房改"滞后,有的地区集团购买力旺盛,为过高的房价提供了生存的市场空间,使住房消费可以脱离居民实际承受能力而实现。

第四节 房地产流转中的税费

房地产税是一个综合性概念。即一切与房地产经济运动过程有直接关系的税收都属于房地产税收,在我国包括房地产业营业税、企业所得税、个人所得税、房产税、城镇土地使用税、城市房地产税、印花税、土地增值税、投资方向调节税、契税、耕地占用税等(上海、重庆试点的房产税扩围方案已停止。重点是加快房地产税立法)。

我国有关房地产税方面的法规主要有《中华人民共和国房产税暂行条例》(1986年)、《中华人民共和国征地占用税暂行条例》(1987年)、《中华人民共和国城镇土地使用税暂行条例》(1988年)、《中华人民共和国土地增值税暂行条例》(1994年)《中华人民共和国土地增值税实施细则》(1995年)、《中华人民共和国契税暂行条例》(1997年)、《中华人民共和国契税暂行条例细则》(1997年)、《关于外商投资企业征收城市房地产税若干问题的通知》

(2000年)、《征用占地税契税减免办法》(2004年)等。

一、土地税

1. 耕地占用税

耕地占用税是（国家）对占用耕地建房或者从事其他非农业建设的单位和个人（依据实际占用耕地面积），按照规定税率（税额）一次性征收的税种。按照税收分类属性，耕地占用税属于行为税（范畴），也就是对单位和个人建房或者从事其他非农业建设占用耕地的行为征收的税。耕地占用税的纳税义务人是占用耕地建房或者从事其他非农业建设的单位和个人，包括国有企事业单位、集体企业、乡（镇）企业、机关、部队、学校以及城市和农村居民等。此外，乡（镇）企业建设和农民建住宅占用耕地，也必须依法纳税。

（1）税率。根据《中华人民共和国征地占用税暂行条例》第五条，耕地占用税的税额规定如下：耕地占用税以纳税人实际占用的耕地面积为计税依据，按照规定的适用税额一次性征收；（计税标准）人均耕地不超过1亩的地区（以县级行政区域为单位，下同），每平方米为10~50元；人均耕地超过1亩但不超过2亩的地区，每平方米为8~40元；人均耕地超过2亩但不超过3亩的地区，每平方米为6~30元；人均耕地超过3亩的地区，每平方米为5~25元。经济特区、经济技术开发区和经济发达且人均耕地特别少的地区，适用税额可以适当提高，但是提高的部分最高不得超过本条例第五条第三款规定的当地适用税额的50%。占用基本农田的，适用税额应当在本条例第五条第三款、第六条规定的当地适用税额的基础上提高50%。

（2）税的减免。根据《中华人民共和国耕地占用税暂行条例》第八条的规定，下列情形免征耕地占用税：军事设施占用耕地；学校、幼儿园、养老院、医院占用耕地。该条例第九条规定：铁路线路、公路线路、飞机场跑道、停机坪、港口、航道占用耕地，减按每平方米2元的税额征收耕地占用税。根据实际需要，国务院财政、税务主管部门商国务院有关部门并报国务院批准后，可以对前款规定的情形免征或者减征耕地占用税。该条例第十条规定：农村居民占用耕地新建住宅，按照当地适用税额减半征收耕地占用税。农村烈士家属、残疾军人、鳏寡孤独以及革命老根据地、少数民族聚居区和边远贫困山区生活困难的农村居民，在规定用地标准以内新建住宅缴纳耕地占用税确有困难的，经所在地乡（镇）人民政府审核，报经县级人民政府批准后，可以免征或者减征耕地占用税。

2. 土地使用税

土地使用税是指在城市、县城、建制镇、工矿区范围内使用土地的单位和个人，以实际占用的土地面积为计税依据，依照规定由土地所在地的税务机关征收的一种税赋。征收土地使用税的作用：能够促进土地资源的合理配置和节约使用，提高土地使用效益；能够调节不同地区因土地资源的差异而形成的级差收入；为企业和个人之间竞争创造公平的环境。

（1）税率。根据《中华人民共和国城镇土地使用用税暂行条例》第四条的规定，土地使用税每平方米的税额规定如下：大城市1.5~30元；中等城市1.2~24元；小城市0.9~18元；县城、建制镇、工矿区0.6~12元。

（2）税的减免。根据《中华人民共和国城镇土地使用税暂行条例》第六条的规定，下列土地免缴土地使用税：国家机关、人民团体、军队自用的土地；由国家财政部门拨付事业经费的单位自用的土地；宗教寺庙、公园、名胜古迹自用的土地；市政街道、广场、绿化地带等公共用地；直接用于农、林、牧渔业的生产用地；经批准开山填海整治的土地和改造的废弃土地，从使用的月份起免缴土地使用税5~10年；由财政部另行规定免税的能源、交通、水利设施用地和其他用地。该条例第七条还规定，纳税人缴纳土地使用税确有困难需要定期减免的,由省、自治区、直辖市税务机关审核后,报国家税务总局批准(由县以上地方税务机关批准)。

3. 土地增值税

土地增值税是指转让国有土地使用权、地上的建筑物及其附着物并取得收入的单位和个人,以转让所取得的收入包括货币收入、实物收入和其他收入为计税依据向国家缴纳的一种税赋,不包括以继承、赠与方式无偿转让房地产的行为。土地增值税由税务机关征收,土地管理部门、房产管理部门应当向税务机关提供有关资料,并协助税务机关依法征收土地增值税。

(1) 税率。我国的土地增值税实行四级超额累进税率,所谓的超额累进税率是将纳税人的收入,按规定的级距分段,各级段都根据其超过上一级收入数的部分,按各级段适用的税率分别计税的一种税率。具体规定为:增值未超过扣除项目金额50%的部分,税率为30%;增值额超过扣除项目金额50%、未超过扣除项目金额100%的部分,税率为40%;增值额超过扣除项目金额100%、未超过扣除项目金额200%的部分,税率为50%;增值额超过扣除项目金额200%的部分,税率为60%。从2008年11月1日起,对个人销售住房暂免征收土地增值税。

(2) 税的减免。根据《中华人民共和国土地增值税暂行条例》第八条的规定,纳税人建造普通标准住宅出售,增值额未超过扣除项目金额20%的和因国家建设需要依法征用、收回的房地产的两种情况免征土地增值税。

二、房产税

1. 房产税的概念和特点

(1) 房产税是以房屋为征税对象,按房屋的计税余值或租金收入为计税依据,向产权所有人征收的一种财产税。现行的房产税是第二步"利改税"以后开征的,1986年9月15日,国务院正式发布了《中华人民共和国房产税暂行条例》,从当年10月1日开始实施。

(2) 房产税的特点

① 房产税属于财产税中的个别财产税,其征税对象只是房屋。

② 征收范围限于城镇的经营性房屋。

③ 区别房屋的经营使用方式规定征税办法,对于自用的按房产计税余值征收,对于出租、出典的房屋按租金收入征税。我国的房产税包括房产税、契税和印花税等。

2. 房产税的征收对象、税率及税的减免

(1) 房产税是以房屋的价值为征税对象,按房屋的余值或房屋租金向房屋所有权人征收的一种税。房产税由产权所有人缴纳。产权属于全民所有的,由经营管理的单位缴纳。产权出典的,由承典人缴纳。产权所有人、承典人不在房产所在地的,或者产权未确定及租典纠纷未解决的,由房产代管人或者使用人缴纳。房产税由房产所在地的税务机关征收。

(2) 房产税税率。根据《中华人民共和国房产税暂行条例》第三条和第四条的规定,房产税依照房产原值一次减除10%~30%后的余值计算缴纳。具体减除幅度,由省、自治区、直辖市人民政府规定。没有房产原值作为依据的,由房产所在地税务机关参考同类房产核定。房产出租的,以房产租金收入为房产税的计税依据。房产税的税率,依照房产余值计算缴纳的,税率为1.2%;依照房产租金收入计算缴纳的,税率为12%。

(3) 房产税的减免。《中华人民共和国房产税暂行条例》第五条规定:以下情况得房产减免房产税:国家机关、人民团体、军队自用的房产;由国家财政部门拨付事业经费的单位自用的房产;经财政部批准免税的其他房产。除此之外,纳税人纳税确有困难的,可由省、自治区、直辖市人民政府确定，定期减征或者免征房产税。

3. 契税

契税是以所有权发生转移变动的不动产为征税对象，向产权承受人征收的一种财产税。应缴税范围包括：土地使用权出售、赠与和交换，房屋买卖，房屋赠与，房屋交换等。此外，房地产权利以以下方式发生转移的，视同土地使用权转让、房屋买卖或者房屋赠与、征收契税，以房地产作价投资入股的；以房地产抵押的；以获奖方式承受房地产的；已预售方式或者预付集资建房款方式承受房地产的。

（1）契税的纳税主体。契税的纳税人市房地产权力转移的承受人，包括土地使用权出让、转让的受让人；房屋的购买人、受赠人；以交换的形式转移土地使用权或房屋所有权，交换价格不相等的，多交付货币、实物、无形资产或者其他经济利益的一方为纳税人；以划拨的方式取得土地使用权的，经批准转让房地产时应由房地产转让者补缴契税；其计税依据为补缴的土地使用权出让或者土地收益。

（2）契税的税率。我国的税率实行的是比例税率，税率3%～5%，实际应用的税率由省、自治区、直辖市人民政府在此幅度内结合本地区的实际情况确定。实行幅度税率是考虑到中国经济发展的不平衡、各地经济差别较大的实际情况。因此，各省、自治区、直辖市人民政府可以在3%～5%的幅度税率规定范围内，按照该地区的实际情况决定。如北京市确定的税费税率为4%；河北省石家庄市的税费税率为2%～4%，具体情况根据房屋的具体位置和房屋的建筑面积及房屋的级别等确定。

（3）契税的减免。根据《中华人民共和国契税暂行条例》（以下简称《契税暂行条例》）第六条的规定，减征、免征契税的项目主要有以下几项：

① 国家机关、事业单位、社会团体、军事单位承受土地、房屋用于办公、教学、医疗、科研和军事设施的，免征；

② 城镇职工按规定第一次购买公有住房的，免征；

③ 因不可抗力灭失住房而重新购买住房的，酌情准予减征或者免征；

④ 财政部规定的其他减征、免征契税的项目。

此外，根据1999年7月财政部、国家税务总局《关于调整房地产市场若干税收政策的通知》，个人购买自用普通住宅减半征收契税。

纳税人符合减征或免征契税规定的，应当在签订房地产权利转移合同后10日内，到土地房屋所在地的契税征收机关办理减征或免征契税手续。纳税人改变土地、房屋用途的，应当补缴已经减征、免征的契税。最新政策规定：从2008年11月1日起，对个人首次购买90平方米及以下普通住房的，对个人销售或购买住房暂免征收印花税，契税税率暂统一下调到1%；对个人销售住房暂免征收土地增值税。地方政府可制定鼓励住房消费的收费减免政策。

4. 印花税

印花税是国家对在经济活动中或经济交往中书立或领受特定（具有法律效力）凭证的单位和个人征收的一种税。

（1）纳税主体。根据1988年发布的《中华人民共和国印花税暂行条例》的规定，房地产印花税的纳税人是在我国境内书立或领受应税房地产凭证的单位和个人。

① 购销、加工承揽、建设工程承包、财产租赁、货物运输、仓储保管、借款、财产保险、技术合同或者具有合同性质的凭证；

② 产权转移书据；

③ 营业账簿；

④ 权利、许可证照（房屋产权证、工商营业执照、商标注册证、专利证、土地使用证、许可证照）；

⑤ 经财政部确定征税的其他凭证。

（2）税率。我国的印花税实行比例税率和定额税率两种税率。比例税率适用于房地产产权转移书据，税率为万分之五，房屋租赁合同税率为千分之一。定额税率适用于房地产权利证书，包括房屋所有权证和土地使用证，其税率均为每件5元人民币。

5. 营业税

营业税是在土地使用权转让和建筑物出售时，国家向土地使用权转让者和建筑物出售者征收的一种税。国家于1990年开始在土地使用权转让及建筑物出售中征收营业税。1993年12月13日发布的新的《中华人民共和国营业税暂行条例》（可简称《营业税暂行条例》）正式将销售不动产纳入营业税的征收范围。

（1）纳税主体。销售不动产营业税纳税主体是在中国境内转让土地使用权或销售建筑物及其他土地附属物的单位和个人。转让不动产有限产权或者永久使用权，以及单位将不动产无偿赠与他人的，视同销售不动产。转让人和赠与人也是纳税人。

（2）税率。销售不动产、转让土地使用权的营业税实行比例税率，税率为5%。

三、房地产"费"

在房地产开发、经营过程中，除发生法定的税收外，还会发生一些合法的收费项目，包括行政性事业收费、服务性收费和补偿性收费等。

1. 房地产开发活动中的"费"

目前，我国在房地产开发活动中发生的收费项目主要有以下几项。

（1）市政公用设施建设费。市政公用设施建设费主要包括：综合开发市政费，按商品房销售收入的15%计收；分散建设市政费，其中住宅建设项目按纯住宅建筑面积每平方米价格的15%计收，并于开工前一次缴清；分散建设生活服务设施配套建设费，此费按建筑面积每平方米价格的15%的标准收取。

（2）四源费。四源费是用来兴建水、污水、煤气、供热四项服务设施的费用。由于能源的价格低于其成本，政府部门每年要补贴大量资金来维持其简单再生产，为了缓解城市发展对能源的需求，筹集建设资金，市政府向开发企业收取了"四源费"。

（3）其他费用项目。在房地产开发过程中，开发企业除按规定交"市政公用设施建设费"和"四源费"两大费用外，还会发生多种较小的费用项目，如城建综合开发项目管理费、房屋拆迁管理费、建设工程许可执照费、投标管理费、土地权属地籍调查测量费、防洪费、绿化建设费等。以上是房地产开发阶段发生的主要的收费项目。尽管这里收费项目未被列入"取消部分建设项目收费"的范围，但仍有进一步调整，使其收取更加合理。

2. 房地产交易费

房地产交易费是指在房地产交易过程中发生的收费项目。在房地产交易过程中，交易双方除了向国家缴纳契税和印花税外，还需缴纳以下几种费用。

（1）登记费。登记费分为房屋登记费和房地产权登记费。凡办理房地产买卖、租赁登记的，买卖、租赁双方，要分别按件数缴付登记费。同时，因买卖、赠与、继承交换等发生房屋产权转移的，由房地产权利的承受人缴付登记费。

（2）手续费。在进行房地产交易时，交易双方办理房地产权属登记，应向房地产管理部门缴纳手续费。办理房地产买卖手续的，双方当事人各自按实际成交价的1%缴纳手续费；办理房地产继承、分割、赠与等手续的，房屋的承受人应按房屋评估价格的1%缴纳手续费。

(3) 权证费。在房地产交易中，领取房屋所有权证的，房屋所有权人应按件交权证费，领取房屋共有权证的也要按件交权证费。

以上收费项目主要是行政管理性的收费，即房地产行政管理机关或其授权机构在对房地产业或房地产市场行使管理权的过程中所收取的费用。此种收费对于加强市场管理，规范房地产交易行为，促进房地产市场健康发展有着重要的意义和作用。

3. 房地产中介服务费

中介服务费是一种重要的经营性服务收费，其主要发生在房地产交易活动中。房地产交易不同于一般的商品交换活动，它常常会涉及许多相关专业知识和一些专门技能。因此，房地产交易双方通常借助于专门服务机构进行交易行为。在一方或双方委托中介服务机构来完成房地产交易时，就要支付中介服务性的费用。为了规范房地产中介服务收费行为，国家明确规定房地产中介服务收费实行明码标价制度。目前我国的中介服务性收费主要有以下几种。

(1) 房地产咨询费。房地产咨询收费标准按服务形式分为口头咨询费和书面咨询费两种。口头咨询费按咨询服务所需时间结合提供咨询者的专业技术等级，由双方协商议定收费标准；书面咨询费按咨询报告的技术难度、工作繁简结合标的额的大小计收。普通咨询报告每件收费300~1000元；技术难度大、情况复杂耗用人员和时间较多的咨询报告，可适当提高收费标准，收费标准一般不超过咨询标的额的0.5%。以上收费标准属于指导性参考价，实际成交的收费标准，由委托方与中介服务机构协商议定。

(2) 房地产经纪费。房地产经纪费是房地产专业经纪人接受委托，进行居间代理所收取的佣金。房地产经纪费根据代理项目的不同实行不同的收费标准。房屋买卖代理收费，按成交价格总额的0.5%~2.5%计收；实行独家代理的，收费标准由委托方与房地产中介机构协商，可以适当提高，但最高不超过成交价的3%；房屋租赁代理的收费，以半个月至一个月的成交租金额为标准，由双方协商议定一次性计收。房地产经纪费由房地产经纪机构向委托人收取。

(3) 房地产价格评估费。房地产价格评估费是房地产估价机构接受委托进行土地和房屋财产的价格评估而收取的报酬。其收费标准分为两种情况：土地价格评估的收费标准，按原国家计委、(原)国家土地局《关于土地价格评估收费的通知》的有关规定执行；以房产为主的房地产价格评估费，区别不同情况，按照房地产的价格总额采取差额定率分档累进计收。

第五节　住房公积金管理

住房公积金制度的确立意味着一种由国家、集体、个人三方面共同解决住房问题的筹资机制的形成。1991年上海市借鉴新加坡的成功经验，率先实施了住房公积金制度，这是中国城镇住房制度改革的创举。1999年我国开始实行了《住房公积金管理条例》(2002年3月24日进行了修订)。该条例对住房公积金的适用范围、原则、管理机构及其职责，住房公积金的缴存、提取、使用、监督、罚则都作了规定。

一、住房公积金的概念、性质和特点

1. 住房公积金的概念

住房公积金，是指国家机关、国有企业、城镇集体企业、外商投资企业、城镇私营企业及其他城镇企业、事业单位、民办非企业单位、社会团体及其在职职工缴存的长期住房储金。住房公积金是单位及其在职职工缴存的长期住房储金,是住房分配货币化、社会化和法制化的主要形式。住房公积金制度是国家法律规定的重要的住房社会保障制度,具有强制性、互助性、保障性。单位和职工个人必须依法履行缴存住房公积金的义务。职工个人缴存的住房公积金以及单位为其缴存的住房公积金,实行专户存储,归职工个人所有。这里的单位包括国家机关、国有企业、城镇集体企业、外商投资企业、城镇私营企业及其他城镇企业、事业单位、民办非企业单位、社会团体。

2. 住房公积金的性质和特点

住房公积金有如下性质。

① 保障性。建立职工住房公积金制度,为职工较快、较好地解决住房问题提供了保障;

② 互助性。建立住房公积金制度能够有效地建立和形成有房职工帮助无房职工的机制和渠道,而住房公积金在资金方面为无房职工提供了帮助,体现了职工住房公积金的互助性。

③ 长期性。每一个城镇在职职工自参加工作之日起至退休或者终止劳动关系的这一段时间内,都必须缴纳个人住房公积金;职工所在单位也应按规定为职工补助缴存住房公积金。

住房公积金有如下特点。

① 普遍性。城镇所有在职职工,无论其工作单位性质如何、家庭收入高低、是否已有住房,都必须按照《住房公积金管理条例》(以下可简称《条例》)的规定缴存住房公积金。

② 强制性(政策性)。单位不办理住房公积金缴存登记或者不为本单位职工办理住房公积金账户设立的,住房公积金管理中心有权责令限期办理,逾期不办理的,可以按《条例》的有关条款进行处罚,并可申请人民法院强制执行。

③ 专用性。《条例》明确规定:职工住房公积金应当用于职工购买、建造、翻建、大修自住住房,任何单位和个人不得挪作他用。

④ 福利性。除职工缴存的住房公积金外,单位也要为职工缴纳一定的金额,而且住房公积金贷款的利率低于商业性贷款。

⑤ 返还性。职工离休、退休,或完全丧失劳动能力并与单位终止劳动关系,户口迁出或出境定居等,缴存的住房公积金将返还职工个人。

二、住房公积金的管理原则及用途

1. 住房公积金的管理原则

住房公积金的管理实行住房公积金管理委员会决策、住房公积金管理中心运作、银行专户存储、财政监督的原则。

2. 住房公积金的用途

住房公积金应当用于职工购买、建造、翻建、大修自住住房,任何单位和个人不得挪作他用。

职工有下列情形之一的,可以提取职工住房公积金账户内的存储余额:

① 购买、建造、翻建、大修自住住房的;

② 离休、退休的;

③ 完全丧失劳动能力,并与单位终止劳动关系的;

④ 出境定居的;

⑤ 偿还购房贷款本息的;

⑥ 房租超出家庭工资收入的规定比例的。

职工死亡或者被宣告死亡的，职工的继承人、受遗赠人可以提取住房公积金账户内的存储余额；无继承人也无受遗赠人的，职工住房公积金账户的存储余额纳入住房公积金的增值收益。

职工提取住房公积金账户内的存储余额，所在单位应予以核实。并出具提取证明。职工应当持提取证明向住房公积金管理中心申请提取住房公积金，住房公积金管理中心应当自受理申请之日起3日内作出准予提取或者不准提取的决定，并通知申请人。准予提取的，由受委托银行办理支付手续。住房公积金管理中心要按规定确定住房公积金个人住房委托贷款发放范围，对于职工买房、集资合作建房，以及自建、翻建和大修住房的，均应提供住房公积金贷款。住房公积金管理中心要加强贷款风险管理，健全贷款档案管理制度。

三、住房公积金如何缴纳

1. 住房公积金的缴纳规定

职工和单位住房公积金的缴存比例均不得低于职工上一年度月平均工资的5%；有条件的城市，可以适当提高缴存比例。具体缴存比例由住房公积金管理委员会拟订，经本级人民政府审核后，报省、自治区、直辖市人民政府批准。

单位不办理住房公积金缴存登记或者不为本单位职工办理住房公积金账户设立手续的，由住房公积金管理中心责令限期办理；逾期不办理的，处1万元以上5万元以下的罚款。

单位逾期不缴或者少缴住房公积金的，由住房公积金管理中心责令限期缴存；逾期仍不缴存的，可以申请人民法院强制执行。

2. 住房公积金贷款与商业贷款的差异

住房公积金管理机构制定的《个人住房担保委托贷款办法》和中国人民银行等金融机构颁布实施的《个人住房贷款管理办法》，虽然都是为人们在购房中缺少资金而发放的贷款，但两者又有所不同，具体区别体现在以下几点。

（1）贷款对象有所不同。住房公积金管理机构发放的住房抵押贷款的对象是住房公积金的缴存人和汇缴单位的离退休职工，其贷款的对象必须具备下列条件：

① 持续缴存6个月住房公积金或已累计缴存24个月以上且目前还在继续缴存；
② 具有稳定的职业和收入，有偿还贷款本息的能力；
③ 具有购买住房的合同或有关证明文件；
④ 提供住房资金管理中心及所属分中心同意的担保方式；
⑤ 符合住房资金管理中心规定的其他条件。

而一般的金融机构发放的住房抵押贷款对象应是具有完全民事行为能力的自然人，即不限于住房公积金的缴存人和离退休职工，也就是说其对象的范围大于前者。

（2）贷款额度有所不同。一般的金融机构发放的住房抵押贷款的最高贷款额不得超过购房款的80%。

（3）贷款手续不同。公积金贷款必须先到住房公积金管理中心进行申请，接受住房公积金管理中心的初审，初审合格后由住房公积金管理中心出具证明，方可办理公积金贷款。因此公积金贷款的手续较一般住房贷款的手续更为复杂。商业贷款在借款人签订购房合同后，直接到相关银行经办机构或与银行签订合作协议的开发商处提供有关材料即可办理。

（4）贷款利率不同。公积金贷款的利率是按照国家规定在住房公积金计息利率的基础上加规定利差。

（5）公积金贷款比商业贷款多了评估费。商业贷款不需要评估，但用公积金贷款购买商品房,目前必须进行评估,缴纳评估费。商业贷款比公积金贷款多了律师费。商业贷款委托律师事务所对借款人进行资信调查,律师收取0.4%的律师费,公积金贷款则不需个人缴纳律师费。

四、住房公积金的使用管理

缴存住房公积金的职工,在购买、建造、翻建、大修自住住房时,可以向住房公积金管理中心申请住房公积金贷款。住房公积金管理中心应当自受理申请之日起15日内作出准予贷款或者不准贷款的决定,并通知申请人,准予贷款的,由受委托银行办理贷款手续。住房公积金贷款的风险,由住房公积金管理中心承担。

申请人申请住房公积金贷款的,应当提供担保。住房公积金管理中心在保证住房公积金提取和贷款的前提下,经住房公积金管理委员会批准,可以将住房公积金用于购买国债。住房公积金管理中心不得向他人提供担保。

住房公积金的增值收益应当存入住房公积金管理中心在受委托银行开立的住房公积金增值收益专户,用于建立住房公积金贷款风险准备金或作为住房公积金管理中心的管理费用和建设城市廉租住房的补充资金。

住房公积金管理中心的管理费用,由该中心按照规定的标准编制全年预算支出总额,报本级人民政府财政部门批准后,从住房公积金增值收益中上缴本级财政,再由本级财政拨付。住房公积金管理中心管理费用的标准,由省、自治区、直辖市人民政府建设行政主管部门会同同级财政部门按照略高于国家规定的事业单位费用标准制定。

复习思考题

1. 房地产买卖合同的法律特征是什么?
2. 什么是房地产价格?房地产价格的法律特征是什么?
3. 目前我国房地产价格的法律存在哪些问题?
4. 什么是房地产流转中的税费?
5. 房地产流转中的税费有何特征?
6. 我国房地产流转中的税费包括哪些?
7. 什么是房产税、契税和印花税?
8. 契税的税率全国都一样吗?法规上是如何规定的?
9. 哪些情况下可以减免契税?
10. 什么是住房公积金?
11. 什么情况下可以提取住房公积金账户内的存储余额?
12. 职工在什么情况下可以申请住房公积金贷款?住房公积金贷款的风险,由谁来承担?

案例分析

【案例】 无效的房屋买卖合同
1. 案情介绍

王先生通过中介公司将私房卖给黄某,房屋市场价15万元。黄某故意压价并以13.5万元成交。合同约定登记过户手续为买方黄某办理。王先生将产权证及身份证复印件交给黄某。1个月后,黄某以15万元价格将此房卖给李某,合同也表明买方办过户手续。王先生得知此情节后,到房管部门声明李某不得以本人名义办证。李某因无房权证而要与黄某解除买卖合同,王先生到工商部门咨询中得知黄某是中介公司的法人代表。王先生以黄某买房意思表示不真实，要求撤销与黄某的买卖合同。

2. 案例分析

黄某身为中介公司的经理（法人代表）而隐瞒身份与王先生签约，属骗买行为。根据《民法通则》第五十八条的规定，意思表示不真实的合同无效。

黄某与李某签约是在自己无房权证情况下，这违反了《城市房地产转让管理条例》第六条规定：未依法登记领取权属证书的"房地产"不得转让。另外，由于黄某自己无房权证，所以黄某与李某签卖姜某房屋的协议，属主体不合格的合同，自然也无效。这在《中华人民共和国合同法》中有明确规定；《民法通则》第五十五条也有规定，此合同也可撤销。

黄某以中介公司合法形式从事房屋投机倒把活动，超越了中介公司的业务范围《城市私有房屋管理条例》第九条中明确规定，任何单位或个人都不得私买私卖城市私有房屋，严禁以城市私有房屋进行投机倒把活动。这种行为应由工商行政部门处理。

《中华人民共和国城市房地产管理法》第三十四条规定，国家实行房地产价格评估制度，房地产价格评估，应当遵循公平、公正、公开原则……参照当地的市场价格进行评估；第三十五条规定，国家实行房地产成交价格申报制度。在本案中黄某也违反了以上的法律规定。

3. 法院判决

（1）解除王先生与姜某、李某所签的合同；

（2）黄某与王先生签约有欺诈行为，罚款5000元；

（3）建议工商局对黄某进行处理。

 实训题

两个人为一组，分别为房屋买卖双方，参考房屋买卖合同主要内容，结合模拟的实际情况，由老师知道两人共同协商买卖条款，签订一份房屋买卖合同。

第十章

房地产权属管理政策与法规

学习目标

1. 了解当前我国房地产产权及其设置情况。
2. 重点掌握我国房地产权属登记的种类与范围。
3. 熟悉我国房地产权属登记的程序。
4. 熟悉房地产产籍管理的基本内容。

技能要求

1. 进行房地产权属登记的能力。
2. 对房地产权属证书依法规范管理的能力。

第一节 房地产产权

一、房地产产权的概念

《物权法》第三十九条规定，"所有权人对自己的不动产或者动产，依法享有占有、使用、收益和处分的权利。"房地产产权是将房地产这一不动产作为一种重要的特殊的财产而形成的物权。房地产产权是指权利人对土地的使用权和土地上建筑物、附着物的所有权，以及由上述权利产生的他项权，如抵押权等。

二、房地产产权的设置

房地产作为不动产，由于房屋是建在土地上，土地是房屋的载体，二者在物理属性上是密不可分的；在我国，房屋所有人拥有房屋所有权，但对房屋所占用的土地只享有使用权，因此，对房屋和其所占用的土地实行权利人一致的原则。我国目前有法律依据的房地产产权包括土地所有权、土地使用权、房屋所有权、房屋使用权和房地产抵押权。下面对土地所有权、土地使用权、房屋所有权、房屋使用权作进一步论述。

1. 土地所有权

土地所有权是指国家或农民集体对归其所有的土地依法享有的占有、使用、收益、处分的权利。土地所有权内容对土地所有者及其代表行使权利有三条重要的限制。

（1）土地所有者及其代表行使权利不得违反法律、行政法规规定的义务。

（2）土地所有者及其代表不得违反其与土地使用者签订的土地使用权出让合同或者土地

承包合同中约定的义务。

(3) 土地所有权禁止交易。

土地所有权是其他一切房地产权利的基础。我国土地所有权具体分为国有土地所有权和集体土地所有权。

2. 土地使用权

这里所称的土地使用权，是指土地使用者依法使用其占有的土地并享有收益及一定处分的权利。我国的土地使用权根据土地的所有权的不同分为两大类，即国有土地使用权和集体土地使用权。

(1) 国有土地使用权。国有土地使用权是依法使用国家所有土地的权利。它的主体非常广泛，任何单位和个人，包括境外的企事业单位和个人，符合依法使用中国国有土地条件的，都可以成为中国的国有土地使用者。在我国，国有土地使用权是目前唯一可作为流通物的土地权利，是"地产"的别称，可见这类权利的重要性。国有土地使用权可以通过出让、转让、租赁、划拨等方式取得，单位和个人依法使用的国有土地，由县级以上人民政府登记造册，核发证书，确认使用权。

(2) 集体土地使用权。集体土地使用权是农村集体经济组织及其成员以及符合法律规定的其他组织和个人在法律规定的范围内对集体所有的土地享有的用益物权。集体土地使用权不得出让、转让或者出租用于非农业建设，但是符合土地利用总体规划并依法取得建设用地的企业因破产、兼并等情形致使土地使用权依法发生转移的除外。

3. 房屋所有权

房地产在司法实践上又称不动产，而不动产一般是指土地以及其定着物（主要是房屋）。由于我国在土地使用制度改革前长期实行土地的"无偿、无限期、无流动"使用制度，因此对于不动产，人们最关心、最重视的是房屋所有权。购房者都知道购买房地产中有产权证，而办理下产权证又意味着对该房产拥有所有权。房屋的所有权是指所有人依法对房屋全面支配的权利。《中华人民共和国民法通则》规定，房屋的所有权分为占有权、使用权、收益权和处分权四项权能，这也是房屋所有权的四项基本内容。

房屋占有权是指对房屋实际控制和支配的权利。房屋占有权可以由所有人直接行使，也可以非所有人合法行使。有法定或约定根据的非所有人占有为合法占有，反之则为非法占有。房屋占有权与所有权分离不改变房屋的所有关系。房屋的占有权通常由所有权人来行使，但有时也由别人来行使，这就是使用权与所有权分离的情况。例如，房屋出租，就将房屋一定时期内的占有、使用权让渡给承租人来行使。

房屋使用权是指公民、法人或其他组织按照房屋的性能和用途对房屋加以利用的权利。房屋所有人可以直接使用房屋，也可以由非所有人根据法律规定或者取得所有人同意后使用。

房屋收益权是指房屋所有人依法收取房屋所产生的利益的权利。如将房屋出租收取租金或将房屋投资入股分红。收益可以由房屋所有人享有，也可以由合法的非所有人享有。

房屋处分权是指房屋所有权人依法对其所有的房屋进行处置的权利。对房屋的处分分为事实亡的处分（改建、拆除）和法律亡的处分（买卖、赠与、互换）。房屋处分权是房屋所有权权能中最重要的权利，是决定房屋命运的权利。房屋处分权一般只属于房屋所有人，非所有人只有在符合法定条件下并在法定范围内才能行使房屋处分权。

我国房屋所有权根据房屋所占用的土地性质的不同分为两大类：城镇房屋所有权和农村房屋所有权。

(1) 城镇房屋所有权。城镇房屋是指位于城镇国有土地上的房屋，这类房屋是各级房屋管理部门的管理重点。城镇房屋所有权根据主体的不同，可分为以下几项。

① 国有房屋所有权。国有房屋所有权是指国家对其所有房屋享有的所有权。国有房屋又称全民所有的房屋，就法律意义上讲，国有房屋的所有人是国家，具体经营管理单位或组织对国有房屋不具有法律意义上的所有权。但在实际操作中，国家行使所有权的方式主要是通过授权来管理和经营。

② 集体房屋所有权。集体房屋所有权是指集体组织对其自有的房屋享有的所有权。集体房屋的所有权属于集体组织，所有权主体是单一的，由集体组织行使权利和承担义务，集体组织的某个成员（含组织负责人）对集体房屋的民事行为均不具有法律效力。

③ 私人房屋所有权。私人房屋所有权是指由个人或数人拥有的房屋所有权。私人房屋分为个人所有房屋和共有房屋两种形式。

第一种形式为个人所有房屋。个人所有房屋的权利主体是单一的，产权人对房屋独立享有所有权。

第二种形式为共有房屋。共有房屋的权利主体有两个或两个以上，他们对同一房屋共同享有一个完整的所有权。共有房屋在共有关系存续期间不能分割，每个权利主体对整个共有房屋都可以行使权利。共有房屋按共有的形式分为共同共有和按份共有。

共同共有是指两个或两个以上的权利主体对共有房屋不分份额地共同享有权利并承担义务。每个共有人对共同共有房屋享有平等的占有、使用、收益和处分的权利。共同共有人对共有的房屋共同承担义务，因共有的房屋的改良、保管、维护等支付的费用由全体共有人共同承担。在共有关系存续期间，各共有人都无权请求分割共有的房屋。在处理房屋共同共有关系时，应掌握如下原则。

第一，共有人对共有房屋性质不明，部分共有人主张按份共有，部分共有人主张共同共有，如果不能证明房屋是按份共有的，应当认定为共同共有。

第二，共有人处分共有的房屋必须征得全体共有人的一致同意。在共同共有关系存续期间，部分共有人擅自处分共有房屋的，一般认定无效。但第三人善意、有偿取得该房屋的，应当维护第三人的合法权益。对其他共有人的损失，由擅自处分共有房屋的人赔偿。

第三，在共同共有关系终止时，对共有房屋的分割，有协议的，按协议处理；没有协议的，应当根据等分原则处理，并要考虑共有人对共有房屋的贡献大小，适当照顾共有人生产、生活的实际需要等情况。分割夫妻共有房屋，应当根据婚姻法的有关规定处理。

第四，共同共有房屋分割后，一个或数个原共有人出卖自己分得的房屋时，如果出卖的房屋与其他原共有人分得的房屋属于一个整体或有配套使用，其他原共有人主张优先购买权的，应当予以支持。

按份共有是两个或两个以上的权利主体按照各自的份额分别对共有房屋享有权利和承担义务。在按份共有中，权利主体对共有房屋按照预先确定的份额享有占有、使用、收益和处分的权利并承担相应的义务。按份共有人有权要求将自己的份额分出或转让，如出售、出租、赠送、清偿债务等。对按份共有房屋的处分，必须服从全体共有人的意志。如果共有人对共有房屋的处分不能达成一致的协议，可以按照多数共有人或拥有半数以上份额的共有人的意见处理，但不得损害少数人或份额小的共有人的利益。在处理房屋按份共有关系时，应当掌握如下原则。

第一，一个或数个共有人要求将自己的份额分出或转让时，其他共有人不得妨碍其权利。

第二，共有人出售自己的份额时，其他共有人在同等条件下，有优先购买的权利。

第三，按份共有房屋的分割必须保持房屋的使用价值。

综上不难看出，房屋的按份共有和共同共有具有以下几点区别。

第一，房屋的共同共有是根据共同关系产生，以共同关系的存在为前提，如因婚姻关系、家庭共同关系而形成夫妻共同所有的房屋和家庭共有房屋；而按份共有则不需要这个前提条件。

第二，在共同共有中，共有房屋是不分份额的，只要有共同关系存在就不能划分各共有人的房屋份额；而在按份共有中每个权利主体对共有房屋拥有各自份额。

第三，在共同共有中，每个权利主体对共有房屋平等地享受权利并承担义务；在按份共有中每个权利主体对共有的房屋是按照各自的份额享受权利并承担义务。

在司法实践中，常常遇到共有人将其共有房屋出租，由此而产生承租人的优先购买权与共有人的优先购买权发生冲突的问题。在这种情况下，就应用民法原理来处理。在民法原理中，物权可以对抗债权，基于物权而产生的权利（如共有人的优先购买权）可以对抗基于债权而产生的权利（如承租人的优先购买权）。即从法理上讲，共有人的优先购买权从法理上讲优于承租人的优先购买权。

④ 不同所有制间的共有房屋所有权。不同所有制间的共有房屋是指由不同所有制主体采取购房、建房或其他形式取得的房屋。随着改革开放的深入，房屋产权形成多元化的局面，出现了一些新的所有权形态，如中外共有、国有与集体之间共有、国家与个人之间共有等。

⑤ 其他房屋所有权。其他房屋所有权是指除上述四种房屋所有权以外的其他房屋所有权，如宗教团体所享有的房屋所有权、外国政府和外国侨民在中国境内所享有的房屋所有权等。

（2）农村房屋所有权。农村房屋是指位于集体所有土地的房屋。这类房屋一般为农村集体经济组织、乡镇企业、农民个人和家庭所有。在城镇居民经批准占有集体土地建房的情况下，为城镇居民所有；在以集体土地作为出资条件创办联营、合作、合资企业的情况下，为农村集体经济组织与国有企业、集体企业和外商共有。

4. 房屋使用权

房屋使用权实际上有两种：一是房屋所有权人对自己拥有的房屋所享有的使用权；二是非房屋所有权人对房屋所享有的使用权。前者即所有权人的使用权，可称作所有权能的使用权。后者即非所有权人的使用权，可称作与所有权相分离的使用权。前者不是独立的权利，只是所有权的一项权能；后者是一种独立的、与所有权相关的一项财产权利，它从所有权中分离出来，是相对独立于所有权的一种权利。

第二节　房地产权属登记管理

一、房地产权属登记的概念

1. 房地产权属登记的概念

房地产权属登记，是指房地产行政主管部门代表政府对房地产所有权和使用权以及由上述权利产生的抵押权、典权等房地产他项权利进行登记，依法确认房地产权归属关系的行为。

目前，我国实行土地使用权和房屋所有权登记发证制度。在大多数城市，房地产权属登记实行土地与房屋分别登记的制度，即一宗房地产要办理两个产权证书，一个是国有土地使用权证书,一个是房屋所有权证书。房地产权属登记,从主体来看,有登记机关和登记申请人。登记机关在不同国家不尽一致。一类是依法设立的专职登记机关,如日本的登记所;一类是由司法机关充任,如美国的地方法院;还有一类是由房地产行政管理部门充任,如我国许多市县的土地管理部门和房产管理部门。经省、自治区、直辖市人民政府确定,县级以上地方人民政府由一个部门统一负责房产管理和土地管理工作的,可以制作、颁发统一的房地产权证书,依照《城市房地产管理法》的规定,将房屋的所有权和该房屋占用范围内的土地使用权的确认和变更,分别载入房地产权证书。

2. 我国现行登记制度的特点

《物权法》颁布之前,房地产事项由房屋与土地分部门管理,所以房地产权属登记一般是土地使用权和房屋所有权登记分别在土地管理机关和房地产管理机关进行。

房地产权属登记制度是现代物权法中的一项重要制度。《物权法》颁布后,统一了登记制度,将"房地产权属登记"称为"不动产登记"。《物权法》第十条规定:"不动产登记,由不动产所在地的登记机构办理。国家对不动产实行统一登记制度。统一登记的范围、登记机构和登记办法,由法律、行政法规规定。"不动产登记具有以下法律特征。

(1) 登记的对象是不动产,主要包括房和地。

(2) 登记的事项是不动产的设立、变更、转让和消灭。

(3) 登记是不动产物权变动的前提。《物权法》规定:"不动产权的设立、变更、转让和消灭,应依法登记,发生效力;未经登记,不发生效力,但法律另有规定的除外。"

(4) 登记是将登记事项记载于不动产登记簿上的行为。如果只有当事人的申请,而未经法定程序,将各事项载于登记簿上,也不能完成不动产的登记。因此《物权法》第十六规定,不动产登记簿是物权归属和内容的根据。不动产登记簿由登记机构管理。

(5) 登记具有公示性。不动产物权通过登记公示出来,权利人、利害关系人可以申请查询、复制登记资料,登记机关应当提供。

二、房地产权属登记的功能

房地产权属登记这种对不动产实行登记制度有利于明确房地产所有权的归属,定纷止争;同时将房地产的权属状态变动的事实向社会公开,便于有利害关系的第三人查阅,防止"一房二卖"的出现,维护了房地产交易的安全。作为现代房地产法律制度的基础,房地产权属登记具有三个方面的功能,即权利确认功能、公示功能和管理功能。

(1) 权利确认功能。权利确认功能,指房地产权属登记确认房地产权利归属状态,经过登记的房地产权利受国家强制力保护,可以对抗权利人以外的任何主体的侵害,从而取得社会公认的权威。经过登记赋予房地产权利以相应的法律效力,保护房地产与权利人之间的法律支配关系。登记确权的房地产必须颁发权利证书。经过登记的房地产权利受到法律确认,由国家强制力予以保护,权利确认功能必须具备两个条件:一是房地产登记机关是法律规定的机关,登记程序由法律设定,登记的表、簿、册、证采用法定的形式;二是房地产登记对房地产的权属状态进行实质性的审查。

(2) 公示功能。权利公示功能,是指将房地产权利变动的事实向社会公开,用以表示房地产流转的功能。这是为维护房地产交易安全的需要。房地产权属登记通过公示能够将房地产流转的情况和结果及时的公布,具有风险预警的作用,进而可以保护房地产权利人和善意第三人的利益。

(3) 管理功能。房地产权属登记的管理功能是指房地产登记所具有的实施国家管理意图的功能。主要体现在两个方面:一是产籍管理功能,即通过登记建立产籍资料,进行产籍管理；二是审查监督功能，通过登记审查相关权利设立、变更、终止的合法性，进而取缔或处罚违法行为。通过房地产登记对房地产的登记档案、图纸等资料进行管理，对申请登记的房地产权利的真实合法性进行审查监督，同时也为城市规划、房地产税收等提供依据。

三、土地登记

1. 土地登记的概念

土地登记也称土地权利登记，是指由国家专门机关依法对土地的各项权利实行登记的制度。根据《土地登记规则》第一条规定，我国土地登记是指国家依法对国有土地使用权、集体土地所有权、集体土地使用权和土地他项权利的登记。

《土地管理法》第十一条规定："农民集体所有的土地，由县级人民政府登记造册，核发证书，确认所有权。农民集体所有的土地依法用于非农业建设的，由县级人民政府登记造册，核发证书，确认建设用地使用权。"《土地登记规则》第三条规定："国有土地使用者、集体土地所有者、集体土地使用者和土地他项权利者，必须依照本规则规定，申请土地登记"。"单位和个人依法使用的国有土地，由县级以上人民政府登记造册，核发证书，确认使用权"。《城市房地产管理法》第六十一条规定："以出让或者划拨方式取得土地使用权，应当向县级以上地方人民政府土地管理部门申请登记，经县级以上地方人民政府土地管理部门核实，由同级人民政府颁发土地使用权证书。"土地登记是国家用以确认土地所有权或土地使用权的一项法律措施。凡是经过依法登记的土地所有权、使用权及他项权利均受法律保护，任何单位和个人不得侵犯。经依法进行登记后的资料和文件具有法律效力，是地籍资料中反映土地权属状况的必要组成部分。

我国的土地登记不仅包括土地权属及其变更情况的登记，还包括对土地现状的登记。《土地登记规则》第四十八条明确规定："土地使用者、所有者和土地他项权利者更改名称、地址和依法变更土地用途的，必须依照本章规定向土地管理部门申请登记。"在初始登记中，土地登记的内容既包括土地权利的归属情况，又包括土地用途变更登记和土地权利人名称、地址、变更登记，这种登记的作用，远远大于那种以方便交易和保护交易安全为主要目的的土地登记。

2. 土地权属登记

土地权属登记是土地登记的核心内容。土地权属登记的基本含义是国家专门机关依法对土地权属关系、权利状态及其变化情况进行记载。在我国土地权属登记一般是指国家土地管理机关按照国家法律、法规和行政规章规定的条件和程序对土地所有权、使用权、土地他项权利及其变更情况进行审查登记，并颁发权利证书的行为。当这种行为及其过程被以法的形式确定下来，并在发展中不断规范化，成为土地管理机关和土地权利人普遍遵守的行为模式时，便形成了土地权属登记制度。

3. 土地权属登记的分类

根据土地权利的不同，可将土地权属登记划分为土地所有权登记、土地使用权登记和土地抵押权等他项权利登记；根据土地上是否存在建筑物，可将土地权属登记划分为单独土地权属登记和复合土地权属登记；根据时间顺序的不同，可将土地权属登记划分为初始土地登记和变更土地登记。

（1）预告登记。《物权法》第二十条中规定，当事人签订买卖房屋或者其他不动产物权的协议，为保障将来实现物权，按照约定可以向登记机构申请预告登记。预售商品房登记的意义主要体现在以下几个方面：

① 买受人获得优先购买权的效力；

② 出卖人的处分权受到限制；

③ 对出卖人的其他债权人的效力；

④ 期房登记与现房登记发生冲突时，应以期房登记为准。

（2）初始土地登记。初始土地登记又称为总登记，是指政府根据土地管理工作的需要在一定时间内，对辖区内全部土地或者特定区域内的土地进行的普查性质的登记。初始土地登记是国家对土地进行管理的基础性工作。就登记的内容来讲，既包括土地的权属状况登记，又包括土地的自然情况登记。该种登记的主要特点是具有普查的性质。

初始登记的主要作用是确认土地权属关系，维护土地权利人的合法权益，为进行地籍管理和土地权属管理提供基本的依据。由于众所周知的原因，我国的土地登记工作长期以来未受到应有的重视，直到《土地管理法》颁布施行之后，才根据土地管理工作的需要，在全国范围开展了初始土地登记，前后用了大约3年的时间。此次登记的完成为我国土地权属管理制度的建立积累了宝贵的经验，对于维护权利人的合法权益、界定土地权属关系、预防土地纠纷，以及今后土地争议的解决都起了重要的作用。

初始土地登记属于非经常性的登记，通常是根据土地权属管理工作的需要在大范围内进行，并由土地管理机关统一组织。

有下列情况之一的，需要进行初始土地登记：

① 从未进行过初始登记的；

② 由于种种原因造成地籍资料严重失实、混乱，需要通过初始土地登记，重新整理地籍；

③ 国家土地政策有重大调整，需要对土地进行重新登记。

初始土地登记的一般程序如下。

第一，通告。初始土地登记的通告，由县级以上地方人民政府公布，其主要内容包括土地登记区的划分、土地登记的期限、收件地点、申请登记者应提供的有关证件，以及其他要求和注意事项。

第二，申请。土地登记通告公布后，土地登记的申请者应在通告确定的期限内向收件地点的土地管理机关提出登记申请。国有土地使用权登记由土地使用者提出申请；集体土地所有权登记由村委会或者农村集体经济组织提出申请；集体土地使用权由集体土地使用者提出申请；土地他项权利需要单独申请的，由有关权利人提出申请。委托他人代理申请土地登记的，应提交授权委托书和代理人资格身份证明。

土地登记申请者申请土地使用权、所有权和土地他项权利登记，必须向土地管理部门提交下列文件资料：

① 土地登记申请书；

② 单位、法定代表人证明，个人身份证明或者户籍证明；

③ 土地权属来源证明；

④ 地上附着物权属证明。

有下列情形之一的，土地管理部门不予受理土地登记申请：

① 请登记的土地不在本登记区的；

② 提供的证明材料不齐全的；

③ 能提供合法证明的；

④ 土地使用权转让、出租、抵押期限超过土地使用权出让年限的；

⑤ 按规定应当申报地价而未申报的，或者地价应当经土地管理部门确认而未办理确认手续的；

⑥ 依法不予受理的。

有下列情形之一的，土地管理部门可以作出暂缓登记的决定：

① 土地权属争议尚未解决的；
② 土地违法行为尚未处理或者正在处理的；
③ 依法限制土地权利或者依法查封地上建筑物、其他附着物而限制土地权利的；
④ 法律、法规规定暂缓登记的其他事项。

第三，调查审批。土地管理机关接到土地登记申请人的申请及有关的证明材料后，首先应在物件簿上载明名称、页数、件数，并给申请者开具收据。然后进行地籍调查。

经初审合格的，土地管理部门按《城镇地籍调查规程》要求，到实地进行权属调查和地籍测量。地籍调查是指依照国家的规定，通过权属调查和地籍测量，查清宗地的权属、界址线、面积、用途和位置等情况，形成数据、图件、表册等调查资料，为土地注册登记、核发证书提供依据的一项技术性工作。土地管理部门负责组织辖区内的地籍调查。地籍调查按《城镇地籍调查规程》进行。

土地管理部门根据地籍调查和土地定级估价成果，对土地权属、面积、用途、等级、价格等逐项审核，填写土地登记审批表。土地登记审批表以宗地为单位填写，两个以上的土地使用者共同使用一宗土地的，应分别填写土地登记审批表。

第四，公告登记情况。经土地管理部门审核，对符合登记条件的要按照《土地登记规则》第十五条的规定予以公告。

公告的主要内容包括：

① 土地使用者、所有者和土地他项权利者的名称、地址；
② 准予登记的土地权属性质、面积、坐落；
③ 土地使用者、所有者和土地他项权利者及其他土地权益有关者提出异议的期限、方式和受理机关；
④ 其他事项。

在公告的期限内，土地登记申请者和与土地权益有关者可以向土地管理部门申请复查或提出异议。

第五，注册登记。公告期满，土地权利人及其他与土地权益有关者对土地登记审核结果未提出异议的，经人民政府批准后，由土地管理机关按有关规定予以注册登记。即填写《土地登记卡》和《土地归户卡》。

第六，颁发土地证书。对完成注册登记的由县级以上人民政府向国有土地使用者、集体土地所有者和集体土地使用者分别颁发《国有土地使用证》《集体土地所有证》和《集体土地使用证》。对登记为土地他项权利的由土地管理机关颁发《土地他项权利证明书》，对未确定土地使用权、所有权的土地，由土地管理机关登记造册，不颁发土地证书。

初始土地登记建立起来的表、卡、证和编绘的地籍图等地籍资料，是变更土地登记的基础。

(3) 变更土地登记

① 变更土地登记（日常土地登记）是指对已经进行初始土地登记的任一宗地的土地所有权、使用权和他项权利及相关内容发生变化而进行的相应的变更登记，包括土地使用权、所有权和土地他项权利设定登记，土地使用权、所有权和土地他项权利变更登记，名称、地址和土地用途变更登记，注销土地登记等。

变更土地登记是在初始土地登记之后，因土地权属关系、权利状态或土地用途发生变化而依法进行的登记。与初始土地登记相反，它属于经常性登记。变更土地登记的具体程序与初始土地登记基本相同，所不同的是变更土地登记不必通告与公告。

② 变更登记的程序。具体程序为：申请—变更地籍调查—权属审核—注册登记—缴费—核发或更换土地证书。

第一，申请有下列情况之一的，权利人应自土地变更实发之日起30天内到土地所在县土地管理局申请办理土地变更手续，属土地转让，需由土地转让方和受让方同时申请。内容包括：权利人变更名称、地址；变更土地用途；更土地权属性质；土地使用权转让，包括以土地作价入股，以土地联营合作、赠与、继承和企业被收购、兼并而使土地使用权发生转移。

申请办理变更登记手续，应提交变更登记理由证明材料和原土地证书。

第二，调查土地管理部门在收到变更土地登记申请后，认为符合变更申报要求的，即应向申请者发出变更调查通知书，然后进行实地调查、勘测、绘制新的宗地草图，填写变更地籍调查表，并对地籍图进行修测、补测，编制宗地号等。

第三，变更审核。土地管理部门根据变更土地登记申请人提交的资料和变更地籍调查结果对申请人资格、变更内容、变更依据进行审核。经审核符合规定要求的，报人民政府批准。

第四，变更注册登记。人民政府批准后，由土地管理部门办理变更注册登记。

第五，更换或更改土地证书。由市、县人民政府换发或更改土地证书，由市、县人民政府土地管理部门核发他项权利证明书。

四、房屋权属登记

房屋权属登记指房地产管理部门依其职权，对房地产权利人合法的土地使用权和房屋所有权以及由上述权利产生的抵押等房地产其他权利的登记。依法登记的房屋权利受国家法律保护。房屋权属登记是房屋权属管理的主要行政手段，也是政府加强房地产法制管理，依法确认房地产所有权的法定手续。房屋权属登记能产生两个方面的法律后果：一是在规定登记范围内的房屋，不论属谁所有，都必须按照有关规定，向房产管理部门申请权属登记，经审查确认产权后，由房产管理部门发给所有权证，即产权得到法律上的确认；二是权属登记后，则成为房屋所有权的唯一凭证，产权人依法对其房产行使所有权的各项权能，其他人无权干涉或妨碍。

根据《物权法》第十六条的相关规定，不动产登记簿是物权归属和内容的根据，由登记机构管理。不动产权属证书是权利人享有该不动产物权的证明，由权利人持有。不动产权属证书记载的事项，应当与不动产登记簿一致；记载不一致的，除有证据证明不动产登记簿确有错误外，以不动产登记簿为准。

根据《物权法》第十条的规定，不动产登记，由不动产所在地的登记机构办理。《物权法》出台后，国家统一了登记机构，但登记机构的具体管理范围和职责尚未明确，这有待于国家机构改革，以及相应行政法规的出台。

1. 房屋权属登记的范围

2001年8月15日建设部修改颁布了《城市房地产权属登记管理办法》，凡是城市规划区国有土地范围内的房屋权属登记都适用该办法。登记主体是房屋权利人，即依法享有房屋所有权和该房屋占用范围内的土地使用权、房地产他项权利的法人、其他组织和自然人。

2. 房屋权属登记的种类

《城市房屋权属登记管理办法》第九条规定："房屋权属登记分为总登记、初始登记、转移登记、变更登记、他项权利登记和注销登记。"

（1）总登记。总登记是指县级以上地方人民政府根据需要，在一定期限内对本行政区域内的房屋进行统一的权属登记。总登记是一种静态的登记，是在一定行政区域和一定时间内进行的房屋权属登记。

总登记并不是经常进行，有下列情况之一的，需要进行总登记：

① 从未进行过权属登记的；

② 需要全面核实，换发权属证书；

③ 由于历史原因造成房屋权属管理混乱，需要重新进行整理登记。

建国初期，各大城市及一些县城清理房产产权进行的产权登记，以及（原）城乡建设环境保护部于1986年2月发出的《关于开展城镇房产产权登记、核发产权证工作的通知》所要求的全国城镇房屋所有权登记发证工作，即属于总登记的性质。

（2）初始登记。初始登记是指新建房屋申请人，或原有但未进行过登记的房屋申请人原始取得所有权而进行的登记。

《城市房地产管理法》第六十一条规定："在依法取得的房地产开发用地上建成房屋的，应当凭土地使用权证书向县级以上地方人民政府房产管理部门申请登记，由县级以上地方人民政府房产管理部门核实并颁发房屋所有权证书"。

新建的房屋，申请人应当在房屋竣工后的3个月内向登记机关申请房屋所有权初始登记，并应当提交用地证明文件或者土地使用权证、建设用地规划许可证、建设工程规划许可证、施工许可证、房屋竣工验收资料以及其他有关的证明文件。

集体土地上的房屋转为国有土地上的房屋，申请人应当自事实发生之日起30日内向登记机关提交用地证明等有关文件，申请房屋所有权初始登记。

（3）转移登记。转移登记是指房屋因买卖、交换、赠与、继承、划拨、转让、分割、合并、裁决等原因致使其权属发生转移而进行的登记。

权利人应当自房屋权属转移事实发生之日起90日内申请转移登记。申请转移登记，权利人应当提交房屋权属证书以及相关的合同、协议、证明等文件。房屋权属发生转移时，就要依法登记，以确认新的房屋权利人。另外，房屋的分割析产，看起来所有权并未转移，只是把原来共同所有的房产变成了各自所有，这实质上是一种特殊方式的转移，因而房产分割也列入转移登记范围。

转移登记是一项经常性工作，其目的在于及时掌握房屋权属的变动以及确定新的权利人的权利，并修正原有的房产产籍资料。

（4）变更登记。变更登记是指房屋权利人因法定名称改变，或是房屋状况发生变化而进行的登记。

发生下列情形之一的，权利人应当自事实发生之日起30日内申请变更登记：

① 房屋坐落的街道、门牌号或者房屋名称发生变更的；

② 房屋面积增加或者减少的；

③ 房屋翻建的；

④ 房屋权利人的名称发生变更的；

⑤ 法律、法规规定的其他情形。

申请变更登记，权利人应当提交房屋权属证书以及相关的证明文件。

这种登记也是一项经常性工作，主要目的在于掌握房屋状况的变更情况，及时进行修正、补充房产产籍资料。

（5）他项权利登记。他项权利登记是指设定房屋抵押权、典权等他项权利而进行的登记。

《城市房屋权属登记管理办法》第十九条规定:"设定房屋抵押权、典权等他项权利的权利人应当自事实发生之日起 30 日内申请他项权利登记。"申请房屋他项权利登记,权利人应当提交房屋权属证书,设定房屋抵押权、典权等他项权利的合同书,以及相关的协议和证明文件。

(6) 注销登记。注销登记是指因房屋灭失、土地使用年限届满、他项权利终止等原因导致房地产权利丧失所进行的登记。

房屋权利人应当自事实发生之日起 30 日内申请注销登记。申请注销登记,权利人应当提交原房屋权属证书、他项权利证书及相关的合同、协议、证明等文件。

房屋灭失,是指权利人未在规定的期限内办理房屋权属注销登记的,房屋权属登记机关有权注销房屋权属证书。此外,房屋权利人申报不实、涂改房屋权属证书或因登记工作人员工作失误造成房屋权属登记不实的,登记机关也可以行使注销权,依法注销房屋权属证书。凡依法注销房屋权属证书的,登记机关应作出书面决定,并送达权利人。并收回原发放的房屋权属证书或者公告原房屋权属证书作废。

(7)《物权法》中关于登记和合同的效力的相关规定。对于登记的效力和合同的效力的关系,《物权法》第十五条作了如下规定:"当事人之间订立有关设立、变更、转让和消灭不动产物权的合同,除法律另有规定或者合同另有约定外,自合同成立时生效;未办理物权登记的,不影响合同效力。"

3. 房屋权属登记的程序

尽管房屋权属登记有不同类型,每一类登记又有不同的目的、内容和要求,但作为房屋权属管理的一种方式或手段,其基本程序是相同的,都要按受理登记申请、权属审核、公告、核准登记并颁发房屋权属证书等程序进行。

(1) 受理登记申请。受理登记申请是申请人向房屋所在地的登记机关提出书面申请,填写统一的登记申请表,提交有关证件。如其手续完备,登记机关则受理登记。房屋所有权登记申请必须由房屋所有权人提出,房屋他项权利登记应由房屋所有人和他项权利人共同申请。

权利人(申请人)申请登记时应如实填写登记申请表,对委托代理申请登记的,应收取委托书并查验代理人的身份证件。不能由其他人持申请人的身份证件申请登记。

工作人员在查验各类证件、证明和申请表、墙界表各栏目内容后,接受申请人的登记申请,并按收取的各类书证,向申请人出具收件收据。

登记机关自受理登记申请之日起 7 日内应当决定是否予以登记,对暂缓登记、不予登记的,应当书面通知权利人(申请人)。

有下列情形之一的,经权利人(申请人)申请可以准予暂缓登记:
① 因正当理由不能按期提交证明材料的;
② 按照规定需要补办手续的;
③ 法律、法规规定可以准予暂缓登记的。

有下列情形之一的,登记机关应当作出不予登记的决定:
① 属于违章建筑的;
② 属于临时建筑的;
③ 法律、法规规定的其他情形。

(2) 权属审核。权属审核是房屋权属登记机关对受理的申请进行权属审核,在审核时登记机关要对申请登记的房屋进行实地查勘,并绘制房屋的平面图,并以产籍资料和实地查勘的资料为基础,以国家现行的法规政策为依据,对照申请人提交的各种证件,认真审查其申请登记的房屋产权来源是否清楚、权属转移和房屋变动是否合法，它是整个房屋权属登记工作的核心阶段。

（3）公告。公告是对可能有产权异议的申请，采用布告、报纸等形式公开征询异议，以便确认产权。公告并不是房屋权属登记的必经程序，登记机关认为有必要时进行公告。公告的主要原因是为了征询要登记的房屋权属的异议，为了进一步了解房屋权属而向社会发出产权征询过程。征询异议，就是将已经初步核定的房屋权属主要情况予以公布，以征求与房屋权属有利害关系者对房屋权属的异议（其中也包括申请登记者对登记情况是否有异议），便于登记机关及时发现登记中的问题，以提高登记的准确性。

权利人房屋权属证书遗失的，应当及时登报声明作废，并向登记机关申请补发，登记机关应当作出补发公告，经6个月无异议的方可予以补发房屋权属证书。

（4）核准登记，颁发房屋权属证书。凡权属清楚、产权来源资料齐全的，初始登记、转移登记、变更登记、他项权利登记应当在受理登记后的30日内核准登记，并颁发房屋权属证书。

① 核准登记。经初审、复审、公告后的登记件，应进行终审，经终审批准后，该项登记即告成立，终审批准之日即是核准登记之日。

终审一般由直接负责权属登记工作的机构指定的专人进行。终审是最后的审查，对有疑问的问题，终审人员应及时向有关人员指出，对复杂的问题，也可能用会审的方法，以确保产权无误。

② 制作权属证书。经终审核准登记的权利，可以制作权属证书。填写房屋权属证书应当按建设部《关于制作颁发全国统一房屋权属证书的通知》的规定来填写。无论是手工缮证还是使用计算机缮证，在缮证后都要由专人进行核对，核对人员要在审批表核对人栏内签字以示负责，核对无误的权属证书就可编造清册，并在权属证书上加盖填发单位印章。

③ 颁发权属证书。房屋权属证书应当发给权利人或权利人所委托的代理人。房屋权属证书包括《房屋所有权证》《房屋共有权证》《房屋他项权证》或者《房地产权证》《房地产共有权证》《房地产他项权证》。共有的房屋，由权利人推举的持证人收执房屋所有权证书，其余共有人各执房屋共有权证书1份，房屋共有权证书与房屋所有权证书具有同等的法律效力。房屋他项权证书由他项权利人收执，他项权利人依法凭证行使他项权利，受国家法律保护。

五、统一的房地产权属登记和房地产权证书

目前，房产管理和土地管理工作多数是由两个不同的政府部门负责的，但也有一些地方是由一个部门负责。因此，为了切合实际，《城市房地产管理法》第六十三条规定："经省、自治区、直辖市人民政府确定，县级以上地方人民政府由一个部门统一负责房产管理和土地管理工作的，可以制作、颁发统一的房地产权证书。"所以，房产产权证书是在由一个部门同时负责房产管理和土地管理工作的情况下所制作、颁发的房地产权属的法律凭证。

对于由一个部门统一负责房产管理和土地管理工作的，房地产权利人应该向该部门申请登记，由该部门审查核实后，依法颁发房地产权证书，将房屋的所有权和该房屋占用范围内的土地使用权的确认和变更，分别载入房地产权证书。持有房地产权证书的人，可以依法行使其房屋所有权和该房屋占用范围内的土地使用权，任何人不得非法侵犯。

第三节　房地产产籍管理

一、房地产产籍管理的概念和意义

　　房地产产籍管理是指对房地产登记等一系列权属管理和测绘过程中所形成的各种图、档、卡、册、表等产籍资料，经过加工整理分类，运用科学的方式进行的综合管理。房地产产籍的特征具有统一性、官方性、持久性和公开性。房地产行政管理部门的一项重要职能就是房地产产籍管理，其主要的意义在于：

① 为城市规划、建设与管理提供科学依据；
② 为依法行政，确认产权、解决纠纷提供可靠凭证。

二、房地产产籍的基本内容

　　产籍主要由图、档、卡、册组成。它是通过图形、文件记载、原始证件等来记录，反映产权状况、房屋及土地的使用情况。

　　图，即房地产产籍平面图。它是专为房屋所有权和土地使用权登记和管理而绘制的专业图，它反映土地及房屋的位置、产权经界、房屋结构、面积、层次、街道门牌等。

　　档，即房地产档案。它是通过土地使用权和房地产所有权的登记及其变更登记等，把各种产权证件、证明、各种文件、历史资料等收集起来，用科学方法加以整理，分类装订而成卷册。它包括产权登记的各种申请表、墙界表、图纸、调查材料、原始文件记录、各种契证等文件，它反映了房地产权利及房地演变过程和纠纷处理结果及其过程，是审查和确认产权的重要证据。

　　卡，即房地产卡片。它是对产权申请书中的产权人情况、土地使用权与房屋所有权状况及其来源等扼要摘录而制成的卡片，它按丘号（地号）顺序，以一处房屋中一幢房屋为单位填制一张卡片，其作用是为了查阅房地产基本情况以及对各类房地产进行分类和统计。

　　册，即房地产登记簿册。包括登记收件簿、发证记录簿、房屋总册，是根据产权登记的成果和分类管理的要求而编制的。它是产权状况和房地产状况的缩影；它按丘号顺序，以一处房屋为单位分行填制，装订成册；其作用是用来掌握房屋基本状况和变动。

三、房地产产籍调查、测绘与建档

　　房地产产籍管理中的首要任务是摸清家底，即对房地产产籍进行全面的调查，包括房产调查与地产调查。调查的内容主要是房地产位置、权界、权属、面积、数量和利用状况等基本情况。权属单元按丘和丘号（地号）划分和编号。

　　在对房地产进行全面调查、收集完整资料的基础上，对房地产按照法律规范的要求进行测绘、制图。

　　房地产产籍管理工作的另一项重要内容就是建立房地产产权档案。

复习思考题

1. 什么是房地产产权及房地产权属登记？
2. 城镇房屋所有权根据其主体的不同，可分为哪几类？

3. 什么是土地登记？土地登记分为哪几类？
4. 什么是初始土地登记？其程序是什么？
5. 什么是房屋权属登记？
6. 我国城市房屋权属登记的范围是什么？
7. 我国房屋权属登记的种类有哪些？
8. 什么是房地产产籍？房地产产籍包括哪些内容？

案例分析

1. 案情介绍

陈某在县城以6.8万元购买了一套商品房。刚装修完毕，此地段房屋价格上涨，陈某便以11万元卖给江某，双方签订了书面合同，江某交付房款后搬进新房居住，但未办理房屋登记过户手续。一年后，陈某又见房价上涨，遂以12万元的价格将该房屋出卖给钟某，双方到房管部门办理了房屋登记过户手续。此后，陈某将11万元现金退给江某，并要求江某退房。江某认为已签订了房屋买卖合同，且交清房款已入房居住，享有该房的所有权和使用权，拒不退房。双方为此争执不休，陈某遂一纸诉状递到法院，要求判令江某退房，房屋所有权应属钟某享有。

2. 案例分析

本案的焦点是未经所有权变更登记的房屋买卖，其效力如何确认？房屋所有权归谁？对此，产生几种不同意见。

第一种意见认为：江某没有办理房屋所有权变更登记手续，不具备房屋买卖合同生效的形式要件，就不能认定房屋买卖合同成立。而合同成立是合同生效的逻辑前提。由于陈某与江某的买卖合同不成立，自然导致双方的买卖合同不生效。

第二种意见认为：确认房屋归江某所有。理由是：陈某与江某之间的房屋买卖合同有效，且房屋已交付管理使用，应撤销陈某与钟某的买卖合同。

第三种意见认为：未经所有权变更登记的房屋买卖，买方不能取得所有权，这种后果不是买卖合同无效的法律后果，而是未办理所有权变更登记手续造成的。本案应认定江某不能取得房屋所有权，必须退房；陈某应承担违约责任，钟某享有该房屋所有权。

第十一章 房地产继承与赠与政策与法规

学习目标

1. 了解房地产继承的基本原则及特点。
2. 掌握房地产继承的方式。
3. 掌握房地产继承权的开始、放弃和丧失。
4. 掌握房地产赠与合同的特点。
5. 了解房地产法定继承的分类及其特点。

技能要求

1. 规范房地产继承和赠与行为的能力。
2. 正确处理房屋遗产纠纷的能力。

第一节 房地产继承

一、房地产继承的概念和特点

1. 房地产继承的概念

继承权是指公民依法承受死者个人所遗留的合法财产的权利。在继承关系中，遗留财产的人称为被继承人；依法继承他人遗产的人称为继承人；公民死后遗留的个人合法财产称为遗产，遗产包括财产和财产权利。房地产是财产中的不动产。房地产继承属于财产继承的一种。

房地产继承是指依照法定程序把被继承人遗留的房屋所有权及其土地使用权转归继承人所有的法律行为。房地产继承包括房屋所有权与土地使用权的继承。从房地产交易来看房地产继承又属于房地产转让的范畴。

2. 房地产继承的特点

房地产继承具有继承权的法律特征，具体如下。

（1）继承应当在被继承人（在房产继承中就是遗留下房产的人）死亡后才能发生。这是继承的首要条件。有的房产所有权人为了避免继承人在日后可能会因争夺房产而产生纠纷，在生前就将房产权交给继承人如分给某个或各个子女，这也是合法的行为，但这不是继承，因为这时继承还没有开始，而是生前的赠与行为。

（2）继承遗产的人应当是被继承人的合法继承人，就是依照法律的规定能作为继承人的继承人。这是继承的第二个条件。被继承人如果立下遗嘱,将房产指定给法定继承人以外的人,或是捐献给国家、集体,这也是被继承人处分遗产的方式,但这不是继承而是遗赠。

(3) 继承权是依照法律的直接规定或者合法有效的遗嘱而享有的权利。

(4) 作为遗产的房地产是公民死亡时遗留的个人合法财产。个人所有的财产有的房产是共有的,如常见的夫妻之间的共有,当一方死亡以后,并不是所有的房产都成了遗产。这时,应当先将房产进行产权分割将属于被继承人配偶的份额(除有约定者外,一般应分出房产份额的一半)分割出来以后,再对遗产进行继承。

(5) 以登记为生效要件。

二、房地产继承的基本原则

房地产继承的基本原则是指处理房地产继承必须遵守的原则。

1. 保护公民合法财产继承权的原则

保护公民私有财产继承权的原则主要有以下表现:第一,凡公民死亡时遗留的个人合法财产均为遗产,全部由其继承人继承(都可以作为遗产由其继承人依法继承);第二,继承人的继承权不得非法剥夺或限制;第三,继承权为绝对权,任何人都负有不得侵害的义务。

2. 继承权平等原则

(1) 继承权男女平等。

(2) 非婚生子女与婚生子女继承权平等。

(3) 法定继承人有平等的继承权。

(4) 继承人的继承权受法律的平等保护。

(5) 遗产分割不能侵害未出生人的利益。

按照《中华人民共和国继承法》(以下简称《继承法》)的要求,在遗产分割时,应当保留胎儿的继承份额,以保护被继承人死亡后出生的子女的利益。

3. 互谅互让、团结和睦原则

(1) 在遗嘱继承和遗赠中保护老、幼、残疾人的利益。依《继承法》规定,被继承人以遗嘱处分其财产时,遗嘱中应当为缺乏劳动能力又没有生活来源的继承人保留必要的份额。

(2) 承认遗赠扶养协议的效力。我国《继承法》中特别规定了遗赠扶养协议。公民可以与无法定扶养义务的自然人或集体所有制组织签订遗赠扶养协议,以保障受扶养人的生养死葬。

4. 继承人协商处理继承问题

对生活有特殊困难的缺乏劳动能力的继承人,分配遗产时,应当予以照顾。继承人经过协商一致,可以平均分配遗产,也可以不平均分配遗产,这一点在房产的继承上尤为重要。

5. 权利义务一致的原则

(1) 按照我国《继承法》遗产按照规定顺序继承。

(2) 对被继承人尽了主要扶养义务或者与被继承人共同生活的继承人,分配遗产时,可以多分。

有扶养能力和有扶养条件的继承人,不尽扶养义务的,分配遗产时,应当不分或者少分。

(3) 对继承人以外的依靠被继承人扶养的缺乏劳动能力又没有生活来源的人,或者继承人以外的对被继承人扶养较多的人,可以分给他们适当的遗产。

6. 遗产分割应当有利于生产和生活需要，不损害遗产的效用

房产的继承和分割与其他财产不同，房产虽然可以分割但这种分割是有限的，如不能把一间房屋分成许多份。在这种情况下可以采取折价、适当补偿或者共有等方法处理。

三、房地产继承权的开始、放弃和丧失

1. 房地产继承权的开始

继承必须在被继承人死亡后开始。《继承法》第二条规定："继承从被继承人死亡时开始。"《最高人民法院关于贯彻执行〈中华人民共和国继承法〉若干问题的意见》第一条补充规定，"继承从被继承人生理死亡或被宣告死亡时开始。失踪人被宣告死亡的，以法院判决中确定的失踪人的死亡日期，为继承开始的时间。"法律规定的继承权，只是继承人享有的一种期待权，如果被继承人没有死亡，继承关系就不会发生，只有在被继承人死亡以后，继承权才会成为即得权。

2. 房地产继承权的放弃

继承权是公民的民事权利，公民依法可以行使自己的民事权利，也可以放弃自己的民事权利。继承人一经放弃继承权，就不得再坚持继承的主张。《继承法》对放弃继承权有严格的要求：第一，放弃继承权，一般应书面声明；第二，放弃继承权，必须在遗产分割以前；第三，继承人表示放弃，必须书面声明或直接由继承人作出明确表示，并经有关组织证明或公证机关公证。这样做，有利于防止某些人假借他人已经放弃继承权而非法侵犯其他人应继承的遗产份额。

3. 房地产继承权的丧失

房地产继承权的丧失是指房地产继承人因法定原因丧失房地产继承权。《继承法》第七条规定，继承人有下列行为之一的，丧失继承权：

（1）故意杀害被继承人的；
（2）为争夺遗产而杀害其他继承人的；
（3）遗弃被继承的，或者虐待被继承人情节严重的；
（4）伪造、篡改或者销毁遗嘱，情节严重的。

四、房地产继承的方式

1. 法定继承

法定继承是指按照法律规定的继承人的范围、继承顺序、遗产分配原则进行继承的继承方式。

2. 遗嘱继承

遗嘱继承是指公民立遗嘱将个人财产指定由法定继承人的一人或数人继承。房地产继承有其特殊要求，立遗嘱处分自己死亡后房地产权利的，该遗嘱必须经过公证机关的公证才有效，即应当立"公证遗嘱"。

3. 遗赠

公民立遗嘱将个人财产赠给国家、集体或者法定继承人以外的人，称为遗赠。但是《继承法》对受遗赠人接受遗赠的时间另有规定，即"受遗赠人应当在知道受遗赠后 2 个月内，作出接受或者放弃受遗赠的表示。到期没有表示的，视为放弃受遗赠。"对待这一条款应特别注意，如果法定继承人对遗产没有表示的，则视为接受继承；而受遗赠人在 2 个月之内未

作出表示的,将丧失受遗赠的权利。

五、涉外房地产的继承

1. 概念

涉外继承是指在继承关系的构成要素中有一个或几个涉及国外的继承,即有涉外因素的继承。

涉外因素是指在继承法律关系的构成要素或与继承遗产有关的法律事实中,有涉及外国的因素。其主要表现在以下三个方面:①主体涉外;②客体涉外;③继承有关的法律事实涉外。

2. 涉外继承关系的特征

(1) 涉外继承中至少有一个涉外因素。

(2) 涉外继承主要是通过国际私法的冲突规范进行间接调整。

(3) 涉外继承关系的案件实行专属管辖。在我国,涉外继承的案件,由不动产所在地人民法院、被继承人死亡时住所地人民法院、主要遗产所在地人民法院专属管辖。

3. 我国涉外继承的法律适用

根据我国《继承法》和《民法通则》的规定,我国处理涉外法定继承的法律适用规定是:

(1) 动产适用被继承人死亡时住所地法律,不动产适用不动产所在地法律;

(2) 中华人民共和国订有条约、协定的,按条约、协定办理。

处理涉外遗嘱继承,我国目前尚无明确的法律适用规定,实践中多参照一般民事行为和涉外法定继承的法律适用原则。

第二节 房地产法定继承

一、房地产法定继承的概念及特点

房地产法定继承是指依据法律直接规定的继承人范围、顺序和遗产分配原则,将遗产分配给合法的继承人的继承方式。法定继承也称无遗嘱继承,如存在合法有效的遗嘱,将不发生法定继承。

法定继承是基于继承人与被继承人之间存在着一定的血缘关系(父母、子女)和婚姻关系(夫妻,但必须是被继承人死亡时有此种关系)。

法定继承人的范围、排列顺序和遗产分配都是法律规定的,除被继承人生前已以遗嘱方式改变外,任何人都无权变更。

二、法定继承人的范围

所谓法定继承人是指依照法律规定,有权继承被继承人遗产的被继承人亲属。按照《继承法》,我国法定继承人的范围如下。

(1) 配偶。配偶专指婚姻关系存续期间的夫妻双方。这里的婚姻关系指合法的婚姻关系,事实婚姻必须经人民法院加以认定,否则不能继承。

(2) 子女。子女包括婚生子女、非婚生子女、养子女和有扶养关系的继子女。

(3) 父母。父母包括生父母、养父母和有扶养关系的继父母。
(4) 兄弟姐妹。兄弟姐妹包括同父母的兄弟姐妹、同父异母或者同母异父的兄弟姐妹、养兄弟姐妹、有扶养关系的继兄弟姐妹。
(5) 祖父母、外祖父母（包括养祖父母、养外祖父母和有扶养关系继祖父母、继外祖父母）。
(6) 丧偶。儿媳对公、婆，丧偶女婿对岳父、岳母，尽了主要赡养义务的。

三、法定继承的顺序

第一顺序：配偶、子女、父母及对公、婆或岳父、岳母尽了主要赡养义务的丧偶儿媳或丧偶女婿。

第二顺序：兄弟姐妹、祖父母、外祖父母。

继承开始后，由第一顺序继承人继承，第二顺序继承人不继承。没有第一顺序继承人继承的，由第二顺序继承人继承。

四、房地产法定继承的条件

法定继承实际发生的条件主要有以下几种。
① 被继承人生前没有立下遗嘱；
② 遗嘱继承人放弃继承或受遗赠人放弃受遗赠；
③ 遗嘱继承人丧失继承权；
④ 遗嘱继承人、受遗赠人先于遗嘱继承人死亡；
⑤ 遗嘱无效部分所涉及的遗产；
⑥ 遗嘱未予处分的遗产。

五、法定继承的分类

我国《继承法》的规定，根据继承人在法定继承中的地位不同，可以将法定继承划分为本位继承、代位继承和转继承。

1. 本位继承

本位继承是指继承人基于自己的继承地位顺序和应当继承的份额而继承。

2. 代位继承

代位继承是和本位继承相对应的一种继承制度，是法定继承的一种特殊情况。它是指被继承人的子女先于被继承人死亡时，由被继承人子女的晚辈直系血亲代替先死亡的长辈直系血亲继承被继承人遗产的一项法定继承制度，又称间接继承、承租继承。先于被继承人死亡的继承人，称被代位继承人，简称被代位人。代替被代位人继承遗产的人称代位继承人，简称代位人。代位人代替被代位人继承遗产的权利，叫代位继承权。

代位继承的条件如下。

(1) 被代位人必须先于被继承人死亡。这既是我国代位继承成立的首要条件和唯一原因，也是其与转继承的重要区别之一。

(2) 先死亡的被代位人，必须是被继承人的子女，其他继承人如被继承人的配偶、父母、兄弟姐妹、祖父母、外祖父母等先于被继承人死亡不发生代位继承。

(3) 代位继承人必须是被代位人的晚辈直系血亲。我国《继承法》规定："被继承人的子女先于被继承人死亡的，由被继承人的子女的晚辈直系血亲代位继承。"《最高人民法院关于贯彻执行〈中华人民共和国继承法〉若干问题的意见》的意见中又进一步明确指出，被继承人的孙子女、外孙子女、曾孙子女、曾外孙子女都可以代位继承，代位继承人不受辈分限制。

（4）被代位人生前必须享有继承权，如被代位继承人基于法定事由丧失继承权，则连带引起代位继承权的消灭。《最高人民法院关于贯彻执行〈中华人民共和国继承法〉若干问题的意见》指出："继承人丧失继承权的，其晚辈直系血亲不能代位继承。"

（5）代为继承只适用于法定继承，在遗嘱继承中不适用。亦即只有被代位继承人的法定继承权才能被代位，如其享有的是遗嘱继承权，则该遗嘱会因先于被继承人死亡而失效，此时不发生代位继承。

（6）代位继承人无论人数多少，原则上只能继承被代位继承人有权继承的份额。

3. 转继承

转继承，是指继承人在继承开始后实际接受遗产前死亡，该继承人的法定继承人代其实际接受其有权继承的遗产。转继承人就是实际接受遗产的死亡继承人的继承人。

依据《最高人民法院关于贯彻执行〈中华人民共和国继承法〉若干问题的意见》第五十二条规定"继承开始后，继承人没有表示放弃继承权，并于遗产分割前死亡，其继承遗产的权利转移给他的合法继承人"和第五十三条规定"继承开始后，受赠人表示接受遗赠，并于遗产分割前死亡的，其接受遗赠的权利移转给他的继承人"的规定，转继承有以下的特征：

（1）只有在被继承人死亡之后，遗产分割之前，继承人也相继死亡，才发生转继承；

（2）只有继承人在前述的时间内死亡而未实际取得遗产，而不是放弃继承权；

（3）只能由继承人的法定继承人直接分割被继承人的遗产；

（4）转继承人一般只能继承其被转继承人应得的遗产份额；

（5）转继承人可以是被继承人的直系血亲，也可以是被继承人的其他法定继承人。

4. 代位继承与转继承的区别

（1）继承人死亡的时间不同。代位继承中继承人先于被继承人死亡；而转继承中继承人在被继承人死亡后，遗产分割前死亡的。

（2）继承的主体不同。代位继承只能发生与被继承人有直系血亲或拟制血亲的子女范围内，如子女、孙子女、外孙子女，且不受辈分限制，均可成为代位继承人；转继承人却不仅限于有直系血亲或拟制血亲的子女、孙子女、外孙子女范围内，是被继承人的所有的法定继承人。因此，作为第一顺序继承人的子女、配偶、父母都有继承权。

（3）适用的范围不同。转继承可以发生在法定继承中，也可以发生在遗嘱继承中；而代位继承只适用于法定继承。

（4）继承的内容不同。代位继承是继承人的子女直接参与对被继承人遗产的分割，与其他有继承权的人共同参与继承活动；转继承的继承只能对其法定继承人应继承的遗产进行分割，不能与被继承人的其他合法继承人共同分割被继承人的遗产。

第三节　房地产遗嘱继承、遗赠和遗赠抚养协议

一、房地产遗嘱继承

1. 房地产遗嘱继承的概念

所谓遗嘱继承是指法定继承的对称，被称为"指定继承"，指按照立遗嘱人生前所留下

的符合法律规定的合法遗嘱的内容要求,确定被继承人的继承人及各继承人应继承遗产的份额。

2. 房地产遗嘱继承的特点

(1) 以被继承人合法遗嘱的存在为要件。
(2) 遗嘱继承人须为法定的继承人,可以根据遗嘱由一人或数人来继承其遗产。
(3) 遗嘱继承可以不均等,被继承人可以在法定继承人的范围内处分自己的遗产。
(4) 不受继承顺序的限制。

二、房地产遗赠

1. 房地产遗赠的概念

遗赠是指公民可以立遗嘱将个人财产赠给国家、集体或者法定继承人以外的人一种民事法律行为。立遗嘱人为遗赠人,接受遗赠的人称遗赠受领人。

2. 遗赠与遗嘱继承的区别

(1) 接受遗产的主体不同。受遗赠人可以是自然人、法人、其他组织或国家。但必须不是立遗嘱人的法定继承人;而遗嘱继承人只能是自然人,并且必须是法定继承人。
(2) 受遗赠权与遗嘱继承权的客体范围不同。受遗赠权的客体只能是遗产中的财产权利,而不包括财产义务。遗嘱继承权的客体是遗产中的财产权利,也包括财产义务。
(3) 受遗赠权与遗嘱继承权的行使方式不同。受遗赠人接受遗赠的,应该在知道受遗赠后2个月内作出接受或放弃受遗赠的表示。到期没有作出表示,视为放弃遗赠。而遗产继承人自遗产继承开始到遗产分割前未明确表示放弃继承的,视为接受遗产继承,否则视为放弃遗赠;而遗嘱继承人在继承开始后遗产分割处理前没有明确表示放弃的,视为接受继承。
(4) 在遗嘱继承中,遗嘱人可在遗嘱中指定候补继承人,而在遗赠中则不能指定候补的遗赠人。

三、遗赠抚养协议

1. 遗赠抚养协议的概念

遗赠抚养协议是指受抚养人(公民)和抚养人之间订立的关于抚养人承担受抚养人的生养死葬义务,受抚养人将自己所有的财产遗赠给抚养人的协议。

2. 遗赠抚养协议的分类

遗赠抚养协议有两种:一种是公民与公民签订的遗赠扶养协议;另一种是公民与集体经济组织签订的遗赠扶养协议。遗赠抚养协议是指遗赠人与抚养人之间为明确相互间遗赠和抚养的权利义务关系而订立的协议。

3. 遗赠抚养协议的特点

(1) 遗赠抚养协议的主体一般有限制。遗赠人只能是公民,抚养人可以是公民(必须是法定继承人以外的人),也可以是集体所有制组织,但须具有抚养能力和抚养条件,同时扶养人没有法定的抚养义务。
(2) 遗赠抚养协议是一种协议行为。自签订时生效,如撤销、变更遗赠扶养协议必须经当事人双方协商一致。
(3) 遗赠抚养协议双方,互享权利,互负义务。抚养人负有对遗赠人生养死葬的义务,享有接受遗赠人遗赠财产的权利;遗赠人享有接受抚养的权利,负有将其遗产遗赠给抚养人的义务。遗赠抚养协议实际上是一份双务合同，要双方共同签署才能生效。

（4）遗赠抚养协议是要式法律行为，必须是书面形式，不能为口头形式，以便明确双方的权利义务，有利于协议的履行。

4. 遗赠抚养协议与遗赠的区别

遗赠扶养协议与遗赠一样都是以赠与的方式处理遗产，但两者在法律特征上是根本不同的。其不同主要表现在以下几个方面。

第一，两者的法律行为性质不同。遗赠是单方法律行为，不需要任何他人的意思表示即发生法律效力；遗赠扶养协议是一种合同关系，是双方法律行为，它的成立、变更和解除，必须双方意见表示一致。

第二，两者遗赠财产的条件不同。一般遗赠不以有偿为条件；而遗赠扶养协议则是有偿的，即扶养人享有受遗赠的权利，是以对遗赠人承担扶养义务为条件。

第三，遗赠扶养协议一经签订，双方都不得随意改变。这一特征也区别于遗赠。遗赠人可以随意更改和撤销自己的遗赠；而遗赠扶养协议则不然，它涉及双方的利益，一方要改变自己的意愿，必须征得对方的同意。

四、遗嘱

1. 遗嘱的概念及其法律特征

所谓遗嘱是指遗嘱人生前在法律允许的范围内，按照法律规定的方式对其遗产或其他事务所作的个人处分，并于遗嘱人死亡时发生效力的法律行为。遗嘱共有以下几个特征。

（1）遗嘱是单方法律行为，即遗嘱是基于遗嘱人单方面的意思表示即可发生预期法律后果的法律行为。

（2）遗嘱人必须具备完全民事行为能力，限制行为能力人和无民事行为能力人不具有遗嘱能力，不能设立遗嘱。

（3）设立遗嘱不能进行代理。遗嘱的内容必须是遗嘱人的真实意思表示，应由遗嘱人本人亲自作出，不能由他人代理。如是代书遗嘱，也必须由本人在遗嘱上签名，并要有两个以上见证人在场见证。

（4）紧急情况下，遗嘱才能采用口头形式，而且要求有两个以上的见证人在场见证。危急情况解除后，遗嘱人能够以书面形式或录音形式立遗嘱的，所立口头遗嘱因此失效。

（5）遗嘱是遗嘱人死亡时才发生法律效力的行为。因为遗嘱是遗嘱人生前以遗嘱方式对其死亡后的财产归属问题所做的处分，死亡前还可以加以变更、撤销，所以，遗嘱必须以遗嘱人的死亡作为生效的条件。

2. 遗嘱的形式

根据《继承法》的规定，遗嘱从形式上可以分为公证遗嘱、自书遗嘱、代书遗嘱、录音遗嘱和口头遗嘱。

（1）公证遗嘱由遗嘱人经公证机关办理。公证机关按照规定的程序和要求来办理公证遗嘱。公证遗嘱具有最高的效力。如果有多份遗嘱存在的情况下，有公证遗嘱的以公证遗嘱为准。如果想改变公证遗嘱的内容，只有再作公证。

（2）自书遗嘱由遗嘱人亲笔书写，签名，注明年、月、日。从这样的规定可以看出，自书遗嘱至少包括三个要件：第一，遗嘱人亲笔书写；第二，遗嘱人亲笔签名，这里的签名应当是写明自己的真实姓名，要写全称，不能简单地写个姓或名字；第三，注明年、月、日。立遗嘱属于民事法律行为，遗嘱人要有民事行为能力。注明年、月、日可以判断当事人立遗嘱时有无民事行为能力。

(3) 代书遗嘱应当有两个以上见证人在场见证，由其中一人代书，注明年、月、日，并由代书人、其他见证人和遗嘱人签字。

(4) 录音遗嘱是指以录音方式录制下来的遗嘱人口述遗嘱。以录音形式立的遗嘱，应当有两个以上的见证人。见证人的要求与代书遗嘱是一样的。录音遗嘱应当符合以下的要求：①由遗嘱人亲自叙述遗嘱的全部内容；②两个以上的见证人，并且见证人把自己的见证证明录制在录音遗嘱的载体上，遗嘱人在录制完遗嘱后，应当将记载遗嘱的载体封存，并由见证人共同签名，注明年、月、日。

(5) 口头遗嘱，是指由遗嘱人口头表述的而不以任何方式记载的遗嘱。《继承法》规定："遗嘱人在危急情况下，可以立口头遗嘱，口头遗嘱应当有两个以上见证人在场见证。危急情况解除后，遗嘱人能够用书面或者录音形式立遗嘱的，所立的口头遗嘱无效。"危急情况一般指遗嘱人生命垂危、在战争中或者发生意外灾害，随时都有生命危险，而来不及或者无条件设立其他形式遗嘱的情况。

一般说来，公证遗嘱的效力最高。而且，公证遗嘱有其他形式的遗嘱所没有的功用。如果被继承人立有公证遗嘱，遗产为房地产，可以直接办理过户登记。但是，如果是其他形式的遗嘱，需经其他的继承人书面同意才可以办理登记。

在《继承法》规定的5种遗嘱形式中，除自书遗嘱和公证遗嘱外，口头遗嘱、录音遗嘱、代书遗嘱3种形式都要求有两个以上见证人在场见证。对于见证人，《继承法》规定下列人员不能作为遗嘱见证人：无民事行为能力人、限制行为能力人；继承人、受遗赠人；与继承人、受遗赠人有利害关系的人。

3. 遗嘱生效的条件

我国《继承法》对遗嘱生效的条件作了明确的规定。

(1) 遗嘱人必须要有完全民事行为能力。《最高人民法院关于贯彻执行〈中华人民共和国继承法〉若干问题的意见》第四十一条规定："遗嘱人立遗嘱时必须有行为能力。无民事行为能力的人所立的遗嘱，即使其本人后来有了行为能力，仍属无效遗嘱。遗嘱人立遗嘱时有行为能力，后来丧失了行为能力，不影响遗嘱的效力。"患有聋、哑、盲等生理缺陷而无精神病的成年人，他们是有完全行为能力的，因此他们也可以立遗嘱。

(2) 遗嘱人所立的遗嘱必须是其真实意思表示。意思表示不真实具体体现在如下几种情况中：

① 胁迫遗嘱人所立的遗嘱；
② 欺骗遗嘱人所立的遗嘱；
③ 被非遗嘱人假造的遗嘱；
④ 被篡改的遗嘱；
⑤ 遗嘱人在神志不清的状态下所立的遗嘱。

《继承法》规定："遗嘱必须表示遗嘱人的真实思想，受胁迫、欺骗所立的遗嘱无效。""伪造的遗嘱无效。""遗嘱被篡改的，篡改的内容无效。"

(3) 遗嘱人对遗嘱所处分的房地产必须是有处分权的。

(4) 遗嘱的内容必须合法。内容不合法的遗嘱主要有三个情况：①遗嘱取消了缺乏劳动能力又没有生活来源的继承人的继承权。②遗嘱没有为胎儿保留必要的继承份额。③遗嘱内容违反其他法律。

(5) 遗嘱的形式必须合法。即可采用公证、自书、代书、录音、口头等形式。

4. 遗嘱的变更和撤销

我国《继承法》第三章第二十条规定："遗嘱人可以撤销、变更自己所立的遗嘱。"遗嘱的变更和撤销包括明示变更和撤销及默示变更和撤销。

（1）明示变更、撤销。立遗嘱人可以通过明确的意思表示将其所立遗嘱撤销和变更，但是撤销和变更公证遗嘱的意思表示必须经公证处重新公证才有效。《继承法》第二十条第三款规定："自书、代书、录音、口头遗嘱，不得撤销、变更公证遗嘱。"

（2）默示变更、撤销

① 遗嘱人立有数份遗嘱的，且内容相互抵触的，以最后所立的遗嘱为准，推定后立遗嘱变更或撤销前立的遗嘱，但公证遗嘱的变更和撤销须以公证遗嘱的方式进行方有效。

② 遗嘱人生前的行为与遗嘱的意思表示相反，而使遗嘱处分的财产在继承开始前灭失、部分灭失，或所有权移转、部分移转的，遗嘱视为被撤销或部分被撤销。

第四节　房地产赠与

一、房地产赠与

房地产赠与是指当事人一方将自己拥有的房地产无偿地转让给他人的法律行为。

由于房地产是不动产，价值较大，故法律要求赠与房地产应有书面合同（契约）。并到房地产管理机关或所在乡镇农村基层人民政府办理登记过户手续，才能生效。如果是涉外行为，还需公证处公证和外事部门认证，才能有效。

二、房地产赠与合同

房地产赠与合同，是指房地产权利人与房地产受赠人就无偿转移房地产所有权所达成的协议。房地产赠与合同具有以下法律特征。

（1）房地产赠与合同是单务合同。赠与合同生效后，赠与人负有向受赠人转移财产的义务，但不因而享有债权；受赠人享有取得赠与财产的权利，但无需承担相应的义务，即使是附义务的赠与，受赠人所履行的义务也不是赠与人义务的对价。因此，赠与合同是单务合同。

（2）房地产赠与合同是无偿合同。是否无偿，是赠与合同与其他合同形式的本质区别。

（3）房地产赠与合同是实践性合同。赠与人将房地产交付受赠人的民事法律行为完成后，不得再行撤回赠与，如发生纠纷，受赠人可请求人民法院裁决。

（4）房地产赠与合同是要式合同。房地产赠与行为属所有权转移，应按照规定提交各项证明，办理登记过户手续，否则赠与无效。

三、房地产赠与手续的办理程序

房地产赠与手续的办理程序如下。

（1）房地产赠与人与受赠人订立关于房地产赠与的书面合同，即赠与合同；根据规定，房地产赠与一定要采用书面形式。

（2）受赠人凭原房屋所有权证、赠与合同，根据《中华人民共和国契税暂行条例》规定缴纳契税，领取契证。

（3）根据国家及本市的有关规定，房地产赠与必须办理公证手续。

（4）办理房屋所有权转移登记手续。房地产赠与当事人到房地产管理机构申请变更登记。

(5) 赠与人将房屋交付受赠人。这里的交付要以办理房屋产权转移登记为准。如果未办理产权转移登记手续，但当事人之间订立了书面赠与合同，且赠与人已将房屋产权证原件交给受赠人的，根据最高人民法院的规定，也应当认定赠与成立。

四、房地产赠与的撤销

房产赠与必须将所涉房产过户给被赠与人才算赠与行为实施完毕，在过户手续未完毕之前的赠与行为可以依法撤销。

《中华人民共和国合同法》（以下简称《合同法》）规定："赠与的财产依法需要办理登记等手续的，应当依法办理有关手续"，"赠与人在赠与财产的权利转移之前可以撤销赠与。具有救灾、扶贫等社会公益、道德义务性质的赠与合同或经过公证的赠与合同，不适用前款规定。"房产赠与必须将所涉房产过户给被赠与人才算赠与行为实施完毕，在过户手续未完毕之前的赠与行为可以依法撤销。

1. 赠与的撤销

根据我国的法律在以下几种情况可以撤销赠与。

（1）受赠人严重侵害赠与人或者赠与人的近亲属。其要点在于：一是受赠人实施的是严重侵害行为，而不是轻微的、一般的侵害行为；二是受赠人侵害的是赠与人本人或其近亲属，包括配偶，直系亲属（父母、子女、祖父母、外祖父母、孙子女、外孙子女等），兄弟姐妹；如果侵害的是其他亲友则不在此列。

（2）受赠人对赠与人有扶养义务而不履行的。其要点在于：一是受赠人对赠与人有扶养义务；二是受赠人对赠与人有扶养能力，而不履行对赠与人的扶养义务，如果受赠人没有扶养能力或者丧失了扶养能力的，不产生赠与人撤销赠与的权利。

（3）受赠人不履行赠与合同约定的义务。其要点在于：一是赠与合同约定了受赠人负有一定的义务；二是赠与人已将赠与的财产交付于受赠人；三是受赠人不履行赠与合同约定的义务。在附义务的赠与中，受赠人应当依照约定履行其所负义务。在赠与人向受赠人交付了赠与的财产后，受赠人如不依约履行其义务，赠与人可以撤销赠与。

另外，赠与人的继承人或法定代理人也可以依法撤销赠与。赠与的撤销权本应属于赠与人，但因受赠人的违法行为致赠与人死亡或使其丧失民事行为能力时，赠与人的撤销权事实上已无法行使。而由赠与人的继承人或法定代理人行使撤销权，才能实现赠与人撤销赠与的权利与意愿。同时，也只有在赠与人不能行使其撤销权时，赠与人的继承人或法定代理人才有撤销赠与的权利。因而赠与人的继承人或法定代理人撤销赠与必须基于赠与人因受赠人的违法行为而致死亡或者丧失民事行为能力这一法定情形。

2. 撤销权的行使

赠与人的撤销权，应当自知道或者应当知道撤销原因之日起 1 年内行使。赠与人的继承人或者法定代理人的撤销权，自知道或者应当知道撤销原因之日起 6 个月内行使。为了尽早确定赠与关系的去留，赠与人或者其继承人、法定代理人应当依法及时行使撤销权。赠与人行使撤销权的期间为 1 年；赠与人的继承人或法定代理人行使撤销权的期间为 6 个月，自知道或者应当知道撤销原因之日起计算。这一期间属于除斥期间，即法律对某种权利所预定的行使期间，不存在中止、中断和延长的问题。撤销权人如在法律规定的期间内不行使撤销权的，其撤销权即归于消灭。

赠与的法定撤销权，一经撤销权人行使即发生效力，使赠与关系解除。在赠与的财产未交付时，赠与人可以拒绝赠与；在赠与的财产交付后撤销赠与的，赠与人或其继承人、法定代理人可以要求受赠人返还赠与的财产。

复习思考题

1. 什么是房地产继承？房地产继承有哪些方式？
2. 什么是房地产法定继承？
3. 房地产法定继承的条件有哪些？
4. 什么是代位继承和转继承？两者区别是什么？
5. 什么是房地产遗嘱继承？
6. 房地产遗嘱继承的特点是什么？
7. 什么是遗赠、遗赠抚养协议？
8. 遗赠与遗嘱继承的区别是什么？
9. 遗赠与遗赠抚养协议的区别是什么？
10. 遗嘱的概念及其法律特征是什么？
11. 房地产赠与的法律特征是什么？
12. 房地产赠与合同的撤销条件是什么？

案例分析

【案例】

1. 案情介绍

原告甲与被告乙是兄弟，第三人王某是两人的母亲。某年某月某日，原、被告及第三人到市公证处办理了赠与公证手续，第三人自愿将自己房产赠与给原、被告二人共有。一年后的2月21日，被告将人民币3万元交给第三人转交给原告，原告于同年3月30日写《收据》一份，写明"人民币3万元，作为房屋转让费的款项，今后所诉房产产权归被告所有"。同年12月6日，被告与第三人到某区公证处办理了赠与公证，第三人自愿将该房屋产权无偿赠与给被告，双方并在公证处的询问笔录上签字认可赠与及接受赠与。笔录中均未提及该房产的第一次赠与公证。原告于两年后知道被告与第三人重新办理了赠与公证后，认为该份赠与是在未撤销第一份赠与的情形下作出的，应属无效，被告长期占用其一半房屋，应属侵权；遂诉至法院，要求被告停上侵权，归还一半房屋，并赔偿损失。

思考：

（1）两次赠与是否都有效？为什么？

（2）房屋产权应归谁所有？

2. 案例分析

某法院最后认定两次赠与均未签订赠与合同，亦未办理转移登记手续，产权仍为第三人所有。

实训题

下面两种情况，哪种是"遗赠"呢？

1. 王某生前有一大笔财产，但他死前立下遗嘱将其全部财产留给侄子而不是儿子（侄子不是法定继承人）。
2. 张先生笃信佛教，在他死后，遵照他的遗嘱将其遗产的一半捐给了佛教协会。

第十二章 物业管理政策与法规

> 学习目标

1. 了解物业管理法律制度的现状和存在的问题。
2. 我国物业管理的类型、管理服务内容和行为规范。
3. 物业管理企业的资质管理的有关规定。
4. 重点掌握物业接管验收、履行《物业服务合同》的有关规定。

> 技能要求

1. 依法和按照合同规定对物业进行接管验收。
2. 具有按照《物业服务合同》的约定开展物业管理服务的技能。

第一节 物业管理概述

一、物业与物业管理的概念

1. 物业的概念

"物业"一词由英语"Property"引译而来,是单元性房地产的称谓。从物业管理的角度来说,物业是指各类建筑物及其附属物的设备、设施和相关场地。

物业可以是整个住宅区,也可以是单体的房屋,包括高层与多层住宅楼、综合大楼、写字楼、商业大厦、酒店、宾馆、工业厂房、仓库、停车场等。

2. 物业管理的概念

物业管理是指业主通过选聘物业管理企业,由业主和物业管理企业按照物业服务合同约定,对房屋及配套的设施设备和相关场地进行维修、养护、管理,维护相关区域内的环境卫生和秩序的活动。

二、物业管理的性质及特点

1. 物业管理的性质

物业管理的对象是物业,服务对象是人,包括业主和物业使用人,是集管理、经营、服务于一体的有偿劳动,且寓管理、经营于服务之中。所以,物业管理是一种服务性行业,属于第三产业,其劳动是一种服务性行为。

2. 物业管理的特点

（1）物业管理的社会化。物业管理的社会化是指物业管理惠及、承担了多个行业的职责，诸如房屋修缮、水电维修管理、清洁、保安、绿化等。

（2）物业管理的专业化。物业管理是由专业企业通过其内部专门的组织机构，运用专门的管理工具和设备，由专业人员对物业实施的统一管理。

（3）物业管理的市场化。市场化是物业管理最主要的特征之一。市场化是指物业管理要按照市场经济的要求运作。

（4）规范化。市场经济是法治经济，规范化是法治经济的重要特征和必然要求，也是物业管理走向科学化的必然要求。

三、物业管理的基本内容

物业管理的对象、范围相当广泛，几乎包括各类建筑，如住宅小区、综合楼、办公楼、商业中心、工业厂房等。尽管物业类型各有不同，使用性质差异很大，但物业管理的基本内容是一样的。

1. 常规性的公共服务

常规性的公共服务是物业管理企业面向所有客户（业主与物业使用人）提供的最基本的服务，其目的是确保物业的完好与正常使用，保持正常的秩序，净化和美化环境。其内容和要求在物业服务合同中有明确规定，物业管理企业有义务按时按质提供这些服务，主要包括以下内容：

① 物业共用部位的维修、养护和管理；
② 物业共用设施设备的维修、养护和管理；
③ 物业共用部位和相关场地的环境卫生管理；
④ 公共绿化的养护和管理；
⑤ 车辆停放管理；
⑥ 公共秩序维护、安全防范等事项的协助管理；
⑦ 装饰装修管理；
⑧ 物业档案资料管理。

2. 代办服务

代办服务是物业管理企业为满足一部分客户（业主和物业使用人）的一定要求而提供的服务，目的在于提高和改善客户的生活工作条件。其特点是物业管理企业事先设立服务项目，并将服务内容与质量、收费标准准确公布，当客户需要这种服务时，可自行选择。代办服务主要包括以下5大类服务：

① 日常生活类；
② 商业服务类；
③ 文化、教育、卫生、体育类；
④ 金融服务类；
⑤ 经纪代理类。

3. 委托性的特约服务

特约服务是物业服务管理企业为满足客户（业主和物业使用人）个别需求，受其委托而提供的服务，实行有偿收费服务，实际上是代办服务的补充和完善。

物业管理企业在实施物业管理时，第一大类是最基本的工作，是必须做好的。同时，根据自身的能力和业主的要求，确定第二、第三大类中的具体服务项目与内容，采取灵活多样的经营机制和服务方式，以人为核心做好物业管理的各项管理与服务工作，并不断拓展其广度和深度。

四、物业管理的目的

物业管理的目的是保证和发挥物业的使用功能，使其保值增值，并为业主或物业使用人创造和保持整洁、文明、安全、舒适的生活和工作环境，最终实现社会、经济、环境三个效益的统一和同步增长，提高城市的现代文明程度。

五、物业管理的产生与发展趋势

1. 物业管理的产生与发展历程

物业管理雏形源于19世纪60年代的英国。英国当时正值工业发展时期，农村人口纷纷涌入工业城市，形成了城市人口大量集中，对房屋的需求急剧膨胀，住房严重供不应求。这时，房地产开发商见有利可图便纷纷营建简陋的住房出租，但是，由于住房质量低劣，附属设备、配套设施又严重不足，因而，出现了普遍拖欠租金及住户人为破坏房屋和设备设施的现象，租赁关系混乱，业主的租金收入也得不到保障。这时一位名叫奥克维娅·希尔的女士决定亲自整顿其名下出租的物业，理顺租赁关系。她首先修缮、改良了房屋的配套设备设施，改善了居住环境，然后制定了一系列行之有效的管理制度，要求用户严格遵守，否则收回房屋。结果，事如所愿，租金得到了保证，用户住得满意。奥克维娅·希尔的举措令其他业主和政府的有关部门刮目相看，从此，出租物业的业主纷纷仿效奥克维娅·希尔的管理方法，使得这一套管理方法在英国迅速推广，以致后来，一些物业业主干脆请专人代为管理其物业，于是，物业管理逐渐发展成一种社会化、专业化、企业化、经营型的行业。同时，英国物业管理的成功经验也迅速在世界各地传播。

今天，物业管理在国际上已十分流行。人们充分认识到物业管理是现代化房地产综合开发的延续和完善，是现代化城市管理不可缺少的重要组成部分。物业管理作为房地产业发展过程派生出来的分支行业，被人们视作现代化城市的朝阳产业。

相比较而言，我国的物业管理起步较晚，20世纪80年代初，深圳第一家物业管理公司成立，标志着中国开始有了自己的物业管理。

20世纪90年代，人们开始关注物业管理这一具有独特功能的行业。

1993年，建设部房地产业司召开第一届全国物业管理研讨会，深圳市成立物业管理协会，标志着我国物业管理开始进入全面发展的时期。

1994年，建设部颁布了《城市新建住宅小区管理办法》，指出了推行物业管理的重要意义，强调新建小区必须推行物业管理。

2003年6月，国务院颁布了我国第一部物业管理行政法规《物业管理条例》，标志着我国物业管理开始进入法制化、规范化的发展新阶段。这对维护房屋所有人的合法权益，改善人民群众的生活和工作环境，规范物业管理行为，将具有重要的意义。

2007年3月16日，中华人民共和国第十届全国人民代表大会第五次会议通过的《中华人民共和国物权法》（可简称《物权法》），自2007年10月1日起施行。《物权法》是一部维护国家基本经济制度，维护社会主义市场经济秩序，关系人民群众切身利益的民事基本大法。《物权法》的颁布对稳定改革开放的成果，促进社会主义市场经济健康有序地发展，构建社会主义和谐社会，具有十分重要的意义。

经过十多年的发展，物业管理已经像春风一样吹遍了祖国大地，物业公司像雨后春笋般地出现，并且随着社会经济的发展和人民物质文化生活水平的提高，对提高住宅的功能、质量，改善居住环境以及由温饱向小康过渡的要求越来越迫切，良好的物业管理为住户提供了公共服务、专项服务和特约服务。

2. 物业管理的发展趋势

我国的物业管理将走法治化、专业化、社会化、市场化的发展道路，这将成为 21 世纪我国物业管理的发展趋势。

（1）良好的法治环境对物业管理行业的快速、健康发展将起到促进和保障作用。

（2）物业管理向专业化发展的标志之一是各地物业管理协会相继成立，一个行业诞生、成长的标志往往是它的行业组织的建立和发展。我国物业管理协会相继成立，特别是深圳市物业管理协会的成立，为国家物业管理协会的创建奠定了基础。

（3）物业管理社会化是指物业管理将分散的社会工作集中起来，统一承担。物业管理又涉及治安、消防、卫生保健、清洁环卫、水电供应等多方面的问题，所以需要有关部门、有关专业公司积极参与，才能提高管理和服务质量，提高经济效率。

（4）物业管理过程市场化，它的每项业务都是有偿的，是物业管理组织的经济行为。要求一方面要努力采取措施降低成本；另一方面要积极开拓经营渠道，扩大服务范围和提高服务质量以增加收入。我国目前物业管理还没有完全实现市场化的运营，很多地方还处于转轨时期。原有的房屋管理体制是一种行政性的管理，属于政府行为。而我们所说的市场化物业管理是把管理和服务作为一种产品由独立核算、自负盈亏的物业管理公司来经营，是一种企业的商业行为。在市场经济的大潮中物业管理的服务性会愈发得到体现，作为一种特殊的产品将成为房地产行业中一支较大的分支，成为现代都市的朝阳产业。

六、我国物业管理面临的机遇和挑战

1. 21 世纪我国物业管理行业的机遇

进入 21 世纪以及我国加入 WTO（即"世界贸易组织"）后，物业管理行业是我们既无法回避又亟待解决的一项重大课题。加入 WTO，是我国融入经济全球化的一个重大步骤，同时也给我国的物业管理带来了发展机遇。

国外一些知名的物业管理企业将越来越多地进入我国，并通过竞争抢占高档商厦、写字楼等物业项目，而经营这些物业项目正是国外物业管理企业的优势，这样既可以为这些物业项目提供更多更好的选择机会，也给我国物业管理企业带来了同国外物业管理企业竞争和经受考验的机会。而且，国外物业管理企业的进入，必然会带来先进的管理经验和人才，这样有利于加速我国物业管理行业同国际物业管理接轨，特别是国外物业企业在人才培养、规范化管理和服务方面有许多先进经验和做法，值得我国物业管理企业学习和借鉴。

2. 21 世纪我国物业管理面临的挑战

（1）人才的挑战。物业管理关键在人才，谁拥有了人才，谁就将在市场竞争中占有优势。

（2）管理服务水平的挑战。物业管理在国外已有百余年的历史，积累了较为丰富的管理经验，而我国的物业管理仅有 20 多年的历史，其管理经验、管理质量、服务水平与国外物业企业相比差距较大，进入我国的又将是一些国际有名的物业管理企业，具有很强的竞争力，这将对我们造成巨大的压力。

（3）竞争中的价格战。物业管理服务收费价格是当事人最为关心的问题，也是保证物业管理能否正常运转的关键。国外物业管理企业的进入，有利于使我国物业管理服务收费价格更趋合理。

总之，新时期我国物业管理行业机遇与挑战并存，困难与希望同在，物业管理企业应以"入世"（即为"加入世界贸易组织"的简称）为契机，变压力为动力，抓住机遇，知难而进，克服困难，迎接挑战，使我国的物业管理行业得到更快的发展。

七、《物权法》对物业归属权的规定

1. 建筑区划内的道路属于业主共有

建筑区划内的道路，属于业主共有，但属于城镇公共道路的除外。建筑区划内的绿地，属于业主共有，但属于城镇公共绿地或者明示属于个人的除外。建筑区划内的其他公共场所、公用设施和物业服务用房，属于业主共有。

2. 小区车库应当首先满足业主需要

随着住房制度改革，现代化社区大量出现。因小区车位、车库的归属问题，以及停放在小区道路上车位收费问题而引发的纠纷逐渐成为社会关注的热点。对此，《物权法》明确规定："建筑区划内，规划用于停放汽车的车位、车库应当首先满足业主的需要。建筑区划内，规划用于停放汽车的车位、车库的归属，由当事人通过出售、附赠或者出租等方式约定。占用业主共有的道路或者其他场地用于停放汽车的车位、属于业主共有。"

第二节　业主、业主大会与业主委员会

一、业主

1. 业主的概念

业主，顾名思义就是"物业的主人"，"物业"实际上指的是"房屋及与之相配套的设备、设施和相关场地"。综上所述，业主是物业管理区域范围内房屋及其相关设施、设备的所有权人，是物业的主人，是物业管理权的主体。业主有权直接参与物业管理区域内的物业管理活动，即业主的自治自律管理；同时依法享有对物业共有部分和共同事务进行管理的权利，并承担相应的义务。

2. 业主的权利和义务

（1）业主在物业管理活动中的权利。业主签订物业管理服务合同并据此享受物业管理服务的目的在于最大限度地维护业主的合法权益，故业主的基本权利就是依法享有所拥有物业的各项权利并参与各项物业管理活动。根据我国《物业管理条例》第六条的规定，业主依法享有以下具体权利。

① 按照物业服务合同的约定，享受物业管理企业提供的服务。
② 提议召开业主大会会议，并就物业管理的有关事项提出建议。
③ 提出制定和修改业主公约、业主大会议事规则的建议。
④ 参加业主大会会议，行使投票权。
⑤ 选举业主委员会，并享有被选举权。
⑥ 监督业主委员会的工作。
⑦ 监督物业管理企业履行物业管理合同。
⑧ 对物业共用部位、共用设施设备和相关场地使用情况享有知情权和监督权。
⑨ 监督物业共用部位、共用设施设备专项维修资金（以下简称"专项维修资金"）的管理和使用。

⑩ 法律、法规规定的其他义务。

(2) 业主的义务。任何民事法律关系中，都是由权利和义务一起共同构成该法律关系的内容。物业服务关系作为民事法律关系的一种也不例外。在物业服务法律关系中，业主在享受法定和约定权利的同时，亦承担相应的义务。根据我国《物业管理条例》第七条的规定，业主在物业管理活动中履行下列义务。

① 遵守业主公约、业主大会议事规则。

② 遵守物业管理区域内物业共用部位和共用设施设备的使用、公共秩序和环境卫生的维护等方面的规章制度。

③ 执行业主大会的决定和业主大会授权业主委员会作出的决定。

④ 按照国家有关规定交纳专项维修资金。

⑤ 按时交纳物业服务费用。

⑥ 法律、法规规定的其他义务。

除以上义务外，业主还应承担法律、法规规定的其他义务。如有配合物业管理企业开展服务活动的义务；有装饰装修房屋时向物业管理企业告知的义务；有按照物业本来的用途和目的使用物业的义务；有维护物业的使用安全和美观的义务；有遵守物业管理区域内公共秩序，维护物业管理区域内的环境整洁的义务等。

3. 业主在实践中应注意的几个问题

(1) 业主与物业管理企业之间是一种平等的民事法律关系。业主与物业管理企业之间的法律关系是基于物业管理服务合同产生的。在物业管理服务合同中，合同的主体即业主和物业管理企业是相互独立、相互平等的民事主体；物业管理合同的内容，即权利和义务是民事性质的权利和义务。合同本身是双方在自愿、平等的基础上就物业管理服务的基本内容所达成的一致协议。因此，双方对该合同均负有诚实信用、忠实履行的义务，任何一方违约都要承担相应的法律责任。实践中，物业管理企业应转变观念，要以服务者而非管理者的身份来对待业主。当然，业主也应配合物业管理企业确保正常的物业管理服务。

(2) 业主不能放弃物业管理服务。依照法律或约定接受物业管理服务是业主最重要的一项权利，但业主能否放弃物业管理服务？我们认为，业主不得放弃物业管理服务。从民事权利的性质来讲，民事权利权利人是可以放弃的。但在物业管理法律关系中，业主接受物业管理服务的权利已不仅是业主个人的权利，而具有了成员权的性质，即业主基于其对建筑物的区分所有权，已经成为公共管理中的一员。在此情况下，由于物业管理服务具有集体的公益性，业主不能通过放弃自己对公益的享有而不履行一定的公益义务。如在物业管理区域内，业主不能以自己不享受物业管理服务为由而拒绝缴纳物业管理费。

(3) 物业占有人或使用人有违约或侵权行为，业主是否承担责任。业主为物业管理服务合同的主体，然而在该合同的实际履行过程中，尽管实际履行的主体大多数仍为业主，但也可能不是业主而是物业的占有人或使用人。我们认为，业主与物业管理企业之间的法律关系不同于占有人或使用人与物业管理企业之间的法律关系。业主与物业管理企业之间是一种物业服务合同关系；业主与物业的实际占有人或使用人之间可能是一种借用合同关系，也可能是一种租赁合同关系等。物业的实际占有人或使用人与物业管理企业之间并不直接发生法律关系，基于合同法的基本理论，合同一方当事人仅对另一方当事人产生权利义务的约束力。因此，物业的实际占有人或使用人在使用物业的过程中，如果实施了某种侵权行为或未按照物业管理服务合同的要求履行义务时，针对侵权行为，受害人均可请求责令加害人承担相应的法律后果；针对违约行为，物业管理企业只能够向业主提起主张，而无权直接向物业的占有人或使用人提起。至于业主就占有人或使用人的违约行为承担责任后，其有权向占有人或使用人提起追偿。

二、业主大会

1. 业主大会的概念及组成

（1）概念。业主大会是业主为实现自己对物业的自我管理，为对物业管理区域内的共同事项作出决定而组成的，它是代表和维护物业管理区域内全体业主在物业管理活动中的合法权益的自治自律组织。

（2）组成。业主大会由物业管理区域内的全体业主组成，代表和维护物业管理区域内全体业主在物业管理活动的合法权益，业主大会自首次业主大会会议召开之日起成立。但是，只有一个业主的，或者业主人数较少且经全体业主一致同意，决定不成立业主大会的，由业主共同履行业主大会、业主委员会职责。

2. 业主大会的职责

业主大会的职责是业主大会对其所管辖的物业管理区域内物业管理事项行使权利和承担义务的范围。除了业主能够单独享有的权利之外，多数业主的权利只能通过业主大会的形式才能实现。明确业主大会的职责有利于业主大会在其权限范围内规范、健康地从事活动。业主大会应履行下列职责。

（1）制定、修改业主公约和业主大会议事规则。

（2）选举、更换业主委员会委员，监督业主委员会的工作。

（3）选聘、解聘物业管理企业。

（4）决定专项维修资金使用、统筹方案，并监督实施。

（5）制定、修改物业管理区域内物业共用部位和共用设施设备的使用、公共秩序和环境卫生的维护等方面的规章制度。

（6）法律、法规或者业主大会议事规则规定的其他有关物业管理的职责。

3. 业主大会会议

（1）首次业主大会会议。业主在首次业主大会会议上的投票权数，按照省、自治区、直辖市制定的具体办法确定。业主大会筹备组成应当自组成之日起 30 日内在物业所在地的区、县人民政府房地产行政主管部门的指导下，组织业主召开首次业主大会会议，并选举产生业主委员会。

（2）业主大会定期会议。业主大会定期会议应当按照业主大会议事规则的规定由业主委员会组织召开。

（3）业主大会临时会议。有下列情形之一的，业主委员会应当及时组织召开业主大会临时会议：

① 20％以上业主提议的；

② 发生重大事故或者紧急事件需要及时处理的；

③ 业主大会议事规则或者业主公约规定的其他情况。

发生应当召开业主大会临时会议的情况，业主委员会不履行组织召开会议职责的，区、县人民政府房地产行政主管部门应当责令业主委员会限期召开。

（4）业主大会会议的形式。业主大会会议可以采用集体讨论的形式；也可以采用书面征求意见的形式，但应当有物业管理区域内持有 1/2 以上投票权的业主参加。

（5）业主大会的内容

① 报告业主大会及业主委员会成立前的筹备情况。

② 审议和通过当年度财务决算报告，审议和批准下一年度财务预算方案。

③ 听取并审议业主委员会和物业管理公司的工作报告，监督业主委员会及物业管理公司的工作。

④ 审议、通过、修订《业主公约》《业主委员会章程》等。

⑤ 选举和罢免业主委员会的组成人员。

⑥ 审议、批准物业管理服务合同，解决物业管理企业选聘、续聘问题。

⑦ 听取业主的意见和建议。

⑧ 审议并决定物业管理辖区内关于业主利益的重大事项，审议并决定其他需要讨论的重要问题，改变或撤销业主委员会的不当决定。

在首次业主大会上，建设单位还应当做物业管理前期工作报告，物业管理企业还应当做物业承接验收情况的报告，筹备组做业主委员会产生方案、候选人情况和首次业主大会筹备情况的报告。

4. 业主大会的决定

（1）业主大会作出决定，必须经与会业主所持投票权 1/2 以上通过。业主大会作出制定和修改业主公约、业主大会议事规则，选聘、解聘物业管理企业，专项维修资金使用、续筹方案的决定，必须经物业管理区域内全体业主所持投票权 2/3 以上通过。

（2）业主大会的决定应当以书面形式在物业管理区域内及时公告。业主大会作出的决定对物业管理区域内的全体业主具有约束力。

5. 业主大会在实践中的问题

业主大会在实践中的问题包括以下两方面。

（1）物业管理公司与业主大会的关系问题。根据规定，第一次业主大会应当由物业所在地的房地产行政主管部门指导业主召开。而实际上，由于各地的物业数量众多，要由政府主管部门事无巨细地作全程的指导是不可能的。而在业主大会召开、选出业主委员会、再由业主委员会聘任物业管理公司之前，一般开发商就已经聘任了一个物业管理公司对物业进行前期的管理。此时，该物业管理公司作为物业的实际管理者，对于业主、物业的情况相对而言较为熟悉。因此，在召开第一次业主大会时，管理公司是不可或缺的协助者。但另一方面，由于第一次业主大会召开并选举出业主委员会之后，就要再次进行物业管理公司的考查和选聘，并由业主委员会对物业管理公司的工作进行监督。这样一来，业主委员会的成立就涉及了物业管理公司的切身利益。前期的物业管理公司很可能会出于自身私利的考虑而阻止业主大会的召开，阻碍业主行使监督权。而现实中，绝大多数物业管理区域都是由物业管理公司负责召集第一次业主大会。因此，处理好物业管理公司在业主大会召开中所处的角色和起的作用是非常重要的，关系到业主的权益能否得到及时充分的保护。

在具体筹备、召集首次业主大会的工作中，物业管理公司应该从如下几方面做好协助的工作，并约束自己的行为。

第一，提醒业主申请召开业主大会。由于业主不太可能清楚物业的交付使用率，物业管理公司则有这方面的统计数据，所以物业管理公司应该在物业符合召开业主大会条件时，提醒业主向政府主管部门申请召开业主大会。

第二，协助成立筹备委员会。物业管理公司应鼓励业主自荐、相互推荐，向政府部门提供筹委会名单。在政府主管部门确定筹委名单后，公布相关人员简历，收集其他业主意见并及时反馈给政府部门。

第三，提供参考资料。由于由业主组成的筹备委员会并不熟悉物业管理的有关规定，物业管理公司应在自己掌握的范围内尽量向筹委会提供资料，同时将平时搜集的有关其他物业业主委员会草案、章程等资料提供给筹委会参考。

第四，配合做好选举工作。物业管理公司应该利用自己在物业区域中的便捷条件，做好大会有关事项的通知、候选人材料宣传等工作；当会议场地在物业区域内时，物业管理公司还应当帮助做好场地布置等工作。

以上各项内容虽然不是物业管理公司的法定义务，但是基于物业实行业主自治管理与物业管理公司专职管理并行的制度，在物业区域的管理中，物业管理公司与业主委员会、业主大会应该是相互协助的关系。又由于业主大会在成立之前，业主完全是一种无组织的状态，物业管理公司作为一个专职的管理企业，有条件帮助物业区域做好业主大会的筹备召开工作。当然，物业管理公司与业主大会、业主委员会之间又存在着监督的关系，为了避免物业管理公司干预选举，其对于业主大会的召开也不宜介入过深。物业管理公司应在积极协助业主大会的召开、加强与未来业主委员会成员联系的基础上，主要以配合政府工作为主。也就是说，业主大会的召开，既要得助于物业管理公司的协助工作，同时也应该与物业管理公司保持独立性。物业管理公司本身也应处理好自己在业主大会各项工作中的角色、作用问题。

（2）第一次业主大会召开的申请人问题。在业主大会中，政府的房地产行政主管部门负有指导业主召开第一次业主大会的职责。但是由于政府主管部门的工作非常繁多，往往很难关注到辖区内的每一个物业管理区域何时具备了召开业主大会的条件，并主动向该物业区域的业主提出召开业主大会的意见。也就是说，政府在召开第一次业主大会中的作用往往是被动的，应先有人向政府主管部门提出要求，政府主管部门才会采取相应的指导措施。在第一次业主大会的召开上，存在着应由谁负责提出召开第一次业主大会申请的问题。

本来房地产的开发商、前期物业管理公司、已入住的业主应该都可以提出召开第一次业主大会的申请，但对于房地产开发商而言，其往往将物业售出之后的各项事务都委托于前期物业管理公司来处理，在业主大会的召开问题上很可能并无关注的热情；对于前期物业管理公司而言，由于业主大会的召开与他们的利益存在一定的冲突，也可能怠于行使申请的权利；至于业主，由于各个业主之间本身并没有任何的联系，个人的组织性也不太强，而且很可能对于物业的自治管理、自我维权意识并不太清晰，对于本物业管理区域是否已具备了召开业主大会的条件也不太了解，因而往往也较少有业主主动承担起申请召开第一次业主大会的责任。由于以上各方的利益、情况不同，从而造成了物业区域内第一次业主大会久拖不开，业主长期处于无组织状态。在各地的物业管理立法中，对此申请人应由谁担当、申请人的义务、申请人怠于履行申请义务的责任问题，都没有进行明确具体而行之有效的规定。此问题也影响到了业主权利的行使和维护。关于第一次业主大会如何筹备，应该进行怎样的策划准备工作等问题，法律法规上的规定都有失空泛。

三、业主委员会

1. 业主委员会的构成

业主委员会由业主大会选举产生，业主委员会应当由业主担任。业主委员会是业主大会的常设机构，对业主大会负责。

业主委员会是业主大会（或者业主代表会）的执行机构。业主委员会委员应当由热心公益事业、责任心强、具有一定组织能力的业主担任。业主委员会由3~11名委员、1~2名副主任、1名主任组成，由业主大会在业主中选举产生，每届任期3年，可以连选连任。业主委员会主任、副主任在业主委员会委员中推选产生。

2. 业主委员会的职责

（1）召集业主大会会议，报告物业管理的实施情况。

（2）代表业主与业主大会选聘的物业管理企业签订物业服务合同。

(3) 及时了解业主、物业使用人的意见和建议，监督和协助物业管理企业履行物业服务合同。

(4) 监督业主公约的实施。

(5) 业主大会赋予的其他职责。

3. 业主委员会的设立备案

业主委员会在首次业主大会会议上选举产生，并应当自选举产生之日起 30 日内，将业主大会的成立情况、业主大会议事规则、业主公约及业主委员会委员名单等材料向物业所在地的区、县人民政府房地产行政主管部门备案。业主委员会备案的有关事项发生变更的，依照规定重新备案。

4. 业主委员会会议

(1) 首次业主委员会会议。业主委员会应当自选举之日起 3 日内召开首次业主委员会会议，推选产生业主委员会主任 1 人，副主任 1~2 人。

(2) 业主委员会会议的召开

① 经 1/3 以上业主委员会提议或者业主委员会主任认为有必要的，应当及时召开业主委员会会议。

② 业主委员会会议应当作书面记录，由出席会议的委员签字后存档。

③ 业主委员会会议应当有过半数委员出席，作出决定必须经全体委员人数半数以上同意。

5. 业主委员会的决定

(1) 业主委员会作出的决定必须经全体委员人数半数以上同意。

(2) 业主委员会的决定应当以书面形式在物业管理区域内及时公告。

第三节　前期物业管理

一、前期物业管理的概念

随着社会经济建设的迅速发展，物业的发展也随之突飞猛进，因此物业管理就变得尤为重要。而在物业管理的过程中，前期物业管理的地位更加突出。因为只有做好前期物业管理工作，才能保证物业管理健康、顺利地进行。所以我们必须搞好前期物业管理工作，这对推动物业管理建设的发展具有举足轻重的作用。

前期物业管理是指在业主、业主大会选聘物业管理企业之前，由建设单位选聘物业管理企业实施的物业管理。按照《物业管理条例》的规定，选聘物业管理企业是业主大会的权利。

二、前期物业管理招标投标

1. 前期物业管理招标投标的范围

《前期物业管理招标投标管理暂行办法》规定："住宅及同一物业管理区域内非住宅的建设单位，应当通过招标投标的方式选聘具有相应资质的物业管理企业；投标人少于 3 个或者住宅规模较小的，经物业所在地的区、县人民政府房地产行政主管部门批准，可以采用协议方式选聘具有相应资质的物业管理企业。国家提倡其他物业的建设单位通过招标投标的方式，选聘具有相应资质的物业管理企业"。

2. 前期物业管理招标

（1）前期物业管理招标的方式。前期物业管理招标分为公开招标和邀请招标两种方式。

① 招标人采取公开招标方式的，应当在公共媒体上发布招标公告。招标公告应当载明招标人的名称和地址，招标项目的基本情况以及获取招标文件的办法等事项。

② 招标人采取邀请招标方式的，应当向 3 个以上物业管理企业发出投标邀请书，投标邀请书也应当包含招标人的名称和地址，招标项目基本情况以及获取招标文件的办法等事项。

（2）招标文件。招标人应当根据物业管理项目的特点和需要，在招标前完成招标文件的编制。招标文件应包括以下内容：

① 招标人及招标项目简介，包括招标人名称、地址、联系方式、项目基本情况、物业管理用房的配备情况等；

② 物业管理服务内容及要求，包括服务内容、服务标准等；

③ 对投标人及投标书的要求，包括投标人的资格、投标书的形式、主要内容等；

④ 评标标准和评标方法；

⑤ 招标活动的方案，包括招标组织机构、开标时间及地点等；

⑥ 物业服务合同的签订说明；

⑦ 其他事项的说明及法律法规规定的其他内容。

（3）招标备案。招标人应当在发布招标公告或者发出投标邀请书之前，提交以下材料报物业项目所在地的县级以上地方人民政府房地产行政主管部门备案：

① 与物业管理有关的物业项目开发建设的政府批件；

② 招标公告或者投标邀请书；

③ 招标文件；

④ 法律、法规规定的其他材料。

（4）选聘物业管理企业方式不合法的责任。住宅物业的建设单位未通过投标招投标的方式选聘物业管理企业，或者未经批准，擅自采用协议方式选聘物业管理企业的，由县级以上地方人民政府房地产行政主管部门责令限期改正，给予警告，可处 10 万元以下的罚款。

3. 前期物业管理投标

（1）投标文件。投标人应当按照招标文件的内容和要求编制投标文件，投标文件应当对招标文件提出的实质性要求和条件作出响应。投标文件应当包括以下内容：

① 投标函；

② 投标报价；

③ 物业管理方案；

④ 招标文件要求提供的其他材料。

（2）投标中的禁止行为

① 投标人以他人名义投标或者其他方式弄虚作假，骗取中标；

② 投标人相互串通投标，不得排挤其他投标人的公平竞争，不得损害招标人或者其他投标人的合法权益；

③ 投标人与招标人串通投标，损害国家利益、社会公共利益或者他人的合法权益；

④ 投标人以向招标人或者评审委员会行贿等不正当手段谋取中标。

4. 对前期物业管理开标、评标和中标的管理

（1）开标应当在招标文件确定的提交投标文件截止时间的同一时间公开进行；开标地点

应当为招标文件中预先确定的地点。开标由招标人主持,邀请所有投标人参见。开标时,有投标人或者其推选的代表检查投标文件的密封情况,也可以由招标人委托的公证机构进行检查并公证。经确认无误后,由工作人员当众拆封,宣读投标人名称、投标价格和投标文件的其他主要内容。

(2) 评标由招标人依法组建的评标委员会负责。评标委员会应当按照招标文件确定的评标标准和方法,对投标文件进行评审和比较,并对评标结果签字确认。评标委员会完成评标后,应当向招标人提出书面评标报告,推荐合格的中标候选人。

(3) 招标人应当按照中标候选人的排序确定中标人,并向中标人发出中标通知书,同时将中标结果通知所有未中标的投标人。招标人应当自确定中标人之日起15日内,向物业项目所在地的县级以上地方人民政府房地产行政主管部门备案。招标人和中标人应当自中标通知书发出之日起30日内,按照招标文件和中标人的投标文件订立书面合同;招标人和中标人不得再另行订立背离合同实质性内容的其他协议。

5. 物业管理招投标的程序

(1) 招标程序

① 编制招标文件,发布招标公告。
② 招标单位对投标单位进行资格预审。
③ 招标单位组织投标单位现场勘察、咨询。
④ 接受投标单位递送的标书。
⑤ 开标、评标、决标。
⑥ 签订合同。

(2) 投标程序。投标程序的每一个环节都必须认真做好,特别对于公开招标的项目,一定做好招标准备工作。因为这些环节直接影响到竞标的成败。

① 报送投标申请。投标申请是投标单位向招标单位表示投标愿望和介绍投标单位资质情况和管理能力的重要文件,在文件中应显示出自身的实力。当然也要实事求是,不能弄虚作假,否则也不能中标。

② 接受招标单位资格审查。资格审查主要审查物业管理企业整体经营管理情况。投标单位一定要将证件备齐,一般资质审查主要包括企业营业执照、企业资质等级证书、公司简介、专业人员配置、在管物业项目情况等内容。

③ 编制投标书。投标书是评标、决标的依据,必须予以高度重视。投标书一般包括:企业基本情况、机构设置及人员配备、物业管理服务内容及质量标准、物业服务费的测算、特约服务的提供以及各项管理制度的制定等。完成投标书的编制后,在递送投标书时必须做到:按照要求密封标书;加盖投标单位印章和负责人印鉴;报价适度。

物业管理企业经营的目的是盈利。报价过低不能盈利,报价过高中标可能性太小,因此,报价适度是很重要的。应根据管理经验和报价测算情况,寻找竞标报价的规律,使报价恰到好处。

(3) 招投标原则。一般来讲,物业管理招投标活动应遵循公正、公平、公开、诚实信用的原则。

① 公正原则。公正原则是指在物业管理招标投标的整个过程中要体现公正性,而不能出现厚此薄彼的情况。

② 公平原则。公平原则是指在招标文件中向所有物业管理企业提出的投标文件是一致的。

③ 公开原则。公开原则是指招投标活动中，严格按照程序公开进行。

④ 诚实信用原则。诚实信用原则是指无论是投标方还是招标方，都必须遵循诚实信用原则，特别是投标方，必须要具有相应的资质、业绩等，有符合招标文件要求的能力，不得以欺骗或虚假手段招投标。这是民事活动的基本原则。

三、承接验收

物业管理企业承接物业时，应当对物业公共部位、共用设施设备进行查验。在办理物业承接验收手续时，建设单位应当向物业管理企业移交下列资料：

① 竣工总平面图，单体建筑、结构、设备竣工图，配套设施、地下管网工程竣工图等竣工验收资料；

② 设施设备的安装、使用和维护保养等技术资料；

③ 物业质量保修文件和物业使用说明文件；

④ 物业管理所必需的其他资料。

四、建设单位的义务

1. 与物业管理企业签订书面的前期物业服务合同

在业主、业主大会选聘物业管理企业之前，由建设单位选聘物业管理企业的，应当签订书面的前期物业服务合同。前期物业服务合同可以约定期限，但是，期限未满、业主委员会与物业管理企业签订的物业服务合同生效的，前期物业服务合同终止。建设单位与物业买受人签订的买卖合同应当包含前期物业服务合同约定的内容。

2. 制定业主临时公约

建设单位应当在销售物业之前，制定业主临时公约，对有关物业的使用、维护、管理，业主的共同利益，业主应当履行的义务，违反公约应当承担的责任等事项依法作出约定。建设单位制定的业主临时公约，不得侵害物业买受人的合法权益。建设单位应当在物业销售前将业主临时公约向物业买受人明示，并予以说明。

3. 配置物业管理用房

建设单位应当按照规定在物业管理区域内配置必要的物业管理用房。

4. 承担物业的保修责任

建设单位应当按照国家规定的保修期限和保修范围，承当物业的保修责任。

第四节　物业管理服务

一、物业服务合同及物业管理企业的履约责任

1. 物业服务合同的主要内容

物业服务合同的主要内容包括物业管理事项、服务质量、服务费用、双方的权利义务、专项维修资金的管理与使用、物业管理用房、合同期限、违约责任等内容。

2. 物业服务合同的终止

物业服务合同终止时，物业管理企业应当将物业管理用房和相关资料交还给业主委员会。物业服务合同终止时，业主大会选聘了新的物业管理企业的，物业管理企业之间应当做

好交接工作。

二、物业管理企业的履约责任

《物业管理条例》规定:"物业管理企业应当按照物业服务合同的约定,提供相应的服务。物业管理企业未能履行物业服务合同的约定,导致业主人身、财产安全受到损害的,应当依法承担相应的法律责任。"

三、专项服务业务的委托

物业管理企业可以将物业管理区域内的专项服务委托给专业性服务企业,但不得将该区域内的全部物业管理一并委托给他人。

对于将一个物业管理区域内的全部物业管理一并委托给他人的行为,《物业管理条例》规定:"物业管理企业将一个物业管理区域内的全部物业管理一并委托给他人的,由县级以上地方人民政府房地产行政主管部门责令限期改正,出委托合同价款30%以上50%以下的罚款;情节严重的,由颁发资质证书的部门吊销资质证书。委托所得收益,用于物业管理区域共用部位、公用设施设备的维修、养护,剩余部分按照业主大会的决定使用;给业主造成损失的,依法承担赔偿责任。"

四、物业管理企业在治安、环保、物业装饰装修和使用等方面的义务

① 对物业管理区域内违反有关治安、环保、物业装饰装修和使用等方面法律、法规规定的行为物业管理企业应当制止,并及时向有关行政管理部门报告。

② 物业管理企业应当协助做好物业管理区域内的安全防范工作。发生安全事故时,物业管理企业在采取应急措施的同时,应当及时向有关行政管理部门报告,协助做好救助工作。

③ 物业管理企业雇请保安人员的,应当遵守国家有关规定。保安人员在维护物业管理区域内的公共秩序时,应当履行职责,不得侵害公民的合法权益。

④ 业主需要装饰装修房屋的,物业管理企业应当将房屋装饰装修中的禁止行为和注意事项告知业主。

五、物业使用人的权利和义务

物业使用人在物业管理活动中的权利和义务由业主和物业使用人约定,但不得违反法律、法规和业主公约的有关规定。物业使用人违反《物业管理条例》和业主公约的规定,有关业主应承担连带责任。

第五节 接管验收与装修管理

一、物业管理接管验收

接管验收是物业管理企业为维护业主和自身的利益,在正式接管物业之前代表业主对即将交付使用物业的建造质量、管理资料等进行的综合性验收。它于业主入住(使用)之前进行,是确保物业的使用质量、奠定管理基础的极为重要的物业管理前期工作。接管验收合格

也是物业可以交付使用和交付管理的前提条件之一。在条件具备或物业管理企业前期介入充分、准备充足时，接管验收也可以和建设工程的竣工验收同步进行。

二、物业接管验收的作用和原则

1. 接管验收作用

① 明确交接双方的责、权、利关系；
② 确保物业具备正常的使用功能，充分维护业主的利益；
③ 为今后的管理创造条件；
④ 维护业主的利益。

2. 接管验收的原则

① 原则性与灵活性结合；
② 细致入微与整体把握相结合。

三、竣工验收与接管验收的区别

竣工验收与接管验收两者的区别主要有以下几方面。

（1）性质不同。竣工验收是政府行为，任何建设工程的验收由政府行政主管部门负责组成综合验收小组对施工质量和设计质量进行全面检验和质量评定（小组成员包括建委、质检站、监理公司等）。

接管验收是企业行为，是物业管理公司代表全体业主根据物业管理合同从确保物业今后正常使用与维修角度出发对委托的物业进行质量验收。

（2）阶段作用不同。竣工验收是施工单位向建设单位移交的过程，接管验收是建设单位向物业管理单位移交物业的过程。

竣工验收合格后标志着物业可以交付使用，接管验收一旦完成，标志着物业正式进入使用阶段。

（3）验收主体不同。竣工验收的主体是施工单位和建设单位。接管验收的主体是建设单位、物业管理企业和业主。

四、接管验收时应交资料

① 竣工图；
② 施工中技术变更，技术审录报告；
③ 供水，供电，地下管网资料；
④ 相关的设备，设施说明书，技术参数等。

这些资料一般是在交付过程中边交付，边移交。

五、具体验收标准及处理方法

现就一具体例子来说明如何具体验收。

房屋结构及用料简介：本小区房屋结构均采用现浇钢筋混凝土框架结构体系，抗震等级为七级。墙体使用黏土空心砖作为填充墙。

（1）特点：保温性好，隔热力强，具有环保性，减少实心砖的用土量，同时还具有减轻混凝土框架的动、静荷载，提高楼盘的安全可靠性。

(2) 内墙：墙面采用水泥混合砂浆打底抹平。
(3) 地面：结构层上水泥混合砂浆打底找平。
(4) 天棚：采用水泥混合砂浆打底抹平。

以上处理方法的好处，是最大限度地为业主留出了装修的空间和节约开支。

(5) 给排水：采用目前国内最为先进的 PVC 给排水管道。其优点是减少过去铸铁管造成的锈迹污染和容易造成的管道堵塞。

具体验收标准及处理方法如下。

1. 墙面的验收

(1) 对墙面的验收。主要是看室内四周的墙面有无裂缝、空壳等现象。

① 如有裂缝则要看是什么样的裂缝。常见的裂缝是风裂，其形状是呈网状式地密布在墙面上。这种裂缝形成的原因，主要是室内外暖湿气流的不均匀，加上水泥砂浆自然地干、湿收缩。

② 空壳则是粉墙时薄厚不均以及洒水时不均匀造成的，与墙体本身质量没有任何联系。

(2) 处理方法

① 如果裂缝、空壳面积比较大，则由施工单位打掉重粉。

② 如果只有细小的裂缝，而没有空壳，待业主在进行精装修时抹二遍腻子即可消除。

2. 墙面的阴、阳角验收

(1) 对墙面的各个垂直拐角、水平平行角，用目测的方法进行观测，检查阴、阳角处是否不平整或波浪不平。

(2) 处理方法：要求施工单位用直木条夹紧粉角找直。

3. 梁、柱与墙体之间裂缝的验收

因为整个楼盘是采用混凝土框架结构，墙体则是待框架做好以后再砌的，柱、梁与墙体之间的结合部出现裂缝在所难免。

(1) 常见的裂缝有两个部位：一是梁和墙体之间的裂缝，二是柱和墙体之间的裂缝。两个部位形成裂缝的原因是混凝土柱、梁和空心砖墙体之间存在的一种自然的水泥收缩程度不同形成的，不存在质量问题，更不是墙基下沉而造成的。

(2) 处理方法：将裂缝处割开，重铺金属网或布网，用小比度水泥砂浆重粉即可消除。

4. 楼板的验收

(1) 仔细观看室内地面上，是否有不同规则裂缝，如果发现不同程度地存在，则要用专用小锤进行敲打，听听是否有空壳的声音。如果正常，没有空壳的声音说明是水泥的自然风裂；如有异常响声，说明结构层与找平层之间有相克现象的存在，则要重新处理。

(2) 处理方法：顺着开裂、空壳的方向割开重新做找平层即可；同时地面应光洁，不能起砂。

5. 顶棚的验收

对顶棚的验收，也是要看有无裂缝、空壳等现象，如果两种现象都不存在，又无波浪、不平整的现象，按国家标准只顺平就可以了。

6. 进户门的验收

(1) 对门的验收要看门的四周密实度是否合适，开启、关闭是否顺畅，关门以后缝隙不能过大，也不能太小；钥匙开启自如，关、开门无异常响声。

(2) 处理方法

① 门的密实度不好，需重新填充、加固，关、开门不顺畅或门隙过大或过小，则要调整门的铰链、垫铁，达到标准要求。

② 钥匙开启不自如，要调整锁芯的定位螺丝，使其到位；门有响声要调整门的平衡度、垂直度或加少许机油。

7. 窗的验收

（1）要看窗的边框四周边缘等易受撞击处是否密实，要仔细检查墙体和窗框处墙面是否有变色、起泡、脱皮、掉灰等现象；检查推拉门、窗户玻璃是否有破裂、搭扣、五金件不灵等现象；推拉门、窗户四周橡胶压条是否平整、密实；防水胶打得均匀程度如何。

（2）处理方法

① 推拉门、窗的四周密实度不好，要重新填实，加固边框。

② 窗框、门框处有异种变色，说明有渗漏现象，要重新打胶、粉墙达到不漏程度。

③ 玻璃破裂，五金件损坏，要重新更换。

④ 压条不平整，防水胶不均，要将压条拆除重新再做，以达到防水的效果。

8. 上、下水的验收

（1）检查上水时，可将水阀打开检查各个管子接头处有无滴水、渗水现象。检查下水时，可将水龙头打开，观察地漏下水是否流畅、有无冒泡缓慢现象。

（2）处理方法

① 上水管接头如有滴水、渗水，则说明熔焊得不牢，要割去原接头，重新焊接，达到不滴不漏。

② 下水如果不顺畅则说明地漏被异物堵塞，则要及时疏通。

9. 电的验收

（1）先看室内配电盘开关板、插座板有无损坏，安装是否牢固、顺直，过墙线路应有导管，连接点必须紧密、可靠，部件齐全，接触良好，位置正确；再有，施工单位的电工将事先准备好的插头，插入插座板逐个检查线路是否正常。

（2）处理方法：如发现有上述问题则要请专业人员对损坏配件、线头连接处、安装位置进行更换、紧固、调整。

10. 卫生间的验收

卫生间的验收是整个验收环节中最为重要的一项，因为卫生间的地面在施工过程中已做防水层，但如做得不好将会发生渗漏现象。

（1）验收方法：在验收的前一天通知施工单位，用黄泥将卫生间地漏堵上，放水至2~3厘米，待24小时以后，到底层观察卫生间的顶棚四周、风道周围，上、下水管壁接合处是否有渗漏、滴水等现象。

（2）处理方法：如果出现上述情况之一的，可将漏水处凿开，用特殊的防水材料（"堵漏王"）渗胶，注入漏水处待24小时以后，再进行蓄水实验，达到要求就可以了。

11. 装修验收

（1）装修工程完工后，由业主通知工程部，由工程部会同管理部及相关部门派人验收，单项工程竣工验收可以在全部装修工程竣工前单独进行。

（2）隐蔽工程必须在隐蔽前进行验收。

（3）消防变更工程由业主向消防部门提出验收申请，通过后向管理处提供合格证明，管理公司检查其是否符合管理的规定和要求。

（4）竣工验收后，由管理公司向业主出具验收单。

（5）业主凭验收单到管理部、保安部办理必要手续，领回装修押金，并缴纳有关专项费用。

六、接管验收程序

1. 新建房屋的接管验收程序
（1）建设单位书面提请接管单位验收。
（2）接管单位按接管验收条件和应提交的资料逐项进行审核，对具体条件的，应在15日内签发验收通知并约定验收时间。
（3）接管单位会同建设单位对物业的质量与使用功能进行验收。
（4）对验收中发现的问题，按质量问题处理办法处理。
（5）经检验符合要求的房屋，接管单位应签署验收合格凭证签发接管文件。

2. 原有房屋接管验收程序
（1）移交人书面提请接管单位接管验收。
（2）接管单位按接管验收条件和应提交的资料逐项进行审核。
（3）接管单位会同移交人对原有房屋的质量与使用功能进行检验。
（4）对检验中发现的危损问题，按危险和损坏的处理办法处理。
（5）交接双方共同清点房屋、装修、设备和定、附着物，核实房屋使用状况。
（6）经检验符合要求的房屋，接管单位应签署验收合格凭证，签发接管文件，办理房屋所有权转移登记。

七、物业装修管理的有关规定

1. 住宅室内装饰装修的概述

住宅室内装饰装修，是指住宅竣工验收合格后，业主或者住宅使用人对住宅室内进行装饰装修的建筑活动。此处所称装饰装修是指楼宇竣工交付使用后，业主或使用人办理完入住手续后，根据自己的喜好和要求，对所购（所租）房屋进行重新设计、分隔、装饰、布置等的行为。

业主需要装饰装修房屋的，应当事先告知物业管理企业。虽然业主有权对自己的房屋进行装修或改造，但如果不加以管理，就有可能会破坏房屋结构，侵犯其他用户的利益，或者因施工影响其他用户的居住安宁和清洁。因此，物业管理公司有必要对用户的装修行为进行管理，以保护相邻业主、公共设施和环境卫生。因此，《物业管理条例》第五十三条规定，业主需要装饰装修房屋的，应当事先告知物业管理企业。《住宅室内装饰装修管理办法》中第三条规定：装修人在住宅室内装饰装修工程开工前，应当向物业管理企业或者房屋管理机构（以下简称物业管理单位）申报登记。非业主的住宅使用人对住宅室内进行装饰装修，应当取得业主的书面同意。

申报登记应当提交下列材料：
（1）房屋所有权证（或者证明其合法权益的有效凭证）；
（2）申请人身份证件；
（3）装饰装修方案；
（4）变动建筑主体或者承重结构的，须提交原设计单位或者具有相应资质等级的设计单位提出的设计方案；
（5）提交有关部门的批准文件及有关设计方案或者施工方案；
（6）委托装饰装修企业施工的，须提供该企业相关资质证书的复印件；
（7）非业主的住宅使用人，还需提供业主同意装饰装修的书面证明。

为加强对装修的监督和管理,《住宅室内装饰装修管理办法》第十六条还规定,装修人,或者装修人和装饰装修企业,应当与物业管理单位签订住宅室内装饰装修管理服务协议。协议应当包括下列内容:
(1) 装饰装修工程的实施内容;
(2) 装饰装修工程的实施期限;
(3) 允许施工的时间;
(4) 弃物的清运与处置;
(5) 住宅外立面设施及防盗窗的安装要求;
(6) 禁止行为和注意事项;
(7) 管理服务费用;
(8) 违约责任;
(9) 其他需要约定的事项。

《物业管理条例》第五十三条规定,物业管理企业应当将房屋装饰装修中的禁止行为和注意事项告知业主。住宅室内装饰装修不仅事关装修人的利益,还会影响到相邻业主的作息,甚至居住安全,会影响到公共利益。因此,装修人一定要遵守法律、法规有关装修的禁止行为和注意事项的有关规定。而物业管理企业基于其管理监督权负有告知义务。《住宅室内装饰装修管理办法》第十五条也规定,物业管理单位应当将住宅室内装饰装修工程的禁止行为和注意事项告知装修人和装修人委托的装饰装修企业。装修人对住宅进行装饰装修前,应当告知邻里。

2. 住宅室内装饰装修的一般规定
(1) 住宅室内装饰装修活动,禁止下列行为:
① 未经原设计单位或者具有相应资质等级的设计单位提出设计方案,变动建筑主体和承重结构;
② 将没有防水要求的房间或者阳台改为卫生间、厨房间;
③ 扩大承重墙上原有的门窗尺寸,拆除连接阳台的砖、混凝土墙体;
④ 破坏房屋原有节能设施,降低节能效果;
⑤ 其他影响建筑结构和使用安全的行为。

这里所称建筑主体,是指建筑实体的结构构造,包括屋盖、楼盖、梁、柱、支撑、墙体、连接接点和基础等。

这里所称承重结构,是指直接将本身自重与各种外加作用力系统地传递给基础地基的主要结构构件和其连接接点,包括承重墙体、立杆、柱、框架柱、支墩、楼板、梁、屋架、悬索等。

(2) 装修人从事住宅室内装饰装修活动,未经批准不得有下列行为:
① 搭建建筑物、构筑物;
② 改变住宅外立面,在非承重外墙上开门、窗;
③ 拆改燃气管道和设施。

(3) 住宅室内装饰装修超过设计标准或者规范增加楼面荷载的,应当经原设计单位或者具有相应资质等级的设计单位提出设计方案。所有装修新设置的内部隔墙应是重量轻或干式结构的,尽量采用防火材料,符合防火要求。

(4) 改动卫生间、厨房间防水层的,应当按照防水标准制订施工方案,并做闭水试验。

(5) 装修人经原设计单位或者具有相应资质等级的设计单位提出设计方案变动建筑主体和承重结构的,或者装修活动涉及本办法第二条、第三条、第四条内容的,必须委托具有相应资质的装饰装修企业承担。

（6）装饰装修企业必须按照工程建设强制性标准和其他技术标准施工，不得偷工减料，确保装饰装修工程质量。

（7）装饰装修企业从事住宅室内装饰装修活动，应当遵守施工安全操作规程，按照规定采取必要的安全防护和消防措施，不得擅自动用明火和进行焊接作业，保证作业人员和周围住房及财产的安全。施工需要动火或烧焊时，必须事先到管理处办理《动火证》，并按消防管理制度执行。对电气设备的使用，也应按规定操作。管道供气设施和燃气用具（必须符合国家标准）的安装、维修、拆移、改装，必须由持有专业资格证书的单位施工，用户不得自行安装、拆除、改装。

（8）装修人和装饰装修企业从事住宅室内装饰装修活动，不得侵占公共空间，不得损害公共部位和设施。

① 装修施工用电不得超过该装修住宅单元的装表容量，严禁擅自乱接、乱拉电源线；超容量用电在与管理处协商后，在管理处的监督下，在管理人员指定位置处接临时电源线，否则造成的一切后果由装修人负责。

② 所有电气的安装都应遵照市供电部门的有关规定，所有电线一定要保护在绝缘管内，而未征得管理处同意，绝对不得将电线嵌入建筑物的任何部分。

③ 空调机应按管理处统一规划的位置安装（方案另附），不得破坏楼宇结构，穿坏墙体则必然影响外观。

④ 不得任意改变窗户、阳台色调，不得改变阳台的用途，窗外、敞开式阳台不得安装防盗网及用铝合金窗封闭阳台。

⑤ 按管理处统一规格安装进户防盗门；不能改变玻璃门的功能、位置。

⑥ 除非得到管理处的批准，不得挖槽、切割、砍凿或雕刻结构楼面及与邻铺、邻居共用之隔墙。

3. 委托与承接

（1）承接住宅室内装饰装修工程的装饰装修企业，必须经建设行政主管部门资质审查，取得相应的建筑业企业资质证书，并在其资质等级许可的范围内承揽工程。

（2）装修人委托企业承接其装饰装修工程的，应当选择具有相应资质等级的装饰装修企业。

① 为配合管理处对装修的管理，业主装修应尽量选择管理处推荐的施工队，这些实力较强、信誉较好的施工队伍经培训对本小区房屋结构了解并在其承诺遵守本办法和其他装修规定后，在管理处监督管理下提供装修服务。

② 业主有选择上述施工队和自聘有住宅装修资格的施工队的自由，但必须经管理处资格审查后按本管理办法的规定进行管理。

③ 装修用砂、石、水泥、砖等必须在管理处指定地点装卸，由小区专门搬运队搬运。

4. 室内环境质量

（1）装饰装修企业从事住宅室内装饰装修活动，应当严格遵守规定的装饰装修施工时间，降低施工噪声，减少环境污染。

装修期限：多层住宅装修工程为45天，复式、小高层为60天，如确实需要延期，要到管理处办理延期手续。

施工时间：每天施工时间为8：00～12：00，14：00～18：00。

（2）住宅室内装饰装修过程中所形成的各种固体、可燃液体等废物，应当按照规定的位置、方式和时间堆放和清运。严禁违反规定将各种固体、可燃液体等废物堆放于住宅垃圾道、楼道或者其他地方。

(3) 住宅室内装饰装修工程使用的材料和设备必须符合国家标准，有质量检验合格证明和有中文标识的产品名称、规格、型号以及生产厂厂名、厂址等。禁止使用国家明令淘汰的建筑装饰装修材料和设备。

(4) 装修人委托企业对住宅室内进行装饰装修的，装饰装修工程竣工后，空气质量应当符合国家有关标准。装修人可以委托有资格的检测单位对空气质量进行检测。检测不合格的，装饰装修企业应当返工，并由责任人承担相应损失。

5. 竣工验收与保修

(1) 装修工程完毕后，装修人向管理处申请竣工验收，管理处将派人进行查验。

(2) 隐蔽工程必须在隐蔽前进行验收。如未验收，管理处可安排拆除隐蔽部分遮挡，再行验收，由此造成的损失由业主装修人自己负责。

(3) 竣工验收合格后，由管理处验收人员在《装修申请审批表》上验收栏内签名。验收不合格时，限期改正，再行复验，直至合格。经3次验收不合格者，管理处可另行指定施工单位进行施工，所发生的费用由业主（住户）承担。

(4) 通过验收后使用1个月，经管理处复验并征询四邻无明显质量问题后，5天内管理处退回保证金给业主，如有罚款，从保证金中扣减，保证金不足抵扣罚款，管理处有权向业主追收不足部分。

6. 法律责任

(1) 因住宅室内装饰装修活动造成相邻住宅的管道堵塞、渗漏水、停水停电、物品毁坏等，装修人应当负责修复和赔偿；属于装饰装修企业责任的，装修人可以向装饰装修企业追偿。装修人擅自拆改供暖、燃气管道和设施造成损失的，由装修人负责赔偿。

(2) 装修人因住宅室内装饰装修活动侵占公共空间，对公共部位和设施造成损害的，由城市房地产行政主管部门责令改正，造成损失的，依法承担赔偿责任。

(3) 装修人未申报登记进行住宅室内装饰装修活动的，由城市房地产行政主管部门责令改正，处500元以上1000元以下的罚款。

(4) 装修人违反本办法规定，将住宅室内装饰装修工程委托给不具有相应资质等级企业的，由城市房地产行政主管部门责令改正，处500元以上1000元以下的罚款。

(5) 装饰装修企业自行采购或者向装修人推荐使用不符合国家标准的装饰装修材料，造成空气污染超标的，由城市房地产行政主管部门责令改正，造成损失的，依法承担赔偿责任。

(6) 住宅室内装饰装修活动有下列行为之一的，由城市房地产行政主管部门责令改正，并处罚款：

① 将没有防水要求的房间或者阳台改为卫生间、厨房间的，或者拆除连接阳台的砖、混凝土墙体的，对装修人处500元以上1000元以下的罚款，对装饰装修企业处1000元以上1万元以下的罚款；

② 损坏房屋原有节能设施或者降低节能效果的，对装饰装修企业处1000元以上5000元以下的罚款；

③ 擅自拆改供暖、燃气管道和设施的，对装修人处500元以上1000元以下的罚款；

④ 未经原设计单位或者具有相应资质等级的设计单位提出设计方案，擅自超过设计标准或者规范增加楼面荷载的，对装修人处500元以上1000元以下的罚款，对装饰装修企业处1000元以上1万元以下的罚款。

(7) 未经城市规划行政主管部门批准，在住宅室内装饰装修活动中搭建建筑物、构筑物的，或者擅自改变住宅外立面、在非承重外墙上开门、窗的，由城市规划行政主管部门按照

《城市规划法》及相关法规的规定处罚。

（8）装修人或者装饰装修企业违反《建设工程质量管理条例》的，由建设行政主管部门按照有关规定处罚。

（9）装饰装修企业违反国家有关安全生产规定和安全生产技术规程，不按照规定采取必要的安全防护和消防措施，擅自动用明火作业和进行焊接作业的，或者对建筑安全事故隐患不采取措施予以消除的，由建设行政主管部门责令改正，并处1000元以上1万元以下的罚款；情节严重的，责令停业整顿，并处1万元以上3万元以下的罚款；造成重大安全事故的，降低资质等级或者吊销资质证书。

（10）物业管理单位发现装修人或者装饰装修企业有违反本办法规定的行为不及时向有关部门报告的，由房地产行政主管部门给予警告，可处装饰装修管理服务协议约定的装饰装修管理服务费2～3倍的罚款。

（11）有关部门的工作人员接到物业管理单位对装修人或者装饰装修企业违法行为的报告后，未及时处理，玩忽职守的，依法给予行政处分。

第六节　物业的使用与维护

一、物业管理区域内公共建筑和公用设施用途的改变

（1）物业管理区域内按照规划建设的公共建筑和公用设施，不得改变用途。

（2）业主依法确需改变公共建筑和公用设施用途的，应当在依法办理有关手续后告知物业管理企业；物业管理企业确需改变公共建筑和共用设施用途的，应当提请业主大会讨论决定同意后，由业主依法办理有关手续。

二、物业管理区域内道路、场地的占用与挖掘

（1）业主、物业管理企业不得擅自占用、挖掘物业管理区域内的道路、场地，损害业主的共同利益。

（2）因维修物业或者公共利益，业主确需临时占用、挖掘道路、场地的，应当征得业主委员会和物业管理企业的同意；物业管理企业确需临时占用、挖掘道路、场地的，应当征得业主委员会的同意。

（3）业主、物业管理委员会企业应当将临时占用、挖掘的道路、场地，在约定期限内恢复原状。

（4）供水、供电、供气、供热、通信、有线电视等单位，应当依法承担物业管理区域内相关管线和设施设备维修、养护的责任。这些单位因维修、养护等需要，临时占用、挖掘道路、场地的，应当及时恢复原状。

三、专项维修资金

（1）住宅物业、住宅小区内的非住宅物业或者与单栋住宅楼结构相连的非住宅物业的业主，应当按照国家有关规定缴纳专项维修资金。

（2）专项维修资金属业主所有，专项用于物业保修期满后物业共用部位、公用设施设备的维修和更新、改造，不得挪作他用。

（3）专项维修资金收取、使用及管理的办法由国务院建设行政主管部门会同国务院财政部门制定。

四、物业共用部位、共用设施设备的利用经营

利用物业共用部位、共用设施设备进行经营的，应当征得相关业主、业主大会、物业管理企业的同意后，按照规定办理相关手续。业主所得收益应当用于补充专项维修资金，也可以按照业主大会的决定使用。

五、物业的维护

物业存在安全隐患，危及公共利益及他人合法权益时，责任人应当及时维修养护，有关业主应当给予配合。责任人不履行维修养护义务的，经业主大会同意，可以由物业管理企业维修养护，费用由责任人承担。

六、违反物业的适用与维护规定的法律责任

有下列行为之一的，由县级以上地方人民政府房地产行政主管部门责令限期改正，给予警告，并按照规定处以罚款；所得收益，用于物业管理区域内物业共用部位、共用设施设备维修、养护，剩余部分按照业主大会的决定使用：
（1）擅自改变物业管理区域内按照规划建设的公共建筑和共用设施用途的；
（2）擅自占用、挖掘物业管理区域内道路、场地，损害业主共同利益的；
（3）擅自利用物业共用部位、共用设施设备进行经营的。

个人有上述行为之一的，处1000元以上1万元以下的罚款；单位有前款规定行为之一的，处5万元以上20万元以下的罚款。

第七节　物业服务收费

一、物业服务收费的概念

物业服务收费指物业管理企业按照物业服务合同的约定，对房屋及配套的设施设备和相关场地进行维修、养护、管理，维护相关区域内的环境卫生和秩序，向业主所收取的费用。国家为进一步规范物业服务收费行为，提高物业服务收费透明度，维护业主和物业管理企业的合法权益，促进物业管理行业的健康发展，对物业服务收费实行明码标价制度。

二、物业服务收费的原则

物业服务收费应当遵循合理、公开、诚实信用以及费用与服务水平相适应的原则。

三、物业服务收费的定价形式

1. 政府指导价

物业服务收费实行政府指导价的，有定价权限的人民政府价格主管部门会同房地产行政

主管部门根据物业服务等级标准等因素,制订相应的基准价及其浮动幅度,并定期公布。具体收费标准由业主与物业管理企业根据规定的基准价和浮动幅度在物业服务合同中约定。

2. 市场调节价

实行市场调节价的物业服务收费,有业主与物业管理企业在物业服务合同中约定。

物业管理企业应当按照政府价格主管部门的规定实行明码标价,在物业管理区域内的显著位置,将服务内容、服务标准以及收费项目、收费标准等有关情况进行公示。

四、物业服务的计费方式

《物业服务收费管理办法》规定:"业主与物业管理企业可以采取包干制或者酬金制等形式约定物业服务费用。"

1. 包干制

包干制是指由业主向物业管理企业支付固定物业服务费用,盈余或者亏损均由物业管理企业享有或者承担的物业服务计费方式。实行物业服务费用包干制的,物业服务费用的构成包括物业服务成本、法定税费和物业管理企业的利润。

2. 酬金制

酬金制是指在预收的物业服务资金中按约定比例或者约定数额提取酬金支付给物业管理企业,其余全部用于物业服务合同约定的支出,结余或者不足均由业主享有或者承担的物业服务计费方式。实行物业服务费用酬金制的,预收的物业服务资金包括物业服务支出和物业管理企业的酬金;预收的物业服务支出属于代管性质,为所缴纳的业主所有,物业管理企业不得将其用于物业服务合同约定以外的支出;物业管理企业或者业主大会可以按照物业服务合同约定聘请专业机构对物业服务资金年度预决算和物业服务资金的收支情况进行审计。

五、物业服务成本或者物业服务支出的构成

物业服务成本或者物业服务支出构成一般包括以下部分:
① 管理服务人员的工资、社会保险和按规定提取的福利费等;
② 物业共用部位、共用设施设备的日常运行、维护费用;
③ 物业管理区域清洁卫生费用;
④ 物业管理区域绿化养护费用;
⑤ 物业管理区与秩序维护费用;
⑥ 办公费用;
⑦ 物业管理企业固定资产折旧;
⑧ 物业共用部位、共用设施设备及公众责任保险费用;
⑨ 经业主同意的其他费用。

六、物业服务费用或者物业服务资金的缴纳

(1) 业主应当按照物业服务合同的约定按时足额缴纳服务费用或者物业服务资金。业主违反物业服务合同约定逾期不缴纳服务费用或者物业服务资金的,业主委员会应当督促其限期缴纳;逾期仍不缴纳的,物业管理企业可以依法追缴。物业发生产权转移时,业主或者物业使用人应当结清物业费用或者物业服务资金。

(2) 业主与物业使用人约定由物业使用人缴纳物业服务费用或者物业服务资金的,从其约定,业主负连带缴纳责任。物业发生产权转移时,业主或者物业使用人应当结清物业费用或者物业服务资金。

(3) 纳入物业管理范围的已竣工但尚未出售，或者因开发建设单位原因未按时交给物业买受人的物业，物业服务费用或者物业服务资金由开发建设单位全额缴纳。

复习思考题

1. 什么是物业？什么是物业管理？
2. 物业管理的特点是什么？
3. 物业管理的基本内容是什么？
4. 业主大会的职责是什么？
5. 业主委员会的职责是什么？
6. 什么是前期物业管理？
7. 什么是物业接管验收？接管验收有什么作用？
8. 物业服务收费有哪几种定价形式？
9. 物业服务的计费方式有哪几种？
10. 物业服务成本或者物业服务支出构成一般包括哪些项目？

案例分析

【案例 12-1】

1. 案情介绍

2004年4月，某大厦第十二层的卫生间外拖把槽上的自来水龙头因丝扣老化无法拧紧，导致下班无人时自来水四溢，流进楼下的另一层公司办公室内，部分家具、地毯浸泡，损失约上万元。楼下公司无法确定是哪个公司造成的，于是要求物业管理公司作出调查和赔偿。物业管理公司却答复水是从楼上溢出来而流下去的，应由楼上有关公司负责赔偿。而第十二层楼面共有六家公司，卫生间是六家共用的，当楼下公司找到楼上公司接触时，发现很难确定应由哪一家公司负责赔偿损失，于是楼下公司向物业管理公司要求赔偿。

2. 评析意见

楼宇的设施应分为公共与私人两种，赔偿损失也有两种可能。以水龙头为例，单位自用部位内水龙头便属于单位所有，由该单位负责维修，物业管理只负责大厦内共用水龙头的维修。本案中现在查出漏水原因是第十二层卫生间外的水龙头损坏所致，这里的水龙头是六家共用的，属于共用部位的设施。物业管理公司有责任进行水龙头的修理，并需承担由此而引致他人损失的责任。如果楼上第十二层全部售给一家公司，卫生间及其他附属设施也一同售给这家公司，那么发生水龙头损坏、自来水四溢而导致楼下业主受淹蒙受损失时，应由楼上这家业主负责，因为水龙头等设施也属于第十二层业主的财产。

在本案中，业主完全有权向物业管理公司要求赔偿，如果物业管理公司不理，则可向法院起诉，由法庭作出裁决。

【案例 12-2】

1. 案情介绍

某小区物业管理公司由该小区开发商组建成立。某日，开发商给该物业管理公司发来一份通知，称该小区某业主是分期付款购房，但其入住后迟迟未见剩余房款付清。开发商为此要求该物业采取停水、停电措施，以迫使该业主及早交款。尽管该业主按期缴纳了水电费，但物业管理公司还是对该业主采取停水、停电措施，使得该业主无法正常生活。请问业主房款未付清，物业公司有权停水停电吗？

2. 评析意见

在房屋买卖法律关系中，卖家承担支付房款的义务，享有取得房屋所有权的权利。在物业管理法律关系中，业主承担支付物业服务费的义务，享有接受物业管理企业提供服务的权利。在任何一个法律关系中，责、权、利应一致。

本案例中的业主，同时是房屋买卖法律关系以及物业管理法律关系的主体，他未按期缴纳房款，说明他没有履行房屋买卖关系中按时付款的义务，那么他就应该承担相应的民事责任。开发商可以按照购房合同的规定，要求该业主支付违约金、利息等责任甚至可以要求解除合同等。该业主已按期缴纳了水电费，就意味着他应该能正常用水、用电，其他人（包括开发商）不能对这种权益进行侵害。开发商要求物业管理公司用停水、停电的方式促使业主按时交房款，这种做法是不合法的。而物业管理公司按照开发商的要求对业主停水、停电，则违背了其法定职责与义务，更是不合法的。

【案例 12-3】

1. 案情介绍

2014 年 4 月，某市某房地产公司将华门小区建成后，委托某物业管理公司对该小区实施前期物业管理。同年 6 月 2 日，李某与某房地产公司签订商品房买卖合同，购得阳光花园小区 3 号楼 3 单元 302 室住宅一套，并与 8 月 27 日入住。2015 年 3 月 6 日下午，李某称其下班后将神龙富康轿车停放在楼下锁好后回家，次日早上 6 时左右，发现轿车不见了，遂向公安刑警部门报案。3 月 9 日，公安机关立案侦查，现该案尚在侦查中。5 月 27 日，李某以物业管理公司未尽到安全防护义务导致其车辆丢失为由诉至法院，要求被告赔偿损失 28900 元，被该省的该市人民法院驳回了诉讼请求。

2. 评析意见

法院的判决是正确的，理由如下。

根据相关法律、法规的规定，业主对自己特定的财产单独委托物业管理公司进行看管的，应当另行约定。本案中，李某就其车辆并未向某物业管理公司单独缴纳服务费用由其有偿保管，从而未形成有偿保管合同关系。而且，某物业管理公司也未在小区内设定专用停车场，对李某的车辆出入进行登记无偿看管，从而未形成无偿保管合同关系。因此，某物业管理公司对张某的车辆无看管之义务，在该车丢失后，无需承担损害赔偿责任。作为物业管理公司，其仅对物业管理范围内发生的行为、事件承担相应的法律责任，不应任意加重其责任。李某以其车辆丢失与某物业管理公司未采取必要的安全防护措施有因果关系而要求其担责的主张缺乏依据，故对李某要求某物业管理公司承担赔偿责任的请求，不予支持。

【案例 12-4】

1. 案情介绍

安康物业管理公司日前接到了某市某发展商发出的招标邀请，参加了由该公司发展商举办的大型住宅区前期物业管理招标活动，上个月该发展商向安康物业管理公司发出中标通知书，通知安康物业管理公司中标。安康物业管理公司依照约定前往该市与该发展商签订前期物业服务合同。到达该市后，安康物业管理公司发现该发展商同时向四家物业管理公司发出了中标通知书。安康物业管理公司依照投标书的内容签订前期物业服务合同，但该发展商表示，需要就前期物业服务合同的实质内容与四家物业公司再进行协商，并根据协商结果确定与哪家物业公司签订正式前期物业服务合同。请问该发展商的做法是否合法？

2. 评析意见

根据《合同法》的规定，合同当事人意思表示一致，合同即成立，并对合同当事人发生法律效力。安康物业管理公司向招标人（开发商）提交的投标文件对签订前期物业服务合同的主要合同条款作出了明确的意思表示，符合《合同法》规定的要约构成，属于有效要约。招标人（开发商）给安康物业管理公司发出的中标通知书可以视为有效承诺，《合同法》规定"承诺生效时合同成立"。因此，中标通知书对安康物业管理公司和该发展商均具有法律约束力。同理，该发展商向其他两家物业管理公司发出的中标通知书对该发展商与其他两家物业管理公司也具有法律约束力。事实上，该发展商只能跟一家物业管理公司签订前期物业服务合同，该发展商的行为必然会带来另两家物业管理公司对其违反合同的违约索赔。

另外，该发展商的做法也违反了法律的规定。《中华人民共和国招标投标法》（以下简称《招标投标法》）规定，为了保证招投标活动的公平、公正，招标人和中标人不得协商签订背离合同实质内容的条款。因此，该发展商在招投标活动结束之后与中标人再协商前期物业服务合同的主要条款是违法的。当然，物业管理公司依照惯例与该发展商签订正式的前期物业服务合同时，就该合同细节条款在不违反投标书实质内容的情况下予以协商是完全可以的。

【案例 12-5】

1. 案情介绍

2015 年 7 月，在某住宅小区内，前来看房的人员和业主因故发生口角。随后，看房人打电话纠集了十几名打手分乘两辆汽车进入小区，将业主及家人打伤。案发后，物业管理公司的保安对进入小区的车辆进行记录，虽未能阻止殴打事件，但在殴打过程中，保安人员实施了保护业主委员会和业主的财物的行为。事后，物业管理公司尽力协助公安机关侦破案件。尽管该小区业主委员会与物业管理公司签订的物业服务合同对物业管理公司之安全防范职责没有作特别约定，但业主以物业公司理应对业主的人身安全负有责任为由向法院起诉，要求物业管理公司承担赔偿责任。最后法院判决物业管理公司已经尽到了保安注意义务，无需对业主遭受的伤害承担赔偿责任。

2. 评析意见

法院的判决是正确的，理由如下。

物业管理公司是否应该承担赔偿责任，关键在于物业服务合同的具体约定。一般而言，物业服务合同中的安全防范工作，是指工业管理公司为维护物业管理区域内的公共秩序和物业使用的安全而实施的必要的正常的防范性安全保卫活动，即物业管理公司应当承担的保安注意义务。除了物业服务合同有明确的约定外，只要物业管理公司按照《物业管理条例》的要求协助做好物业管理区域内的安全防范工作，发生安全事故时，物业管理企业在采取应急措施的同时，及时向有关行政管理部门报告，协助做好救助工作，就可以视为按物业服务合同的约定履行了日常的安全防范工作。

在本案中，物业公司之安全防范职责没有作特别约定，而且保安人员履行了保安义务，记录了车辆进出情况，案发时也尽力保护业主的人身和财产安全，事后又配合公安机关破案，应该说，物业管理公司已经尽到了保安注意义务，因此，无需对业主遭受的伤害承担赔偿责任。

实训题

通过下面的案例，你从中得到哪些启发？

2014 年，某物业管理有限公司 B 以某小区业主周某不履行《物业服务合同》约定，拖欠物业管理费为由向 A 小区所在法院起诉，要求被告周某支付 2013 年 5 月至 2014 年 7 月期间拖欠的 15 个月的物业管理服务费用以及滞纳金。被告周某辩称，A 小区业主委员会未经当地房产行政主管部门备案，且其未经业主大会授权就与物管公司 B 签订《物业服务合同》，该《物业服务合同》无效，因此拒绝缴纳物业管理费。该区法院经过审理，判决被告向物业管理有限公司 B 支付 2013 年 5 月至 2014 年 7 月期间拖欠的物业管理服务费及滞纳金共计 8000 余元。被告周某不服提起上诉，经该市中院二审，作出了维持该区法院原判决的决定。

第十三章 房地产纠纷处理

> **学习目标**
>
> 1. 了解房地产纠纷的特征和类型及处理房地产纠纷的原则。
> 2. 熟悉房地产行政诉讼、民事诉讼和仲裁的概念和程序。
> 3. 掌握房地产纠纷解决的途径和方法。
> 4. 重点掌握选择适当的方法维护自己的合法权益。
>
> **技能要求**
>
> 1. 依法处理房地产纠纷的能力。
> 2. 运用相关法律维护自身合法权益的能力。

第一节 房地产纠纷概述

房地产纠纷处理法律制度是房地产法律制度的重要组成部分,也是维护房地产权利人合法权益的保障。

一、房地产纠纷的概念

房地产纠纷是指公民、法人或其他组织之间及它们相互之间关于房地产的权利、义务所发生的争议。主要涉及房地产的所有权、经营管理权和使用权等方面引起的争执。它可以发生在平等主体之间,也可以发生在管理和被管理的主体之间。

二、房地产纠纷的特征

① 主体具有多样性、广泛性。
② 客体具有特定性。
③ 大多数房地产纠纷情况复杂,难以查证。尤其是历史遗留的纠纷,因年代久远,变迁大,有争议的房地产自然状况及其管理、使用情况、权属更迭情况复杂。特别是有的当事人已故,有的当事人因年高体弱神志不清而不能作证时,难度会更大。
④ 房地产纠纷标的额一般比较大,因而调处难度大。

三、房地产纠纷的类型

1. 按法律性质来分

按其法律性质可分为房地产民事纠纷和房地产行政纠纷两类。

（1）房地产民事纠纷。房地产民事纠纷包括房地产开发合同纠纷（如房地产交易合同纠纷）、建设工程合同纠纷（如土建、设备安装、装修）、房地产服务合同纠纷（如房地产咨询、评估、经纪）、房地产租赁合同纠纷、物业管理纠纷、他项权利侵权纠纷（如相邻用水、排水、采光）等。

（2）房地产行政纠纷。房地产行政纠纷包括土地所有权和使用权争议纠纷、拆迁人与被拆迁人的房屋拆迁补偿安置纠纷、公民个人、法人或其他组织之间的林地所有权争议纠纷等。

2. 按纠纷的对象来分

按纠纷的对象可分为土地权利纠纷和房屋权利纠纷。

（1）土地纠纷。土地纠纷指当事人之间关于土地所有权和使用权发生争执而引起的纠纷，包括土地所有权的归属纠纷、土地使用权纠纷、宅基地使用权纠纷等。

（2）房屋纠纷。房屋纠纷指当事人双方关于房屋的权利、义务所发生的争议，包括房屋所有权纠纷、房屋买卖纠纷、房屋租赁纠纷、房屋行政纠纷、房屋典当纠纷、房屋拆迁和修缮纠纷、房屋继承纠纷等。

四、房地产纠纷的处理途径

房地产纠纷具有不同的法律性质，因此对房地产纠纷有不同的处理途径。

房地产民事纠纷，可以通过协商、调解、仲裁、诉讼来解决；房地产行政纠纷，可以通过行政诉讼或行政复议的程序来解决。

总之，房地产纠纷的处理途径主要有协商、调解、行政复议、仲裁和诉讼。

第二节　土地纠纷的行政调处

一、土地纠纷的实质

土地纠纷的实质是土地权属纠纷，即关于土地所有权和使用权的争议。它包括农地、山地、草原、水域等因所有权、使用权受到侵害而引起的争执。权属纠纷发生的原因很多，主要是由于地界不清、土地权属紊乱、政策和体制的变更，以及其他历史遗留问题等。

土地所有权人及使用国有土地和集体土地的单位和个人，均可以成为权属争议的当事人，涉及争议双方的利益，情况复杂，政策性强。认真研究，掌握真实可靠的权属资料是调处解决土地纠纷的基础。

二、土地纠纷行政调处的概念

土地纠纷的行政调处是指人民政府及其主管部门根据当事人向其提起的要求保护自己合法权益的请求，或者当事人之间因土地权属发生争议和冲突而向其提起的要求确定权属的请求，依法进行调查、调解和裁决的活动。

土地纠纷的行政调处是国家赋予行政机关的权力，属于行政职能，它的处理决定具有行政法律效力。《土地管理法》规定："土地所有权和使用权争议，由当事人协商解决；协商不成的由人民政府处理。单位之间的争议，由县级以上人民政府处理；个人之间、个人与单位之间的争议，由乡级人民政府或者县级以上人民政府处理"。

三、土地纠纷行政调处的原则

土地纠纷行政调处整体遵循调解在先，处理在后的原则；行政调处在先、诉讼在后原则。在具体实施时，遵循以下原则。

1. 及时处理的原则

及时处理包含两层含义。

（1）只要土地纠纷的当事人一方提出调处申请，房地产行政主管部门就应当及时受理立案。对没有明文规定，或规定不明确的纠纷案件，主管部门应主动向上级机关汇报情况，提出建议，请求上级机关及时作出补充规定，给予明确指示。

（2）对于已经受理立案的纠纷要抓紧时间，查清事实，在规定的期限内，进行调解处理。

2. 依法处理的原则

土地纠纷的行政调处要依据有关法律、法规。行政主管机关及各级负责调处的人员要认真查明事实，以事实为依据，正确运用法律法规，不徇私情。要坚持"法律面前人人平等"的原则。只有这样，才能完成好国家赋予的行政权力。

3. 具体问题，具体分析的原则

土地纠纷的行政调处要依据纠纷的种类、性质的不同，如土地使用权的纠纷或者土地侵权纠纷等，运用不同的法律的原则，具体情况具体分析，才能使当事人的正当权益得到保护。

四、土地纠纷行政调处的程序

1. 土地所有权和使用权争议处理的程序

土地所有权和使用权争议是指由于双方在地界不清、地权不明的情况下发生的争议。其处理程序如下。

（1）协商。土地所有权和使用权争议由当事人之间协商解决，协商不成，任何一方均可提请房地产行政主管部门处理。

（2）受理。人民政府房地产行政主管部门受理争议。

（3）审查。房地产行政主管部门对争议事实进行调查核实。

（4）行政调解。房地产管理部门按照有关的法律、法规及事实真相，进行行政调解。如达成调解协议，由房地产管理部门制作调解书。调解书应写明当事人姓名（或法人名称）、代理人姓名、职务、地址，争议的主要事实，协议内容等项。调解协议书应由双方当事人签字，并加盖主持调解机关公章。调解书送达后具有一定的约束力，双方当事人均应遵守；如调解不成，房地产管理部门可根据任何一方的请求，代表人民政府作出处理决定。

（5）执行。处理决定书由人民政府下达或者人民政府授权，房地产管理部门行文，加盖人民政府处理土地所有权和使用权的专用章。需要重新确认所有权的，由县级以上人民政府确认所有权和使用权，核发土地证书。

（6）房地产行政复议。当事人对有关人民政府的处理决定不服的，可以依法向上一级行政机关申请行政复议，要求重新处理。《中华人民共和国行政复议法》（以下简称《行政复议法》）第十九条规定：法律、法规规定应当先向行政复议机关申请行政复议、对行政复议决定不服再向人民法院提起行政诉讼的，行政复议机关决定不予受理或者受理后超过行政复议期限不作答复的，公民、法人或者其他组织可以自收到不予受理决定书之日起或者行政复议期满之日起15日内，依法向人民法院提起行政诉讼。《中华人民共和国行政诉讼法》（以下简称《行政诉讼法》）第四十五条规定：公民、法人或者其他组织不服复议决定的，可以在收到复议决定书之日起15日内向人民法院提起诉讼。复议机关逾期不作决定的，申请人可以在复议期满之日起15日内向人民法院提起诉讼。法律另有规定的除外。

在土地所有权和使用权争议解决以前，任何一方不得改变土地现状，不得破坏土地上的附着物。

当事人在规定期限内既不向人民法院起诉又不履行义务的，可由房地产管理部门申请人民法院强制执行。

2. 侵犯土地使用权的案件处理程序

侵犯土地使用权是指在地界清楚，地权明确的情况下，一方侵犯另一方土地使用权的行为。其处理程序如下。

（1）立案。侵犯土地所有权或者使用权的案件可以是上级交办的，其他部门移送的，管理部门自身在监督检查中发现的和被侵权人告发的。房地产管理部门受理案件后，应当进行审查，符合下列条件的，经主管领导批准立案：

① 有明确的行为人；
② 有违反土地管理法律法规的事实；
③ 依照土地管理法律、法规应当追究法律责任的；
④ 批准立案部门有权处理的。

（2）调查。指定办案人员，应当对整个案件进行仔细、认真的调查。可以向当事人、证人提出询问，索取有关证据，必要时可以进行现场勘测。

（3）处理决定。认定有侵犯土地所有权或使用权的违法行为的，承办人应根据事实和法律、法规，提请领导集体审议批准，作出处理决定，发出土地侵权行为处理决定书送达当事人，责令侵权行为人停止侵权，赔偿损失。

处理这样的案件一般应在30日内完成，经主管领导批准，可以延长办案期限。

（4）执行。土地侵权行为处理决定书送达当事人后，如果侵权人接受并履行土地管理部门的处理决定，被侵权人也同意土地管理部门作出的处理决定，则案件处理就告结束；如果侵权行为人和被侵权人对房地产管理部门作出的处理决定不服，在收到土地侵权行为处理决定书之日起30日内向有管辖权的人民法院起诉。人民法院则按《中华人民共和国民事诉讼法》（以下简称《民事诉讼法》）规定程序作出民事判决，房地产管理部门作出的处理决定自动失效。侵权行为人在法定期限内既不起诉又不履行处理决定的，被侵权人可以申请人民法院强制执行。

（5）结案。承办人在案件处理完毕后，填写土地违法案件结案报告，经主管领导批准结案。承办人应当将办案过程形成的文件、资料立卷归档。经人民法院审理的，应附人民法院判决书副本。

五、承办人和主管领导回避的条件

承办人和主管领导有下列情形之一的应当回避：
① 与被调查人有近亲属关系；
② 本人或者近亲属与本案有利益关系的；
③ 与本案当事人有其他关系，可能影响公正查处案件的。

承办人员回避，由主管领导决定；主管领导的回避，由处理案件机关的领导集体决定或者报上一级机关决定。

第三节 房地产纠纷的行政复议

一、行政复议的概念

行政复议,是指公民、法人和其他组织对行政机关的具体行政行为不服,依法向该行政机关的上一级行政机关或者同级人民政府提出申诉,由接受申请的机关对引起争议的具体行政行为依法作出维持、变更、撤销等决定的活动。

行政复议机关是指依照《行政复议法》履行行政复议职责的行政机关,一般是指做出具体行政行为的上一级行政机关。其主要职责是:

① 受理行政复议申请;
② 向有关组织和人员调查取证、查阅文件和资料;
③ 审查申请行政复议的行政行为是否合法与适当,拟定行政复议决定;
④ 对行政机关违反《行政复议法》规定的行为依照规定的权限和程序提出处理建议;
⑤ 办理因不服行政复议决定提起行政诉讼的应诉事项;
⑥ 法律、法规规定的其他职责。

二、行政复议的范围

《行政复议法》规定,有下列情形之一的,公民、法人或者其他组织可以依照本法申请行政复议:

(1) 对行政机关作出的警告、罚款、没收违法所得、没收非法财物、责令停产停业、暂扣或者吊销许可证、暂扣或者吊销执照、行政拘留等行政处罚决定不服的;

(2) 对行政机关作出的限制人身自由或者查封、扣押、冻结财产等行政强制措施决定不服的;

(3) 对行政机关作出的有关许可证、执照、资质证、资格证等证书变更、中止、撤销的决定的;

(4) 对行政机关作出的关于确认土地、矿藏、水流、森林、山岭、草原、荒地、滩涂、海域等自然资源的所有权或者使用权的决定不服的;

(5) 认为行政机关侵犯合法的经营自主权的;

(6) 认为行政机关变更或者废止农业承包合同,侵犯其合法权益的;

(7) 认为行政机关违法集资、征收财物、摊派费用或者违法要求履行其他义务的;

(8) 认为符合法定条件,申请行政机关颁发许可证、执照、资质证、资格证等证书,或者申请行政机关审批、登记有关事项,行政机关没有依法办理的;

(9) 申请行政机关履行保护人身权利、财产权利、受教育权利的法定职责,行政机关没有依法履行的;

(10) 申请行政机关依法发放抚恤金、社会保险金或者最低生活保障费,行政机关没有依法发放的;

(11) 认为行政机关的其他具体行政行为侵犯其合法权益的。

三、行政复议的程序

1. 申请

(1) 申请人。申请人可以是行政复议的公民、法人或者其他组织。

有权申请行政复议的公民死亡的，其近亲属可以申请行政复议。有权申请行政复议的公民为无民事行为能力人或者限制民事行为能力人的，其法定代理人可以代为申请行政复议。有权申请行政复议的法人或者其他组织终止的，承受其权利的法人或者其他组织可以申请行政复议。

同申请行政复议的具体行政行为有利害关系的其他公民、法人或者其他组织，可以作为第三人参加行政复议。公民、法人或者其他组织对行政机关的具体行政行为不服申请行政复议的，作出具体行政行为的行政机关是被申请人。申请人、第三人可以委托代理人代为参加行政复议。

（2）申请方式。申请人申请行政复议，可以书面申请，也可以口头申请。口头申请的，行政复议机关应当当场记录申请人的基本情况、行政复议请求、申请行政复议的主要事实、理由和时间。

公民、法人或者其他组织认为具体行政行为侵犯其合法权益的，可以自知道该具体行政行为之日起 60 日内提出行政复议申请；但是法律规定的申请期限超过 60 日的除外。因不可抗力或者其他正当理由耽误法定申请期限的，申请期限自障碍消除之日起继续计算。

行政复议申请已被行政复议机关依法受理的，或者法律、法规规定应当先向行政复议机关申请行政复议、对行政复议决定不服再向人民法院提起行政诉讼的，在法定行政复议期限内不得向人民法院提起行政诉讼。另外，申请人向人民法院提起行政诉讼，人民法院已经依法受理的，不得申请行政复议。

当申请人对复议机关作出的决定不服时，除法律、行政法规另有规定外，行政复议实行一级复议制。就房地产而引起的行政复议，应当实行一级复议，但除法律规定行政复议决定为最终裁定外，申请人可以向人民法院提起行政诉讼。

2. 受理

行政复议机关收到行政复议申请后，应当在 5 日内进行审查。对不符合法律规定的行政复议申请，决定不予受理，并书面告知申请人；对符合法律规定，但是不属于本机关受理的行政复议申请，应当告知申请人向有关行政复议机关提出。行政复议申请自行政复议机关负责法制工作的机构收到之日起即为受理。

行政复议机关决定不予受理或者受理之后超过行政复议期限不作答复的，公民、法人或其他组织可以自收到不予受理决定书之日起，或者行政复议期满 15 日内，有权依法向人民法院提起行政诉讼。行政复议期间具体行政行为不停止执行；但是，有下列情形之一的，可以停止执行：

（1）被申请人认为需要停止执行的；
（2）行政复议机关认为需要停止执行的；
（3）申请人申请停止执行，行政复议机关认为其要求合理，决定停止执行的；
（4）法律规定停止执行的。

3. 行政复议决定

行政复议机关应当自受理申请之日起 60 日内作出行政复议决定，但是法律规定的行政复议期限少于 60 日的除外。情况复杂，不能在规定期限内作出行政复议决定的，经行政复议机关的负责人批准，可以适当延长，并告知申请人和被申请人，但是，延长期限最多不超过 30 日。行政复议机关作出行政复议决定，应当制作行政复议决定书，并加盖印章。行政复议决定书一经送达，即发生法律效力。

行政复议机关负责法制工作的机构应当对被申请人做出具体行政行为进行审查，提出意见，经行政复议机关的负责人同意或者集体讨论通过后，按照下列规定作出行政复议决定。

（1）具体行政行为认定事实清楚、证据确凿、适用依据正确、程序合法内容适当的，决定维持。

（2）被申请人不履行法定职责的，决定其在一定期限内履行。

（3）具体行政行为有下列情形之一的，决定撤销、变更或者确认该具体行政行为违法的；决定撤销或者确认该具体行政行为违法的，可以责令被申请人在一定期限内重新做出具体行政行为。

① 主要事实不清、证据不足的；
② 适用依据错误的；
③ 违反法定程序的；
④ 超越或者滥用职权的；
⑤ 具体行政行为明显不当的。

（4）被申请人不按法定期限提出书面答复、提交当初做出具体行为的证据、依据和其他有关材料的，视为该具体行政行为没有证据、依据，决定撤销该具体行政行为。

行政复议机关责令被申请人重新做出具体行政行为的，被申请人不得以同一事实和理由做出与原具体行政行为相同或者基本相同的具体行政行为。

行政复议机关作出行政复议决定，应当制作行政复议决定书，并加盖印章。行政复议决定书一经送达。即发生法律效力，被申请人应当履行行政复议决定，不履行或无正当理由拖延履行的，行政复议机关或有关上级行政机关就应当责令其限期履行。

申请人不服行政复议决定的，必须在规定的期限内向人民法院提起行政诉讼；否则，将由最初做出具体行政行为的行政机关申请人民法院强制执行，或者依法强制执行。如复议机关的复议决定改变了原来的具体行政行为，将由复议机关申请人民法院强制执行，或者依法强制执行。

第四节　房地产纠纷的仲裁

一、仲裁的概念

仲裁是指根据当事人之间的协议，由仲裁机构以第三者的身份对双方发生的争议，在事实上作出判断，在权利义务上作出裁决，争议双方有义务执行该裁决的解决纠纷的制度。

仲裁裁决具有法律效力，当事人必须履行；否则，另一方当事人有权申请法院强制执行。

二、仲裁的特点

1. 仲裁事项以双方当事人自愿为前提

双方当事人自愿有以下几个含义。

（1）双方当事人自愿选择以仲裁方式解决争议，并达成仲裁协议。没有仲裁协议的，仲裁机构不能进行裁决。

（2）双方自愿就哪些事项进行仲裁。

（3）自愿选择仲裁机构、仲裁员，自愿选择仲裁委员会。

（4）自愿选择仲裁规则和适用的法律。

2. 仲裁的事项必须是当事人之间发生一定范围的争议

当事人选择仲裁方式解决的争议，必须是当事人有权处分的民事经济纠纷，而当事人无权处分的某些人身关系争议是不适用仲裁的。

3. 仲裁程序简单，方式灵活，审理快捷

这是就仲裁程序与诉讼程序相比较而言的。如在仲裁中，双方当事人可以选择书面审理协议，协议不开庭等。而实行"一裁终局"的原则更不会像诉讼中的一审、二审等程序诸多影响结案进度，避免了经历诉讼的烦琐。因此，仲裁的这种特征决定了仲裁的成本较低。

4. 仲裁一般不公开进行

这种特征是双方当事人为保守商业秘密，维护当事人双方的商业信誉和今后的合作关系而选择仲裁的考虑之一。正是基于此，相当数量的纠纷选择了以仲裁方式解决。

三、仲裁的基本原则

仲裁的基本原则，是指由仲裁法所规定的，仲裁组织和仲裁参与人进行仲裁活动必须遵守的基本行为准则。1994年8月31日，第八届全国人民代表大会第九次会议通过了《中华人民共和国仲裁法》（以下简称《仲裁法》）。根据《仲裁法》，我国仲裁所遵循的基本原则包括以下几个原则。

1. 自愿原则

当事人可以通过协议方式选择选择仲裁或诉讼解决争议；当事人可以自愿选择仲裁机构、仲裁地点；当事人可以约定交由仲裁解决的争议的事项；仲裁庭的组成人员由当事人自主选定等。

2. 以事实为依据，以法律为准绳，公平合理地解决纠纷的原则

仲裁机构须以客观事实为依据，以民事实体法和程序法作为仲裁裁决的标准。为了准确地认定事实，仲裁庭必须充分听取双方当事人的陈述、证人证言和鉴定人的鉴定意见，防止偏听偏信和主观臆断。仲裁庭认为有必要的证据，可以自行采集。在适用法律时，法律有明文规定的，按照法律的规定执行；无明文规定的，按照法律的基本精神和公平合理原则处理。

3. 仲裁组织依法独立行使仲裁权原则

仲裁组织是民间组织，它不隶属于任何国家机关。仲裁组织仅对法律负责，依法独立进行仲裁，不受任何行政机关、社会团体和个人的干涉，法院可以依法对仲裁进行必要的监督。

4. 一裁终局原则

一裁终局是指裁决作出后即发生法律效力，即使当事人对裁决不服，也不能再就同一争议向法院起诉，同时也不能再向仲裁机构申请仲裁或复议。当事人对裁决应当自动履行，否则对方当事人有权申请人民法院强制执行。

一裁终局可以方便、迅速、及时、公正地解决纠纷，是我国仲裁制度顺应国际形势，与世界接轨的重要方面。

四、仲裁的适用范围

根据《仲裁法》规定，平等主体的公民、法人和其他组织之间发生的合同纠纷和其他财产纠纷可以仲裁。房地产纠纷的原因大多数属于民事纠纷，根据《仲裁法》，以下房地产纠纷可以通过仲裁解决：

① 房屋所有权和土地使用权的权属争议；
② 土地经界和房屋墙界的争议；
③ 因房地产抵押权、典权的设定而引起的纠纷；
④ 房产交易中产生的各种纠纷；
⑤ 因房屋采光、通风、排水等引起的相邻关系纠纷；
⑥ 房屋租赁中的各种纠纷；
⑦ 房屋修缮引起的纠纷。

仲裁事项必须是平等主体之间发生的，且当事人有权处分的财产权益纠纷。下列房地产纠纷不能通过仲裁方式解决：
① 人民法院已经受理或审理办结的房地产纠纷；
② 涉及离婚、收养、监护、继承、析产、赠与的房地产纠纷；
③ 涉及落实政策问题的房地产行政诉讼；
④ 经过公证机关公证后发生争议的房地产纠纷；
⑤ 依法应当由行政机关处理的房地产纠纷；
⑥ 机关、团体、企业、事业单位内部分房的房屋纠纷；
⑦ 驻军内部的房屋纠纷。

五、仲裁协议

1. 仲裁协议的概念

仲裁协议是指当事人之间达成的、将已经发生或者将来可能发生的一定的实体法律争议，提交仲裁机构仲裁的意思表示。

2. 仲裁协议的类型

（1）以合同条款形态出现的仲裁条款。以合同条款形态出现的仲裁条款是指当事人在民商事合同中以合同条款形式达成的，将未来因本合同而可能发生的争议提交仲裁，并受仲裁裁决约束的一种仲裁协议。

（2）以独立形态出现的仲裁协议书。以独立形态出现的仲裁协议书是指当事人之间就现在已经发生的或将来可能发生的特定法律争议专门达成的仲裁协议。

3. 仲裁协议的形式

仲裁协议应当采用书面形式。《仲裁法》明确规定，仲裁协议包括合同中的仲裁条款和其他以书面形式达成的仲裁协议。

4. 仲裁协议的内容

仲裁协议应具有下列内容。

（1）请求仲裁的意思表示。这是仲裁协议的最基本内容，它表达了双方当事人对仲裁这种争议解决方式的选择，如果不具备这一内容，就不能形成仲裁协议。

（2）仲裁事项。它是指当事人提交仲裁解决之争议。对于已经发生的争议当事人对其约定往往明确而具体，而对于未来可能性争议，一般表述为"与本合同有关之争议"。仲裁事项是仲裁协议必要内容之一，未约定仲裁事项的仲裁协议无效。

（3）选定的仲裁委员会。

5. 仲裁协议的效力

（1）仲裁协议中为当事人设定的义务，不能任意更改、终止或撤销。

（2）合法有效的仲裁协议对双方当事人的诉权产生一定的限制，在当事人双方发生协议约定的争议时，任何一方只能将争议提交仲裁，而不能向法院起诉。

(3) 对于仲裁组织来说，仲裁协议具有排除诉讼管辖权的作用。

(4) 仲裁协议具有独立性，合同的变更、解除、终止或无效，不影响仲裁协议的效力，仲裁庭有权确认合同的效力。

仲裁协议对仲裁事项或仲裁委员会没有约定或约定不明确的，当事人可以补充协议；达不成补充协议的，仲裁协议无效。

有下列情形之一的，仲裁协议无效：约定的仲裁事项超过法律规定的仲裁范围的；没有民事行为能力人或限制民事行为能力人订立的仲裁协议；一方采取胁迫手段，迫使对方订立仲裁协议的。

当事人对仲裁协议的效力有异议的，应当在仲裁庭首次开庭前提出，请求仲裁委员会作出决定或请求人民法院作出裁定。一方请求仲裁委员会作出决定，另一方请求人民法院作出裁定的，由人民法院裁定。

六、仲裁程序

房地产纠纷仲裁程序流程如图 13-1 所示。

1. 申请

当事人申请仲裁必须符合下列条件：

(1) 有仲裁协议；

(2) 有具体的仲裁事实和理由；

(3) 属于仲裁委员会的受理范围。

当事人申请仲裁，就应当向仲裁委员会递交仲裁协议、仲裁申请书及副本。

2. 仲裁申请书应当载明的事项

(1) 当事人的姓名、性别、职业、工作单位和住所，法人或者其他组织的名称、住所和法定代表人或者主要负责人的姓名、职务；

(2) 仲裁请求和所根据的事实、理由；

(3) 证据和证据来源、证人姓名和住所。

3. 受理

仲裁委员会收到仲裁申请书之日起 5 日内，认为符合受理条件的，应当受理，并通知当事人。认为不符合受理条件的，应当书面通知当事人不予受理，并说明理由。

提交仲裁申请或者仲裁机构受理后，申请人可以放弃或者变更仲裁请求（主要是增加或者减少仲裁请求事项等），被申请人可以承认或者反驳仲裁请求，有权提出反请求（请求申请人赔偿因违约造成自己的损失）。

4. 仲裁庭的组成

仲裁庭可以由 1 名仲裁员或 3 名仲裁员组成。由 3 名仲裁员组成的，设首席仲裁员。仲裁庭组成后，仲裁委员会应当将仲裁庭的组成情况书面通知当事人。仲裁员有下列情形之一的，必须回避，当事人也有权提出回避申请：

(1) 是本案当事人或者当事人、代理人的近亲属；

(2) 与本案有利害关系；

(3) 与本案当事人、代理人有其他关系，可能影响公正仲裁的；

(4) 私自会见当事人、代理人，或者接受当事人、代理人的请客送礼的。

当事人提出回避申请，应当说明理由，在首次开庭前提出。回避事由在首次开庭后知道的，可以在最后一次开庭终结前提出。仲裁员是否回避，由仲裁委员会主任决定；仲裁委员会主任担任仲裁员时，由仲裁委员会集体决定。

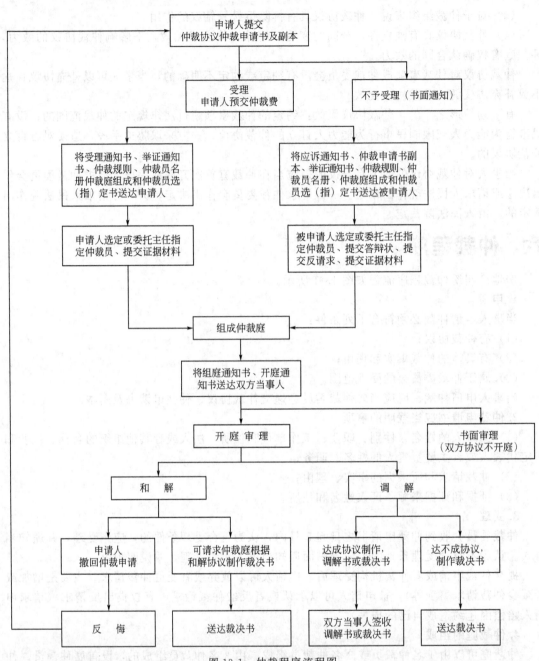

图 13-1 仲裁程序流程图

5. 开庭和裁决

仲裁应当开庭进行，当事人协议不开庭的，仲裁庭可以根据仲裁申请书、答辩书以及其他材料作出裁决。仲裁一般不公开进行，仲裁委员会应当在仲裁规则规定的期限内，将开庭日期通知双方当事人。当事人经书面通知，无正当理由不到庭或未经仲裁庭许可不到庭的，可以缺席裁决；当事人有正当理由的，可在仲裁规则规定的期限内请求延期开庭。

实践中，仲裁庭开庭仲裁大致按如下顺序进行。

（1）开庭。开庭时，由首席仲裁员或者独任仲裁员宣布仲裁庭组成人员（含仲裁员和记录人员）名单，并询问当事人是否申请回避。

(2) 听取当事人主张。在庭上，申请人应提出仲裁请求并说明有关情况，被申请人进行答辩。仲裁员就双方争议的问题，向当事人进行询问。

(3) 出示证据。证据应当在开庭时出示，当事人可以质证。一般情况下，各方当事人应当对自己的主张提供证据，仲裁庭对这些证据进行辨认。但对于有些证据，仲裁庭认为有必要自行收集，可以自行收集，并当庭出示。仲裁庭对专门性问题认为需要鉴定的，可以交由当事人约定的鉴定部门鉴定，也可以由仲裁庭指定的鉴定部门鉴定。根据当事人的请求或者仲裁庭的要求，鉴定部门应当派鉴定人参加开庭，出示鉴定结论。当事人经仲裁庭许可，可以向鉴定人提问。如果鉴定部门没有参加开庭，应由仲裁员出示并宣布鉴定部门的鉴定结论。另外，在证据可能灭失或者以后难以取得的情况下，当事人可以申请证据保全；当事人申请证据保全的，仲裁委员会应当将当事人的申请提交证据所在地的基层人民法院。

(4) 辩论。当事人在仲裁过程中有权进行辩论，反驳对方意见，提出自己的主张。辩论终结时，首席仲裁员或者独任仲裁员应征询当事人的最后意见。

(5) 仲裁庭评议。仲裁庭在双方当事人辩论结束后，暂时退庭，由全体仲裁员对案件的事实和适用的法律进行讨论、评议，依照少数服从多数的原则，作出裁决。评议中的不同意见，应如实记入笔录。仲裁庭不能形成多数意见时，裁决应当按照首席仲裁员的意见作出。仲裁庭仲裁争议时，其中一部分事实已经清楚，可以就该部分先行裁决。

(6) 宣布裁决。仲裁庭经过评议后，可当庭宣布裁决结果，也可定期宣布裁决结果。裁决书应当写明仲裁请求、争议事实、裁决理由、裁决结果、裁决费用的负担和裁决日期。当事人协议不愿写明争议事实和裁决理由的，可以不写。裁决书由仲裁员签名，加盖仲裁委员会印章。对裁决持不同意见的仲裁员，可以签名，也可以不签名。裁决书自作出之日起发生法律效力。裁决书中的文字、计算错误或者仲裁庭已经裁决但在裁决书中有遗漏的事项，仲裁庭应当补正；当事人自收到裁决书之日起 30 日内，可以请求仲裁庭补正。

仲裁庭应当将开庭情况记入笔录。当事人和其他仲裁参与人认为自己陈述的记录有遗漏或者差错的，有权申请补正。如果不予补正，应记录该申请。笔录由仲裁员、记录人员、当事人和其他仲裁参与人签名或者盖章。

6. 仲裁中的和解及调解

当事人申请仲裁后（一般在仲裁庭正式开庭前），可以自行和解。达成和解协议的，当事人可以请求仲裁庭根据和解协议作出裁决书，也可以撤回仲裁申请。当事人达成和解协议，撤回仲裁申请后又反悔的，可以根据仲裁协议再申请仲裁。

进入仲裁程序后，除了当事人和解外，仲裁庭也可以对双方当事人的争议进行调解。当事人要求调解的，仲裁庭应当调解；调解不成的，应当及时作出裁决。调解达成协议的，应当制作调解书或根据协议的结果制作裁决书，调解书经双方当事人签收后，即与裁决书具有同等法律效力。当事人在调解书签收前反悔的，仲裁机构应当及时作出裁决。

7. 裁决的执行

仲裁裁决自作出裁决之日起生效，是具有法律效力的法律文书，当事人必须执行。执行仲裁裁决通过两种方式进行。

(1) 自行履行。自行履行是指在仲裁裁决作出、生效后，有关当事人自觉按照裁决的规定履行义务。在实践中，一般情况下，裁决后，当事人都能自行履行，不必通过法院强制执行。

(2) 法院执行。法院执行是指仲裁裁决作出、生效后，一方当事人不履行的，有管辖权的人民法院应根据另一方当事人请求依照法律规定执行裁决。由法院执行仲裁裁决有两个前提条件：一是裁决后，一方当事人不履行裁决；二是另一方当事人向法院提出执行的申请。《仲裁法》规定："当事人应当履行裁决，一方当事人不履行的，另一方当事人可以依照民事诉讼法的有关规定向有关人民法院申请执行，受申请的人民法院应当执行"。人民法院接到申请执行书后，应当向被执行人发出执行通知，责令其在指定的期间履行，逾期不履行的，强制执行，即采取扣押、查封、冻结、划拨、强制拆迁等法定的强制措施来执行。法律赋予人民法院对裁决以强制执行力，是执行生效裁决的保证。

8. 裁决的撤销

仲裁实行一裁终局制，仲裁庭作出裁决后，该裁决即生效，当事人不能上诉，而应依法执行裁决，这是仲裁与诉讼的一个重要区别。但是，裁决后，任何一方或者双方当事人对违法的裁决，可以依法向法院（而不是向仲裁机构）申请撤销该裁决。需要指出的是，当事人申请撤销裁决一般不影响裁决的执行，除非法院中止执行或者撤销该裁决。

当事人提出证据证明裁决有下列情形之一的，可以向仲裁委员会所在地的中级人民法院申请撤销裁决：

（1）没有仲裁协议的；
（2）裁决的事项不属于仲裁协议的范围或者仲裁委员会无权仲裁的；
（3）仲裁庭的组成或者仲裁的程序违反法定程序的；
（4）裁决所根据的证据是伪造的；
（5）对方当事人隐瞒了足以影响公正裁决的证据的；
（6）仲裁员在仲裁该案时有索贿受贿、徇私舞弊、枉法裁决行为的。

此外，人民法院认定该裁决违背社会公共利益的，也应当裁定撤销。

当事人申请撤销裁决的，应当自收到裁决书之日起6个月内提出（逾期不得提出此种申请）；人民法院应当在受理撤销裁决申请人之日起2个月内作出撤销裁决或者驳回申请的裁定。

人民法院受理撤销裁决的申请后，认为可以由仲裁庭重新仲裁的，通知仲裁庭在一定期限内重新仲裁，并裁定中止撤销程序。仲裁庭拒绝重新仲裁的，人民法院应当裁定恢复撤销程序（即审查裁决，并作出撤销或者驳回申请的裁定）。

另外，一方当事人申请执行裁决，另一方当事人申请撤销裁决的，人民法院应当裁定中止执行。人民法院裁定撤销裁决的，应当裁定终结执行。撤销裁决的申请被裁定驳回的，人民法院应当裁定恢复执行，对于法院撤销裁决的，《仲裁法》规定，当事人就该争议可以根据双方重新达成的仲裁协议申请仲裁，也可以向人民法院起诉。

9. 裁决的不予执行

在执行仲裁庭裁决的过程中，被申请人（相对于申请执行方当事人）可以依法要求有管辖权的人民法院（并不一定是中级人民法院）不予执行。

被申请人提出证据证明仲裁裁决有下列情形之一的，经人民法院组成合议庭审查核实，裁定不予执行：

（1）当事人在合同中没有仲裁条款或者事后没有达成书面仲裁协议的；
（2）裁决的事项不属于仲裁协议的范围或者仲裁机构无权仲裁的；
（3）仲裁庭的组成或者仲裁的程序违反法定程序的；
（4）认定事实的主要证据不足的；
（5）适用法律确有错误的；
（6）仲裁员在仲裁该案是有贪污受贿、徇私舞弊、枉法裁决行为的。

对作出不予执行的裁定书，法院应当送达双方当事人和仲裁机构。仲裁裁决被人民法院裁定不予执行的，当事人可以根据双方达成的书面仲裁协议重新申请仲裁，也可以向人民法院起诉。

第五节 房地产纠纷的诉讼

一、房地产纠纷行政诉讼

1. 行政诉讼的概念

行政诉讼是指法院应公民、法人或其他组织的请求,通过法定程序审查具体行政行为的合法性,从而解决一定范围内行政争议的活动。作为一项基本的诉讼制度,行政诉讼既有别于其他解决行政争议的制度或途径,又有别于民事诉讼和刑事诉讼。

2. 行政诉讼受理范围

人民法院受理公民、法人和其他组织对下列具体行政行为不服提起的诉讼:

(1) 对拘留、罚款、吊销许可证和执照、责令停产停业、没收财物等行为处罚不服的;

(2) 对限制人身自由,或者对财产的查封、扣押、冻结等行政强制措施不服的;

(3) 认为行政机关侵犯法律规定的经营自主权的;

(4) 认为符合法定条件申请行政机关颁发许可证和执照,行政机关拒绝颁发或者不予的答复的;

(5) 申请行政机关履行保护人身权、财产权的法定职责,行政机关拒绝履行或者不予答复的;

(6) 认为行政机关违法要求履行义务的;

(7) 认为行政机关侵犯其人身权、财产权,如公民、法人或其他组织认为房地产管理部门的处罚决定是错误的。

3. 行政诉讼管辖

(1) 概念。行政诉讼管辖是指各级人民法院之间,以及不同地区的同级人民法院之间,受理第一审行政案件的分工和权限。

(2) 种类。行政诉讼管辖分为:级别管辖与地域管辖;法定管辖与裁定管辖;共同管辖与单一管辖。

① 级别管辖与地域管辖。划分这类管辖的标准在于:确定管辖法院是在上下级之间的权限分工还是同级而不同地域法院之间的权限分工。对于级别管理,它所要解决的问题是不同审级法院之间管辖权的划分;而对于地域管辖,它要确定的是一个行政案件应当由哪一个地区的法院受理的问题。其标准是诉讼当事人或诉讼标的物与法院辖区的关系。

② 法定管辖与裁定管辖。法定管辖,是指由法律规定的标准直接确定的诉讼;而裁定管辖,则是指在特殊情况下,由法院根据《行政诉讼法》的有关规定,以移送、指定等行为确定的诉讼管辖。裁定管辖包括指定管辖、管辖权转移和移送管辖三种。

③ 共同管辖与单一管辖。这种划分是按照有管辖权的法院数量确定的。共同管辖,就是两个以上法院同时对一个案件均有管辖权,由于两个以上法院均有管辖权,因此就给当事人即原告留下了自由选择的空间;而单一管辖则是只有一个法院有管辖权,当事人没有自由选择余地。

(3) 具体规定

① 基层人民法院管辖第一审行政案件。

② 中级人民法院管辖下列第一审行政案件:

a. 对国务院各部门或者省、自治区、直辖市人民政府所做的具体行政行为提起诉讼的案件；
　　b. 本辖区内重大、复杂的案件。
　③ 高级人民法院管辖本辖区内重大、复杂的第一审行政案件。
　④ 最高人民法院管辖全国范围内重大、复杂的第一审行政案件。
　⑤ 因不动产提起的行政诉讼，由不动产所在地人民法院管辖。
　⑥ 两个以上人民法院都有管辖权的案件，原告可以选择其中一个人民法院提起诉讼，由最先收到起诉状的人民法院管辖。

4. 行政诉讼程序

房地产纠纷行政诉讼程序如图 13-2 所示。

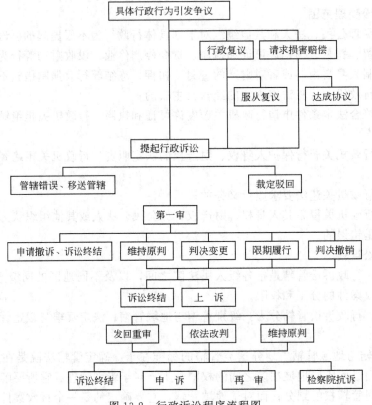

图 13-2　行政诉讼程序流程图

（1）诉讼申请。诉讼申请人包括当事人和诉讼代理人。
　① 当事人。当事人是指公民、法人和其他组织因行政权益发生争议或受到损害，以自己的名义进行诉讼，并受人民法院判决或调解约束的利害关系人。包括原告、被告、共同诉讼人、诉讼中的第三人。
　② 诉讼代理人。诉讼代理人是指以被代理人的名义，在代理权限范围内，为了维持被代理人的合法权益而进行诉讼的人。

申请人向人民法院提起行政诉讼的，应当在知道作出具体行政行为之日起 3 个月内提出，法律另有规定的除外。原告因不可抗力或者其他特殊情况耽误法定期限的，在消除后的 10 日内，可以申请延长期限，由人民法院决定。

提起诉讼应当符合下列条件：
　a. 原告是认为具体行政行为侵犯其合法权益的公民、法人或者其他组织；

b. 有明确的被告；

c. 有具体的诉讼请求和事实根据；

d. 属于人民法院受案范围和受诉人民法院管辖。

申请人在发生行政争议时，如先申请行政复议的，在知道行政复议决定的情况下，申请人不服复议决定的，可以在收到复议决定书之日起15日内向人民法院提起诉讼。复议机关逾期（复议期2个月）不作决定的，申请人可以于复议期满之日起15日内向人民法院提起诉讼，法律另有规定除外。

（2）诉讼受理。人民法院接到申请人起诉状后，应当在7日内立案或者作出不予受理的裁定。原告对裁定不服的，可以提起上诉。

（3）诉讼审理和判决。人民法院应当在立案之日起5日内，将起诉状副本发送被告。被告应当在收到起诉状副本之日起10日内向人民法院提交做出具体行政行为的有关材料，并提出答辩状。人民法院应当在收到答辩状之日起5日内，将答辩状副本发送原告。被告不提出答辩状的，不影响人民法院受理。

人民法院审理行政案件，由审判员组成合议庭，或者由审判员、陪审员组成合议庭。合议庭的成员应当是3人以上的单数。当事人认为审判人员与本案有利害关系或者有其他关系可能影响公正审判，有权申请审判人员回避。审判人员认为自己与本案有利害关系或者有其他关系，应当申请回避。

① 在诉讼期间，不停止具体行政行为的执行，但有下列情形之一的，停止具体行政行为的执行：

a. 被告人认为需要停止执行的；

b. 原告申请停止执行，人民法院认为该具体行政行为的执行会造成难以弥补的损失，并且停止执行不损害社会公共利益，裁定停止执行的；

c. 法律、法规规定停止执行的。

② 人民法院对行政案件宣告判决或者裁定前，原告申请撤诉的，或者被告改变其所做出的具体行政行为，原告同意并申请的，是否准许，由人民法院决定。人民法院审理行政案件，不适用调解。

人民法院经过审理，根据不同情况，分别作出以下判决。

a. 具体行政行为证据确凿，适用法律、法规正确，符合法定程序的，判决维持。

b. 具体行政行为有下列情形之一的，判决撤销或者部分撤销，并可以判决被告重新做出具体行政行为：主要证据不足的；适用法律、法规错误的；违反法定程序的；超越职权的；滥用职权的。

c. 被告不履行或者拖延履行法定职责的，判决其在一定期限内履行。

d. 行政处罚显失公正的，可以判决变更。

（4）执行。当事人必须执行人民法院发生法律效力的判决、裁定。

当事人不服人民法院第一审判决的，有权在判决书送达之日起15日内向上一级人民法院提起上诉。当事人不服人民法院第一审裁定的，有权在裁定书送达之日起10日内向上一级人民法院提起上诉。逾期不提起上诉的，人民法院的第一审或者裁定发生法律效力。

人民法院审理上诉案件，应当在收到上诉状之日起2个月内作出终审裁决。有特殊情况需要延长的，由高级人民法院批准，高级人民法院审理上诉案件需要延长的，由最高人民法院批准。

人民法院审理上诉案件，按下列情形，分别处理：

① 原判决认定事实清楚，适用法律、法规正确的，判决驳回上诉，维持原判；

② 原判决认定事实清楚，但是适用法律、法规错误的，依法改判；

③ 原判决认定事实不清、证据不足，或者由于违反法定程序可能影响案件正确判决的，裁定撤销原判，发回原审人民法院重审，也可以查清事实后改判。当事人对重审案件的判决、裁定，可以上诉。

二、房地产纠纷民事诉讼

1. 民事诉讼的概念

民事诉讼是指人民法院在诉讼当事人和其他诉讼参与人的参与下，依照法定的程序审理和解决民事案件的活动。

民事诉讼主要解决公民之间、法人之间、其他组织之间以及他们相互之间因财产关系和人身关系提起的民事诉讼。因房地产引起的民事诉讼由原告向房地产所在地的人民法院提起，法律上将此称为起诉。起诉是当事人为了保护自己的权益，请求人民法院给予法律保护的行为。起诉时，必须有明确的被告、具体的诉讼请求和事实根据。

2. 民事诉讼管辖的概念

民事诉讼管辖是指各级人民法院和同级人民法院之间，受理第一审民事案件的分工和权限。

3. 民事诉讼管辖的具体规定

（1）基层人民法院管辖第一审民事案件，但《民事诉讼法》另有规定的除外。

（2）中级人民法院管辖下列第一审民事案件：

① 重大涉外案件；

② 在本辖区有重大影响的案件；

③ 最高人民法院确定由中级人民法院管辖的案件。

（3）高级人民法院管辖在本辖区有重大影响的第一审民事案件。

（4）最高人民法院管辖下列第一审民事案件：

① 在全国有重大影响的；

② 认为应当由本院审理的案件。

（5）因不动产纠纷提起的民事诉讼，由不动产所在地人民法院管辖。

（6）两个以上人民法院都有管辖权的诉讼，原告可以向其中一个人民法院起诉；原告向两个以上有管辖权的人民法院起诉的，由最先立案的人民法院管辖。

4. 民事诉讼时效

（1）概念。民事诉讼时效是指某一当事人在自己的民事权利受到侵害时，必须在法律规定的期间内行使自己的权利，依照民事诉讼法规定的诉讼程序请求人民法院给予保护，这种权利在规定的时间内不行使将归于消灭。这时当事人失去的是胜诉权，并不是起诉权。就是当事人仍可以向人民法院提起民事诉讼，法院也会受理，只是在审理过程中，一旦查明诉讼时效期间已届满，即可据此驳回这一当事人的诉讼请求。

（2）种类

① 普通诉讼时效。普通诉讼时效是指由民事基本法统一规定的、普遍适用的时效。《民法通则》规定，普通诉讼时效期间为2年，《民法通则》另有规定的除外。

② 特别诉讼时效。特别诉讼时效是指由法律规定的，适用于特殊法律关系的、长于或短于普通诉讼时效期间的时效。

《民法通则》规定，下列民事纠纷的诉讼时效期间为1年：

a. 身体受到伤害要求赔偿的；

b. 出售质量不合格的商品未声明的；
c. 延付或者拒付租金的；
d. 寄存财物被丢失或者损毁的。

③ 最长诉讼时效。《民法通则》规定："诉讼时效期间是从权利人知道或者应当知道权利被侵害时起计算。但是，从权利被侵害之日起超过 20 年的，人民法院不予保护。有特殊情况的，人民法院可以延长诉讼时效期间"。根据此规定，最长诉讼时效期间为 20 年。

(3) 诉讼时效的中止。诉讼时效的中止，是指在时效进行中，因出现了法定事由，致使权利人不能行使权利，因而暂停计算诉讼时效期间，待中止事由消除，继续计算诉讼时效期间。暂停的一段时间不计入诉讼时效期间之内，而合并计算中止前后的期间。

诉讼时效的中止，必须发生在诉讼时效期间的最后 6 个月内，包括障碍在最后 6 个月前发生延续到最后 6 个月时的情形，否则不发生时效中止。

诉讼时效的中止，须有法定事由。

① 不可抗力。不可抗力是指不能预见、不能避免并不能克服的客观情况。

② 其他障碍。其他障碍是指不可抗力以外的，非由权利人的意志所决定的，足以阻碍权利人行使权利的情况，包括权利被侵害的无民事行为能力人、限制民事行为能力人、没有法定代理人或法定代理人死亡，丧失代理权和丧失行为能力等。

(4) 诉讼时效的中断。诉讼时效的中断是指在诉讼时效期限内，因法定事由，而使已经经过的时效期间统归无效，待中断事由消除后，诉讼时效重新计算。诉讼时效再重新计算期间内，再发生中断事由，则再次中断。其中断的法定事由有如下几种。

① 提起诉讼。包括民事诉讼法上的一切主张形式，如起诉、应诉作为第三人参加诉讼、申请支付令、申报破产债权、申请强制执行等，也包括依照其他法律规定的争议解决程序提出的权利主张，还包括权利人向人民调解委员会或有关单位提出保护民事权利的请求等。

② 权利人主张权利。这是指权利人在诉讼程序外向义务人明确提出要求其履行义务的意思表示。这种意思表示，在方式上没限制，只要将催告之一传达与相对人，并于事后证明。包括权利人向债务保证人、债务人的代理或者财产代管人提出催告。

③ 义务人同意履行义务。这是指权利人的相对人表示知悉该权利人的权利存在的行为。同意履行义务的形式，无特别要求。

5. 民事诉讼程序

房地产纠纷民事诉讼程序如图 13-3 所示。

(1) 起诉和受理。诉讼参加人包括当事人和诉讼代理人。

① 当事人。当事人是指公民、法人和其他组织因民事权益发生争议或受到损害，以自己的名义进行诉讼，并受人民法院判决或调解约束的利害关系人。包括原告、被告、共同诉讼、诉讼中的第三人。《民事诉讼法》规定："被告是指原告指明侵犯了其民事权利或者与其发生了民事争执的人"。

② 诉讼代理人。诉讼代理人是指以被代理人的名义，在代理权限范围内，为了维护被代理人的合法权益而进行诉讼的人。诉讼代理人以下有三种。

a. 法定代理人。《民事诉讼法》规定，未成年人或精神病人，其父母或监护人是其法定代理人。

b. 指定代理人。指定代理人由法院指定。

c. 委托代理人。由当事人出具委托书委托他人代理诉讼事项。

起诉应当向人民法院递交起诉状，并按照被告人数提出副本。

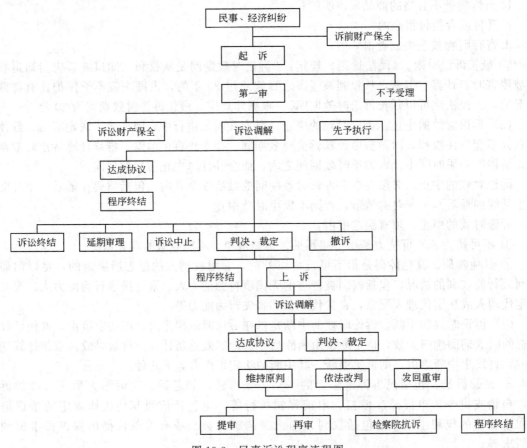

图 13-3 民事诉讼程序流程图

(2) 第一审程序

① 审理前的准备。立案受理之日起 5 日内，人民法院将起诉状副本发送被告，被告收到起诉状后 15 日内提出答辩状。人民法院收到答辩状之日起 5 日内将答辩状副本发送原告。人民法院决定受理的案件，应当在受理案件通知书和应诉通知书里告知当事人有关的诉讼权利和义务。

人民法院审理第一审民事案件，由审判员或者陪审员组成合议庭。

② 调解。根据当事人自愿的原则，人民法院在事实清楚的基础上分清是非，进行调解。调解如果达成协议，人民法院应当制作调解书。调解书送达双方当事人，经当事人签收后，即具法律效力。如调解不成，人民法院应及时判决。

③ 开庭审理。包括法庭调查、法庭辩论、法庭调解、合议庭评议和裁判等内容。

④ 判决。合议庭经过评议，作出如何判决的决定，同时还决定是当庭宣判还是定期宣判。无论是公开审理的案件还是不公开审理的案件，一律公开宣告判决。当庭宣判的，应在10 日内发送判决书；定期宣判的，宣判后立即发给判决书。

(3) 上诉。当事人不服地方人民法院第一审判决的，有权在判决书送达之日起 15 日内向上一级人民法院提起上诉。当事人不服地方法院第一审裁定的，有权在裁定书送达之日起10 日内向上一级人民法院提起上诉。

上诉必须具备以下条件：

① 提起上诉必须是享有上诉权或者可依法行使上诉权的人；

② 提起上诉的对象必须是依法允许上诉的判决或裁定；

③ 必须在法定期限内提起上诉；

④ 上诉必须递交上诉状。

(4) 第二审程序。第二审程序，又称上诉程序，是指上级人民法院对第一审人民法院尚未生效的判决和裁定，由于当事人提起上诉而对案件审理的程序。我国实行两审终审制。当事人不服第一审人民法院判决、裁定的，有权向上一级人民法院提起上诉。

第二审人民法院审理上诉案件，可以进行调解，如调解不成，第二审人民法院对上诉案件进行审理。第二审在立案之日起3个月内审结，第二审人民法院作出的判决、裁定，是终审的判决，裁定。

第二审程序和第一审程序虽是两个审级不同的程序，但第二审程序与第一审程序有着密切的联系。具体说，第一审程序是第二审程序的前提和基础；第二审程序是第一审程序的继续和发展，即对同一民事案件继续进行审理，而不是开始审理另一个新的案件。第二审程序发生后，上一级人民法院就要根据上诉人的请求范围审查第一审人民法院的判决、裁定在认定事实，适用法律、执行审判程序上是否正确、合法，继续行使国家赋予的审判权，最终解决当事人之间的争议，以保护当事人的合法权益。

应当明确，第二审程序并不是每个案件的必经程序。如果一个案件经过第一审程序审理，当事人达成了调解协议，或者在上诉期限内当事人没有提出上诉，就不会引起第二审程序的发生，当然也就不需要经过第二审程序。

(5) 申诉。当事人对已经发生法律效力的判决、裁定，认为有错误的，可以向原审人民法院或者上一级人民法院申请再审，但不停止判决裁定的执行。

(6) 执行程序。执行程序是人民法院依法对已经发生法律的判决、裁定及其他法律文书的规定，强制义务人履行义务的程序。

对发生法律效力的判决、裁定、调解书和其他应由人民法院执行的法律文书，当事人必须履行。例如，按规定时间交清拖欠的房租，迁出强行占据的房屋等。否则，人民法院可以依法强制执行，如强行迁出、拍卖房屋等。人民法院还可以出具协助执行通知书，由其他组织来协助执行法院判决，如由房地产管理部门协助，向胜诉的一方办房屋所有权证。

当一方拒绝履行的，对方当事人可以向人民法院申请执行。申请执行的期限从法律文书规定履行期间的最后一日起计算，双方或者一方当事人是公民的为1年，双方是法人或者其他组织的为6个月。

第六节　房地产法律服务

一、律师概述

1. 律师的概念

律师是指依法取得律师执业证书，为社会提供法律服务的职业人员。

2. 律师的特征

(1) 律师必须通过国家统一的司法考试，被授予律师资格证书。没有律师资格，但从事一些律师事务，只能是法律工作者而不能称为律师。

(2) 律师必须既有律师资格证书，又有执业证书。如果只有律师资格证书，没有律师执业证书，就还不能被称为律师。

(3) 律师的服务对象是整个社会，没有特定对象。自然人、法人均可委托律师提供法律事务。

(4) 从事律师业务时必须有当事人的委托或人民法院的指定，在授权范围内进行工作，不允许越权或滥用权利。

(5) 律师是法律工作者，律师只能在法律允许范围内维护当事人的合法权益，其在法律允许范围内的工作受法律保护，不受行政单位、党派、个人的干预。

3. 律师的职责

律师的职责是：接受聘请或委托，用自己的法律知识，帮助国家机关、企业、事业单位、社会团体、当事人处理有关法律事务或参加诉讼，以维护法律的正确实施，维护国家、集体的利益和公民的合法权益。

4. 律师提供房地产法律服务的形式

(1) 为当事人提供有关房地产的法律咨询；

(2) 为当事人提供临时性的专项房地产法律服务；

(3) 为房地产开发和经营项目出具法律意见书或律师签证；

(4) 担任房地产企业的法律顾问；

(5) 担任某一房地产开发项目或物业租售的法律代理；

(6) 代理涉及房地产的诉讼和仲裁。

二、房地产公证

1. 房地产公证的概念

房地产公证是指国家公证机关根据当事人的申请，依法证明涉及房地产的法律行为、房地产文书和事实的真实性、合法性，以保护房地产权利人的权利和合法权利。

2. 公证机构与管辖

《中华人民共和国公证法》（以下简称《公证法》）规定：公证机构是依法设立，不以营利为目的，依法独立行使公证职能、承担民事责任的证明机构。

自然人、法人或者其他组织申请办理公证，可以向住所地、经常居住地、行为地或者事实发生地的公证机构提出。申请办理涉及不动产的公证，应当向不动产所在地的公证机构提出；申请办理涉及不动产的委托、声明、赠与、遗嘱的公证，可以适用前款规定。公证机构经审查，认为申请提供的证明材料真实、合法、充分，申请公证的事项真实、合法的，应当自受理公证申请之日起15个工作日内向当事人出具公证书。但是，因不可抗力、补充证明材料或者需要核实有关情况的，所需时间不计算在期限内。

3. 房地产公证的程序

(1) 公证申请。当事人向有管辖权的公证处提出申请，填写申请表，并提交房屋买卖合同、个人身份证件、产权证明及其他相关材料。

(2) 公证受理。公证处对当事人的公证申请，经审查符合公证条件的，予以受理。

(3) 公证审查。公证员在受理公证的同时，必须对当事人提交的材料进行审查，发现不完备或有疑义的应通知当事人作必要的补充，公证处也有权对交易双方进行调查。

(4) 出具公证书。公证处经审查认为符合公证条件的，应当出具公证书。公证书按司法部门规定或批准的格式制作，自签署之日起生效。

4. 房地产交易行为中需办理公证的事项

(1) 继承房产，应当办理"继承权公证书"。

(2) 遗嘱人为处分房产而设立的遗嘱，应当办理公证。处分房产的遗嘱未经公证，在遗嘱生效后其法定继承人或遗嘱受益人应根据遗嘱内容协商签订遗产分割协议,经公证证明后到房地产管理机关办理房产所有权转移登记手续。

(3) 赠与房产,应当办理赠与人的"赠与合同公证书"。

(4) 有关房产所有权转移的涉外和港澳台的法律事务,必须办理公证证明。

复习思考题

1. 什么是房地产纠纷?房地产纠纷解决的法律途径有哪些?
2. 什么是土地纠纷的行政调处?其应遵循什么原则?
3. 什么是行政复议?在哪些情形下,公民、法人或者其他组织可以申请行政复议?
4. 什么是仲裁?仲裁应遵循哪些原则?
5. 在房地产纠纷中,当事人认为仲裁不公正的,能否上诉?为什么?
6. 可能导致房地产行政诉讼的发生的情况有哪些?
7. 民事诉讼的参加人有哪些?
8. 什么是诉讼时效?可以导致诉讼时效的中止的情况有哪些?
9. 什么是律师?律师提供房地产法律服务的形式有哪些?
10. 什么是房地产公证?房地产公证的程序有哪些?

案例分析

【案例 13-1】

1. 案情介绍

2002年,某市居民张某向所在区法院提起民事诉讼,要求法院判决返还被刘某侵占达30余年的房屋。同时张某向法院提交了其父于1963年领取的产权证书和房屋继承的有关证明。经区人民法院审理后查明:张某房屋三间为其父所有,其父于1969年亡故,房屋由张某继承。而该处房屋自1964年起,由张某之父租给刘某使用,但从1964年起,刘某即停止支付房租。刘某的理由是:张某父亲于1964年年初分两次向其借款人民币共1200元,并许诺今后此借款即为购房款,将房屋卖给刘某,虽双方未签订买卖合同,但他留有张某之父两次借款的收据,否则,张某之父也不会自此之后不再向其收取房租。

区法院认为,虽然借款不能作为取得房屋所有权的依据,房屋买卖首先应该由双方订立书面合同,及时办理权属登记手续,但该案根据《民法通则》的诉讼时效规定,已超过诉讼时效期间。因此,驳回张某的诉讼上诉。

张某不服区法院判决,向市中级人民法院上诉。

请问:

(1) 区人民法院判决是否正确?为什么?

(2) 如张某超过诉讼时效,是否可以向人民法院起诉?

2. 案例评析

(1)《民法通则》规定:"向人民法院请求保护民事权的诉讼时效为2年,法律另有规定的除外。"另又规定:"诉讼时效期间从知道或者应该知道权利被侵害时起计算。但是,从权利被侵害之日起超过20年的,人民法院不予保护。"因为,本案中,张某承认刘某侵占房屋30余年,所以区人民法院认为张某的请求超过诉讼时效,驳回张某的请求是正确的。

(2) 虽然张某超过诉讼时效,但张某依然可以起诉,法院也会受理,只是在审理过程中,如果查明诉讼时效期间已届满,即可据此驳回这一当事人的诉讼请求。所以,当事人超过诉讼时效时,就失去了胜诉权。

【案例 13-2】

1. 案情介绍

2002 年 3 月，小王与某房地产开发公司签订了一份购房合同。合同中的仲裁条款规定："因履行合同发生的争议，由双方协商解决；无法协商的，由仲裁机构仲裁。"2002 年 9 月，双方发生争议，小王向其所在地的 A 市仲裁委员会递交了仲裁申请书，但房地产开发公司拒绝答辩。同年 11 月，双方经过协商，重新签订了一份仲裁协议，并商定将此合同争议提交房地产开发公司所在地的 B 市仲裁委员会仲裁。事后小王担心 B 市仲裁委员会实行地方保护主义，偏袒房地产开发公司，故未申请仲裁，而向 B 市人民法院提起诉讼，且起诉时未说明此前两次约定仲裁的情况，法院受理此案，并向房地产开发公司送达了起诉状副本，该房地产开发公司向法院提交了答辩状。法院经审理判决房地产开发公司败诉，房地产开发公司不服，理由是双方事先有仲裁协议，法院判决无效。

请问：

(1) 购房合同中的仲裁条款是否有效？为什么？
(2) 争议发生后，双方重新签订的协议是否有效？为什么？
(3) 小王向法院提起诉讼是否正确？为什么？
(4) 人民法院审理本案是否正确？为什么？
(5) 房地产开发公司的上诉理由是否正确？为什么？
(6) 房地产开发公司是否具有上诉权？为什么？

2. 评析意见

(1) 仲裁条款无效。

《仲裁法》规定："仲裁协议应当具有下列内容：①请求仲裁的意思表示；②仲裁事项；③选定的仲裁委员会。本案中双方当事人签订合同中的仲裁条款并未指明具体的仲裁委员会，属于内容不明确，因此该仲裁条款无法履行，是无效的。"

(2) 双方重新签订的仲裁协议有效。

《仲裁法》规定："仲裁协议对仲裁事项或者仲裁委员会没有约定或者约定不明确的，当事人可以补充协议的"。小王与房地产开发公司重新签订的仲裁协议指明了具体的仲裁委员会，因此是有效的。

(3) 小王向法院提起诉讼不正确。

《仲裁法》规定："当事人达成仲裁协议，一方向人民法院起诉的，人民法院不予受理，但仲裁协议无效的除外"。本案中，双方当事人重新签订的仲裁协议是有效的。因此小王的起诉是不正确的。

(4) 人民法院审理合法。

《仲裁法》规定："当事人达成仲裁协议，一方向人民法院起诉未声明有仲裁协议，人民法院受理后，另一方在首次开庭前提交仲裁协议的，人民法院应当驳回起诉，但仲裁协议无效的除外；另一方在首次开庭前未对人民法院受理该案提出异议的，视为放弃仲裁协议，人民法院应当继续审理"。本案中，小王向法院起诉时，未声明有仲裁协议，人民法院受理该案后，房地产开发公司又应诉答辩了，因此应当视为人民法院有管辖权。

(5) 房地产开发公司的上诉理由不成立。

在法院审理该案后，被告未提出异议，且应诉答辩，则人民法院的审理和判决都是有效的。

(6) 房地产开发公司具有上诉权。

《民事诉讼法》规定："当事人不服地方人民法院第一审判决的，有权在判决书送达之日起15日内日向上一级人民法院提起上诉"。因此房地产开发公司在法定期限内有权提起上诉，这是当事人的诉讼权利。无论上诉理由是否成立，上诉权均不受影响。

【案例13-3】

1. 案情介绍

2001年初，张某辞职到深圳自谋职业，临行前将其所有的一处独门独院的房屋交给一位远方的亲戚刘某居住并看管。刘某住了一年半，于2003年7月也到南方打工，临走前将房屋卖给了李某。2004年初张某回到家乡，见李某住在自己的家里，便要求李某搬出，李某说："我向刘某买的房子。"张某找到刘某，刘某则说张某已将房子送给了他，所以他有权卖掉。张某很生气，遂决定向人民法院起诉。

请问：

(1) 张某应当向哪个法院起诉？

(2) 张某应当以谁为被告？刘某、李某在诉讼中的法律地位如何？

2. 评析意见

(1) 本案当事人争执的标的物是房屋，根据《民事诉讼法》规定："因不动产纠纷提起的诉讼，由不动产所在地人民法院管辖"。所以，张某应向房屋所在地的基层人民法院起诉。

(2) 根据《民事诉讼法》规定："被告是指原告指明侵犯了其民事权利或者与其发生了民事争执的人"。本案中，张某、刘某之间存在着保管合同关系，刘某对于张某的房屋负有妥善照看的义务。刘某对房屋没有所有权，却将房屋出售给李某，是侵权行为，也是违反合同义务的行为。所以，张某应当以刘某为被告起诉。而李某基于善意从刘某处购得房屋，其购房行为是合法的，李某不是共同侵权人。因刘某对房屋没有所有权，所以也无权处分该房屋，刘某、李某之间买卖房屋的合同也是无效的，因此，李某对房屋没有独立的请求权。然而，因李某是善意受让人，张某、刘某之间关于房屋的讼争结果与李某有利害关系，所以，李某应当是本案中的无独立请求权的第三人。

 实训题

阅读下面一段话，谈一谈你对房地产纠纷中民事诉讼的认识。

民事诉讼就是民事官司，是当事人之间因民事权益矛盾或者经济利益冲突，向人民法院提起诉讼，人民法院立案受理，在双方当事人和其他诉讼参与人的参加下，经人民法院审理和解决民事案件、经济纠纷案件和法律规定由人民法院审理的特殊案件的活动，以及这些诉讼活动中所产生的法律关系的总和。通俗地讲，就是你的人身和经济的合法权益受到侵害时，当事人通过打民事官司，达到制裁民事违法行为，保护自己的合法权益的目的。

参 考 文 献

[1] 王照雯，寿金宝.房地产法规.北京：中国建筑工业出版社，2006.
[2] 彭厚生.房地产法规.北京：机械工业出版社，2007.
[3] 李同岩.房地产法学.大连：大连理工大学出版社，2008.
[4] 邓青.房地产法律法规.北京：电子工业出版社，2007.
[5] 李延荣，周珂.房地产法.北京：中国人民大学出版社，2000.
[6] 黄英.房地产开发与经营.北京：机械工业出版社，2007.
[7] 施建刚.房地产开发与管理.上海：同济大学出版社，2004.
[8] 夏善胜.物业管理法.北京：法律出版社，2003.
[9] 徐占发.实用建设与房地产法规.北京：中国建材工业出版社，2003.
[10] 郑润梅.建设法规概论.北京：中国建材工业出版社，2004.
[11] 黄武双，朱平.房屋拆迁法律原理与案例精点.上海：上海交通大学出版社，2006.
[12] 郑学重.最新房产合同精解.北京：中国法制出版社，2005.